GUILLAUME TELL

Du même auteur

Registres de la Compagnie des Pasteurs de Genève au temps de Calvin, 2 volumes, Droz, Genève, 1962 et 1964.
Genève et l'économie européenne de la Renaissance, S.E.V.P.E.N., Paris, 1963 (Publications de l'École pratique des hautes études, VIe section).
Problèmes de l'histoire économique de la Suisse, Francke, Berne, 1968.
The Industrial Bourgeoisie and the Rise of the Working Class, 1700-1914, Collins, London, 1971 (The Fontana Economic History of Europe).
Naissance et croissance de la Suisse industrielle, Francke, Berne, 1974.
Une histoire du sel, Office du Livre, Fribourg, et Presses Universitaires de France, Paris, 1982.
Histoire économique de la Suisse, Benziger, Zurich, 1983 (édition en langue allemande); Payot, Lausanne, et Armand Colin, Paris, 1984 (version originale en français).
Hermès et Clio. Essais d'histoire économique, Payot, Lausanne, 1984.

En collaboration :

L'avènement des Temps Modernes, Presses Universitaires de France, Paris, 1977 (*Peuples et Civilisations,* VIII).
Histoire et Civilisation des Alpes, Payot, Lausanne, et Privat, Toulouse, 1980.
L'aventure de la Réforme (sous la direction de Pierre Chaunu), Hermé et Desclée de Brouwer, Paris, 1986.
L'Uomo e la Strada (a cura di Ruggiero Romano), Fabbri, Milano, 1987.

Jean-François Bergier

GUILLAUME TELL

Fayard

Aux peuples de Pologne
et d'Afghanistan

AVANT-PROPOS

Proposer une « biographie » de Guillaume Tell relève du gag, ou du défi. Il y a de l'un et de l'autre, en effet, à l'origine de ce livre. L'idée de l'écrire a jailli d'une boutade de ma part qu'un ami prit au sérieux. Et je me laissai séduire par l'idée folle de présenter un héros dont ni moi ni personne ne peut affirmer en toute conscience ni qu'il a véritablement existé, ni qu'il n'est qu'une figure de légende. Un héros dont les faits et gestes retenus par la mémoire collective n'ont de toute façon pas occupé plus de trois ou quatre journées de sa vie... Quel personnage a jamais atteint pareille universalité sur un souvenir aussi fragile, et aussi mince?

C'est justement cela qui m'a fasciné : cette disproportion et ce mystère. J'ai voulu comprendre; et faire partager ma réflexion. Le message de liberté et d'indépendance porté par Guillaume Tell depuis sept siècles et à travers le monde entier n'a rien perdu aujourd'hui de son sens et de son actualité. Il m'a semblé qu'il prendrait plus de force s'il retrouvait le contexte étroit mais exemplaire de ses origines historiques. Il m'a semblé encore que, authentique ou légendaire, Guillaume Tell n'est en somme qu'un nom collectif : celui de son peuple menacé dans l'autonomie à laquelle il prétendait; et par extension, celui de toutes les nations qui subirent et traversent encore une épreuve analogue. De sorte que la « biographie » de Guillaume Tell est devenue celle de son peuple de montagnards soumis aux contraintes d'une nature sévère; de gens que leur mode de vie, leur culture ont motivés pour refuser les contraintes montées de l'étranger, celle des autres peuples et des autres pouvoirs. Elle est l'histoire des expériences et des rêves de ce peuple : succès et échecs, joies et peines, élans et blocages, solidarités et contradictions. Guillaume Tell, ici, n'est qu'un signe, combien prestigieux. Signe de la mutation de ce pays perdu au fond de ses vallées des Alpes, oublié longtemps par l'Histoire avec un grand H; mais qui se retrouve brusquement, au XIIIe siècle, au cœur de l'Europe et de son tohu-bohu, jeté malgré lui dans la mêlée.

Ce livre est un essai, dans les deux sens du mot. Dans le sens littéraire d'abord : il traverse les questions sur l'axe de mes interrogations plus qu'il ne les enferme dans un exposé systématique de tous les faits, ou de toutes les hypothèses. Tels aspects m'ont paru mériter davantage aujourd'hui l'attention que d'autres sur lesquels s'arrêtèrent les historiens d'hier ou d'autrefois. Essai aussi dans le sens commun d'une tentative : celle de briser le cercle vicieux dans lequel le parcours de Guillaume Tell, historique ou légendaire, s'est trouvé enfermé depuis longtemps par son mythe. J'essaie donc de projeter sur ce parcours, et sur tout le problème des origines de la Confédération suisse, une autre lumière. Celle de l'approche économique, sociale, anthropologique. D'où venaient les habitants des cantons de cette Suisse « primitive » ? De quoi vivaient-ils ? Que ressentaient-ils ? Les événements proprement dits restent en place dans mon récit; mais ils prennent une autre couleur et un autre rythme qui rendent, j'espère, un compte plus fin de la réalité.

A l'agaçante question de l'existence de Guillaume Tell, je n'ai bien sûr pas pu échapper tout à fait. Elle a beaucoup agité les historiens depuis deux cents ans. On verra que cette passion n'a été ni innocente, ni le plus souvent objective. Elle rend toute neutralité (même suisse...) illusoire. Au départ de mes recherches, je n'avais pourtant pas de parti pris. Je voulais simplement en avoir le cœur net, savoir si une autre approche serait susceptible de faire avancer la question. Je voulais enquêter, non plaider. Il y a eu avant moi assez d'avocats et surtout de procureurs, érudits, fervents mais pédants, pour défendre ou pour accuser le héros suspect de n'avoir vécu que dans l'imagination populaire et littéraire. Or je dois bien l'avouer : chemin faisant, une conviction m'a gagné. Je me suis convaincu que Guillaume Tell peut difficilement n'être qu'un pur produit de l'imagination. Je me suis convaincu aussi que mon personnage trouve dans l'histoire que je raconte une place trop naturelle et trop évidente pour qu'il ait pu être inventé de toutes pièces, après coup. Le souvenir en a sans doute beaucoup rajouté; mais on ne prête qu'aux riches. Il a confondu et distordu les réalités; mais c'est le sort fatal de l'histoire transmise oralement. Je ne puis plus douter cependant qu'un personnage, quels que fussent son nom et les gestes précis qu'il a pu accomplir, a su donner dans les circonstances singulières de la fin du XIIIe siècle le signal que son peuple attendait.

Une première partie de ce livre trace le cadre physique de l'action et interroge les sources connues de la tradition, tardives et donc suspectes : que pouvons-nous en retenir ? Une dernière partie suit à travers les temps modernes les « métamorphoses » multiples de Guillaume Tell, les forces et les perversions du mythe. Ces deux parties sont assez brèves. Elles encadrent le propos central où je laisse libre cours à ma curiosité d'historien pour suivre (en remontant assez loin en arrière) l'histoire du milieu social et économique où Guillaume Tell est supposé avoir agi, et l'évolution des rapports que ce milieu alpin a pu entretenir avec le monde politique et culturel qui l'entourait. Je n'ai pas de révélation sensationnelle à produire. Les documents, trop peu nombreux d'ailleurs, qui font entrevoir cette histoire sont connus et publiés. Je ne crois pas que les archives recèlent encore des sources susceptibles de venir bousculer notre connaissance des faits fondamentaux; seule l'archéologie est encore capable d'apporter des précisions importantes. L'interprétation de cet acquis peut en revanche, et doit renouveller notre perception de ces réalités: c'est à quoi je souhaite contribuer.

Guillaume Tell m'invite à remercier tous ceux, amis et collègues, qui m'ont soutenu, dissimulant à peine leur sourire devant ma folle entreprise et m'y encourageant pourtant, curieux de ce que je pourrais encore dire sur un sujet rebattu, et qui passe pour démodé aux yeux de certains. Que soient aussi remerciées mes collaboratrices, Astrid Ochsner et Dusica Hilbich, qui ont patiemment et adroitement débrouillé mes grimoires dans une langue qui n'est pas la leur.

Mais encore : Guillaume Tell ne m'a-t-il pas apporté ce que j'ai de plus cher? Francesca, ma femme, est originaire de ce même canton où mon héros tirait les flèches de son arbalète : l'une d'elle ne m'aurait-elle pas atteint – pour le meilleur? Ces deux enfants d'Uri m'ont donné joie et douceur. Qu'ils soient donc remerciés, ensemble...

Février 1988

PREMIÈRE PARTIE

Les libertés de la légende

CHAPITRE PREMIER

Guillaume Tell et les Trois Suisses

Guillaume Tell et le bailli Gessler

« L'an du Seigneur 1307, le jour de la saint Jacques (25 juillet), le bailli Gessler, représentant du roi des Romains dans les pays d'Uri et de Schwyz, fit dresser à Altdorf, sur la place des tilleuls toujours animée, une hampe surmontée d'un chapeau. Et il ordonna que tout habitant du pays qui viendrait à passer par là ait à s'incliner devant ce couvre-chef et à se découvrir en signe d'hommage, comme si le roi ou son bailli étaient là en personne. Ceci sous peine de mort et de confiscation des biens du coupable. Un sergent et des gardes furent postés à proximité durant le jour, qui devaient dénoncer tout passant réfractaire à cet ordre.

« Cette même année, le dimanche après la saint Othmar, soit le 18 novembre, un habitant du pays d'Uri nommé Guillaume Tell, homme honnête et pieux, s'en vint à Altdorf. Il traversa à plusieurs reprises la place des tilleuls, sans faire au chapeau la révérence prescrite. Pareille désobéissance fut rapportée au bailli qui se trouvait justement à Altdorf et fit comparaître Tell devant lui le lendemain matin. Gessler interrogea le coupable, en l'absence de témoins, sur les raisons de son refus de saluer le chapeau et du mépris qu'il avait semblé manifester ainsi envers le roi et son représentant. Tell répondit :

« – Monseigneur, ce fut de ma part pure distraction, et non une offense délibérée. Je vous assure que je ne mens pas ou je ne m'appellerais pas Tell... Je prie Votre Grâce de me pardonner et d'excuser ma bêtise. Je vous promets que cela ne se reproduira pas.

« Or Tell était un excellent tireur à l'arbalète, on n'en aurait pas trouvé de meilleur loin à la ronde. Il avait aussi plusieurs enfants, qu'il aimait tendrement. Le bailli les fit chercher, et demanda à Tell lequel était son préféré.

« – Monseigneur, je les aime tous autant.

« – Voilà qui est bien, Tell. On me dit que tu es un bon tireur, réputé dans le pays. Alors, tu vas me montrer de quoi tu es capable, et tu vas viser une pomme posée sur la tête d'un de tes enfants. Prends bien garde de toucher la pomme : si tu ne l'atteins pas du premier coup, cela te coûtera la vie.

« Tell fut rempli d'effroi. Il supplia le bailli de le dispenser, par Dieu, d'une pareille épreuve : il serait vraiment contre nature de tirer sur son propre enfant chéri, il préférerait mourir. Mais le bailli insista :

– « Tu dois le faire. Sans quoi vous mourrez tous les deux, toi et ton gosse... »

C'est ainsi que commence l'histoire de Guillaume Tell, dans sa version « classique ». Car de versions, il en existe plusieurs. Depuis la *Ballade de Tell*, la plus ancienne qui nous soit parvenue, composée vers le milieu du XVe siècle, jusqu'à l'œuvre théâtrale de Schiller créée en 1804 ou l'opéra de Rossini (1829). Plusieurs versions plus ou moins complètes, plus ou moins enrichies d'inventions littéraires. J'ai choisi de suivre ici, dans une traduction libre et allégée de quelques ornements inutiles, le récit compilé une première fois dans les années 1550 et repris en 1569-1570 par l'érudit Gilles (*Aegidius*) Tschudi, de Glaris, dans son *Chronicon Helveticum* : la première « Histoire de la Suisse » à prétention scientifique, aux confins de l'humanisme critique et de l'épopée baroque.

Le récit proposé par Tschudi a plusieurs mérites par rapport aux autres textes. Il compile et combine avec subtilité les versions antérieures, fragmentaires ou succinctes, et les ramène à un exposé cohérent et vraisemblable, non exempt d'un pathos propre à son temps, mais libre de toute invention ou fantaisie poétique. Tschudi constituera désormais la source, le modèle même, de toutes les versions ultérieures. Ceci jusqu'à l'âge romantique et à Jean de Muller, auteur en 1778 d'une *Histoire des Suisses* (traduction française parue en 1795), monumentale, célèbre encore aujourd'hui bien qu'inachevée – elle devait être complétée autour de 1800 par un « collectif » d'historiens. C'est dans l'œuvre de ce contemporain que Schiller puisera l'intrigue du drame qui fit tout à la fois sa célébrité et celle de Guillaume Tell. Mais ces versions tardives, quel que fussent leur mérite littéraire plus ou moins manifeste, ont eu tendance, surenchérissant les unes sur les autres, à enjoliver l'histoire de toutes sortes de détails apocryphes, sans produire aucun élément historique neuf. Le récit du Glaronais est donc un guide commode, sinon toujours sûr, en regard de la tradition hésitante avant lui comme en regard des versions plus tardives, répétitives ou boursouflées.

Tschudi, d'autre part, est un historien consciencieux. Il a passé une bonne partie de sa vie (1505-1572) à lire les chroniques disponibles dans les bibliothèques à sa portée. Mieux encore, il a parcouru tout le pays, il en parle donc en connaissance de cause. Partout il s'est fait ouvrir les archives pour y copier ce qui pouvait informer son sujet; initiative d'autant plus précieuse pour l'avenir que beaucoup des documents dont il s'est servi ont disparu depuis. Ne lui faisons pas grief de n'avoir pas tout vu, et d'être en particulier passé à côté d'un document aussi essentiel que le Pacte de 1291, qui ne refera surface qu'au XVIIIe siècle pour bouleverser quelque peu la perspective de Tschudi et la chronologie par lui suggérée des événements... Quoi qu'il en soit, compte tenu des possibilités matérielles mais aussi des limites intellectuelles qui ont été celles de son temps, son information est considérable et, dans l'ensemble, au-dessus de tout soupçon. Quelques menues erreurs ne portent pas à conséquence. Tschudi, s'il ne cite pas toujours ses sources, n'invente en tout cas jamais rien; tout au plus procède-t-il à quelques ajustements. Et lui reprochera-t-on de manquer de cet esprit critique face aux sources historiques qui ne se développera que longtemps plus tard?

Cette honorable conscience professionnelle a pourtant son revers. C'est que Tschudi n'entend pas faire œuvre seulement d'annaliste érudit et se borner à aligner bout à bout tous les témoignages qu'il a recensés. En véritable historien, il veut aussi en proposer l'interprétation et les insérer dans un long parcours chronologique et thématique – la « longue durée » de Fernand Braudel bien avant la lettre. Or son outillage mental n'est pas tout à fait à la hauteur de son ambition. Tschudi est bien conscient que les récits et anecdotes des vieilles chroniques – l'histoire de Guillaume Tell, le serment des Trois Suisses, l'assaut des châteaux autrichiens – ne « collent » pas parfaitement avec les pièces d'archives dont il dispose. En particulier, ces récits traditionnels sont bien vagues quant aux dates où situer les épisodes qu'ils transmettent. Qu'à cela ne tienne : Tschudi n'a aucune hésitation – on vient de le voir au seuil de l'histoire de Guillaume Tell – à rétablir ces dates par de subtils calculs ou même par le jeu de son imagination, afin que les événements s'enchaînent les uns aux autres, logiquement et de la manière la plus naturelle possible... Ou mieux encore, afin que la cohérence chronologique et thématique de son propos renforce la démonstration qui sous-tend toute son œuvre. Car il s'agit pour lui d'établir sans contestation possible la légitimité de la révolte des bons Suisses contre ceux qui veulent les soumettre, les « Autrichiens », c'est-à-dire les Habsbourg, et leurs méchants représentants, les baillis.

En dépit de sa bonne volonté, de sa bonne conscience et du talent de son auteur – et peut-être en raison même de ce talent –, le récit de Tschudi est donc suspect. Nous trouverons plus loin maintes occasions de le prendre en faute; certaines sautent d'ailleurs aux yeux d'un lecteur d'aujourd'hui. Mais cette version n'en reste pas moins la plus solide, la plus vivante aussi que nous puissions prendre comme guide, *cum grano salis.*

Revenons plutôt à Guillaume Tell, conscient qu'il ne peut faire autrement qu'obtempérer à l'ordre affreux du bailli. Il prie Dieu en son for intérieur de les protéger, lui et son enfant (le récit ne précise pas s'il s'agit d'un garçon, mais c'est plus que probable : un fils a beaucoup plus de prix aux yeux d'un paysan comme Tell). Il prend son arbalète, la tend, met une flèche en place – mais il en glisse une autre dans son gilet de peau, tandis que le bailli place lui-même une pomme sur la tête de l'enfant, qui pouvait avoir cinq ou six ans (les versions antérieures ne proposent pas l'âge de l'enfant; certaines en revanche précisent la distance du tir, cinq fois vingt pas). Tell tire, la pomme tombe, l'enfant est indemne. Le bailli admire pareille maîtrise et en félicite Tell. Mais il lui demande ce que signifie cette autre flèche qu'il a préparée à portée de main.

« Tell prit peur : la question ne présageait rien de bon. Il tenta de la prendre comme une bagatelle, assurant qu'il s'agissait là d'une habitude de tireur; mais le bailli ne se laissa point abuser :

« – Tell, dis-moi donc la vérité franchement. Tu n'as rien à craindre, ta vie est sauve. Mais ta réponse ne me convainc pas : tu avais sûrement une autre raison.

« – En effet, Monseigneur. Eh bien, puisque vous me garantissez la vie sauve, je vais vous dire la vérité. Si j'avais atteint mon enfant au lieu de la pomme, je n'aurais pas hésité à vous tuer aussitôt avec l'autre flèche. Et je ne vous aurais pas raté.

« – Fort bien, Tell. Je t'ai garanti la vie sauve et je n'y faillirai pas. Mais pour ta méchante intention envers moi, je te fais emmener et enfermer en un lieu où plus jamais tu ne verras ni le soleil, ni la lune. Je veux être sûr de ta personne!

« Le bailli fit sur l'heure conduire Tell, enchaîné, à Fluelen, et ordonna à l'un des gardes d'emporter aussi le matériel de tir du prisonnier, l'arbalète, le carquois et les flèches, qu'il confisquait à son profit. Le bailli lui aussi se rendit à Fluelen où tous embarquèrent à destination de Brunnen pour se rendre ensuite à travers le pays de Schwyz jusqu'au château du bailli à Kussnacht – où Tell finirait ses jours dans une tour obscure.

« Alors qu'ils étaient à la voile sur le lac longeant les falaises de l'Axe, Dieu fit souffler un vent de tempête si impétueux que tous manquèrent se noyer. Or Tell était un homme vigoureux, et qui s'y connaissait fort bien à piloter un bateau. Un des gardes proposa à son maître de recourir aux services du prisonnier. Le bailli, affolé, y consentit et Tell se déclara disposé à les sortir tous de ce mauvais pas, avec l'aide de Dieu. Dégagé de ses liens, il prit le gouvernail et remit la barque dans la bonne direction, tout en scrutant le rivage pour y repérer un endroit favorable où il pourrait sauter hors du bateau. Il s'assura aussi que son arme et son matériel se trouvaient à portée de sa main. La barque s'en vint à dériver près d'une grande dalle – celle que l'on a appelée depuis la " dalle de Tell " et sur laquelle on a construit une chapelle – qui lui parut propice à son projet. Il cria au batelier du bailli de gagner ce rocher à la rame, que le pire serait passé si on réussissait à l'atteindre. Lorsqu'ils en furent assez proches, Tell mit toute sa force à rapprocher l'arrière du bateau de la dalle, saisit son arbalète et sauta sur le rivage en repoussant violemment l'embarcation vers le large, où elle fut secouée dans tous les sens.

« C'est à grand-peine que le bailli et son équipage finirent par aborder à Brunnen. Tell, de son côté, se hâta à travers montagnes et bois du pays de Schwyz – la première neige n'était pas encore tombée – jusqu'à une hauteur surplombant la route entre Arth et Kussnacht, là où celle-ci forme un chemin creux. Il y resta caché, sachant que le bailli devait passer par là pour gagner sa résidence, la forteresse de Kussnacht. Lorsque le bailli s'avança en effet dans le chemin creux, Tell arma son arbalète, attentif à tous les bruits qui lui parvenaient du bailli et de l'escorte de celui-ci, qui le précédait sur le chemin. Le moment venu, il tira sur le bailli qui tomba de cheval, tué sur le coup. Tell refit le chemin à travers la montagne, jusqu'au pays d'Uri. »

C'est là toute l'histoire de Guillaume Tell, tout ce qui mérite d'être retenu de la tradition attachée à ce personnage. Tout ce qui précède les deux ou trois jours de son aventure et tout ce qui les suit est totalement ignoré, autant par la tradition que par l'histoire... Et encore certaines des versions antérieures sont-elles plus sommaires; aussi n'ont-elles à la longue guère eu de chance dans la mémoire populaire, friande de détails et d'épisodes successifs à la manière d'un feuilleton. L'une d'entre elles (la *Ballade de Tell*) suggère simplement la noyade de Tell dans le lac, sur ordre du bailli. Une autre situe le meurtre de Gessler immédiatement après le débarquement de Tell, depuis la dalle... Quelques détails encore, retenus pourtant par Tschudi, sont si évidemment apocryphes que je ne les ai pas reproduits : ils ne pourraient qu'embrouiller une évaluation déjà assez compliquée. Il s'agit plus particulièrement d'une relation personnelle que Tschudi, après d'autres, essaie avec insistance d'établir entre Guillaume Tell et les « conjurés » du Grutli, les Trois Suisses. Tell aurait fait secrètement partie de la conjuration dont le prétendu plan préparait, pour le premier jour de l'an 1308, la prise simultanée des châteaux où siégeaient les représentants des « Autrichiens » dans les « Waldstetten* » d'Uri, Schwyz et Unterwald. Sur le chemin du retour, après son « tyrannicide », Tell en aurait informé le chef schwyzois de la conjuration, puis son compagnon uranais. Les conjurés se seraient montrés fort irrités de l'initiative de Tell, jugée intempestive parce que susceptible de compromettre leur projet plus général, qu'ils entendaient ne réaliser que quelques semaines plus tard. Le meurtre du bailli Gessler risquait fort d'entraîner des représailles.

* J'ai adopté cette orthographe courante en français, plus élégante et qui correspond à la prononciation du mot, bien que celui-ci s'écrive en allemand Waldstätten ou plus souvent Waldstaetten.

Cette nuance critique apportée par Tschudi à l'image de Tell, héros sans doute, mais agissant en cavalier seul sous l'impulsion des circonstances, n'est pas innocente. Elle souligne l'utilisation politique et idéologique faite beaucoup plus tard, à partir du xve siècle, de ces épisodes assez obscurs. Il s'agira alors de légitimer un mouvement révolutionnaire, d'excuser le tyrannicide, tache dans un développement que l'on s'efforcera de présenter comme essentiellement non violent : nous y reviendrons.

Retenons pour l'heure que, si l'on veut accorder quelque foi à la substance sinon à la lettre de l'histoire de Guillaume Tell et des autres récits sur les origines de la Confédération tels que la tradition les a légués, il n'y a aucun motif sérieux de retenir une collusion entre notre héros et les autres personnages que je vais présenter maintenant, pas plus qu'un rapport entre ses faits et gestes et les épisodes dont j'emprunte encore la narration – simplifiée – à Tschudi.

Les Trois Suisses

Un peu gênant pour l'image que Tschudi voudrait donner des pères fondateurs de la Confédération suisse, le tyrannicide de Guillaume Tell n'est cependant pas un accroc unique. Un an plus tôt en effet, à l'automne 1306 – toujours selon la chronologie astucieusement élaborée par notre narrateur –, un autre meurtre aurait été perpétré sur la personne d'un fonctionnaire autrichien, dans le pays d'Unterwald cette fois, et dans des circonstances assez différentes. L'acte de Guillaume Tell apparaît comme une vengeance personnelle, qui n'a été concertée avec personne d'autre : c'est poussé par sa rage que le fameux arbalétrier a tiré sur son sadique persécuteur, qui avait même osé mettre en jeu gratuitement la vie de son enfant et lui avait tendu un piège avec une fausse promesse d'impunité. L'acte n'en avait pas moins un caractère public bien marqué. Car Tell, malgré les dénégations que lui prête le récit traditionnel, avait bel et bien provoqué, et le premier, son adversaire en omettant ostensiblement de saluer le chapeau. Ce faisant, il avait affiché le comportement que toute la population avait souhaité avoir sans l'oser : il exprimait ouvertement le sentiment de son entourage. De plus, la personnalité même de sa victime imprimait à son meurtre une marque éminente : il s'agissait d'un haut officier de la Maison d'Autriche, un homme de confiance de ces Habsbourg en qui les gens d'Uri avaient maintes raisons de voir une grave menace pour leurs libertés.

L'autre meurtre est aussi l'effet d'une provocation, mais de nature strictement privée, domestique même. Un assez vulgaire fait divers. Sa victime n'est probablement pas un bailli (quoique certaines versions l'identifient avec Bérenger de Landenberg, bailli en pays d'Unterwald), mais un officier de moindre rang, hobereau de la région passé au service des Habsbourg et devenu châtelain de ceux-ci dans le Nidwald. Ce nommé Wolfenschiessen s'en retournait un beau matin d'une visite au couvent d'Engelberg, dans le haut de la vallée, lorsqu'il fut frappé et séduit par une jolie paysanne au travail sur une prairie, l'épouse du pieux Conrad de Baumgarten (tous les « bons », dans ces histoires, sont toujours qualifiés au moins de « pieux »). Excité par cette rencontre aussi plaisante qu'inattendue, et « animé de mauvaises intentions », le passant s'enquit du mari de la belle. Celle-ci se méfia, mais se méprit sur les intentions du galant et crut qu'une menace planait sur son mari. Elle répondit que Conrad s'était absenté pour quelques jours, alors qu'il n'était allé qu'en forêt bûcheronner et qu'il devait rentrer vers midi. L'officier s'introduisit dans la maison du couple sans que la femme osât s'y opposer, et exigea d'elle qu'elle lui préparât un bain. Le bain prêt, il se fit pressant, l'invitant à partager ce bain avec lui... La femme, qui savait le pouvoir que détenait cet importun visiteur, commença de s'affoler. Elle s'efforça pourtant à gagner du temps en paroles aimables et en prétextes. Elle réussit à faire éloigner l'escorte de l'officier – sa pudeur, dit-elle, la retenait de s'asseoir en public dans le bain de son hôte.

Enfin, elle prétendit se retirer dans sa chambre pour se déshabiller avant d'entrer dans la cuve... En fait, elle se précipita vers la porte arrière de la maison dans l'idée de s'enfuir. Mais à cet instant rentra le mari, auquel elle s'empressa, à travers ses larmes, d'expliquer la scabreuse situation. Le mari, qui tenait encore sa hache, prononça quelques pieuses paroles avant de pénétrer à son tour dans la maison et d'y abattre le séducteur d'un coup de son outil. Après quoi et sans perdre de temps, sachant le risque qu'il avait pris, il passa la montagne et se réfugia en pays d'Uri – l'histoire ne dit pas ce qu'il advint de sa femme. Détail intéressant, significatif dans le cadre de l'idéologie des narrateurs tardifs, dont Tschudi : les frères du défunt refusèrent de tirer vengeance de ce meurtre, comme les y incitait le bailli autrichien. La victime n'avait eu que ce qu'elle méritait pour s'être mise au service de l'occupant, et plus encore pour avoir attenté à l'honneur d'une femme...

Les autres anecdotes qui fondent la tradition de « libération » des Suisses, pour n'avoir pas entraîné mort d'homme, n'en sont pas moins violentes. Elles aussi entendent documenter la haine des habitants des trois Waldstetten, les cantons forestiers, envers les Habsbourg et leurs gens, et justifier le recours à la ruse et à la force pour s'en libérer. Des habitants qui représentent toutes les couches sociales, les modestes paysans comme les plus gros et même quelques familles de cette petite noblesse régionale à laquelle appartenaient les Wolfenschiessen.

Voici Arnold de Melchtal, lui aussi d'une famille paysanne plutôt cossue de l'Obwald. Car si Conrad de Baumgarten avait une femme séduisante, une grande maison à deux entrées, plusieurs pièces dans laquelle un noble ne dédaigne pas de s'introduire, et même une installation de bain – certainement un luxe pour un cultivateur –, Arnold et son père sont fiers possesseurs d'une paire de bœufs qu'ils attèlent pour les labours. Ces bœufs, justement, attirèrent l'attention du bailli de Landenberg résidant à Sarnen, qui prétendit les faire saisir. Père et fils défendirent leur précieux bien, mais le vieux fut puni de la crevaison de ses yeux tandis que le jeune, qui avait écrasé le doigt d'un des assaillants, prit lui aussi la fuite vers Uri, décidément terre d'asile pour tous les voisins malmenés ou menacés de poursuites.

C'est à la même émigration que se résolut, toujours à la même époque – en 1307 selon Tschudi –, Werner Stauffacher. Lui était du pays de Schwyz, et s'était fait bâtir près du pont de Steinen, donc au bord de la principale route du pays, au point le plus bas entre les pointes des Mythen à l'est et les contreforts du Righi à l'ouest, une belle maison de pierre. Signe d'aisance évidente, et de prestige local. Le récit précise d'ailleurs que Stauffacher avait beaucoup de monde à son service et jouissait de l'estime de ses concitoyens – un riche paysan, donc. Or le méchant bailli Gessler – encore lui – vint à passer par là et fit halte devant cette demeure d'un luxe probablement insolite. Le propriétaire lui souhaita aimablement la bienvenue (nos récits soulignent régulièrement la courtoisie, la politesse en tous cas, des habitants de ces pays envers les représentants détestés du pouvoir étranger). Gessler s'informa, bien qu'il le sût assurément, à qui appartenait la maison. Pareille question parut plus que suspecte à Stauffacher. Celui-ci ne manquait ni de sens politique, ni de notions juridiques; il voulut bien souligner que ni lui ni les gens du pays n'entendaient reconnaître l'autorité des princes d'Autriche, mais qu'ils s'en tenaient « à celle du roi des Romains et à leurs antiques libertés ». Il répondit donc :

« Monseigneur, cette maison est à mon Sire le roi, et elle est mon bien et mon fief.

– C'est moi, rétorqua le bailli, qui suis maître en ce pays au nom de mon Seigneur le roi. Je ne veux pas que vous, paysans, vous bâtissiez des maisons sans mon autorisation et que vous viviez librement comme si vous étiez, vous, les maîtres. Je vous soumettrai. »

Ne retenons pas le pathos d'un dialogue de toute évidence imaginaire, mais la prétention du bailli à soumettre les habitants; et surtout son intolérance devant des signes de prestige – la trop belle demeure – qui narguent son autorité. Et encore, la peur qu'inspirent lui et ses semblables. Car Stauffacher, à la suite de cette entrevue et sur le conseil avisé de sa femme, prit le large comme l'avaient fait ses camarades d'infortune, et s'en fut en pays d'Uri. Nulle violence pourtant, sinon verbale, dans cet épisode. En revanche, un affrontement où, cette fois, les prétentions politiques des deux partis sont soulignées : le parti des Autrichiens et celui des Waldstetten. Le propos attribué – notons-le – à la femme de Werner Stauffacher lorsqu'elle incite son mari à émigrer est tout à fait clair. A Uri, le fugitif retrouvera d'autres mécontents, ils pourront se concerter. Et cette femme de développer – par la plume de Tschudi – le programme qui va devenir celui du serment des Trois Suisses sur la prairie du Grutli...

La conjuration du Grutli

Avec l'altercation entre le bailli Gessler et le paysan-notable Werner Stauffacher, nous sommes passés des destins individuels aux sentiments collectifs qui vont animer la « sédition » des Waldstetten. Nous n'avons d'ailleurs pas respecté la succession chronologique proposée par Tschudi. Celle-ci n'a aucune valeur puisqu'elle est le produit sinon de son imagination, du moins de son souci d'organiser à tout prix, dans un récit unifié et cohérent, l'ensemble des anecdotes et événements rapportés par une tradition aux sources disparates; et de concentrer ce récit à un moment précis de l'histoire où la conscience historique du XVIe siècle (et longtemps après) situera la « libération » des Waldstetten, le rétablissement des conditions ancestrales d'indépendance et, du même coup, la naissance de la Confédération. Soit peu avant l'assassinat, le 1er mai 1308, du roi des Romains, Albert Ier de Habsbourg. Ce dernier est resté constamment dans la mémoire collective l'ennemi juré des Suisses... Tschudi s'est habilement servi de tous les indices fournis d'un côté par les anciennes chroniques, de l'autre par les documents d'archives, pour dater aussi minutieusement que possible chaque fait. Son intention louable et sa fantaisie l'ont porté trop loin. Mais il faudra toute la science critique des XIXe et XXe siècles pour désavouer largement sa chronologie, sans parvenir d'ailleurs à un accord sur une autre succession des événements.

Comme on l'a vu, le pays d'Uri offrait le meilleur refuge à tous les proscrits des vallées environnantes. Même l'Uranais Guillaume Tell – auquel la tradition attribue domicile au village de Burglen, à moins d'une lieue d'Altdorf, le chef-lieu – se hâte de regagner son canton une fois son forfait accompli. L'abri des hautes montagnes, des vallons latéraux inaccessibles sans doute aux agents étrangers peuvent expliquer cette préférence. Mais surtout le fait bien attesté d'une pénétration féodale beaucoup moins profonde en pays uranais qu'à Schwyz et Unterwald, plus exposés aux ambitions des hauts barons de l'avant-pays alpin parce que plus proches. Uri profitait donc, pour le moins, d'une plus large autonomie que ses voisins; ses habitants, d'une impunité presque totale.

C'est cette situation privilégiée qui a pu inciter les Habsbourg et leurs représentants locaux à une réaction vigoureuse. Ils avaient tous motifs de se sentir irrités, nargués par une population peut-être encore passive, mais hostile, frustrés de ne pouvoir faire valoir dans toute leur plénitude les droits qu'ils possédaient ou prétendaient tenir dans la vallée. Entravés aussi dans leur projet d'un vaste ensemble territorial qu'ils se donnaient tant de mal à constituer entre le Rhin et la crête des Alpes, et dans lequel ils comptaient englober cette région riche et rendue d'importance stratégique par la route du Saint-Gothard. Il n'y a pas lieu ici de mettre en doute ce que la tradition impute à l'ambition habsbourgeoise, dont nous découvrirons plus loin dans ce livre les ressorts.

Authentique ou non, l'affaire du chapeau dressé sur la place d'Altdorf pour être salué par les habitants s'inscrit en tous cas très bien dans cette politique d'intimidation par laquelle les gens des Habsbourg préparaient la reprise en mains de toute la région. Ce chapeau qu'ignora superbement Guillaume Tell peut être un embellissement ultérieur de l'histoire, et les vexations autrichiennes ont pu aussi bien prendre d'autres formes. Les incidents rapportés plus haut s'y rattachent, particulièrement l'avertissement clair du bailli Gessler à Werner Stauffacher. Le chapeau de ce même Gessler n'était qu'un symbole, mais pouvait être regardé à la fois comme une insulte et comme un signal. Les paysans d'alentour n'étaient pas si frustes, dans leur majorité, qu'ils ne pussent saisir le sens de tels signaux.

Plus grave encore, cependant, avait pu paraître la décision du bailli de dresser à Uri une forteresse. Autre symbole, mais aussi instrument de pression et d'exercice autoritaire du pouvoir. Ce fut le château de Zwing-Uri – littéralement : « Force Uri » – dont Tschudi attribue l'initiative à Gessler (décidément chargé de tous les malheurs d'Uri et de Schwyz où s'exerçait sa fonction) et fixe arbitrairement la construction en 1307 aux environs d'Altdorf. La ruine de Zwing-Uri existe bien encore, sur un escarpement dominant la Reuss, près d'Amsteg. C'est la mauvaise humeur manifestée par les habitants devant cette menace de pierre qui aurait incité le bailli à faire respecter son couvre-chef... Cette forteresse n'était pas, apparemment, destinée à la résidence du bailli, qui avait la sienne, on l'a vu, à Kussnacht, au pied du Righi, mais déjà sur l'avant-pays argovien, en dehors donc des limites (si imprécises fussent-elles) de sa circonscription. Peut-être s'agissait-il de mieux contrôler le trafic du Gothard; mais plus probablement d'y tenir en sécurité une garnison.

Le personnel des Habsbourg disposait déjà, d'ailleurs, de quelques châteaux forts du même type : ceux de Sarnen et de Rotzberg, en Unterwald; celui de Schwanau, en pays de Schwyz, édifié sur un îlot à quelques brasses de la rive du lac de Lauerz, entre Schwyz et Kussnacht et dans l'ombre du Righi. Eux aussi permettaient de surveiller le trafic civil et, le cas échéant, militaire, et d'entretenir sur place de petits corps de troupes. Ils étaient fort mal appréciés des habitants, et l'on peut comprendre que la nouvelle construction de Zwing-Uri ait fait éclater leur colère. La tradition telle que la fixe Tschudi avec quelques-uns des chroniqueurs qui le précèdent met cette « affaire des châteaux » au cœur des événements révolutionnaires – elle aurait fonctionné comme un détonateur. On songe aussitôt à la prise de la Bastille en 1789; et, de fait, le discours révolutionnaire se référera constamment aux lointains antécédents helvétiques.

Reprenons ici le fil du récit de Tschudi. Car c'est – selon sa reconstruction – en pleine émotion suscitée par le chantier de Zwing-Uri qu'arrive à Altdorf Werner Stauffacher, émigré sur les conseils de sa femme. Il prend aussitôt contact avec un notable de l'endroit, « homme sage et d'honneur », Walter Fürst, lui expose son problème et souligne la nécessité de s'unir avec quelques hommes bien décidés pour « résister à la puissance tyrannique ». Fürst présente son compère au jeune Arnold de Melchtal, le fugitif d'Unterwald que nous connaissons déjà.

Et les trois hommes, représentant chacun mais à titre privé l'un des trois pays ou « cantons » menacés (Conrad de Baumgarten, meurtrier du séducteur de sa femme, n'est pas de la partie), firent serment de s'entraider dans leur entreprise visant à écarter tout pouvoir étranger de leurs vallées. C'est ce que la postérité regardera longtemps comme le « serment des Trois Suisses », qui donna naissance à la Confédération. Ce mémorable événement sera plus tard reporté seize ans plus tôt, au 1er août 1291, lorsqu'on aura retrouvé, en 1758, l'original du pacte des trois cantons, échappé à la curiosité de Tschudi, malheureusement pour ce dernier...

Les trois conjurés considérèrent pourtant qu'ils ne pouvaient rien entreprendre à eux seuls. Ils s'engagèrent donc à recruter, chacun dans son canton, des compagnons de confiance aussi nombreux que possible, prêts à prêter le même serment d'alliance, donc à entrer dans leur *Bund*, ce qu'il faut comprendre à la fois comme une société secrète, une conjuration et la « Confédération » qui sortira de ces événements. Tous s'engageraient à servir un véritable programme d'action politique, dont l'expression par Tschudi constitue, *a posteriori*, toute l'idéologie de la « tradition de libération » si longtemps professée. Nous verrons plus loin qu'elle coïncide pourtant en grande partie avec les dispositions réelles des Suisses au temps de Guillaume Tell et du Pacte de 1291. Nul doute que Tschudi s'est servi aussi de documents contemporains.

« (Ils promettront), avec l'aide de Dieu, de revenir à leurs anciennes libertés, d'expulser de leurs pays les baillis et maîtres tyranniques qui leur ont fait subir tant d'actes d'un pouvoir méchant, tant d'exactions et de contraintes; de se garantir mutuellement de toutes violences par le droit et l'exercice de la justice; de protéger les libertés traditionnelles de leurs pays, ainsi que leurs vies, leurs corps et leurs biens. Cependant, chaque pays et chaque individu remplira son devoir envers le Saint Empire romain, comme ses obligations envers des tiers installés dans les cantons : églises, couvents, fondations, personnes nobles aussi, ou d'autres seigneurs, qu'ils soient du pays ou étrangers. Il versera rentes et contributions et accomplira son service selon l'ancienne coutume, pour autant que ces tiers ne feront pas, de leur côté, obstacle aux libertés et coutumes de naguère. Qu'il soit bien compris que cette alliance est un véritable départ, et non l'effet seulement des temps troublés; et qu'elle ne vise à dépouiller personne de ses droits, mais à garantir le droit des confédérés et à préserver leurs libertés. »

Ce texte, de toute évidence, relève d'une reconstruction inspirée par l'aristocratie helvétique de la fin du Moyen Âge et de la Renaissance, soucieuse de fonder les origines de la Confédération sur le respect des droits ancestraux et non sur une violence révolutionnaire. Les véritables acteurs n'étaient guère animés de tant de scrupules, comme nous l'observerons plus avant. Mais revenons d'abord à la version traditionnelle, presque encore officielle, des événements.

Les trois conjurés convinrent de se retrouver un peu plus tard en un lieu convenu pour y dresser les plans concrets de leur action rigoureusement concertée. Chacun d'eux se ferait accompagner de deux ou trois compagnons choisis parmi les hommes sûrs et décidés de leur canton. En attendant, l'accord devait bien entendu demeurer secret; et aucun d'eux n'entreprendrait quoi que ce fût sans en avoir délibéré avec les autres : toute action isolée ou décalée pouvait compromettre le succès de la reconquête commune des libertés. Tout raisonnable qu'il soit, ce dernier point est à retenir surtout comme un avertissement imaginé par Tschudi à l'adresse de Guillaume Tell.

C'est ici en effet que notre historien met en scène l'illustre tireur d'arbalète. Nous savons déjà l'importance que Tschudi attachait à créer un lien structurel entre l'histoire de notre héros et les circonstances qui marquèrent les débuts de la Confédération suisse, transmises par des traditions séparées et peu à peu agglutinées. La solution de Tschudi fut de faire de Guillaume Tell l'un des associés de la conjuration, mais entraîné par les circonstances et par son bouillant caractère à devancer les événements et à agir en solitaire, à l'encontre des dispositions arrêtées. Il aurait ainsi vivement irrité ses compagnons. Schiller ira plus loin encore pour relier Tell aux Trois Suisses : il fera de lui le propre gendre du chef de la conjuration, le sage Uranais Walter Fürst. Les fantaisies généalogiques relèvent de la liberté des poètes...

S'appuyant moins sur la tradition que sur sa connaissance des archives, Tschudi souligne à ce point une réalité politique et sociale dont nous constaterons plus tard qu'elle fut en effet importante : l'adhésion sans réserve de la petite noblesse locale, l'aristocratie des vallées, aux sentiments hostiles aux Autrichiens de la population rurale. Et du même coup – en extrapolant sans doute – l'exquise harmonie qui règne entre nobles et paysans, ceux-ci s'acquittant ponctuellement de leurs devoirs et redevances, ceux-là n'exerçant aucune pression sur leurs hommes. Cette analyse des rapports sociaux semble bien idyllique. Elle est en contradiction avec d'autres versions de la tradition, les plus nombreuses, qui font état d'une expulsion des nobles en même temps que des agents autrichiens. Et pourtant, ce que nous savons par ailleurs laisse penser que l'interprétation de Tschudi repose sur un solide fond de vérité. Il ne fait aucun doute que les habitants des vallées, de toutes catégories sociales, ont présenté un front assez uni devant la menace d'une mainmise étrangère sur leurs pays. Mais aussi, que les princes autrichiens et leurs agents ont tout mis en œuvre pour dissocier ce front, soit en essayant d'attirer dans leur parti ces petits nobles par toutes sortes de promesses de promotions, de carrières au service des Habsbourg et d'avantages matériels; soit en cherchant à les dissuader de faire cause commune avec les ruraux en se gaussant de la familiarité de ces nobliaux, ces « barons paysans », avec les simples manants. De fait, les principales fonctions politiques et administratives locales étaient, dans les vallées, aux mains de cette noblesse, notamment celles du *landammann*, du président en somme, que l'assemblée générale des hommes libres du canton avait coutume d'élire. Il est clair que si les Habsbourg avaient su se gagner cette élite régionale, leurs chances de parvenir à leurs fins et de dominer les Waldstetten eussent été beaucoup plus sérieuses.

Est-ce ce raisonnement qui invite Tschudi à conclure à quelque méfiance de nos conjurés à l'égard de cette noblesse ? Les intérêts de celle-ci auraient pu pousser tel de ses membres à trahir les projets de rébellion. Il fut donc convenu, assure notre chroniqueur, de les tenir à l'écart. La véritable idée, pourtant, qui se cache derrière cette assertion gratuite, c'est de laisser aux seuls paysans, au peuple, tout le mérite de la victoire... Car au XVIe siècle, lorsque Tschudi rédigera son œuvre, cette noblesse locale aura presque partout disparu dans les campagnes, ses lignages éteints, ruinés – ou chassés. Elle sera remplacée par une aristocratie urbaine toute neuve alors, bien plus proche par ses origines et son idéologie de la paysannerie libre que d'un milieu seigneurial déconsidéré et désuet.

Malgré les sages précautions des trois initiateurs de l'« alliance » – ou peut-être en raison de leur zèle et du succès de leur idée auprès de ceux à qui ils s'en étaient ouverts –, le bouche à oreille fonctionna vite à travers les trois cantons; de sorte que la conjuration, le *Bund*, comporta bientôt de nombreux membres. Même quelques-uns des nobles d'Uri et d'Unterwald voulurent y adhérer. Si l'on voulait conserver l'avantage du secret, il fallait agir sans trop tarder. La seconde réunion prévue fut donc convoquée au lieu discret convenu, où les trois chefs amèneraient chacun trois ou quatre compagnons sages mais décidés. Cette réunion aurait pleins pouvoirs pour arrêter les plans de la rébellion.

Le lieu choisi fut une prairie d'accès difficile, tout au bord du bras uranais du lac des Quatre-Cantons, sur la rive qui fait face à celle où Guillaume Tell échappa audacieusement au vilain Gessler. C'est la prairie du Grutli*, devenue le lieu sacré de la démocratie suisse. Au vrai, l'endroit ne manque pas de grandeur, tourné vers l'eau mais encadré par la forêt qui grimpe vers l'escarpement du Seelisberg, à quelque quatre cents mètres au-dessus. Sur le Seelisberg et dominant de son architecture tarabiscotée l'illustre mais simple prairie, un vaste hôtel construit autour de 1900 abrite aujourd'hui, curieusement, un centre de yoga... De toute façon, le Grutli était un endroit propice par sa discrétion autant que par sa situation aux confins des trois cantons : les gens d'Uri pouvaient le rejoindre par le lac ou la rive, ceux de Schwyz par une courte traversée en barque, et ceux d'Unterwald en franchissant le Seelisberg par une marche point trop longue.

La rencontre aurait eu lieu nuitamment, en novembre 1307. Elle aurait décidé l'assaut simultané, au premier jour de l'an 1308, de tous les châteaux tenus par les agents des Habsbourg. La ruse prévaudrait sur la violence, il ne serait fait aucun mal aux baillis – Gessler, pourtant, allait tomber entre-temps sous la flèche de Guillaume Tell,

* Les sources anciennes, et Tschudi lui-même, hésitent entre deux graphies, *Rütli* ou *Grütli*. Le parler alémanique a opté pour la première, mais avec un *R* initial guttural qui a bien pu induire les francophones à retenir *Grutli*. *(G)Rütli* signifie un essart, un lieu déboisé.

décidément à contre-courant – ni à leurs gens : il conviendrait d'agir de telle sorte que le roi, suzerain reconnu des cantons (bien qu'Albert Ier fût un Habsbourg), ait le moins de raisons possibles de se sentir lésé. C'est toujours le souci de légitimer le coup de force des Suisses par le respect du droit et des institutions coutumières.

L'affaire des châteaux

La prise des châteaux mérite d'être racontée, davantage pour son romanesque que pour son authenticité. A la vérité, les indices documentaires et archéologiques sont bien minces pour confirmer le récit transmis et sans doute enrichi de génération en génération. C'est pourquoi les historiens ont généralement renoncé à y ajouter foi, d'autant que cette « affaire » est difficile à intégrer dans le déroulement réel des événements de l'époque. De l'autre côté, ce même déroulement n'est pas connu avec assez de clarté pour exclure l'hypothèse de ces coups de main simultanés. Les châteaux ont bel et bien existé, leurs traces sont encore lisibles sur le terrain, et certains semblent bien avoir été détruits ou abandonnés avec précipitation, plus ou moins autour de 1300... Le récit que je reproduis peut donc être plein de fantaisie dans le détail, mais n'est pas à rejeter sans appel quant à son fondement.

L'intervention solitaire de Guillaume Tell et l'assassinat du bailli d'Uri et de Schwyz, survenus (toujours selon la chronologie reconstituée de Tschudi) quelques jours à peine après la réunion des conjurés au Grutli, auraient mis ceux-ci dans un embarras tel qu'une nouvelle réunion nocturne sur la même prairie aurait été nécessaire. A guère plus d'un mois de l'échéance fatidique, il fut néanmoins convenu de ne modifier ni le plan, ni la date des assauts.

C'est donc au premier jour de l'an 1308 que l'affaire est supposée avoir eu lieu. A-t-il échappé à Tschudi qu'au Moyen Âge, dans le diocèse de Constance dont relève la

Suisse centrale, l'année commence au 25 décembre (style de Noël)? Mais à huit jours près... Zwing-Uri n'était encore qu'un chantier sans garnison, qui fut occupé sans problème par les Uranais et aussitôt démantelé. Aucune difficulté pour les Schwyzois non plus : la forteresse du Lauerz, que sa position sur un îlot escarpé eût probablement rendu inexpugnable par les paysans, était inoccupée... Ce qui tend à montrer – si l'épisode est vrai – que le parti autrichien ne se méfiait de rien; mais encore, que le peuple avait fort exagéré la menace que pouvaient représenter ces forteresses : à ses yeux, le symbole avait pu occulter la réalité. A Schwyz comme à Uri, la joie éclata aussitôt, et les habitants, toutes catégories sociales confondues, se promirent aide et protection mutuelles.

Les choses furent un peu plus compliquées en pays d'Unterwald. Il y avait là deux châteaux à conquérir, l'un à Sarnen, dans la vallée « en haut de la forêt » (Obwald) l'autre au Rotzberg, proche de Stans dans la vallée « d'en bas » (Nidwald). Obwald et Nidwald forment, aujourd'hui encore, les deux demi-cantons autonomes du pays d'Unterwald. Deux châteaux équipés et pourvus de garnison, celui de Sarnen abritant d'ailleurs le bailli d'Unterwald. Il était impensable de les prendre de force. Il fallait user de ruse.

A Sarnen, il était d'usage que les habitants d'Obwald, au premier jour de l'an, vinssent offrir au bailli quelque produit de la ferme : des poules ou un chapon, un chevreau ou un agneau, un veau même ou un cochon, chacun à sa guise. Le bailli les accueillait à l'intérieur de l'enceinte. C'est pour profiter de cette coutume qui donnait un accès collectif au château que les conjurés étaient tombés d'accord de patienter jusqu'à ce jour particulier pour lancer leur assaut général. A Obwald, l'effectif de la conjuration était d'une cinquantaine d'hommes. Vingt d'entre eux se présentèrent sans armes au château parmi la foule des paysans, apportant leurs cadeaux, tandis que les autres, armés, s'étaient dissimulés dans les taillis au pied de la forteresse. Le bailli, sans méfiance, laissa pénétrer les visiteurs, ravi de l'abondance des présents qu'on lui apportait, et les conduisit à la chapelle du château. Lorsque tous furent entrés, l'un des conjurés donna, par un son de cor, le signal convenu. Le groupe d'assaut sortit de ses taillis, pénétra par la porte restée ouverte et investit le donjon, où le bailli et la garnison n'eurent plus le temps de se retrancher – ils préférèrent prendre la fuite, malgré la neige, en direction de Lucerne. On renonça à les poursuivre : l'objectif était atteint.

C'est une chance plus intime comme une ruse très classique qui fut saisie à Rotzberg : les amours d'un des conjurés et d'une servante du château. Le galant convint avec sa belle qu'il viendrait passer auprès d'elle la nuit du nouvel an. Afin qu'il puisse sauter le mur et parvenir jusqu'à elle, elle devait lui lancer une corde fixée à une solive – il lui montra comment s'y prendre. La fille entra dans la combine sans y voir malice, ravie qu'elle était à l'idée de cette nuit d'amour... Ainsi fut fait, le garçon arriva jusqu'au lit de la servante et s'y coucha auprès d'elle. Mais après un moment, sous prétexte d'un besoin urgent, il ressortit et, au moyen de la même corde, fit monter l'un des conjurés qui attendaient au bas de la muraille. Puis il retourna chez la fille et lui fit l'amour tandis que les conjurés, l'un après l'autre, grimpaient à la corde et pénétraient dans le château... Ils se rendirent maîtres du personnel, quatre défenseurs seulement, et, pour éviter que l'alerte ne soit donnée au-dehors, attendirent jusqu'au lendemain à midi, sans laisser sortir personne, que fût confirmée la bonne fin de l'affaire à Sarnen.

Les deux châteaux d'Unterwald étaient pris et, pour ne pas se mettre davantage en tort vis-à-vis du bailli et de ses gens, on leur renvoya gentiment tous les objets personnels qu'ils avaient dû laisser derrière eux.

Le dimanche suivant, chaque canton envoya sa délégation pour conclure un pacte de dix ans et confirmer le serment des trois chefs de la conjuration, Walter Fürst, Werner Stauffacher et Arnold de Melchtal. Une autre version de la tradition, que Tschudi n'a pas retenue, évoque les feux allumés par les paysans sur les montagnes pour donner le signal de l'assaut (mais dans notre récit, un tel signal eût été superflu), ou pour annoncer la victoire. Ces feux de joie font aujourd'hui partie du rite de célébration de la fête nationale suisse. Celle-ci n'est pas fixée au premier jour de l'an, mais au 1er août, en souvenir du Pacte de 1291 que la tradition avait ignoré, ou confondu.

CHAPITRE II

Au pays de Guillaume Tell

« Ce pays ne renferme point de villes; les Alpes lui tiennent lieu d'une enceinte de murailles éternelles. »

Jean de MULLER,
Histoire des Suisses, t. III, p. 2.

Les « murailles éternelles »

Légende ou réalité : le monde de Guillaume Tell s'anime sur un territoire à la configuration singulière. Un espace étroit que divise encore la disposition des vallées, des lacs, des crêtes. Un territoire dont les contraintes naturelles, mais aussi les ressources et les chances qu'il offre à ses habitants, ont joué un rôle décisif dans tous les événements et dans les circonstances que nous évoquerons plus loin. Il convient donc que nous procédions d'abord à une reconnaissance sommaire des lieux.

Cet espace que nous allons visiter et où nous séjournerons le temps de ce livre est un espace à trois dimensions. C'est-à-dire que l'altitude, la verticalité y prennent autant ou probablement davantage d'importance que les distances exprimées en lieues ou en kilomètres. L'éloignement s'y mesure par l'effort d'une grimpée, le dos souvent chargé, en plein soleil ou dans la neige accumulée; la descente réduit cet éloignement de moitié, mais elle peut mettre à dure épreuve les muscles du marcheur. Le mauvais temps et la crue des torrents, le long hiver, saison des avalanches, isolent le haut des vallées et l'habitat reculé, obligent en tout cas à de longs détours par des sentiers plus sûrs.

La haute montagne, partout, domine le pays de Guillaume Tell. Aux avant-postes occidentaux, telle une succession de balcons sur le plateau helvétique, les Höhronen (1 229 m) et le Rossberg (1 560 m) verrouillent l'accès de Schwyz par le nord : c'est entre le flanc de ces deux sommets préalpins que les Suisses livreront en 1315 la bataille de Morgarten pour interdire le passage à l'armée autrichienne. Le Righi (1 798 m) – où Alphonse Daudet enverra Tartarin conquérir les Alpes – et le Pilate (2 120 m) encadrent Lucerne, porte de la première Suisse vers l'occident. Plus en arrière, mais au cœur du pays, le Titlis semble écraser de ses 3 240 mètres le monastère d'Engelberg (lui-même à 1 000 m) et règne sur le canton de Nidwald. A peu de distance vers le nord-est, et sans que la crête s'abaisse à moins de 2 300 m, le Rotstock d'Uri (2 928 m) et ses contreforts enferment l'étroite plaine de la Reuss autour d'Altdorf, 2 500 mètres plus bas. En face, le Grand Windgællen (3 188 m) surveille la route du Gothard entre la gorge des Schœllenen et la plaine; mais il n'est qu'une marche vers les massifs des Clarides (3 267 m) et du Tödi (3 614 m) au-delà desquels le Rhin a creusé son berceau et traverse les Grisons. Plus en arrière encore, c'est à dire vers le sud, la propre crête des Alpes, le massif du Gothard n'est pas excessivement élevé : il ne dépasse guère 3 000 m. Mais il ne descend pas non plus, au col même du Saint-Gothard, à moins de 2 100 m, de sorte qu'il forme une longue et puissante barre. Celle-ci, à l'ouest, se divise au col de la Furka (2 431 m) et autour du glacier du Rhône en deux branches : l'une remonte vers le nord (Dammastock, 3 630 m, Pointe du Susten, 3 500 m) et rejoint le Titlis; l'autre sépare les hautes vallées de l'Aar (Oberland bernois) et du Rhône (Haut-Valais) par une série de sommets parmi les plus prestigieux des Alpes, le massif de la Jungfrau (4 158 m).

La montagne, donc, partout clôt l'horizon au plus près et oblige à porter haut le regard pour découvrir un coin de ciel. Elle morcelle le paysage en sillons profonds qu'ont tracés les glaciers, en vallées latérales souvent suspendues, c'est-à-dire coupées de l'aval par un seuil, une gorge profonde généralement infranchissable sans travaux d'art. Elle distribue l'habitat en petites cellules blotties sur les rares sites propices – des localités qui aujourd'hui encore dépassent difficilement la taille du hameau et du village. Elle étage les activités de production et de service. Au fond des sillons et montant vers les cols qui permettent de communiquer, les routes de transit, un peu d'agriculture et, aujourd'hui, quelques petites et moyennes industries; là où le sillon s'élargit assez pour former une plaine alluviale, un bourg, un chef-lieu, un marché. Sur les flancs abrupts de ces vallées, la forêt s'aggripe partout où rochers et ravins la tolèrent, dense et sombre sur le revers, l'ubac où descend tôt l'ombre des hauts sommets; entrecoupée de quelques prairies et semée de granges sur l'adret mieux ensoleillé. Les vallons latéraux sont tapissés de prés en leur fond, et plus haut de paturages immenses qui s'élèvent à la rencontre des pierriers, des névés et des moraines glaciaires. Leur espace est aujourd'hui disputé par les installations de sports d'hiver, ou fermé par les barrages hydroélectriques dont les conduites forcées dessinent un gros trait vertical vers l'usine au fond de la vallée.

La montagne, menaçante et contraignante, mais nourricière et protectrice. Depuis des millénaires, les hommes, fascinés par elle, ont entrepris d'en dompter les forces et les ressources naturelles. Ils ont appris, et ne cessent d'apprendre, à en prévenir les dangers. Ils en ont traqué les richesses plus ou moins cachées : l'or parfois, recueilli dans le sable des rivières, ou d'autres métaux; mais la région des Alpes qui nous occupe ici en est désespérément pauvre; la végétation, le bois et l'herbe, dont ils ont tiré avec quelque succès le meilleur parti possible; le gibier encore, qui fit de Guillaume Tell et de ses compatriotes un peuple de chasseurs presque autant que de bergers. Autant de motifs qui ont créé une familiarité entre le montagnard et son environnement alpestre à travers une lutte sans merci dont aucun n'est jamais sorti ni tout à fait vainqueur, ni tout à fait vaincu, même encore à présent... De sorte que toute l'histoire que nous aurons à raconter sera imprégnée de l'air de ces montagnes, dominée et comme surveillée par elles. De cette histoire, au vrai, la montagne est le héros permanent, dont Guillaume Tell ou ses compagnons ne sont en définitive que les interprètes, les figurants, l'expression en chair et en sentiments d'hommes. Ils se sont identifiés à leur nature alpestre, et la mémoire collective n'a fait que renforcer pareille identité.

L'étoile à cinq branches

Reprenons notre marche et poursuivons l'exploration du pays de Guillaume Tell. Un pays dont l'espace s'organise en chaînes dressées et en sillons creusés. De ces chaînes, dont nous avons aperçu tout à l'heure les plus hauts sommets – presque tous inviolés, d'ailleurs, au temps de notre personnage : que serait-il allé chercher si haut, sinon peut-être à la poursuite d'un chamois? En contrebas, les sillons ne sont pas seulement les grandes cicatrices de la morphologie alpine, ils sont aussi les axes de la vie.

Le relief des Alpes centrales est creusé de cinq de ces sillons, qui partent tous du massif du Gothard en branches tortueuses. Vers le nord, le sillon de la Reuss, qui forme avec ses torrents affluents le pays d'Uri, puis le lac des Quatre-Cantons dont la rivière ressort à Lucerne pour traverser une partie du plateau suisse et rejoindre l'Aar et, à peine plus loin, le Rhin. C'est ce sillon qui deviendra le théâtre principal des événements que nous exposerons dans ce livre. Vers le sud (mais d'abord creusé obliquement vers le sud-est), le Tessin arrose le sillon de la Léventine jusqu'à la cluse de Bellinzone, la courte plaine de Magadino et le lac Majeur qui s'ouvre sur la Lombardie. Vers l'est descend la vallée du Rhin dit « antérieur » sur laquelle règne, à l'époque qui nous intéresse, le monastère de Disentis, installé à mi-parcours; l'autre branche du Rhin prend naissance assez loin, et les deux torrents ne se rejoignent qu'en plaine, un peu en amont de la vieille cité épiscopale de Coire, au cœur des Grisons. Vers l'ouest, enfin, les deux sillons presque parallèles du Rhône – le Valais – et de l'Aar qui fraye son chemin à travers l'Oberland bernois, les lacs de Brienz et de Thoune avant de traverser le plateau, de protéger d'une boucle serrée la ville de Berne et de longer enfin le pied oriental du Jura, jusqu'au Rhin. Les cinq fleuves jaillissent donc de leurs glaciers respectifs à fort courte distance les uns des autres : dans un rayon d'une quinzaine de kilomètres à peine. Et les cinq vallées communiquent, à l'altitude moyenne de quelque 2 000 m, par une série de passages fréquentés de tous temps, de sorte que leur histoire s'est constamment entremêlée. Du vallon d'Urseren (haute vallée de la Reuss) s'ouvre à peine vers le nord et l'aval la gorge des Schœllenen – le plus redoutable obstacle, nous le verrons, à tout trafic dans la région. Vers la Léventine et l'Italie, le col aisément accessible du Saint-Gothard. Vers le Rhin, celui de l'Oberalp. Vers le Rhône, celui de la Furka que relaie presque à portée de voix le col du Grimsel vers l'Aar et le pays bernois.

Le terrain de chasse de Guillaume Tell

Proches les uns des autres, les pays que dessinent ces vallées ont eu trop d'intérêts en commun, ou en compétition, pour s'ignorer mutuellement. La rencontre des peuples qui les ont animés, nous le verrons, n'a pas été toujours fraternelle : conflits de bergers pour l'usage d'une bonne pâture, de transporteurs autour d'un privilège de convoi, entre autres, scandent leur histoire... Ces pays ont en tout cas joué tous un rôle dans notre affaire.

Néanmoins, nous pouvons concentrer désormais notre attention sur la propre région de Guillaume Tell : le sillon septentrional de la Reuss – le pays d'Uri – et les pentes qui s'inclinent vers le même lac, les pays de Schwyz et d'Unterwald. Cette première Suisse que l'on dit parfois « primitive » à l'indignation de ses habitants – l'expression n'est qu'une fâcheuse, mais ancienne, traduction de l'expression germanique *Ur-Schweiz* : la Suisse des débuts.

Le territoire à parcourir n'est pas bien grand. Les trois cantons, dans leurs limites actuelles, couvrent ensemble 2 751 km^2 (Uri, 1 076 km^2; Schwyz, 908 km^2; Unterwald, 767 km^2), soit un quinzième à peine de la Suisse d'aujourd'hui ou la moitié seulement d'un département français comparable par sa nature, celui des Hautes-Alpes (5 520 km^2). Et cet espace exigu est composé pour un bon tiers de ravins, de rochers, de glaces et de névés (707 km^2) ou de lacs (134 km^2). La forêt en occupe près d'un quart, les pâturages d'altitude un autre quart. Ces mesures, il est vrai, reflètent l'état présent de la répartition du sol. Les siècles n'ont pourtant apporté que d'infimes changements; la forêt sur les collines moins escarpées, les cultures sur les versants ensoleillés ont pu reculer au profit des prairies; mais le rythme du paysage n'en a guère été affecté, beaucoup moins que par les agressions de la civilisation moderne : barrages hydro-électriques, urbanisation, chemins de fer et autoroutes, hôtellerie, pistes et remontées mécaniques pour skieurs... D'autre part, la répartition entre sols stériles ou utiles n'est pas égale pour les trois cantons, qui offrent des contrastes vifs. Préalpins, moins élevés en moyenne et un peu moins accidentés, Unterwald et Schwyz sont mieux pourvus de sol utile qu'Uri enfoncé dans les Alpes et dont l'espace improductif, près de 600 km^2, occupe plus de place que champs, prairies, pâturages, forêts et habitats additionnés.

Un lac pour quatre cantons

Lové entre les montagnes, un lac – le lac. Ses étranges méandres dessinent la ligne de rassemblement des trois cantons primitifs et viennent buter à son extrémité occidentale sur une ancienne moraine frontale d'où la Reuss s'échappe vers le plateau : site privilégié où sera fondée peu avant 1200 la ville de Lucerne, qui rejoindra l'alliance en 1332 et deviendra ainsi le quatrième canton. C'est ainsi, faute d'une dénomination plus ancienne, que « le lac » restera pour cartographes et touristes celui des Quatre-Cantons. Sa place dans la vie quotidienne, dans l'histoire politique, mais aussi dans la sensibilité et la conscience collective des populations d'alentour, est essentielle. Vers lui convergent les torrents, les chemins, les hommes. Sur ses eaux circulent les marchandises – les épices d'Orient, le sel de la Méditerranée, les draps de Flandres aussi bien que le fromage des alpages ou le bois des forêts voisines. Sur lui se croisent les idées, se forgent les projets, se jouent les destins. D'une rive à l'autre s'échangent les signaux. Aux récits de Guillaume Tell et des Trois Suisses le lac ne prête pas son décor seulement, il intervient dans l'intrigue. Comme la montagne, il est acteur dans l'histoire des pays qu'il baigne. Un acteur avec ses humeurs; car c'est un lac dangereux, comme le bailli Gessler en fit la dramatique expérience. Lorsque le foehn, ce vent chaud et lourd qui vient du sud, dévale les pentes et s'abat en rafales sur les eaux, les bateliers surpris doivent mettre toute leur adresse et une solide expérience à manœuvrer parmi les vagues courtes mais hautes et entre les falaises.

Quoique situé déjà à la basse altitude du plateau, à 434 m, le lac des Quatre-Cantons est un vrai lac alpin. Il s'étire sur quelque trente-cinq kilomètres, mais rarement plus de trois ou quatre de large, par endroit quelques centaines de mètres seulement. Il commence par prolonger la courte plaine alluviale de la Reuss, en tendant vers le nord un fjord étroit, à tel point encaissé entre les montagnes de part et d'autre qu'il est impossible d'en longer régulièrement les rives, même à pied. Tout trafic a dû emprunter nécessairement la voie d'eau jusqu'à la construction, au début du XIXe siècle, de l'*Axenstrasse* à travers les falaises orientales percées de nombreuses galeries. C'est en contrebas d'une de ces falaises que s'offrit à Tell la dalle salvatrice qui garde son nom. A la tête du lac et non loin d'Altdorf, le port de Fluelen revêt donc une importance particulière. Ce premier bras est appelé lac d'Uri.

Au nord, ce lac d'Uri s'étrangle entre le Seelisberg, du côté ouest, le plateau de Morschach et la falaise du « Saut du loup » en face. Il baigne le bourg de Brunnen et la plaine de Schwyz formée par les alluvions de la Muota. Mais il bute aussitôt sur les contreforts orientaux du Righi. A la hauteur de Brunnen, le lac tourne donc brusquement en direction du sud-ouest, s'élargit ensuite vers l'ouest et la large baie de Buochs (Nidwald). Mais il est étranglé de nouveau et se faufile par un détroit de cinq cent mètres à peine entre une autre arête du Righi et l'éperon du Burgenstock. Au-delà de cette passe, la troisième section du lac des Quatre-Cantons forme une vaste croix à quatre branches dont les têtes sont Vitznau en amont, Kussnacht (résidence de Gessler) au nord, Stansstad et le lac secondaire d'Alpnach au sud, Lucerne enfin, à l'ouest.

Au pays du taureau

Le pays d'*Uri*, en tête et surtout en amont du lac, s'identifie avec le bassin supérieur de la Reuss. Un bassin de faible étendue, nous l'avons constaté, d'autant plus ramassé, où l'érosion par les glaces et les torrents a entaillé le relief avec une brutalité extrême. Les dénivellations, de 400 à 3 600 m, y sont fortes, les pentes particulièrement escarpées, les gorges nombreuses et profondes. Les contrastes du climat, même entre zones habitées, y sont violents, et spectaculaires les variations du paysage sur de courtes distances. Ces différences, comme l'isolement naturel des vallées latérales, ne sont pas innocentes, elles contribuent à forger la mentalité des habitants. Lorsqu'il descend vers Altdorf, à quelques heures de marche de son chalet, le berger contemporain de Guillaume Tell, et le nôtre à peine moins, ressentent fortement le changement d'environnement physique autant que social.

Tout en bas et prête à se perdre dans le lac, l'étroite plaine où le torrent a déposé ses alluvions dans l'ancien lit du glacier : deux kilomètres de large, cinq de profondeur, où soufflent les vents presque sans cesse : du nord la bise froide ou du sud le foehn qui nettoie le ciel, réchauffe et assèche l'air mais rend les gens nerveux et provoque la migraine. Les grosses tempêtes de foehn ont toujours été redoutées; elles déclenchaient jadis les incendies; elles ravagent les forêts. La plaine est cependant le seul terrain quelque peu fertile du canton, où se concentrent les cultures – au Moyen Âge même un peu de vignes; mais celles-ci ne sont plus mentionnées, autour d'Altdorf et de Burglen, après 1482. C'est là aussi que se concentrent les activités collectives : Altdorf, le seul bourg du pays, en est aussi au XIIIe siècle le chef-lieu, avec droit de marché. A Altdorf et dans quelques proches villages résident les notables, les quelques lignages de paysans-nobles que nous apprendrons à connaître plus loin. Là vivent aussi, au temps de Guillaume Tell, la plus grande part des habitants : à Altdorf, mais aussi à Burglen – foyer supposé de notre héros – sur un site légèrement surélevé à l'entrée du vallon de Schæchen qui mène, par le col du Klausen, vers le canton de Glaris; à Attinghausen et à Seedorf en face, sur la rive occidentale de la Reuss; et bien sûr à Fluelen, avec sa population de bateliers, de muletiers, de débardeurs et d'employés du péage.

En amont d'Attinghausen, la plaine se ressère encore jusqu'à n'avoir guère plus de quelques centaines de mètres de large, sur lesquels la Reuss de jadis divaguait, ne laissant place qu'à quelques champs ou prairies, quelques pieds de vigne sur les basses pentes ensoleillées.

Mais très vite, de part et d'autre, les versants deviennent abrupts et l'ombre plus épaisse au fond du couloir. Erstfeld, le champ que laisse derrière lui le voyageur montant vers le Gothard, n'est guère encore plus haut que le niveau du lac; mais la plaine s'arrête là. Le prochain village, Silenen, s'accroche déjà aux flancs de la vallée et Amsteg (« A la montée ») est comme enfoncé dans un trou que ferment les montagnes, de tous côtés. Le chemin désormais devient raide le long du torrent jusqu'à Wassen et Gœschenen enfin, le dernier village, où s'ouvrent aujourd'hui les tunnels ferroviaire et autoroutier du Gothard, à 1 100 m.

Au-delà de Gœschenen, il semble que l'on ait atteint l'extrémité de la vallée, et avec elle le bout du monde. Sauf un vallon assez souriant vers l'ouest mais qui ne mène nulle part, le voyageur se trouve devant un mur de rochers, de névés et de crêtes finement découpées très haut sur le ciel. Là s'arrêtait en effet l'ancien pays d'Uri. Là surgit la Reuss au sortir d'une gorge que ses détours et ses murailles verticales de plusieurs centaines de mètres rendent parfaitement impraticable sans travaux d'art : nous verrons plus loin comment ceux-ci furent entrepris au début du XIIIe siècle afin d'ouvrir au trafic la gorge des Schœllenen, de communiquer avec les pays du Midi et de faire du Gothard l'un des grands axes de communication de l'Europe. L'événement aura une portée incalculable et se trouve directement mêlé aux circonstances et aux épisodes qui font l'objet de ce livre.

Pénétrons dans les Schœllenen. Le délicat pont en voûte qui traversait la Reuss un peu en amont de Gœschenen témoignait jusqu'à peu de l'art des constructeurs d'autrefois; il n'a pas su, hélas, résister à la terrible crue du torrent d'août 1987... Suivons néanmoins le chemin muletier qui s'engage dans la gorge; mais des passerelles de jadis il ne reste que les traces. Ou plus sûrement, empruntons la route carrossable et ses lacets serrés (attention au verglas!) ou encore le chemin de fer à voie étroite et à crémaillère (mais qui, tout en tunnels, ne laisse guère apercevoir le paysage dramatique). Ces trois voies se rejoignent vers le haut de la gorge, à son point le plus étroit, là où la configuration des rochers oblige à franchir la Reuss qui s'écoule en cascades : le Pont du Diable du XIIIe siècle, probablement au ras des eaux, a fait place à un pont du XVIIe siècle, conservé mais doublé par ceux de la route moderne et du chemin de fer.

Une antichambre du paradis

A peine a-t-il franchi le Pont du Diable que le voyageur voit s'écarter enfin les parois qui l'oppressaient et découvre un paysage nouveau, harmonieusement dégagé : le vallon d'Urseren, cuvette glaciaire orientée d'ouest en est. Ses rebords réguliers sont peu élevés relativement; une lumière que l'altitude rend plus transparente inonde d'immenses pâturages. L'impression de soulagement, que bien des voyageurs d'autrefois ont avouée, le sentiment d'approcher du paradis sont accentués par l'absence presque complète de la forêt et de ses taches sombres. La déforestation d'Urseren n'a cependant démarré qu'au XIVe siècle, avec l'exploitation plus intensive du vallon.

Singulier district que ce vallon coupé du monde, suspendu au ciel à quelque 1500 m d'altitude, où la Reuss prend paisiblement naissance avant de s'engouffrer par le « Trou d'Uri » dans la gorge des Schœllenen qui l'isole du pays aval. En revanche, les dépressions que les glaciers ont abrasées aux deux extrémités du vallon et, sur son flanc méridional, les cols de la Furka, de l'Oberalp et du Gothard, en assuraient l'accès commode à partir des vallées voisines. De fait, ce vaste et plantureux pâturage fit partie de la dotation du monastère de Disentis, dans la vallée du Rhin, dès la fondation de celui-ci au VIIIe siècle. D'abord à peine occupé, l'été seulement, par des bergers de Léventine et leurs troupeaux, le vallon fut peu à peu colonisé par des immigrants venus de tous les côtés. Ils se groupèrent autour de l'église paroissiale au bas du chemin de l'Oberalp et non loin du « Trou d'Uri », en aval du village plus récent d'Andermatt, ou bien à Hospenthal, au pied du Gothard, où une auberge offrait refuge aux voyageurs et où une forteresse contrôlait le trafic. Le développement du trafic par le Gothard au XIIIe siècle assura aux habitants une source supplémentaire de revenus; mais il conféra au vallon une valeur stratégique nouvelle dont s'avisèrent vite les Habsbourg. Coincés entre leur dépendance de l'abbé de Disentis et le pouvoir d'avoué exercé par les agents de l'empereur, les bergers d'Urseren se sentirent de plus en plus solidaires de leurs voisins uranais. De sorte qu'Urseren lia son destin de fait à celui d'Uri bien avant que la petite communauté ne s'associe formellement à la basse vallée, en 1410, et ne se libère des droits seigneuriaux de Disentis, par rachat, en 1649.

La vie et le destin du pays d'Uri tout entier tiennent étroitement au fil de la rivière. Du haut vallon d'Urseren jusqu'en bas, jusqu'au lac, les villages et les paroisses s'égrènent à portée respectueuse du tumulte de son cours. Les vallées latérales, presque toutes suspendues fort au-dessus du sillon de la Reuss et donc isolées par une cluse profonde, n'ont guère retenu, autrefois, une population stable. Elles accueillaient les troupeaux, de juin à septembre; elles offraient, dans leur fond, une herbe haute et riche que les paysans venaient faucher en été et descendaient vers les granges des quartiers d'hiver. C'est pourquoi les villages se sont accrochés tous au débouché de ces vallées latérales sur la Reuss.

L'ombre des Mythen

Le pays de *Schwyz* ne présente pas la même structure axiale que celui d'Uri. Il est plus composite. Et d'ailleurs, à l'époque qui nous occupe, il est encore loin d'avoir atteint l'extension du canton moderne.

Le territoire original de Schwyz au temps de Werner Stauffacher comportait trois zones distinctes. Au centre, la petite plaine formée par les alluvions d'un gros affluent oriental du lac des Quatre-Cantons, la Muota. A l'estuaire du torrent, la plaine s'étrangle et laisse tout juste la place au petit port de Brunnen, par où passe tout trafic entre Schwyz et ses confédérés. En amont, la plaine est à peine plus large, presque en carré de quatre à cinq kilomètres de côté. Vers le nord-ouest les pentes boisées du massif du Righi, vers le sud d'autres collines forestières l'encadrent d'un tracé net, abrupt. Vers le nord-est, la plaine vient mourir au pied de terrasses plus hospitalières : c'est là, à l'abri des inondations fréquentes de la Muota, que s'est fixé le chef-lieu, le bourg même de Schwyz. Vers l'arrière, les deux dents pointues des Mythen, dressées à près de 2 000 m, dominent le site.

La haute vallée de la Muota constitue la deuxième zone, profondément entaillée vers l'est. C'est la partie proprement montagneuse du pays de Schwyz, qui n'atteint cependant ni les hauteurs uranaises, ni leur caractère sauvage. La vallée est plus large, plus douce et plus fertile. Elle est plus accueillante. Quoique privée des profits du trafic de transit, elle a très tôt retenu paysans et bergers dans deux ou trois villages.

La troisième zone du pays prolonge vers le nord la plaine de Schwyz en contournant l'éperon oriental du Righi. Elle occupe comme un vaste amphithéâtre dont le versant nord du Righi forme le mur de fond. Au creux de la cuvette, le petit lac de Lauerz et ses marécages baignent les collines en gradins qui portent le village de Steinen, au sortir d'un vallon.

Du Lauerz, un passage large et commode entre le Righi et le Rossberg donne accès à la dépression du lac de Zoug, vers le port d'Arth. C'est la véritable porte de Schwyz vers le plateau helvétique, mais en retour la voie d'invasion la plus redoutable. Beaucoup plus tard, le 2 septembre 1806, un énorme éboulement descendu du Rossberg viendra ensevelir le hameau de Goldau, clef du passage, combler en partie le lac de Lauerz et vérouiller cette porte. Mais celle-ci, jusque-là, resta béante. Vers 1300, ni Goldau, ni Arth, ni donc la clef de Schwyz n'étaient encore dans la mouvance de celui-ci. Mais ce fut l'un des premiers territoires extérieurs dont les Schwyzois s'efforcèrent d'assurer le contrôle.

Au nord du pays de Schwyz s'étend une vaste région préalpine de vallons boisés encaissés, de collines et de marais. Les eaux en sont drainées par la Sihl, une rivière étrangère au bassin de la Reuss : son cours capricieux guidé par d'anciennes moraines s'écoule jusqu'à la ville de Zurich où elle rejoint l'émissaire du lac de Zurich, la Limmat. Au cœur de cette profonde forêt, le prestigieux monastère d'Einsiedeln et ses terres domaniales : des pâturages et des prairies que les Schwyzois n'ont cessé de disputer aux moines. Zone austère et inhospitalière, assez riche pourtant, et de quelque importance stratégique pour la sécurité de Schwyz; plusieurs chemins conduisent de celle-ci vers Zoug ou vers les « marches » (les limites) du bassin zurichois – nous les retrouverons dans quelques épisodes de notre affaire.

L'influence agressive de Schwyz s'est intéressée beaucoup moins aux quelques villages de pêcheurs et de bateliers serrés entre le rocher du Righi et le lac des Quatre-Cantons. Ces villages, tel Gersau, poursuivront longtemps une existence parfaitement autonome, à l'écart des agitations qui occupaient leurs voisins.

Les demi-frères forestiers

Le pays d'*Unterwald* ne serait-il au fond qu'une abstraction politique ? Son territoire n'a jamais abrité, en effet, une seule communauté rassemblée par les mêmes intérêts et les mêmes institutions, comme celles d'Uri ou de Schwyz, mais deux communautés qui n'ont cessé de se sentir et se vouloir distinctes. Certes, la géographie et toute une suite de circonstances les ont constamment associées. Elles ont trouvé maintes fois leur avantage à faire front commun vis-à-vis du monde extérieur qui, en retour, les a facilement confondues ou agglomérées. Jusqu'au XIIIe siècle, leur union resta relativement étroite. Mais leur intégration dans la toute jeune Confédération, en les dégageant des pressions féodales, encouragèrent les forces centrifuges et les aspirations des deux vallées à l'autonomie interne, alors même que les deux autres cantons de l'alliance insistaient à n'y voir qu'un seul partenaire. L'équivoque a perduré jusqu'à nos jours : l'Unterwald n'a pas d'existence institutionnelle propre, il est présent dans la Suisse actuelle par les deux demi-cantons qu'il persiste à distinguer.

Deux communautés, donc : Obwald et Nidwald. Ou, comme on disait autrefois, *Ob dem Wald*, *Nid dem Wald*, littéralement : le pays en dessus, en dessous de la forêt. Ce qui laisse supposer une superposition des deux districts : il n'en est rien. Sinon que le Nidwald n'occupe pas seulement son étroite vallée, mais s'étale au sortir de celle-ci sur toute la rive méridionale du lac des Quatre-Cantons, depuis la pointe de la section uranaise, le Seelisberg, jusqu'au territoire de Lucerne. L'Obwald est ainsi comme rejeté vers l'arrière-pays, sans accès immédiat vers le lac.

Quelle que soit l'origine de ces dénominations, celles-ci soulignent assez la nature préalpine, humide et forestière de la région. L'Unterwald tout entier, que les documents les plus anciens appellent *inter silvas*, « au milieu des forêts », était autrefois perçu comme un vaste manteau forestier s'élevant progressivement, d'éperon en escarpement, jusqu'aux montagnes qui ferment l'horizon vers le midi.

L'Obwald est donc coupé du lac des Quatre-Cantons. Mais il a de quoi s'en consoler. Il a d'ailleurs ses lacs aussi, étagés au fil de sa vallée où coule l'Aa (l'eau, tout simplement), dite l'Aa de Sarnen pour la distinguer de l'Aa d'Engelberg qui arrose le Nidwald. Tout en bas, le lac d'Alpnach, partagé avec le Nidwald, et qui n'est en fait qu'un prolongement du grand lac avec lequel il communique par un détroit de quelques pieds. Plus haut, le lac de Sarnen, qui tient son nom du bourg et chef-lieu du pays, établi à sa sortie. Et plus haut encore, le petit lac de Lungern. Cette enfilade de bassins naturels révèle une vallée large, à pente modérée, aux profils latéraux bien usés par l'érosion. Seule la vallée latérale du Melchtal, sur la rive droite de l'Aa, offre un aspect plus sauvage, un environnement plus rude. Un territoire où, en somme, le climat est plus amène qu'en Uri, l'espace plus hospitalier que dans l'arrière-pays de Schwyz. Où la forêt n'a point empêché les habitants d'étaler au soleil leurs champs et leurs prairies. Jusqu'à la fin du Moyen Âge, l'Obwald restera, de toute la « Suisse forestière » – des trois cantons –, la seule zone exportatrice de grains vers le marché proche de Lucerne.

Un pays assez prospère. Et de plus, le fond de la vallée, par un seuil à faible altitude – le col du Brunig, 1 000 m –, ouvre la vue sur l'éclatant massif de la Jungfrau et toute la chaîne des Alpes bernoises; il permet surtout l'accès vers la haute vallée de l'Aar et de là vers Berne et la Suisse occidentale. De sorte que, loin d'être isolé, l'Obwald a toujours été un pays de transit, d'échanges ou de contrebande. Il n'a pas connu, comme Uri, un grand trafic international. Mais il a offert à ses paysans le choix d'un double débouché, l'alternative des marchés : l'avantage n'est point négligeable.

Le Nidwald n'a pas eu cette chance. C'est sans doute pourquoi il s'est trouvé souvent, autrefois, en condition d'infériorité par rapport au pays jumeau. C'est bien lui qui exprima le plus fort ses prétentions à l'autonomie, pour échapper au risque de soumission de fait à la communauté voisine mieux pourvue. Au risque de dépendance du pays moins développé envers le plus avancé.

Nidwald a aussi un relief plus tourmenté, plus compliqué. La partie basse du pays consiste, comme à Uri et Schwyz, en une courte plaine alluviale, celle de l'Aa d'Engelberg. Une plaine qui tend un bras étroit à l'ouest et un autre plus large à l'est, tous deux se perdant dans le lac des Quatre-Cantons, dans des golfes que sépare le rocher massif du Burgenstock – aujourd'hui villégiature de grand luxe, tel un haut balcon porté à cinq cent mètres au-dessus des eaux, face au Righi. Le chef-lieu de Nidwald, le bourg de Stans, s'étale dans la plaine, à quelque distance du lac et du port de Stansstad, sur le bras occidental. Aujourd'hui fertile – et industrialisée –, la plaine ne fut guère, jusqu'au XIXe siècle, que le lit divaguant de l'Aa. Cette rivière a d'ailleurs été déviée au XIXe siècle vers le bras oriental et la baie de Buochs, afin de mieux drainer et assainir ce morceau de territoire.

En amont de Stans commence la vallée proprement dite, longue – une vingtaine de kilomètres –, encaissée, couverte de forêts sur l'ubac surtout, particulièrement abrupt. Quelques modestes villages, Buren, Wolfenschiessen, rassemblent leurs maisons au bord de l'eau et du chemin; les prairies s'étagent sur l'adret, le versant mieux accessible et ensoleillé.

Le pâturage des moines

Mais le pays de Nidwald s'arrête tout à coup, au milieu de la vallée, sans raison naturelle apparente, orographique ou hydrographique. C'est que le voyageur pénètre ici sur les terres du monastère d'Engelberg. Comme autour de Disentis et d'Einsiedeln, que nous avons rencontrés déjà, les bénédictins retirés dans la montagne se sont constitués comme une petite principauté tout en forêts, en prairies et en alpages, qui assure tant bien que mal leur subsistance. Le couvent lui-même se dresse sur un plateau où s'élargit la vallée, à 1 000 m d'altitude, au cœur d'un large cirque de hautes montagnes dont émerge le Titlis, deux mille trois cents mètres au-dessus des bâtiments monastiques. Vers l'est et les sources de l'Aa, les pâturages s'élèvent dans le vallon des Surènes (*Surenen*) jusqu'au col du même nom qui communique avec Uri. Un passage malcommode, à des heures de marche de tout lieu habité. Où pourtant les gens du monastère et les bergers uranais se sont affrontés maintes fois pour le droit d'y faire paître leurs troupeaux – motif de longs procès, au Moyen Âge, devant les instances judiciaires impériales.

Le voisinage des Nidwaldiens avec les moines n'a pas été plus facile ni plus courtois : entre le bas et le haut de la vallée, comme ce fut si souvent le cas dans toutes les Alpes, deux mondes, deux sensibilités, deux orgueils – et maints intérêts divergent – ne cessent de s'affronter. L'animosité fut si durable que lors de la dissolution de la principauté ecclésiastique, en 1798, ses habitants ne supportèrent pas l'idée d'être englobés dans le demi-canton de Nidwald, comme la nature le suggérait. Dès 1815, à la faveur du nouveau pacte des 22 Cantons, ils se firent rattacher au demi-canton d'Obwald, vers lequel ils n'avaient pourtant aucune voie normalement praticable. Il en est toujours ainsi.

L'espace des Waldstetten peut sembler minuscule, mesuré à l'aune des pays de plaine. Le parcours rapide que nous venons d'en faire, sans pénétrer dans chaque vallon ni gravir chacun des innombrables sommets qui le ponctuent, a pu en signaler la structure complexe, les contrastes, les difficultés de communication, de cohabitation, ou de vie, tout simplement. Les obstacles naturels, les exigences autonomistes de chaque communauté, ses habitudes propres ou ses besoins matériels, ses usages dialectaux, ses attitudes mentales : autant de facteurs de déséquilibre, de mésentente ou d'indifférence réciproque. Autant de forces centrifuges. Et pourtant, tous ces petits peuples isolés par leurs montagnes, leurs lacs, leurs ambitions, se sont rassemblés, se sont alliés. Ce n'est pas simple illusion d'optique historique, pure projection d'une tradition sur un passé mal connu et mythifié. C'est bien l'effet d'une pression étrangère qui s'est exercée sur toute la région. Les habitants l'ont perçue comme intolérable à tel point qu'elle a occulté leurs différences et forcé sinon l'unité, en tous cas la solidarité. Si la tradition, plus tard, a déformé le souvenir pour l'enjoliver, elle ne l'a certes point inventé tout à fait.

CHAPITRE III

Le labyrinthe d'une tradition

L'imbroglio de l'« affaire Guillaume Tell »

Nous connaissons à présent, dans leurs dessins les plus sensibles, les récits que nous a transmis une tradition plus ou moins bavarde; et l'espace qui leur sert à la fois d'enjeu et de cadre.

Il s'agit maintenant de confronter cette histoire, ou ces histoires, à l'Histoire – à ce que, de celle-ci, nous pouvons retenir avec quelque certitude. Et en premier lieu, de confronter ces histoires avec elles-mêmes, avec la réalité voilée, très voilée sans doute, dont elles portent le reflet. De repérer les balises qui signalent le long chemin et la maturation de ces histoires dans la conscience d'un peuple et d'une nation en devenir. Et d'interroger ces histoires non plus seulement quant à leur déroulement narratif, quant à la séquence d'événements qu'elles rappellent ou imaginent, mais quant à leur contenu, leur témoignage explicite et surtout implicite.

L'aventure de Guillaume Tell et celles des Trois Suisses, de leur serment et de l'assaut des châteaux, qu'elles soient réelles dans leur totalité, ce qui est improbable, ou truffées d'ajouts et d'emprunts à d'autres légendes, constituent en tout cas un labyrinthe au cœur duquel le temps s'est égaré. Un labyrinthe qui n'a rien à envier à celui où, au nom de la rose, Umberto Eco a entraîné ensemble des moines du XIIe siècle pervertis par leur propre discours et les lecteurs fascinés du XXe siècle. L'un et l'autre – est-ce un hasard ? – tracés dans l'ombre des Alpes.

Il nous faut donc tenter de décrypter le message que livre, mais cache en même temps, le labyrinthe. D'interpréter, donc, nos histoires afin d'en déceler le sens dans une histoire de plus longue durée et de plus grande portée. Le sens ? Un double sens, en fait. Car le corpus d'anecdotes dont j'ai rappelé les plus significatives au seuil de ce livre est porteur d'un double message : celui, réaliste et qui se croit objectif, sur le temps de Guillaume Tell et sur les origines de la Suisse, quelque part entre 1240 et 1315, dates larges. Mais encore, le message subjectif, celui qui est inscrit entre les lignes du récit, fort lisible cependant à qui s'en donne la peine. Celui-ci nous transmet la représentation de ces circonstances telle que se la forgèrent les générations ultérieures ; une représentation imprégnée par les conceptions idéologiques du milieu social et culturel auquel ont appartenu les auteurs, identifiés ou inconnus, qui peu à peu rassemblèrent les éléments d'un récit transmis jusqu'alors oralement, et les notèrent.

Cette interprétation n'est pas commode. D'abord, parce que les documents fiables sur lesquels elle voudrait pouvoir s'appuyer sont peu nombreux et le plus souvent excentriques, c'est-à-dire qu'ils proviennent presque tous de milieux extérieurs à la Suisse naissante, et souvent même étrangers à l'affaire. Ils sont donc vagues, sommaires, peu consistants en somme. Ils se contredisent entre eux joyeusement. Pis encore, notre interprétation est compliquée par deux siècles de polémiques, de débats acerbes entre historiens de tous poils dont l'érudition, parfois étourdissante, n'a été qu'un vernis destiné à parer d'autorité scientifique les idées préconçues. S'y retrouver dans le fatras d'une énorme littérature, passablement indigeste, où textes, faits et arguments sont inlassablement repris à la sauce de chacun, est devenu presque impossible. De bonne heure, le débat s'est politisé, sous des formes variées. A mesure que se sacralisait, dans l'opinion suisse et internationale, la figure de Guillaume Tell et de ses compagnons présumés, la discussion a pris un tour émotionnel dont elle n'est, hélas, plus sortie. Dès le milieu du XIXe siècle, Tell est devenu l'objet d'une sorte d'« affaire Dreyfus » helvétique qui n'a jamais trouvé d'apaisement. Et l'analogie n'est pas simple figure de style : Guillaume Tell, symbole de liberté et d'unité des Suisses, a fini par les diviser – tout au moins leur élite intellectuelle. Passionnelle mais pédante, la bataille, loin de préserver la courtoisie d'usage entre gens de même et bonne compagnie, a déchaîné les violences verbales des historiens suisses, allemands, autrichiens, sans d'ailleurs que le clivage des opinions suive les frontières des atlas.

Nous allons tenter de mettre un peu d'ordre dans cette affaire, sans prétendre – comment le pourrais-je en reprenant pareil héritage? – échapper à toute influence des sentiments de mes devanciers, ni à toute émotion.

Poser le problème est au fond assez simple. Il s'agit d'évaluer le degré d'authenticité des récits. Entre la foi limpide qu'on leur a longtemps accordée et que l'imagination populaire persiste en général à professer – soutenue par quelques historiens, peu nombreux – et le rejet total au rayon des fables que demandent avec insistance un autre parti d'historiens volontiers reçu par les esprits critiques et révisionnistes de tous bords, entre ces positions extrêmes, que pouvons-nous retenir? Il est certain que maints détails sont venus peu à peu corser l'histoire – mais lesquels? Et quels sont ceux, dans quel ordre, avec quel sens, que nous pouvons légitimement retenir comme l'expression, ou le résidu, d'une réalité historique?

Une telle évaluation va devoir suivre ces trois chemins : une première démarche, assez brève pour ne pas accabler le lecteur avec trop d'érudition, retracera la genèse littéraire de la tradition qui nous livre les aventures de Guillaume Tell et les entreprises des premiers confédérés. Une deuxième démarche analysera le contenu même du récit pour y déceler cohérences et incohérences, vraisemblances et invraisemblances. Nous essaierons, en d'autres termes, de séparer l'ivraie et le bon grain – sans cependant que cet exercice conduise à trop de certitudes. Ces deux démarches feront l'objet du présent chapitre et du suivant.

Beaucoup plus développée, la troisième démarche occupera le cœur de ce livre, sa deuxième partie. Là, le récit sera confronté à l'histoire, sa validité jugée à travers ce que nous pouvons connaître du lent développement du peuple dont Guillaume Tell fut le héros, réel ou imaginaire, mais le héros en tout cas. Développement politique, économique, social, religieux, culturel – tous éléments dont seule la synthèse en longue durée peut, peut-être, livrer la clef de nos récits et en situer la valeur. Au-delà des prestations littéraires, musicales et artistiques diverses et innombrables qu'ils ont inspirés. Mais en deça du mythe de Guillaume Tell que les siècles ont forgé et que les érudits les plus acharnés ont à peine égratigné.

Ombres et lumières sur la naissance littéraire de Guillaume Tell

C'est un fait, pour le moins troublant, que le nom de Guillaume Tell et l'évocation de ses exploits n'ont été notés en des textes qui nous soient parvenus qu'un bon siècle et demi après l'époque où la chronique situe l'épisode éphémère de sa vie. Il n'en faut pas plus pour que plane un doute sur l'authenticité de cet épisode, sur l'existence même du héros. Plus heureux, certains de ses compagnons, les Trois Suisses Werner Stauffacher, Walter Fürst, Arnold de Melchtal, sont mis hors d'un tel doute par les documents d'époque qui confirment bien leur existence, mais ignorent naturellement les entreprises dont on leur prête l'initiative et la direction. Notables, avec bien d'autres, ils ont pu participer aux négociations conclues par le Pacte de 1291 comme aux événements des années suivantes jusqu'à Morgarten et au renouvellement du pacte en 1315. Mais tout ce que la tradition nous raconte est totalement absent des documents d'époque. Ce qui, d'ailleurs, ne signifie rien : les documents en provenance des Waldstetten, où l'on ne savait guère écrire et où toute connaissance et presque tout acte public restaient gravés dans les mémoires et témoignés oralement, sont excessivement rares. Quelques-uns, en outre, se sont sans doute perdus. Les archives d'Uri brûlèrent en 1799, victimes de la guerre que portèrent jusqu'au cœur des Alpes l'armée française du général Masséna et l'armée de la Coalition qui fit retraite par le Gothard sous la conduite du général Souvorov. En conséquence, nous ne disposons d'aucun signe de vie de Guillaume Tell qui soit de son temps, aucune allusion aux aventures de son époque (autour de 1300) qui remonte formellement plus haut que la seconde moitié du XVe siècle. Et dans un contexte politique, psychologique, idéologique évidemment tout différent.

La chronique de Conrad Justinger

Pourtant si : un tout premier exposé sur les démêlés des Waldstetten avec les Habsbourg vers la fin du XIIIe siècle apparaît dans une chronique de la ville de Berne, rédigée par un secrétaire de cette cité, Conrad Justinger, en 1420. A cette date, Berne fait partie depuis longtemps (depuis 1353) de la Confédération. Il est normal que son historiographe officiel ne s'en tienne pas à l'horizon borné des murs de la ville mais soit curieux de l'histoire de ses alliés et des débuts de cette Confédération à laquelle Berne s'est associée entre-temps. D'autant plus que Berne a établi son pouvoir sur un espace déjà vaste, qui inclut la haute vallée de l'Aar, l'Oberland au pied de la Jungfrau; par le col du Brunig elle commerce avec l'Obwald; par ceux du Grimsel et de la Furka, éventuellement par le Susten, plus direct mais difficile et qui semble peu pratiqué à l'époque, les Bernois sont en contacts sporadiques avec les gens d'Uri. Justinger, d'autre part, est un homme d'expérience. Né à Strasbourg, il s'y est initié à l'art de composer une chronique – au métier d'historien. Établi à Berne dès 1390 comme notaire et fonctionnaire, chargé de missions politiques, il a eu maintes occasions d'apprendre à connaître les autres cantons, leurs habitants, de s'en faire raconter l'histoire, de consulter des documents, peut-être des ébauches perdues de chroniques locales. Justinger est en général bien renseigné. Il a su concevoir un exposé clair et cohérent. Mais il n'est pas exempt d'erreurs pour autant. Ses informateurs sur l'histoire des Waldstetten lui ont raconté pourquoi et comment ceux-ci, plus d'un siècle auparavant, s'étaient déjà opposés longuement mais avec succès aux prétentions des Habsbourg sur leur territoire. Mais ils ont désigné l'adversaire tantôt par le patronyme de son lignage féodal fondé sur son domaine de Habsbourg, en Argovie; tantôt par le titre plus récemment acquis par l'une des branches de la dynastie, celui de ducs d'Autriche ou, plus simplement « les Autrichiens ». Déconcerté par cette dualité d'expression, Justinger en a déduit à tort qu'il s'agissait de deux prétendants distincts et successifs à l'exercice d'anciens droits seigneuriaux sur la Suisse centrale. Il situe au XIIIe siècle, au temps où Rodolphe de Habsbourg régnait sur l'empire, les entreprises de ce lignage, qui s'y serait épuisé et découragé au point de vendre ses droits aux « Autrichiens », lesquels auraient essayé à leur tour de les exercer, autour de 1300. La confusion se trouvait renforcée par le fait qu'il y a bel et bien eu plusieurs périodes de troubles et de bagarres en Suisse centrale entre les années 1220 et 1315; et que deux branches du lignage, dont celle dite d'Autriche, y furent impliquées. Justinger a encore une vision très « féodaliste » de réalités qui sont en fait, nous le verrons plus tard, déjà modernes. L'ambition des Habsbourg d'Autriche ne vise pas à l'exercice traditionnel de droits ponctuels, mais à la formation d'un État territorial sur le versant nord des Alpes.

Justinger s'est donc trompé, par confusion : plus d'un siècle après, la métamorphose politique d'un vieux lignage féodal en maison princière pouvait bien être sortie des mémoires. Et peu importe, d'ailleurs. Sinon que cette erreur, et quelques autres qui entachent sa chronique, ont disqualifié Justinger aux yeux des historiens critiques, qui ont récusé en bloc son témoignage sur la libération des Suisses. Un témoignage assez succinct au demeurant, qui s'en tient à une ligne générale, un peu vague. Et qui, en tout cas, ignore absolument Guillaume Tell.

Ce silence, lui aussi, a paru suspect. Il trouve pourtant une possible explication dans le fait que Justinger semble bien avoir circonscrit son enquête au canton de Schwyz surtout, accessoirement à l'Obwald. Or le souvenir – ou la légende – du héros uranais a dû circuler d'abord et prendre relief dans son propre canton.

Le noble et le rustre

Après Justinger, il faut attendre une bonne génération avant que l'histoire des Waldstetten soit évoquée dans un nouveau texte conservé. Mais cette fois sous un éclairage assez particulier, et qui n'a aucune prétention à la sèche objectivité d'un chroniqueur. C'est vers 1450 qu'un chanoine de Zurich, Félix Hemmerli, rédige sous la forme d'un dialogue entre un noble et un paysan un violent pamphlet contre les confédérés, et plus particulièrement contre les gens de Schwyz. Hemmerli est un intellectuel – il a étudié à Bologne et conquis le titre de docteur –, un représentant vigoureux, sinon toujours lucide, de l'humanisme naissant, un citadin, et surtout un défenseur convaincu et agressif de l'ordre, tant dans l'Église où il tenta une restauration que dans la société civile. En plein conflit, vers le milieu du siècle, entre les confédérés, Zurich contre Schwyz particulièrement, Hemmerli prit la plume pour défendre le parti de sa ville, et celui de la noblesse contre les libertés rurales; et surtout le parti de l'alliance entre Zurich et l'Autriche au cours de cette « guerre de sécession » qui devait traîner jusqu'en 1450, date aussi de l'achèvement et de la diffusion du *Dialogus de nobilitate et rusticitate.*

Dans ce texte touffu et virulent, Hemmerli accuse les Schwyzois de toutes sortes de méfaits – assurément pas tous inventés – et dresse leur procès devant Dieu. Tout un chapitre est consacré à décrire leurs mœurs et coutumes de rustres barbares, qui ne respectent ni l'Église (les Schwyzois ont à maintes reprises pillé les biens du couvent d'Einsiedeln et se sont emparés de ses domaines), ni leurs seigneurs, ni l'autorité logique d'une ville comme Zurich... Dans cette diatribe, qui n'est nullement dépourvue d'intérêt politique ou ethnologique, Hemmerli fait une brève allusion à l'origine de la Confédération dont il conteste la légitimité et l'opportunité. Sans citer de source, il raconte comment un bailli des Habsbourg ayant siège au château du lac de Lauerz et pouvoir sur le pays de Schwyz aurait séduit une jeune Schwyzoise. Les deux frères de celle-ci, pour venger son honneur, auraient tué le séducteur. L'incident aurait entraîné la colère de tous les paysans d'alentour, ceux de Schwyz et ceux d'Unterwald, qui auraient pris d'assaut les châteaux de Lauerz et de Sarnen, et auraient conclu entre eux une alliance. A celle-ci, Uri et d'autres districts se seraient joints, mais plus tard. Hemmerli ne date pas précisément ces événements. Retenons de ceux-ci le viol d'une sœur et la vengeance des frères – un type de fait divers qui faisait partie des mœurs de l'époque et de la région et constitue un grief et un prétexte de rébellion plausible, mais non une cause unique. Retenons encore l'attaque des châteaux et la conclusion d'une alliance fédérale : elles rejoignent les récits que nous connaissons, mais avec un scénario différent, et plus sommaire. Pas un mot, chez Hemmerli pas plus que chez Justinger, sur Guillaume Tell – et pour la même raison possible : le héros uranais n'entre pas dans le cadre d'information ni dans le propos de l'écrivain.

Le clair-obscur du « Livre Blanc »

Nouveau silence pour une vingtaine d'années jusqu'à la source maîtresse de tout le récit sur la « libération » des Suisses, y compris, cette fois, Guillaume Tell : le *Livre Blanc de Sarnen*. Que d'encre ce témoignage ambigu n'a-t-il pas fait couler, et combien de venin sous la plume des érudits qui se sont penchés sur lui.

Ce *Livre Blanc*, ainsi désigné en raison de sa reliure de parchemin, est un registre épais – 258 feuillets – compilé en 1474 par le secrétaire du gouvernement d'Obwald, un certain Hans Schriber, afin de servir d'aide-mémoire à l'autorité locale. Il reproduit en effet, pour l'essentiel, une centaine de documents parmi les plus importants pour la vie politique de l'Unterwald dès le XIIIe siècle et jusqu'en 1474 (avec quelques additions postérieures, la dernière de 1607) : les alliances et « paix » conclues, les confirmations impériales des privilèges, etc. – tout ce qui pouvait servir, le cas échéant, à instruire et légitimer la situation institutionnelle du pays face à des tiers.

Or le scribe a jugé utile de compléter cette simple copie d'actes par un exposé narratif de son cru, en langue allemande, sur l'histoire de la Confédération, des origines à son temps. Un exposé en vingt-cinq pages, qui s'appuie ici ou là sur les documents proposés, mais prétend les compléter en racontant ce qu'aucun d'eux ne révèle. Et c'est là que sont présentés – donc pour la première fois de façon complète – la conjuration des Trois Suisses au Grutli, l'affaire des châteaux et, en prime, les aventures de Guillaume Tell. La plupart des détails sont déjà là, que la tradition se plaira à reproduire et que Tschudi retiendra lui aussi au siècle suivant. Même les dialogues entre le héros et le méchant Gessler y trouvent leur forme littéraire presque définitive.

Source première et source maîtresse. Mais ce *Livre Blanc* crée plus de problèmes qu'il n'en résout. D'abord parce qu'il est resté pendant des siècles tout à fait méconnu. Il n'en existait, bien sûr, qu'un seul exemplaire soigneusement conservé à Sarnen : il ne circulait point. Quelques rares chroniqueurs et rats d'archives purent en avoir connaissance, notamment le Lucernois Etterlin au seuil du XVIe siècle, et Tschudi un peu plus tard, mais ils ont négligé d'en faire mention. De sorte que ce n'est pas ce *Livre Blanc* qui a contribué à asseoir la notoriété de Guillaume Tell ni à accréditer la tradition sur les origines de la Confédération. Il ne sera redécouvert, bien par hasard, qu'en 1856... Or, à cette date, la bataille des érudits sur l'authenticité de Guillaume Tell et consorts bat son plein. Elle a été déclenchée vingt ans auparavant par l'ancêtre des « révisionnistes » en la matière, le savant lucernois Joseph-Eutych Kopp; elle a déjà entraîné dans l'arène tout ce que la Suisse de la Régénération (époque qui correspond en France à la monarchie de Juillet) compte d'érudits et d'historiens. Rien d'étonnant donc à ce que la révélation du *Livre Blanc* fasse dans ce petit monde l'effet d'une bombe. Deux savants, aussi honorables et compétents l'un que l'autre, se disputent âprement l'honneur et l'avantage d'en produire la première édition; l'archiviste zurichois Gerold Meyer von Knonau l'emporte de justesse sur son concitoyen le professeur Georg von Wyss : un des innombrables avatars posthumes du malheureux Guillaume Tell.

La publication du *Livre Blanc* changeait un peu la perspective; elle permettait de reculer d'une trentaine d'années – l'espace d'une génération – la première source circonstanciée sur les événements si vivement discutés. Mais cette source n'en restait pas moins bien tardive, un siècle et demi après les épisodes qu'elle rapportait.

Alors, dans quelle mesure peut-on accorder foi au récit du *Livre Blanc*? Depuis 1856, la science s'est enrichie à ce sujet d'un nombre inimaginable de théories, d'hypothèses et de démonstrations – et cela continue. Mais il faut bien l'avouer : elle n'est pas beaucoup plus avancée pour autant.

Hans Schriber, en 1474, n'a évidemment rien inventé. A-t-il, le tout premier, pris l'initiative de mettre enfin par écrit, et pour la seule information de ses successeurs au gouvernement d'Obwald (c'est l'objectif de son recueil), ce que transmettait dans la région une mémoire collective tenace ? C'est l'hypothèse la plus souvent retenue. Elle incline naturellement à mettre en doute tout ou partie du récit : comment la mémoire collective aurait-elle pu transmettre sur six ou sept générations, sans les altérer, les enjoliver, les idéaliser, une succession d'incidents aussi précis, sans qu'aucun d'eux ne soit confirmé par quelque témoignage intermédiaire écrit ? On peut, en y mettant quelque bonne volonté, retenir la trame, le fond de l'histoire : il correspond, en partie seulement, à ce que l'on peut savoir par ailleurs. Mais les détails, le déroulement des événements ne sont-ils pas autant (ou davantage) le produit de l'imagination que de la mémoire collective, d'emprunts à des légendes nées sous des cieux éloignés, en Norvège ou en Islande – nous y reviendrons ? Ou simplement de téléscopages successifs d'éléments appartenant à différents âges, différents peuples, et amalgamés pour porter témoignage de l'héroïsme et surtout de la légitimité d'un seul peuple, à un moment précis, délicat, de son histoire ? L'épisode de Guillaume Tell tout particulièrement, qui apparaît dans le *Livre Blanc* comme un corps un peu étranger, n'est-il pas une pure addition d'origine, justement, étrangère ?

Cependant, si cette hypothèse est la bonne, on peut se demander quel sens le scribe entendait donner à son entreprise : il n'écrit pas pour un public, mais pour informer une administration, qui n'aurait eu que faire de contes populaires. Schriber n'est pas un sot, c'est un homme instruit, de grande expérience politique, et d'ailleurs âgé lorsqu'il se met à compiler son registre. Il s'est documenté, et cite notamment une chronique bernoise qui ne peut être que celle que nous connaissons déjà, celle de Justinger. S'il a jugé opportun de faire ce récit, c'est qu'il avait toute raison de croire à son authenticité, même s'il a pu manquer à son égard de sens critique.

Une autre éventualité serait qu'il tire son information d'autres sources, comme la chronique de Justinger, mais perdues. C'est tout à fait possible – une masse d'écrits de la fin du Moyen Âge ont effectivement disparu dans les incendies si fréquents, les inondations, sous la dent des rats, ou simplement parce qu'on a préféré s'en débarrasser. Pourtant, il semble que Schriber eût pris la peine de mentionner de telles sources comme il l'a fait pour la chronique bernoise; et que l'une ou l'autre au moins de ces sources aurait refait surface tôt ou tard, ne serait-ce que par mention indirecte. Or il n'en est rien.

On a pu supposer encore que le récit noté vers 1474 ne serait que le dernier état d'une tradition chronistique longuement transmise et arrangée par une cohorte de narrateurs successifs, mais dont aucune des ébauches n'aurait subsisté. La tradition pourrait remonter jusqu'au XIVe siècle, voire jusqu'à une proximité chronologique des événements racontés telle qu'il ne serait plus possible du tout de douter de l'authenticité historique du récit. Cette thèse a été défendue avec brio par Karl Meyer, l'un des plus brillants historiens suisses de la première moitié du XXe siècle, avocat passionné de la réalité de Guillaume Tell (comme le sera, une génération plus tard, son homonyme l'érudit Bruno Meyer). Le plaidoyer de Karl Meyer respire l'air de son temps. La menace des nazis et le pangermanisme que ceux-ci professent ont été vite reconnus et redoutés par les intellectuels de Suisse alémanique et ont entraîné chez certains d'entre eux un sursaut de nationalisme, forme de résistance spirituelle. Karl Meyer avait pressenti le danger avant même l'arrivée d'Hitler au pouvoir : dès 1927, il soulignait le sens politique de la tradition de libération des Suisses face à des pouvoirs totalitaires au nord, et les événements ne purent qu'aiguiser sa conviction. Néanmoins, les mérites intellectuels et éthiques du professeur zurichois ne suffisent pas à étayer sa thèse sur l'ancienneté du récit du *Livre Blanc*, que ne corrobore aucun argument objectif et solide.

Une troisième théorie a été avancée plus récemment (1959) par Bruno Meyer, l'autre défenseur d'un Guillaume Tell de chair et d'os. Avec une étonnante maîtrise du dossier volumineux de l'affaire, et une sagacité qui n'a d'égale que sa pédanterie, Bruno Meyer a soutenu que Hans Schriber n'est pas du tout l'auteur du *Livre Blanc*, et surtout pas du récit qu'il contient. Il n'a pour seul mérite que d'avoir recopié, en le complétant d'actes plus récents, un recueil tout pareil mais bien antérieur, composé probablement autour de 1426 : voilà qui nous fait faire un sérieux bond en arrière et nous rapproche confortablement des temps évoqués. Meyer, en fin limier, va jusqu'à identifier les auteurs de ce précédent au *Livre Blanc*, le *landammann* (président) d'Obwald à l'époque, Johann Wirz, ou peut-être un nommé Heinzli, lui aussi *landammann*. Il va plus loin encore, et déduit un échange personnel d'informations entre ce Wirz et Justinger, une sorte de collaboration collégiale : Wirz aurait fourni oralement à l'historien bernois des informations sur son canton et ses voisins (mais aurait « oublié » Tell, à moins que Justinger ne l'ait pas pris au sérieux); en retour, Justinger lui aurait fait lire une première version de sa chronique.

Il y a cependant ici un trait fort gênant, et qui a beaucoup contribué au mépris dont l'école révisionniste a entouré le *Livre Blanc* – quel qu'en fût l'auteur et la date de rédaction. C'est que, si détaillé par ailleurs, il omet complètement un événement majeur dans l'histoire des origines de la Confédération, l'événement qui ne confirme pas seulement les efforts des premiers Suisses mais manifeste leur entrée, en tant que nation reconnue *de facto*, dans la grande politique européenne : je veux parler de la bataille de Morgarten. Les paysans des vallées y mirent en déroute l'armée des chevaliers autrichiens du duc Léopold, en 1315. Ce fut comme le Bouvines des Suisses, un siècle après la victoire de Philippe Auguste. L'omission du *Livre Blanc* est d'autant plus curieuse, et donc suspecte, que Justinger, lui, n'a pas manqué de donner relation de la bataille. De là à conclure que le récit du *Livre Blanc*, s'il ne tient aucun compte d'un fait aussi éclatant et étroitement lié à la rébellion des Suisses – la campagne de Léopold fut longtemps regardée comme la riposte du duc à la prise de ses châteaux –, ne peut être tout entier qu'un conte de veillée, le pas n'a pas manqué d'être franchi. Qu'à cela ne tienne, répond B. Meyer. Lors de la célèbre bataille, l'ancêtre de Wirz (ceci est avéré) se trouvait dans le parti proautrichien qui subsistait à Sarnen. L'auteur a préféré omettre un événement qui plaçait son aïeul, sa famille, dans une situation délicate... La démonstration est séduisante; pourtant elle repose sur une telle pyramide d'hypothèses qu'on craint pour sa fragilité.

Il faut reconnaître néanmoins que l'idée d'un précédent du *Livre Blanc* a beaucoup pour elle. Je n'ennuierai pas le lecteur en déroulant ici la panoplie d'arguments qui la soutiennent et reposent sur l'analyse du texte et sa comparaison avec Justinger et d'autres. Ce qui est certain, c'est que le discours du *Livre Blanc* est beaucoup plus proche de l'idéologie confédérale du début du XVe siècle (elle-même proche encore des origines héroïques) que de celle de la Suisse triomphante contre les Bourguignons et en Italie dans le dernier quart du même siècle. Il exprime donc mieux les sentiments de gens qui, d'autre part, pouvaient garder un souvenir plus précis d'événements encore hautement signifiants. Les derniers contemporains de Tell avaient pu s'éteindre vers le milieu du XIVe siècle, Wirz (ou un autre) naître une génération ou deux plus tard. Intervalle trop court, désormais, pour remplacer toute une histoire par une légende. Quant à l'« oubli » de Morgarten, il s'explique moins par un honneur familial à protéger que par la finalité du recueil : rappeler les faits propres à légitimer l'autonomie des confédérés. Une juste rébellion y contribuait davantage que le hasard d'une bataille.

Composé vers 1426, ou vers 1474, le *Livre Blanc* n'est de toute façon pas parfait. Comme Justinger, il commet des erreurs – et en partie les mêmes, ce qui confirme un lien assez étroit entre les deux textes, sinon entre leurs auteurs. Le *Livre Blanc*, lui aussi, relève un conflit en deux temps par dissociation des Habsbourg et des Autrichiens. Il ne l'explique plus, cependant, par une vente de droit des uns aux autres mais par l'extinction du lignage des Habsbourg, ainsi innocentés de leur agressivité envers les Suisses. B. Meyer a omis de relever cet argument en faveur de sa thèse : possible encore au début du XVᵉ siècle, l'erreur d'une disparition des Habsbourg est à peine concevable un demi-siècle après que ceux-ci ont reconquis, et pour de bon, la couronne impériale.

Sur un air de ballade

Presque en même temps que le *Livre Blanc de Sarnen* émerge une autre source, sans rapport aucun avec lui et d'un genre tout à fait différent : une ballade.

Dans tout l'Occident, le XVᵉ siècle est un âge de poésies, de chansons que psalmodient les bateleurs sur les places publiques, dans les auberges, et que fredonnent après eux bourgeois et manants. Chansons d'amour ou chansons à boire, chansons héroïques ou coquines, elles connaissent partout, dans le peuple, un succès vif – tels les « tubes » de nos « hit-parades », avec le plus souvent la même banalité d'inspiration, la même médiocrité de composition. Parmi ces chansons, beaucoup reprennent à leur façon naïve des thèmes d'actualité, évoquent les événements tels que pouvait les percevoir le public des petites gens sans instruction : la chanson est alors aussi un moyen de diffusion et de mémorisation d'une information à laquelle on n'avait guère d'autre accès. Elle joue ainsi un rôle important dans la vie sociale, elle est instrument d'une connaissance – et d'une prise de conscience du vaste monde, de l'environnement politique de gens à l'horizon par ailleurs étroit.

La Suisse n'a pas échappé, bien sûr, à ce phénomène de culture collective et populaire. Particulièrement au temps exaltant mais agité des guerres de Bourgogne et des victoires éclatantes des Suisses à Grandson, Morat (1476) et Nancy (1477), des expéditions répétées en Léventine et en Lombardie jusqu'à la lourde défaite que leur inflige François Iᵉʳ à Marignan (1515), ou encore de la guerre de Souabe (1499-1500), les événements qui s'enchaînent inspirent abondance de ces chansons. Le peuple des campagnes et des villes y trouve sans doute une manière d'accrocher son identité à des valeurs acquises alors même que la société, en montagne comme en plaine, connaît au tournant des XVe et XVIe siècles une mutation profonde. Les rapports économiques et sociaux, l'équilibre politique toujours fragile entre villes et campagnes, entre cantons « forestiers », c'est-à-dire les Waldstetten, et cantons urbains – Zurich, Berne, Lucerne, mais encore Fribourg, Soleure, Bâle et Schaffhouse, qui entrent à leur tour dans la Confédération –, autant d'évolutions qui éloignent celle-ci de ses origines, de ses sources, d'une histoire déjà vieille, deux siècles, dont on perd rapidement le sens, et même le souvenir.

C'est certainement pourquoi certaines de ces chansons n'évoquent plus seulement le temps présent mais essaient tant bien que mal de retenir le passé. Elles en célèbrent succinctement la leçon en rimes naïvement idéalisées – une leçon que les compositeurs-interprètes comprennent eux-mêmes déjà mal. Ils s'efforcent pourtant vaillamment à faire passer le message, pour leurs contemporains et pour la génération montante.

Tel est le cas d'une *Ballade des Confédérés* ou, pour traduire le titre complet de sa première version imprimée (à Zurich, chez Augustin Fries, vers 1545) : *Un joli chant sur les origines de la Confédération et sur le premier confédéré appelé Guillaume Tell, et aussi sur l'alliance de toute la Confédération contre le duc Charles de Bourgogne, et comment celui-ci fut écrasé.* On ne connaît pas l'auteur de ce « joli chant » – y en eut-il d'ailleurs un seul ? Les auteurs de telles chansons aimaient pourtant à s'y nommer. Le nôtre ne l'a pas jugé opportun; sans doute, justement, parce que plusieurs ont apporté leur touche successive au texte qui nous est parvenu (sans la musique). Si le chanteur s'exprime volontiers à la première personne, c'est pour mieux créer le contact avec son auditoire. Quant au lieu de composition, le dernier éditeur de la ballade, Max Wehrli, le situe à Uri (dont elle fait l'éloge) ou à Lucerne, où la chanson populaire à sujets historiques et politiques fut particulièrement en vogue. La façon dont l'auteur présente « un pays qui s'appelle Uri » me semble désigner plutôt un étranger, mais voisin, de ce pays.

Dès son lancement au moment des guerres de Bourgogne, très certainement en 1477, la *Ballade des Confédérés* connut un franc succès qui ne devait pas se démentir tout au long du XVIe siècle et même jusqu'au XVIIIe. Elle circula d'abord oralement; d'éventuelles transcriptions précoces ne nous sont en tout cas pas parvenues; un chroniqueur lucernois, Melchior Russ, y fait allusion et allèche le lecteur en annonçant qu'il va en produire le texte, mais il n'a pas tenu parole... D'ailleurs, au gré des interprètes, la chanson se modifie un peu : tel mot est pris pour un autre, des vers sont intervertis, des strophes entières sont ajoutées ou retranchées. De sorte que les diverses versions qui nous sont parvenues, tardivement écrites au cours du XVIe siècle seulement, présentent pas mal de variantes. Ce qui importe assez peu d'ailleurs.

La version « standard » de cette ballade comporte une trentaine de strophes de six vers chacune. Les strophes 10 à 18 évoquent la Confédération des huit cantons et son destin politique aux XIVe et XVe siècles, les strophes 19 et suivantes les guerres de Bourgogne. Ce sont donc surtout les neuf premières strophes qui méritent ici notre intérêt, puisqu'elles chantent, comme l'annonçait le titre, les origines de la Confédération avec expulsion des agents du « Prince » et avec, nommément, Guillaume Tell. En voici la traduction du moyen allemand, aussi proche que possible des maladresses de l'original, et sans tenir compte des variantes qui n'affectent que la forme :

1. *De la Confédération je vais vous chanter l'histoire :*
nul encore n'a rien entendu de pareil,
mais vous allez pouvoir le faire.
Ils (les Suisses) conclurent une alliance sage et solide,
je vais vous en dire en chanson la bonne raison,
comment la Confédération est née.

2. *Un noble pays, robuste comme un noyau,*
bien serré entre ses montagnes
bien plus sûres que des murailles.
C'est là que l'alliance fut d'abord conclue;
ils avaient agi avec sagesse,
dans un pays qui s'appelle Uri.

3. *Et maintenant, mes bons Messieurs, écoutez bien*
comment fut conclue la première alliance.
Vous n'allez pas vous ennuyer!
Comment quelqu'un fut contraint, de la tête de son propre fils
de faire tomber une pomme, de ses mains, en tirant un coup précis.

4. *Le bailli dit à Guillaume Tell :*
« A présent prends garde, que ton habileté ne soit pas en défaut,
« et écoute-moi bien.
« Si tu n'atteins pas ton but du premier coup,
« tes supplications ne serviront à rien :
« cela te coûtera la vie. »

4a. *Il dut reculer de cent vingt pas,*
posa une flèche sur son arbalète.
Ce n'était certes pas le moment de plaisanter.
Il s'adressa à son fils chéri :
« J'espère que tout ira bien.
« Garde Dieu dans ton cœur. »

5. *Alors il pria Dieu jour et nuit* (sic)
que la pomme soit touchée du premier coup,
et que tous en soient étonnés.
Sa chance, que la force de Dieu lui donna,
c'est qu'il était un vrai champion,
si adroit dans l'art de tirer.

6. *A peine eut-il tiré le premier coup*
– il avait mis une flèche en réserve dans son gilet –

qu'il dit : « Si j'avais tué mon fils,
« je vous le dis, mon bon seigneur bailli,
« j'y étais bien décidé :
« je vous aurais tiré dessus. »

6b. *Le bailli fut fort en colère.*
Il s'écria : « Saisissez-vous donc tout de suite de ce méchant paysan
« et attachez-le avec des liens solides
« et jetez-le dans le lac d'Uri. »
Ces mots firent mal au cœur de Guillaume Tell.
Mais personne ne lui vint en aide

7. *Cette affaire provoqua un grand tumulte.*
De ceci naquit la première Confédération.
Ils voulurent chasser les baillis.
Ceux-ci ne reconnaissaient ni Dieu, ni amis.
Que quelqu'un leur plût, femme ou enfant,
ils voulaient aussitôt coucher avec lui.

8. *Pleins d'orgueil, ils malmenaient le pays.*
Leur méchant pouvoir ne dura pas longtemps
– c'est ce qu'on trouve écrit.
La main du Prince avait fait d'eux des baillis;
c'est pourquoi il perdit sa domination,
et les baillis furent chassés du pays.

9. *Je veux chanter les vrais motifs.*
Ils firent serment de solide alliance,
les jeunes et les vieux.
Que Dieu les garde longtemps dans cet état qui les honore tant,
Dorénavant comme jusqu'à présent.
Que Dieu veuille qu'il en soit ainsi.

etc.

La strophe 4a n'apparaît que dans la première impression, en 1545; c'est certainement une addition, peut-être de l'éditeur, pour accorder la ballade au récit tel qu'il circulait désormais, avec l'indication de la distance du tir et l'appel de Tell à son fils. La strophe 6b, avec sa chute abrupte et déconcertante, ne figure que dans un manuscrit d'une adaptation bavaroise de la chanson, mais qui semble plus ancienne (elle porte la date de 1499) que les autres versions.

Cette chanson nous fait sourire – mais non ses auditeurs autour de 1500, dûment avertis d'ailleurs du sérieux de l'histoire. Elle n'a de charme quc dans sa naïveté d'expression, mais aucun talent, pas trace de sensibilité poétique. Que nous sommes loin de la ballade française contemporaine, d'un François Villon à peine plus âgé que le chanteur de 1477! Loin aussi de la poésie courtoise qui avait fleuri à Zurich dès l'époque de Guillaume Tell. La ballade, en outre, ne nous apprend pas grand-chose. Des propos assez vagues, et répétitifs, sur la méchanceté et la suffisance des baillis, qui transmettent un lieu commun de la mémoire collective. Avec une précision cependant : l'accusation de fréquents abus de pouvoir en matière sexuelle, enregistrée par toutes les versions. Ce n'est certainement pas là fantaisie du ou des chanteurs pour pimenter la ballade; cela rejoint au contraire un motif constant : on se souvient du bain de la dame de Baumgarten, ou de la jeune Schwyzoise victime, selon Hemmerli, du bailli de Lauerz. Les montagnards ne plaisantaient pas avec l'honneur de leurs femmes compromis par des étrangers : la ballade enregistre ce trait de leur caractère.

Sur Guillaume Tell, la ballade est plus bavarde. Curieusement, pourtant, elle n'en rapporte qu'un unique épisode, le tir sur la pomme, alors que l'incident du chapeau comme les scènes suivantes – la tempête et l'évasion de Tell, le meurtre de Gessler – circulent largement à l'époque où la ballade est écrite et même imprimée. C'est qu'il s'agit de l'épisode central, hallucinant, le mieux propre à frapper d'effroi, à émouvoir les auditeurs. Jusqu'à nos jours, Tell reste avant tout le héros d'un tir aussi remarquable par ses circonstances que par sa précision – le champion. Ses gestes ultérieurs sont, si j'ose dire, plus ordinaires, moins épiques.

A juste titre, les philologues ont relevé que dans la ballade entière, d'un propos plus abstrait, l'épisode de Tell constitue un élément singulier, étranger sinon au propos, du moins à sa forme. Ils en ont conclu avec toute apparence de raison au réemploi, par le chanteur contemporain des batailles de Grandson et de Morat, d'une ballade plus vieille et consacrée à Guillaume Tell tout seul. C'est tout à fait vraisemblable, mais complique les choses. D'une part, parce que nous n'avons pas la moindre idée du temps où une *Ballade de Tell* a pu être lancée. Un état intermédiaire a pu être situé autour de 1443, mais il remonte à un précédent : peut-être d'une génération plus ancien, guère davantage, affirment ensemble philologues et ethnologues, mais embarrassés d'en apporter la preuve. Ensuite, parce que ce réemploi d'un matériau poétique autonome pose la question de savoir – et c'est tout le mystère de Guillaume Tell – si son aventure est vraiment associée aux origines de la Confédération, ou si c'est là un rapprochement tardif et arbitraire. Et dans ce second cas, si l'histoire est réelle ou si c'est une fable, inventée de toute pièce, ou bien importée d'ailleurs.

La *Ballade des Confédérés*, ou *de Tell*, n'a, en fin de compte, aucune valeur documentaire, elle embrouille plutôt une interprétation déjà compliquée... Elle a en revanche une grande portée dans la diffusion, mythe ou réalité, de notre héros à travers les siècles : c'est elle, plus que toutes les chroniques ou savantes compilations, celle d'un Tschudi par exemple, qui a rendu populaire bien au-delà de son canton d'origine l'illustre tireur à l'arbalète.

Les échos plus tardifs encore

Dans la foulée de la ballade et dans un genre proche, il faut citer le *Jeu de Tell*, c'est-à-dire une représentation théâtrale des aventures de notre héros, un archétype de Schiller. Il n'est pas exclu que le sujet ait été mis en scène au XVe siècle déjà, sous une forme plus ou moins improvisée, sans texte, à la façon de la *Commedia del arte*, en plus populaire. La première représentation connue eut lieu à Altdorf au cours de l'hiver 1512-1513 probablement, et le scénario en est conservé. Il s'inspire visiblement de la ballade et de la chronique d'Etterlin imprimée quelques années auparavant. Il présente la conception uranaise de la tradition sur les origines de la Confédération et il a l'audace de dater les événements – de 1296, ce qui n'est pas sot. Tell y figure, bien sûr, le héros principal, présenté comme le premier confédéré. Le bailli, Gessler, est en scène, mais sans porter de nom.

Le *Jeu* contribua lui aussi à la popularité de Tell. Il fut maintes fois reproduit et certainement joué. La ballade et lui trouvèrent un écho tout particulier à Zurich dans les cercles autour du réformateur Ulrich Zwingli. Celui-ci cite dans un traité, en 1525, « Guillaume Tell, héros pourvu de la force divine et premier artisan des libertés confédérales... source et créateur d'une louable Confédération. »

Entre-temps, deux chroniqueurs encore, l'un et l'autre lucernois, avaient été à l'œuvre. D'abord, et dès 1482, Melchior Russ le Jeune. Issu de la haute bourgeoisie locale, solidement instruit aux universités de Bâle et de Pavie, fonctionnaire de sa cité et diplomate de rang, familier du roi humaniste de Hongrie Mathias Corvin, il entreprit de dresser une chronique de sa ville, qu'il n'acheva d'ailleurs point. L'œuvre est médiocre, naïve, bourrée d'erreurs, et n'est surtout qu'une compilation sans cohérence d'auteurs antérieurs, parmi lesquels Justinger et la ballade. L'originalité de Russ, en ce qui nous concerne, est d'avoir combiné ceux-ci. Il emprunte la trame au premier, le récit des démêlés des Suisses avec les baillis; et le fil à la ballade, c'est-à-dire l'histoire de Tell. A vrai dire, il reprend la ballade presque mot à mot. Mais plus loin dans son exposé, il revient à notre héros; il produit l'épisode de la tempête – on ignore d'après quelle source, sans doute une tradition orale en faveur à Lucerne; il le termine par le meurtre de Gessler sur son bateau; après quoi Tell serait retourné chez lui pour y prêcher la rébellion... Heureusement pour Tell, et peut-être pour Russ, cette chronique ne fut guère consultée par la suite.

Il en va autrement de celle de Petermann Etterlin, puisqu'elle eut, en 1507, première du genre en Suisse, le privilège d'être imprimée, à peine achevée; elle connut ainsi une diffusion assez large. Contemporain de Russ, comme lui engagé dans les affaires publiques de Lucerne, Etterlin est pourtant un tout autre caractère : guerrier, brasseur d'affaires, voyageur (il parlait un français excellent), animateur du parti francophile dans sa ville divisée, esprit joueur et jouisseur, peu intellectuel. Il n'en consacre pas moins sa vieillesse, entre 1505 et 1507, à rédiger une ambitieuse « chronique de la louable Confédération ». Ce n'est pas un chef-d'œuvre, sauf la partie où Etterlin raconte ses souvenirs des guerres qu'il a faites. Ce qui précède n'est que compilation. Mais une compilation pour nous intéressante parce qu'elle révèle qu'Etterlin connaissait le *Livre Blanc de Sarnen*, non dans l'exemplaire conservé mais dans son état plus ancien.

La *Ballade des Confédérés* et le *Jeu de Tell* dans la conscience populaire, la chronique d'Etterlin dans les milieux humanistes, ont été ainsi les maillons par qui s'est conservée, fixée et transmise la tradition. Ces intermédiaires s'appuient sur des témoignages un peu ou beaucoup plus anciens, que toute l'érudition déployée depuis un siècle et demi, sinon plus, n'a pu sortir d'une brume épaisse et persistante.

CHAPITRE IV

Entre légende et histoire

Tell et consorts : associés, dissociés ?

Le moment est venu d'interroger le récit lui-même et de démêler l'écheveau qu'il constitue. De l'examiner du point de vue de sa logique narrative et de sa cohérence interne. D'y repérer dans la mesure du possible – compte tenu de sa transmission tardive à l'état où nous le connaissons – un noyau initial. Un noyau auquel sont venus s'ajouter peut-être quelques éléments nés dans l'imagination des conteurs, peut-être encore tels motifs empruntés à des légendes ou récits venus d'ailleurs, amalgamés au noyau pour lui donner plus de substance, plus de vie, plus d'émotion, plus de tension dramatique. Il convient en outre d'isoler quelques détails, les données onomastiques par exemple (Tell, Gessler), les indications matérielles, les allusions aux mœurs, à la sensibilité des acteurs, et de nous demander s'ils peuvent porter témoignage sur la société de montagnards au sein de laquelle nous situons Guillaume Tell autour de 1300, ou s'ils ne sont qu'une projection ultérieure du monde des conteurs.

Tout cela nous fera tourner autour de la question centrale, celle de l'authenticité historique du récit, globalement ou en partie.

Le récit lui-même, dans sa forme traditionnelle, et ce que nous savons désormais des étapes de sa transmission au XVe et au début du XVIe siècle font ressortir une première évidence : le lien est assez ténu entre les aventures de Guillaume Tell d'une part, l'histoire des Trois Suisses, de la conjuration du Grutli et de la prise des châteaux d'autre part. Ni le rapprochement opéré par le chanteur de la *Ballade des Confédérés*, ni les efforts laborieux de Tschudi pour associer Tell au groupe des conjurés – en franc-tireur qui compromet leur plan – n'apparaissent très convaincants. Les deux fils du récit ont quelque peine à se joindre. Il est en tout cas parfaitement possible de les disjoindre tout à fait, d'en faire deux histoires séparées, sans rien altérer de leur logique propre. Il y a donc lieu de penser en effet qu'il s'agissait, au départ, de deux histoires différentes, plus tard seulement rapprochées l'une de l'autre parce qu'elles évoquaient le même souvenir et rendaient sensible la même réalité : la revendication et la conquête par les habitants des vallées de leur autonomie à l'égard des Habsbourg et de leurs officiers sur place, les baillis.

Nous avons dû constater que les premiers témoignages conservés restent tout à fait imprécis quant à la datation des événements. Leur seul repère chronologique certain, quand ils veulent bien le mentionner, c'est la date de 1315, la bataille de Morgarten. Celle-ci est solidement attestée, racontée par les contemporains et restée assez précise dans les mémoires, au moins dans celle des élites. Il est clair pour tous que nos récits se situent *avant* 1315. Et relativement peu de temps auparavant, puisque, chacun le sait, Morgarten marque une manière d'aboutissement, de confirmation ou de légitimation triomphale par le destin des efforts antérieurs des Suisses, une conclusion – fût-elle provisoire.

Mais cet *avant* reste terriblement vague. C'est au XVIe siècle seulement que l'on essaiera de le déterminer avec un peu plus de précision – et même trop, car les dates proposées arbitrairement, par déduction, sans preuves solides, ne pourront emporter la conviction. 1296, suggère le *Jeu de Tell* sans autre explication – une pièce de théâtre n'a d'ailleurs pas à justifier son propos –, mais l'auteur s'est sans doute fondé sur les connaissances de son temps et la date proposée, sans correspondre à rien de précis qui se soit produit cette année-là, n'a rien non plus de fantaisiste. Ou 1307-1308, selon la savante reconstitution de Gilles Tschudi : beaucoup trop habile et trop alambiquée, trop arrangée pour emporter l'adhésion. Mais néanmoins possible, dans l'état de nos connaissances. De même la date de 1314, à la veille de Morgarten, donnée par un autre chroniqueur, Jean Stumpf, contemporain de Tschudi. Un fait cependant vient ébranler – mais non démolir tout à fait – les datations de Tschudi et de Stumpf, un fait qu'ils ignorèrent tous deux : l'alliance des trois cantons d'Uri, Schwyz et Nidwald (Obwald s'y rallia sans doute un peu plus tard), qui paraît bien correspondre à la conjuration du Grutli, date de 1291 déjà; elle avait eu d'ailleurs un précédent au moins, que nous ne pouvons pas dater. Et elle ne sera répétée qu'après Morgarten, en 1315.

En fait – et nous y reviendrons plus à loisir –, les démêlés des Suisses avec les Habsbourg se sont étalés sur plusieurs décennies, avec des hauts et des bas, des périodes agressives et des plages de calme relatif. Mais la tension, de toute façon, dure de 1220 environ jusqu'à notre *terminus ad quem*, 1315.

Il est dès lors parfaitement possible d'admettre l'idée que les deux fils de notre récit, pour autant qu'ils reflètent une authentique réalité, soient dissociés dans le temps. Que l'histoire de Guillaume Tell, donc, *précède* (elle ne peut logiquement suivre) la rébellion collective et la prise des châteaux. De quelques mois; de quelques années; ou même d'une ou deux générations.

Mais est-il possible aussi qu'il ne s'agisse que d'un conte? Ce n'est en tout cas pas le cas de la rébellion collective; son récit peut avoir recueilli au passage des détails apocryphes, des éléments chronologiques différents; mais le noyau même du récit trouve dans les réalités établies par ailleurs une confirmation satisfaisante. Rien de pareil pour Guillaume Tell, et nous sommes contraints de mesurer l'authenticité éventuelle de son histoire à sa propre aune, d'essayer de la vérifier à travers le récit lui-même et ses motifs, faute d'aucun autre signe de référence.

Tell et Toko

En 1760 parut à Berne, en allemand et en français, un opuscule publié par le pasteur Uriel Freudenberger mais inspiré, sinon rédigé, par un historien et patricien bernois, Gottlieb Emanuel de Haller – le propre fils du grand naturaliste Albert de Haller. Cet opuscule avait pour titre, tout simplement : *Guillaume Tell, fable danoise.* L'idée n'était pas absolument nouvelle dans le monde des érudits; mais étalée au grand jour, elle fit scandale – on s'en doute. Le révisionnisme critique, le scepticisme voltairien qui sous-tendaient l'idée ne révoltèrent pas seulement l'intelligentsia helvétique, traditionaliste et patriote dans sa grande majorité et donc adepte du culte du héros. Le reniement de Guillaume Tell constitua un crime politique, une agression contre la majesté du lien confédéral; un lien que l'histoire, entre-temps, avait déjà bien malmené mais qui avait su résister à toutes les tempêtes. En Suisse centrale surtout, la colère des concitoyens de Tell se déchaîna contre les détracteurs du héros; le gouvernement d'Uri porta plainte et sur la place d'Altdorf – celle-là même où Tell avait jadis méprisé le chapeau de Gessler – le bourreau jeta symboliquement aux flammes le fâcheux opuscule, curieusement un exemplaire de la version française... Berne fut sévère aussi, de Haller dut se rétracter publiquement et soutenir n'avoir produit cet ouvrage qu'en guise de plaisanterie.

Mais le vers était dans la pomme – si j'ose dire. La démonstration de Freudenberger et de Haller était solidement étayée : le motif central de l'histoire de Guillaume Tell, le tir obligé d'une pomme placée sur la tête de son fils, eh bien, il apparaît fort avant 1300 dans des récits nordiques, en particulier scandinaves. Le meurtre subséquent du tyran est lui aussi rapporté par quelques-uns des mêmes récits. De là à conclure que toute l'histoire n'est qu'un emprunt plus ou moins acclimaté par la tradition populaire, il n'y a qu'un pas que Haller n'avait pas hésité à franchir ; et que d'autres franchiront plus allégrement encore au siècle suivant, lorsque l'histoire critique aura acquis droit de cité ; et lorsque les historiens ne risqueront plus les foudres de la justice pour avoir diffamé une mémoire trop ancienne pour porter plainte elle-même. Les juges d'alors se montreront plus libéraux envers les historiens que ceux de l'Ancien Régime, ce qu'on pouvait attendre, et mieux sensibles aussi aux exigences de la recherche que les tribunaux suisses d'aujourd'hui, ce qui surprend davantage.

Il est donc indispensable à notre propos d'interroger aussi ces témoins nordiques, inspirateurs possibles des chantres de notre héros. Sans nous y attarder trop, en évitant surtout d'aller nous perdre dans le dédale historique et littéraire des annales, des sagas ou des ballades danoises, norvégiennes, islandaises, estoniennes, finnoises, du Holstein et du Mecklembourg, et encore anglaises... Qui, au-delà du 54e parallèle, n'a pas eu son Guillaume Tell ? Le nôtre n'est que le plus méridional, et de loin !

C'est Saxo le Grammairien, dans ses *Gesta Danorum*, ou « Histoire des Danois », composées vers 1200, qui nous propose le prototype de Tell le plus anciennement connu par un texte. C'est aussi celui qui présente avec notre héros les analogies les plus frappantes. Ce prototype s'appelle Toko. D'autres sources confirment d'ailleurs son existence toute réelle, sous le nom de Palna-Toki, chef d'une tribu de Vikings au temps du roi de Danemark Harald à la Dent Bleue (936-966) et de son fils Sven à la Barbe Fourchue, les premiers monarques baptisés parmi les Vikings. Mais ces autres sources se taisent sur l'épisode de sa vie que lui prête Saxo.

Toko, donc, est mis lui aussi dans l'obligation imprévue de démontrer son habileté au tir devant le roi Harald en prenant pour cible une pomme posée sur la tête de son fils. Comme Tell il exhorte le jeune enfant, mais en termes plus pratiques : rester bien immobile, ne pas se laisser effrayer par le sifflement de la flèche et éviter tout faux mouvement; il prend en outre une précaution qui reparaît dans plusieurs des récits scandinaves et dans la ballade anglaise de *William of Clouderly*, mais à laquelle Guillaume Tell ne semble pas avoir songé : celle de détourner la tête de l'enfant afin qu'il ne voie pas son père viser et tirer. Il ne pouvait s'agir encore, comme arme, que d'un arc, beaucoup moins précis que ne sera l'arbalète. Comme Tell encore – et c'est là l'analogie la plus singulière –, Toko met dans son gilet deux (Tell une seule) flèches de réserve. Le coup fait, et naturellement réussi, Harald, comme Gessler, ne manque pas de l'interroger sur l'usage de ces flèches, et Toko, sans hésiter, lui, donne la même explication : en cas d'échec, il se serait aussitôt vengé sur le tyran.

La similitude des deux anecdotes, dans leurs grandes lignes s'arrête là. Les circonstances qui conduisent au drame sont tout autres. Toko n'est pas un paysan rebelle, mais un guerrier de la compagnie royale, et plus habile que les autres à toutes sortes d'exercices, ce qui lui vaut son pesant de jalousies et d'inimitiés. Au cours d'une beuverie avec ses camarades, il s'est vanté entre autres d'atteindre, d'une distance convenue, une pomme piquée sur un pieu. Pari stupide qui revint aux oreilles du roi, lequel le prit au mot – mais en dramatisant cruellement l'épreuve puisqu'il remplaça le pieu par le propre fils du tireur... Après le tir, Harald ignore le défi de Toko en réponse à sa question sur les flèches, comme s'il l'avait trouvé, après coup, normal. En revanche, il relève une autre vantardise de son guerrier et le soumet à une seconde épreuve encore plus redoutable : celle de dévaler à skis une falaise qui plonge dans la mer – et dont Harald croit qu'il ne ressortira pas vivant. Toko se tire pourtant d'affaire par une nouvelle performance sportive éblouissante; du même coup il échappe à la mauvaise humeur d'Harald et rejoint le fils de celui-ci, Sven, rebelle envers son père. Quelque temps après, au cours d'un affrontement entre les guerriers du père et ceux du fils, Toko surprend Harald à la Dent Bleue dans un taillis où il se soulageait, et le blesse mortellement.

L'épreuve de ski acrobatique à laquelle se voit soumis Toko est un peu difficile à imaginer au Danemark, où est censée se dérouler l'affaire, mais qui ne présente aucune falaise ni pente abrupte... Saxo le Grammairien a donc sans nul doute interpolé ici les éléments d'un récit originaire de Norvège, où l'usage de skis est, au contraire du Danemark, un moyen populaire de déplacement et de jeux sportifs. Du même coup, il a pu y puiser le sujet de la première épreuve, le tir sur la pomme. Et de fait nous retrouvons en Norvège avec Eindridi Breitferse (histoire située vers l'an mille) et en Islande avec Heming Aslaksson (milieu du XIe siècle), héros de sagas très populaires en ces pays, ou dans une ballade norvégienne encore et une autre chantée et dansée aux îles Feroë – celles-ci plus tardives –, des personnages qui traversent, dans des contextes différents, les mêmes aventures hasardeuses : tir sur la tête d'un proche parent (fils, frère ou neveu). Mais la cible de Heming n'est plus une pomme, c'est une noix; et celle d'Eindridi, une figure d'échecs. Les sources connues de ces récits, très postérieures à Saxo (elles sont du XIVe siècle au plus tôt), insistent d'ailleurs peu sur le tir, dont nous saisissons mal le sens, mais davantage sur la redoutable descente à skis. Heming est présenté comme un champion réputé dans cette discipline.

Il est inutile d'insister davantage sur ces détails. Nous retiendrons que circulaient dès l'an mille au moins dans les pays scandinaves, incorporées aux *sagas* mi-historiques, mi-légendaires qui y florissaient, des anecdotes propres à faire naître le suspense et l'émotion des auditeurs. Sauf par Saxo vers 1200, elles ne seront mises par écrit que plus tard. Nous retiendrons surtout que l'une de ces anecdotes, celle de la pomme, ressemble vraiment beaucoup à l'aventure de Guillaume Tell. Dans les versions islandaises et norvégiennes, le déroulement de l'anecdote est différent, et plus sommairement exposé.

En revanche, les circonstances qui l'encadrent sont plus proches : il s'agit, avec Heming l'Islandais et le Norvégien Eindridi, de paysans aisés, de notables qui, comme plus tard en Suisse, tentent de défendre leur autonomie régionale contre un roi qui s'efforce d'asseoir son pouvoir. Les combattants scandinaves devaient avoir moins de chance que leurs émules helvétiques; ils sont tombés plus vite dans l'oubli et c'est Guillaume Tell qui a finalement recueilli tous les honneurs et connu la célébrité.

Relevons un détail encore, qui n'est pas sans intérêt : quelques-unes des légendes scandinaves, ou des récits apparentés du nord de l'Allemagne, font état d'interventions miraculeuses ou merveilleuses pour tirer d'affaire le tireur, ou le skieur. Tel ne fut pas le cas de Toko, pas plus que de Guillaume Tell, qui ne purent se fier qu'à leur talent.

En Allemagne aussi, du nord surtout, ont circulé des histoires de tireurs sur pommes – ou sur pièce de monnaie – supportées par la tête d'un être proche. Mais elles diffèrent sur trop de points pour avoir influencé des narrateurs suisses et sont en général tardives; elles n'ont en outre guère dépassé les frontières de leur province d'origine. Mais elles peuvent jalonner un autre cheminement de la tradition scandinave.

Reste la version anglaise : la ballade d'*Adam Bell*, *Clim of the Clough and William of Clouderly*. Elle aussi met en scène un tireur de pomme sur la tête de son fils, avec des détails très proches de Guillaume Tell, à commencer par l'identité des prénoms, Guillaume, William. Mais ce sont des noms bien courants. En France, au XVIe siècle, un « guillaume », c'est quelqu'un, n'importe qui, un quidam. D'ailleurs, Tell n'a été « baptisé » que bien tard et ce prénom que l'usage lui attribua n'a certainement aucune racine historique. L'exploit de William of Clouderly s'insère dans un contexte différent : trois hors-la-loi, émules de Robin des Bois, décident de rentrer dans l'ordre et d'expier leurs crimes par un pèlerinage à Rome. Ils se rendent à Londres pour obtenir du roi un sauf-conduit, et le roi soumet William à l'épreuve dont il a fait, comme Toko, le pari; d'abord avec une baguette que William parvient à briser; puis avec la pomme et le fils de William. Plein d'admiration, le roi engage William et ses compagnons à son service... De toute façon, la ballade n'est connue que par son impression réalisée en 1536; elle est peut-être sensiblement plus ancienne, toutefois certainement trop tardive pour avoir fourni un modèle de Guillaume Tell. On a même pu supposer l'inverse : quelques détails de la ballade anglaise ont pu être inspirés de celle de Tell – ainsi la distance du tir, six fois vingt pas.

La pomme de Norvège

Que penser de tout cela? Il faut en tout cas exclure l'influence sur la formation du récit de Guillaume Tell de tout texte littéraire. D'abord, parce qu'il est improbable que les promoteurs de notre récit fussent des lettrés. Lorsqu'il est enregistré par le *Livre Blanc* ou par la *Ballade de Tell*, le récit est formé, reçu comme authentique, hors de doute. Il a été transmis oralement. Ensuite, seul le texte de Saxo le Grammairien a été rédigé assez tôt pour avoir été connu en Suisse lorsque le récit était encore en formation. Mais Saxo n'a bénéficié, durant tout le Moyen Âge, d'aucune diffusion; il était à peine connu dans son propre pays. Et il n'existe plus aujourd'hui aucun manuscrit de son œuvre; elle n'a survécu que par l'édition imprimée à Paris en 1514; preuve qu'il s'agit vraiment d'un texte confidentiel. Quant aux sagas scandinaves, mises par écrit au XIVe siècle, elles n'auraient pu parvenir en Suisse que trop tard – et n'auraient en outre guère trouvé lecteur.

Il est en revanche très plausible d'imaginer un véhicule oral des récits septentrionaux à travers les Alpes et la Suisse centrale. De tous temps, la circulation des personnes y était importante, même lorsque l'accès du Gothard et de son col était encore difficile. Avec l'ouverture de ce passage au grand trafic, dans le premier tiers du XIIIe siècle, la vallée d'Uri devient un véritable boulevard. Marchands petits et gros, pèlerins sur la route de Rome ou de la Terre sainte, soldats et officiers de l'empereur, diplomates et agents des princes et des villes, prélats et moines, écoliers en chemin vers Bologne, artistes ou chevaliers en quête d'aventures – c'est tout un monde qui passe. Un monde masculin presque uniquement, les femmes voyagent encore peu; mais un monde de toutes provenances, sociales ou géographiques. Y sont majoritaires cependant ceux qui viennent des pays germaniques et que quelque raison de piété ou d'affaires attire en Italie. Mais il y a dans la cohorte bon nombre de Scandinaves aussi, Danois, Norvégiens, Islandais même, bâton de pèlerin en main. Or le voyage est lent. De Fluelen à Gœschenen, ce sont deux étapes quotidiennes au moins, deux ou trois nuitées parmi les Uranais. Souvent la maladie, la fatigue, le mauvais temps ou, pour les marchands, les lenteurs de l'administration péagère, le retard des transporteurs ou la difficulté d'en recruter retiennent plus longtemps le voyageur. Il a à l'étape des loisirs forcés. Les occupe-t-il à se mêler à la population résidente ? C'est peu probable : les montagnards sont d'un naturel un peu sauvage, ils sont méfiants, ne se lient pas volontiers avec des étrangers. Les langues faisaient problème, restreignaient les possibilités de conversation; même les Allemands parlaient des dialectes qu'ils ne comprenaient pas tous entre eux.

Soit. Mais entre voyageurs et indigènes, ce n'était tout de même pas le mur du silence. Il fallait bien qu'ils s'entendent sur les conditions d'hébergement, de ravitaillement des hommes et des bêtes, de transport, d'engagement de guides, et ainsi de suite. Ce pouvait être l'amorce d'un échange d'idées, d'informations réciproques où chacun s'exprimait sur son pays. Échange qui se poursuivait volontiers sans doute à la veillée dans l'auberge. Et l'on peut aisément imaginer que, si réservés qu'ils fussent, quelques-uns au moins des indigènes prenaient intérêt et plaisir à écouter les histoires que leur narraient les voyageurs – il se trouvait sûrement quelqu'un pour servir d'interprète si besoin était (et il l'était certainement avec les Scandinaves).

C'est donc ainsi, et non par quelque voie plus savante, que des bribes de sagas, des anecdotes lointaines ont pu tomber dans l'oreille d'auditeurs uranais – les gens de Schwyz ou d'Unterwald se trouvaient à l'écart de ce trafic international. Or c'est bien à Uri que se situe Guillaume Tell et c'est là que s'est élaboré tout le récit qui le concerne. Il suffisait d'un soir, d'une histoire fascinante, d'un narrateur en verve, colorant les détails, mimant la scène, reproduisant les dialogues qu'il avait lui-même entendu répéter – et la mémoire d'un, de plusieurs auditeurs enregistrait le tout. Non pas la trame, trop étrangère à leur univers, ni les détails exotiques, telle une descente à skis; mais les moments saisissants de ces histoires, ceux que leur sensibilité enregistrait le plus aisément.

Tout cela n'est bien sûr que conjectures gratuites : nous n'avons aucun témoin de telles veillées. Mais le degré de vraisemblance en est si haut que nous pouvons sans crainte accepter ce modèle de transmission, ou quelque chose de très semblable. Et nous voici confortés, sinon expressément confirmés, dans l'idée d'une influence du Grand Nord sur l'histoire de Guillaume Tell.

Est-ce à dire, avec de Haller, que notre héros tout entier n'est que « fable danoise », ou norvégienne ? C'est aller loin, certainement beaucoup trop loin. La trame, la substance, la séquence des événements dans notre histoire n'ont rien à voir avec les « modèles » scandinaves ou autres : elles ne se réfèrent qu'à la situation particulière des Waldstetten. Certes, nous avons vu que les traditions norvégienne et islandaise se référaient à l'origine à des contextes quelque peu analogues, à la résistance de paysans habitués à vivre sans maîtres contre la soumission à laquelle les rois entendaient les contraindre, vers les Xe et XIe siècles. Mais à l'époque où ces récits ont pu parvenir aux oreilles des Alpins, les circonstances originelles en sont complètement oubliées. Les rois l'ont emporté depuis longtemps, leurs sujets s'y sont accoutumés et ont perdu tout souvenir d'anciennes libertés. De plus, les récits qui circulent, les sagas et même les ballades populaires véhiculent l'idéologie admise par tous désormais, qui est celle des vainqueurs, celle des princes et de leur entourage. Le Guillaume Tell du XIIIe ou du XIVe siècle n'est ainsi ni l'héritier ni l'émule de héros dont les motivations, les ressorts, se sont perdus dans la nuit des temps.

Restent les épisodes, retenus isolément. A commencer par le plus célèbre, le tir sur la pomme. Pourquoi le plus célèbre ? Parce qu'il est plus frappant que tous les autres, chargé d'émotion ; il tient l'auditeur en haleine, multiplie les rebondissements, maintient l'effet de suspense ; il contient en soi une force dramatique que les autres moments de l'histoire n'ont pas au même degré ; et surtout, la menace qui plane sur l'enfant fait vibrer une corde sensible en tout auditeur. Or, cet épisode remarquable entre tous, il se présente dans les versions scandinaves et dans la version helvétique avec des ressemblances si grandes qu'il est difficile de croire à une double génération spontanée, donc à une indépendance totale des deux traditions. Celle de Guillaume Tell, indiscutablement, a incorporé là tôt ou tard, et parfaitement assimilé à sa substance propre, un motif norvégien-islandais déposé au passage dans la vallée d'Uri par quelque voyageur. Ce cadeau est évidemment venu du froid pas mal d'années après les événements, en tout cas après leur conclusion de 1315 à Morgarten ; et cela même si l'on est enclin à repousser l'histoire de Tell plus ou moins haut dans le temps. La réception du récit scandinave n'a guère pu avoir lieu avant 1330-1340. Et certainement pas plus tard que 1370-1380. Car au seuil du XVe siècle en tout cas, et même sans doute un peu plus tôt, la greffe a réussi à tel point que nul ne s'en avise plus. Ajoutons la *Ballade de Tell* comme un relais possible : n'a-t-elle pas justement retenu le seul épisode de la pomme, suivi d'une noyade du héros ?

Bruno Meyer ne rejette pas, comme Karl Meyer, l'idée d'une influence nordique. Il juge pourtant trop bref ce laps de temps pour que la greffe ait pu si bien prendre. Il s'en sort avec une idée imprévue, mais qui ne résiste guère à l'examen. La légende nordique aurait été connue *avant* la rencontre dramatique entre Tell et Gessler, et ce dernier y aurait délibérément puisé l'inspiration de son ordre sadique! Mais il faudrait alors admettre qu'en cachant sa seconde flèche, Guillaume Tell lui aussi se serait conformé au modèle. En d'autres termes, que les deux acteurs aient consciemment rejoué un scénario qu'ils connaissaient l'un et l'autre, tel un psychodrame... Comme quoi l'érudition la plus subtile peut déboucher sur l'absurde.

L'assimilation du motif de la pomme tirée sur la tête de l'enfant est en tout état de cause si parfaite que l'on a presque peine à croire à l'interpolation de l'épisode tout entier dans une histoire préalable. Il semble loisible d'imaginer que le motif d'importation s'est substitué à un motif indigène, ou l'a modifié : quelque scène comportant aussi la provocation du héros et une performance de sa part, mais dans des circonstances moins spectaculaires et moins propres à susciter l'émotion. Il est aussi vrai d'autre part que l'on peut logiquement ignorer la pomme, et passer tout droit du mépris de Tell pour le chapeau à son arrestation et aux scènes suivantes, sans affecter la cohérence du récit. L'histoire, même, prend ainsi un tour plus authentique et commence à convaincre de sa réalité. Mais à la mémoire collective, elle a pu sembler fade et trop banale à la longue. Bien appropriée, l'anecdote nordique a permis de la corser et, du même coup, de la mieux retenir.

Les autres scènes, elles, ne doivent rien au précédent scandinave, ni à quelque autre source étrangère connue que ce soit. On a vu dans la tempête, l'adresse de Tell à piloter la barque et son saut salutaire sur les rochers du rivage du lac d'Uri (qui ressemble fort, dans sa structure topographique, à un fjord norvégien) une transposition de la descente casse-cou d'une falaise, à skis, imposée à Toko comme à Heming. Dans les deux cas, il y a une falaise. Et le narrateur aurait remplacé l'allusion à un sport dont les

Suisses n'étaient pas (encore) maîtres par une performance plus familière aux auditeurs. C'est chercher bien loin et trahir la cohérence du modèle : car ce nouvel exploit de Tell n'est plus une épreuve imposée, mais une circonstance fortuite, d'ordre météorologique. Quant à la vengeance parallèle des héros par le meurtre du tyran, roi Harald à la Dent Bleue ou bailli Gessler, voilà un motif trop courant dans les histoires et un fait divers trop fréquent dans l'histoire, une conclusion si naturelle que nous pouvons accepter cette coïncidence.

Ainsi la « fable danoise » se ramène-t-elle à une pomme de Norvège, y compris la richesse de détails de cet épisode acclimaté sur les rives de la Reuss. Mais, débarrassée de ce surcroît d'émotion qu'elle devait susciter, l'histoire d'un paysan et chasseur réputé aux alentours, un notable sans doute, d'un homme orgueilleux, décidé, peu enclin aux nuances et au compromis, qui refuse, pour lui et son peuple, la soumission à un pouvoir qui n'est pas dans les coutumes du pays, qui témoigne publiquement de son mépris pour l'agent de ce pouvoir, se fait arrêter, s'évade et finit par tuer le bailli, symbole vivant de ce qu'il combat – cette histoire-là est parfaitement vraisemblable et susceptible de s'être gravée dans la conscience des générations ultérieures.

Archéologie d'un récit : les lieux et les personnes

L'analyse des éléments matériels contenus dans nos récits nous retiendra d'autant moins pour l'instant que nous retrouverons les plus significatifs d'entre eux plus loin, dans la confrontation de la tradition avec l'histoire. Mais dès lors que nous essayons de porter un jugement sur la valeur de ces récits et sur l'authenticité de ce qu'ils relatent, il est nécessaire d'évaluer le discours aussi sous l'angle des détails concrets qu'il introduit. Ces détails relèvent-ils de la seule perception qu'avaient des auteurs tardifs (fin XIVe, XVe, début XVIe siècle) de leur environnement physique, matériel et mental ? Ou bien les narrateurs successifs jusqu'à la mise par écrit ont-ils véhiculé, tant bien que mal, les perceptions du milieu initial, celui du XIIIe et du début du XIVe siècle ?

Les noms de lieux, tout d'abord, et toute la topographie évoquée pour situer chacun des épisodes, correspondent tous et jusque dans les moindres détails à une localisation en tous points exacte, encore vérifiée récemment par l'archéologie en ce qui regarde les châteaux pris d'assaut. Tous les lieux cités ou décrits forment une géographie logique, c'est-à-dire qui ne présente aucune invraisemblance et ne soulève aucune hésitation du lecteur par rapport aux événements que les récits ont voulu y situer. Montagnes et forêts, lacs et rivières, routes et villages sont à leur place, avec leur nom. Les itinéraires des protagonistes, les distances, les temps de parcours sont parfaitement réalistes. Les singularités du climat – tempête de foehn, temps de la première neige – sont correctement évoquées. Mais tout cela n'a rien de surprenant. Les personnes disparaissent et leur souvenir s'estompe, mais les lieux, l'espace et ses signes particuliers demeurent. Les narrateurs ont visité les lieux qu'ils mentionnent, ils ont une expérience intime du théâtre des événements. Et pourtant, si nous devions avoir affaire à des contes imaginés de toutes pièces, ou rapportés d'ailleurs, il faudrait s'étonner de l'ingéniosité des narrateurs pour couler inventions ou emprunts dans le paysage familier. Il y a là un témoignage certain non pas de l'authenticité globale des récits, mais du fond de vérité qu'ils contiennent. Une sorte de certificat d'origine.

Il n'en va pas tout à fait de même avec les personnages, et cela se comprend. Là, la mémoire a pu se brouiller, confondre les protagonistes, mêler les générations en prenant le père pour le fils et vice versa. Pourtant, la plupart des patronymes et quelques-uns au moins des individus nommés dans le récit ont bel et bien existé autour de 1300 : ils surgissent au hasard de quelques documents, mais qui n'ont rien à voir avec notre affaire. En tout cas, nulle fantaisie ne semble avoir imprégné l'onomastique de nos récits – à une exception près, mais de taille : le nom de Guillaume Tell lui-même, qui fait mystère.

Deux baillis sont désignés dans nos récits par leur nom. Celui de Sarnen, Landenberg, qui voulait se saisir des bœufs de labour d'Arnold de Melchtal. Et celui de Schwyz et Uri, avec résidence à Kussnacht – soit en dehors du territoire de sa juridiction –, le fameux Gessler. Ce dernier intervient d'ailleurs à deux reprises : face à Guillaume Tell à Altdorf; et devant la belle maison de Stauffacher, à Steinen (Schwyz). Nous savons que ces deux épisodes méritent probablement d'être dissociés, qu'ils ne sont peut-être pas contemporains. Même en acceptant leur authenticité à tous les deux, il n'est nullement certain qu'ils mettent en scène le même agent des Habsbourg. Plus ancien, le nom du véritable adversaire de Tell a dû se perdre; pour la cohérence du récit, les narrateurs l'ont assimilé au personnage de Gessler, plus jeune et dont le patronyme était resté dans les mémoires. Ni Landenberg ni Gessler ne sont attestés d'autre part dans les fonctions que le récit leur prête. Mais plusieurs chevaliers de Landenberg, un lignage de Thurgovie, ont été au service du roi Rodolphe de Habsbourg, puis de ses fils et petits-fils, et il est parfaitement admissible que l'un d'entre eux ait siégé au château de Sarnen, et même qu'il ait présidé à la construction de celui-ci. Des sources postérieures désignent ce château et la colline qui le supporte comme le « Landenberg », selon un usage courant de référence toponymique au réalisateur d'un édifice important. Quant à la famille ministériale des Gessler de Meienberg, d'Argovie, elle est en pleine ascension sociale au XIIIe siècle; l'un de ses membres sera maître des cuisines et créancier du duc Léopold, le vaincu de Morgarten.

Au lieu dit « Melchi », au bord de la Melchaa et au débouché du vallon de Melchtal, dans l'Obwald, Henri et Arnold de Wenighusen sont propriétaires de champs de labour, peu après 1300 : le second pourrait bien être notre Arnold « de Melchtal ». Conrad de Baumgarten n'est pas documenté; on sait seulement qu'un personnage de ce nom et originaire de Wolfenschiessen devait périr beaucoup plus tard, avec sa femme Itta, lors d'un naufrage sur le lac, en 1391... Les Stauffacher, eux, sont bien connus et nous n'avons que l'embarras du choix pour identifier celui de l'histoire : Rodolphe était *landammann* (président) de Schwyz en 1275 et 1281 ; il apparaît encore entre 1291 et 1309. Son fils Werner sera à la tête du pays au moment de Morgarten. Comme c'est seulement Tschudi qui a attribué à Werner un rôle dans notre affaire – le *Livre Blanc*, notre plus ancienne source, se contente de nommer « le Stoupacher » – le père et le fils sont candidats à chances égales. Leur rang dans la société locale, sans doute leur aisance, justifièrent à leurs yeux la construction d'une demeure en pierres de taille, qui par ce choix de matériau pouvait paraître un petit château. Or, en droit d'empire, la construction d'un château était soumise à permission du seigneur ayant autorité sur la région. Le bailli, soucieux du respect des droits auxquels prétendaient ses maîtres les Habsbourg, pouvait donc, de son point de vue, accuser Stauffacher de les avoir violés en bâtissant sa maison sans autorisation. Ce point de vue légal valable avant Morgarten paraît avoir échappé plus tard aux narrateurs. Quant aux Fürst d'Uri et à une famille « Der Frauen » (littéralement « Des Dames ») que cite dans un même souffle le *Livre Blanc*, ils sont bien connus aussi. Un (ou plusieurs ?) Conrad Fürst est nommé par des documents de 1257, 1290 et 1301, un Walter plusieurs fois entre 1313 et 1317. Les Der Frauen n'apparaissent qu'au XIVᵉ siècle, mais comme *landammann* d'Uri, donc des notables d'origine plus ancienne.

Ce n'est qu'autour du nom de Guillaume Tell que le mystère reste épais. Laissons « Guillaume » : nous avons vu, en le rapprochant de son camarade anglais William of Clouderly, que son baptême est très tardif, peut-être pas antérieur à la fin du XVᵉ siècle... Mais *Tell* ? Le *Livre Blanc* lui-même est encore hésitant, tantôt *Thell*, *Thaell*, tantôt *Thall*, *Tall*, *Tal* ou encore *Tellen* : l'orthographe du nom et même sa prononciation ne se sont fixées que progressivement – probablement avec la ballade –, ce qui confirme l'idée d'un long cheminement oral. Que *Tell* ou quelque nom approchant ne soit relevé dans aucun document conservé ne signifie absolument rien quant à l'existence du personnage. Je l'ai déjà dit, la société de montagnards que nous fréquentons ignore largement la culture écrite, les documents locaux sont exceptionnellement rares dans les vallées et d'innombrables personnes, même importantes pour leur entourage, ont à tout jamais sombré dans l'oubli. La survivance au fond des archives de quelques notables, acteurs ou témoins de transactions, donateurs à des fondations religieuses ou mêlés à quelque autre affaire enregistrée, est simple effet du hasard.

Pourtant, ce nom de *Tell* sonne de manière bizarre, insolite. Les érudits se sont perdus en conjectures pour lui trouver une origine et un sens. Les uns ont supposé quelque racine dans la mythologie germanique ou celtique, à l'appui de la thèse d'une légende importée du Nord. D'autres ont pensé à une substitution au patronyme initial oublié d'un sobriquet ou d'une désignation caractéristique déviée des aventures même du héros. Le fameux rocher plat sur lequel celui-ci parvint à sauter pour échapper à Gessler, devenu dès le XVe siècle un lieu de pèlerinage avec chapelle, fut d'emblée désigné comme la *Tellsplatte*, la « dalle de Tell » : J.E. Kopp en induisait que ce toponyme avait pu être antérieur à l'histoire, et que le légendaire évadé aurait pris en atterrissant son surnom. L'hypothèse est évidemment peu satisfaisante.

Dans ses efforts acrobatiques pour rétablir l'authenticité historique de Guillaume Tell, l'historien Karl Meyer, dès 1927, proposa une solution astucieuse, mais guère plus satisfaisante. Meyer n'est pas seulement convaincu de la réalité de l'affaire, mais il la comprend résolument comme un antécédent immédiat du Pacte d'août 1291. A cette date, s'il faut en croire une autre chronique tardive, la chronique lucernoise de Diebold Schilling, le bailli en charge de Schwyz et d'Uri aurait porté le titre de « comte de Seedorf » (et non « Gessler » du *Livre Blanc* ou « Grisler » que transmet Etterlin). Seedorf est un village uranais proche d'Altdorf mais sur la rive gauche de la

Reuss; il n'a jamais été siège comtal, bien entendu. Or à cette même époque vivait à la cour du roi Rodolphe Ier de Habsbourg un chevalier du nom de Conrad de *Tilndorf* ou *Tillendorf*; ce personnage exerçait entre autres la fonction, au service du lignage des Habsbourg, de bailli du château de Kybourg (près de Winterthour, au nord de Zurich). Le fief de Kybourg, récemment acquis, constituait l'une des pièces maîtresses du patrimoine de la dynastie, et la charge du bailli comportait l'administration de droits seigneuriaux sur un rayon très large, jusque dans les Alpes, en particulier dans la région de Schwyz. Notre Tilndorf, en fonction de 1288 à 1291, a fort bien pu être regardé comme l'agent des Habsbourg en pays de Schwyz et d'Uri. On sait qu'il est mort entre le printemps et l'automne 1291, donc à l'époque même où Meyer place l'épisode de Tell : il serait donc un faux Gessler, mais le vrai bailli sur la route du héros. Et le nom de *Tell*, dès lors, ne serait qu'un transfert sur le héros de celui de son adversaire, *Tillendorf*, abrégé et vocalement déformé... Quant au « comte de *Seedorf* », il ne serait que l'enfant d'une mauvaise lecture de *Tilndorf*...

Mais faut-il à tout prix chercher midi à quatorze heures? Patronyme ou sobriquet, *Tell* a fort bien pu être porté par n'importe quel individu, en toute indépendance de sa destinée. Le nom n'a rien d'extraordinaire; on connaît des *Tello* dans les Grisons proches, une famille *Tellon* est attestée en Unterwald au XIIIe siècle. Encore une fois, l'absence de sources précises, de confirmation écrite de l'existence d'un nommé Tell à Uri au XIIIe siècle n'a aucune signification.

Le contexte social

Le récit n'attribue pas aux personnages qu'il met en scène – les baillis mis à part – un statut social bien déterminé. De Stauffacher seul, le *Livre Blanc* dit qu'il « a du bien », qu'il est aisé; ce que sa maison de pierre exprime avec évidence, arrogance même aux yeux du bailli. Les premiers Suisses ne nous sont pas caractérisés mieux que par des lieux communs, « bons » et « pieux » comme il se doit; leurs faits et gestes ne confirment pas nécessairement ces épithètes... Pour le reste, ils ne sont que des paysans parmi les autres et rien ne les distingue *a priori* de leurs voisins. Ce n'est point effet du hasard. L'idéologie des narrateurs locaux du XIVe siècle, et encore au début du XVe, a pris garde de situer ses héros dans une population rurale sans couleur particulière, en tout cas de ne pas en faire des hobereaux, des membres de la petite noblesse locale. Car celle-ci, qui avait pris parfois le parti des Autrichiens, a en partie disparu entre-temps; des lignages se sont éteints, d'autres ont dû quitter le pays au cours du XIVe siècle; ce groupe social a en tout cas perdu prestige et ascendant. Cela ne manquera pas d'embarrasser plus tard l'historien Tschudi, qui s'efforcera maladroitement de rendre crédible un ralliement de cette noblesse au mouvement d'inspiration paysanne. C'est que dès la seconde moitié du XVe et au XVIe siècle surtout, l'idéologie confédérale aura encore changé, au service cette fois des aristocraties urbaines exerçant pouvoir et influence sur toute la Confédération. Il conviendra donc d'en légitimer rétrospectivement les mérites.

Pourtant, tout ce que nous savons de nos héros par les détails dont le récit les entoure et par leur identification à des personnalités réelles les situe bel et bien dans un milieu rural, certes, mais aussi dans un groupe d'élite.

L'autonomie traditionnelle dont ces paysans se prévalaient et qu'ils défendirent avec l'énergie et l'intelligence que l'on sait n'avait pas exclu la formation, au sein des communautés des vallées alpines, de hiérarchies sociales assez rigides, que l'aisance générale de la région au XIIIe siècle n'a pu que renforcer. Hiérarchies fondées sur la condition juridique des individus (libres ou serfs), sur la fortune immobilière (un immeuble de pierre, des champs que leur propriétaire laboure avec sa paire de bœufs) et sur l'importance du cheptel d'élevage. Mais encore, certainement, sur le prestige personnel, rejaillissant sur le lignage. Tel le prestige de Guillaume Tell, « le tireur ».

Donc le chasseur, car ni Tell ni ses voisins ne sont des guerriers, sinon d'occasion. L'épithète n'est pas une désignation professionnelle, mais une marque d'admiration qui se réfère à un passe-temps collectif où certains se montrent plus habiles que d'autres, comme dans les sports d'aujourd'hui.

Or la couche supérieure de cette société de montagne, sa classe dominante, c'est celle des propriétaires, éleveurs et exportateurs. Parce qu'elle est plus riche; et parce qu'elle s'est « distinguée », au sens mondain du mot, grâce à ses contacts avec les élites urbaines, à l'extérieur des vallées. Elle constitue à son tour une élite, matérielle et culturelle. Et c'est cette élite, exclusivement, qui fournit les héros de nos récits. Des héros qui sont, nécessairement, de la classe des chefs. C'est cette élite, dont certains membres ont même le mode de vie et souvent les droits locaux d'une petite noblesse, qui dirige les communautés des vallées, remplit les charges publiques comme celle de *landammann*. Des communautés plus aristocratiques que ne l'a voulu une représentation démocratique idéalisée forgée à l'époque des révolutions et entérinée au XIXe siècle.

Il est singulier de relever l'absence totale, dans nos récits, de toute allusion au trafic international par le Gothard et aux métiers qui sont à son service. Ce trafic occupe pourtant, à l'époque des événements, une place essentielle dans les activités locales, principalement à Uri, et un apport de revenus, de richesse non négligeable. Mais les métiers « mécaniques », l'artisanat et les services de transport, moins rémunérateurs que l'élevage des gros propriétaires, n'occupent pas l'élite. Ils sont laissés à une sorte de classe moyenne, mi-paysanne, mi-artisanale; celle-ci s'élèvera à son tour, mais plus tard, vers la fin du XIVe et au XVe siècle. A cette échéance, nos récits seront depuis longtemps fixés, qui reflètent bel et bien un état antérieur de la société.

Les signes sociaux. L'arbalète de Tell

Cette élite dont nous parlons, elle a ses attributs matériels. La maison de pierre, presque un château; les bœufs de labour; la baignoire (et, pourquoi pas, l'épouse séduisante) que possèdent les Trois Suisses de la légende – ces biens qui justement sont à l'origine de leurs démêlés avec les baillis et de leur insurrection –, ce sont des signes extérieurs de richesse, de prestige, de distinction.

L'arbalète même que Guillaume Tell n'hésite pas à emporter avec lui pour descendre au chef-lieu de sa vallée sans nécessité apparente, n'est-elle pas signe de son rang, au même titre que l'épée des nobles et des bourgeois ?

Cette arbalète restera inséparable de son illustre propriétaire : elle l'accompagnera tout au long des siècles et deviendra l'accessoire privilégié du mythe. Autonome, elle est aujourd'hui sans cesse représentée comme le label de qualité des produits *made in Switzerland*. C'est pourquoi sans doute elle est devenue, avec son maître, la cible des détracteurs du mythe. Un journaliste de la presse suisse à gros tirage affirmait récemment qu'une telle arme n'était guère en usage au XIIIe siècle, et moins encore dans la région alpine, qu'un paysan comme Guillaume Tell n'avait pu par conséquent s'en servir : preuve de plus que le personnage, comme son attribut, n'avait pu sortir que de l'imagination de quelque conteur mal informé... Pareil argument est tout à fait gratuit : arme de guerre ou de chasse, l'arbalète est au contraire largement diffusée au temps de Guillaume Tell. Elle est mentionnée dans presque tous les récits de guerre et fut engagée particulièrement lors des Croisades. Seule arme du combat à distance, elle a en effet une portée de 400 mètres environ, et offre une précision de tir absolue sur une cible située entre 30 et 80 mètres du tireur : ce qui rend effectivement possibles les cartons de Tell d'abord sur la pomme, plus tard sur le bailli. L'efficacité meurtrière de l'arbalète avait incité le concile du Latran, en

1139, à en interdire l'usage militaire; mais les conciles même n'arrêtent pas le progrès, et l'arbalète ne disparut point des champs de bataille. Elle connut au contraire, du XIIe au XIVe siècle, maints perfectionnements du mécanisme de tension destiné à en augmenter précision et portée et surtout à pallier son inconvénient majeur, la lenteur du mouvement de charge.

L'arbalète est donc bel et bien présente dans l'équipement de guerre ou de chasse durant tout le Moyen Âge, jusqu'à ce qu'elle s'efface devant les armes à feu, au XVe siècle. Elle n'est pas pour autant à la portée de n'importe quel paysan. Son emploi délicat suppose l'instruction et l'entraînement du tireur. La complexité de sa construction en fait une arme coûteuse. Si le manche de l'arbalète, au temps de Guillaume Tell, est encore en bois, le ressort arqué est composé de plusieurs bandes d'acier superposées; le tireur ne peut plus tendre son arme à la main, comme un arc : un mécanisme l'assiste, dont les pièces, comme le levier de la gachette en pied de biche, sont en métal. Seuls des artisans de métier peuvent façonner et assembler ces pièces; on ne rencontre de tels spécialistes que dans les grandes villes. L'arme de Guillaume Tell ne peut avoir été qu'un produit d'importation en provenance d'un atelier allemand ou italien, et achetée à grands frais.

Est-ce motif d'en refuser l'acquisition à notre héros? Au XIIIe siècle, depuis l'ouverture de la voie du Gothard, la circulation des marchandises de toutes sortes, armes comprises, est assurée dans la vallée d'Uri. Les paysans-éleveurs, qui vont en général eux-mêmes vendre leurs produits sur les marchés urbains de la région périalpine, tant en Lombardie que sur le plateau helvétique ou en Allemagne du Sud, peuvent s'y procurer en retour les articles les plus sophistiqués de l'industrie; les profits qu'ils réalisent mettent ceux-ci à portée de leur bourse. Tell a pu donc sans peine se porter acquéreur d'une arbalète, directement ou par l'intermédiaire d'un marchand ou d'un quelconque voisin. Ici et là, des fragments de flèches d'arbalète ont été retrouvés dans le sol, que l'on peut dater des XIIIe et XIVe siècles; ainsi au hameau de Perfinden (= *Bärenweide*, Pré aux Ours), dans le canton de Schwyz.

Une identité culturelle

Défendre ses droits, c'est aussi défendre une culture. Pour les Suisses, cette culture pastorale du « peuple des bergers », que l'on a plus tard alternativement célébrée ou moquée pour sa prétendue simplicité. Une culture qui n'était pourtant pas du tout aussi fruste qu'on a voulu – en milieu urbain – l'imaginer et la représenter. A travers cette culture, toute la communauté des vallées trouve son identité, et donc aussi les puissants motifs de sa solidarité. Nos récits rendent manifeste la solidité des liens de solidarité à l'intérieur de la communauté face à l'agression extérieure. Solidarité évidente au sein de l'élite aristocratique, mais certainement vécue par tous les habitants, même les non-libres, d'ailleurs peu nombreux et qui disparaîtront rapidement. Solidarité que le danger commun étend aux communautés voisines, mais avec de subtiles distinctions de préséances.

Les récits invitent en outre à reconnaître le rôle éminent de la famille, du lignage. Ils documentent le refus d'accepter que des hommes étrangers, fussent-ils de haute condition, prétendent aux faveurs des filles du pays; et d'une façon générale, un sens aigu de l'honneur en matière sexuelle. L'un des reproches répétés et majeurs adressés aux baillis, c'est les sévices sexuels qu'ils ont infligés aux femmes et aux filles rencontrées en chemin ou attirées au château – signe peut-être que certaines se laissaient trop facilement séduire. Cette attitude des Suisses ne relève pas d'une morale sexuelle particulièrement puritaine, mais du sens de l'honneur.

Relevons encore la place occupée par la femme dans la société décrite et la relative autonomie dont elle profite, les bons conseils que le narrateur prête à l'épouse de Stauffacher, son intérêt pour la chose publique – ce qui n'a rien de surprenant. Ou le rôle des enfants, plus original, mais confirmé par d'autres sources.

Enfin, les rites de violence. Il y a là une contradiction significative. Les formes tardives de nos récits – et après elles les historiens, de Tschudi à Jean de Muller et ceux de l'âge romantique – ont souligné avec insistance que les premiers Suisses auraient répugné à verser le sang de leurs adversaires. Des pacifistes en somme. Des apôtres de la non-violence. On entendait légitimer ainsi moralement des actes sur lesquels, à partir du XVIe siècle, on fondait justement une morale politique. Mais le déguisement cache mal la réalité, avec son cortège de meurtres, de ruses, de bagarres, de combats de maquisards fort éloignés des mœurs chevaleresques et courtoises.

Tradition orale, poésie et histoire

Le corpus de récits et d'anecdotes que rassemble le *Livre Blanc*, que chante médiocrement la *Ballade de Tell* ou *des Confédérés*, que reprennent quelques chroniqueurs de la fin du XVe et du XVIe siècle et auquel Tschudi s'est donné beaucoup de peine pour apporter un peu d'ordre et combler quelques lacunes, ce corpus a fini par prendre belle allure de cohérence, donc de vérité. Cet habillage lui a valu un succès durable de crédibilité. Mais la cohérence était trompeuse. Elle n'a guère résisté à l'approche critique qui se fondait presque sans exception sur la matérialité des faits, impossible à authentifier (*quod non est in scriptis non est in factis*) et sur celle de textes que leur trop jeune âge rendit suspects. La majorité des savants, depuis un siècle et demi, a voulu reléguer Guillaume Tell, les Trois Suisses et leurs comparses au grenier des contes et légendes – au scandale des patriotes et au chagrin des âmes sensibles. Ce faisant, n'ont-ils point jeté le bébé avec l'eau du bain ?

Il est certain que l'authenticité matérielle de ces narrations ne peut être établie, et qu'elles sont, en plus, difficiles à insérer dans le tissu chronologique des événements connus. Il est non moins évident que la tradition écrite tardive que nous avons recueillie en rend douteuse toute la précision apparente. La lecture positiviste qui en a été faite par la cohorte des érudits les a condamnées sans appel.

Mais cette lecture est-elle la seule possible? Il me semble légitime et nécessaire d'en proposer une autre, fondée sur les principes que propose la sémiotique, mais une sémiotique au second degré. C'est-à-dire qu'il s'agit d'isoler, dans nos sources, les signes recueillis d'une tradition originelle, des éléments que les narrateurs, les poètes puis les chroniqueurs – heureusement médiocres – ont insérés dans le récit ou corrigés en fonction de leur temps et de la perception qu'ils en avaient, de leur perspective, de l'idéologie ambiante avec ses besoins de légitimation, bref en fonction de leur sensibilité propre. Ils ont été habiles et maladroits tout à la fois. Habiles, puisqu'ils ont su envelopper de cohérence un amas disparate de souvenirs anecdotiques. Mais maladroits parce qu'ils n'ont pas su parfaire le travestissement, qu'ils ont laissé passer maints signes qui les trahissent et qui nous rapprochent malgré eux de l'authenticité originelle.

Nous sommes devant le problème de l'histoire orale, de l'histoire longtemps racontée avant que l'on s'avise de la mettre par écrit. Elle peut subir, elle subit fatalement toutes sortes de torsions, de manipulations plus ou moins conscientes. Elle s'enrichit de détails, ou perd le sens de certains d'entre eux sans pour autant les écarter. Le narrateur, quel qu'il soit, n'a jamais de ce qu'il raconte qu'une perception fragmentaire. Il est ainsi entraîné à compléter; mais il oublie presque aussitôt qu'il a comblé comme malgré lui les trous de son information. D'un conteur au suivant, les épisodes se croisent, s'inversent chronologiquement, s'emboutissent, se bousculent. Pour le narrateur, la tentation n'est pas mince d'associer, voire de ramener à un seul (tel le bailli Gessler) des personnages qui n'ont peut-être rien eu de commun, ni vécu en même temps. Cela simplifie l'histoire pour les auditeurs, et accroit aussi sa tension dramatique, sa « teinte émotionnelle » (Tomachevski). Là où l'imagination est à court, emprunt peut être fait à des légendes et récits apportés par quelque voyageur. Dans notre corpus, ces motifs d'importation, tel celui du tir sur la pomme, ont été étonnamment assimilés au *genius loci*, au point d'y adhérer parfaitement.

Guy P. Marchal a proposé récemment un exemple bien documenté d'intégration d'un motif légendaire à la transmission orale d'un souvenir. L'exemple est d'autant plus instructif qu'il se situe dans la même région, la Suisse centrale, et à l'époque même où l'histoire de Tell était en gestation. En 1437, la ville de Lucerne envisagea de jeter un pont sur l'Emme, mais ce projet souleva l'opposition, bien naturelle, du tenancier d'un bac qui craignait de perdre toute sa pratique. L'autorité fit valoir devant les juges qu'un tel pont avait existé jadis et fit entendre plusieurs témoins âgés qui racontèrent avoir entendu parler dans leur jeunesse de l'ancien pont; ces souvenirs transmis remontaient à une centaine d'années. L'un des témoins rapporta même, avec force détails, l'histoire d'un passant qu'un rêve avait conduit jusqu'au pont à la recherche d'un trésor; l'employé du péage l'en aurait dissuadé et le quidam, rentré chez lui, y aurait trouvé son trésor... Il s'agit là, de toute évidence, d'une légende qui circulait abondamment au Moyen Âge et que l'on trouve attachée à d'innombrables ponts, tant dans la région alpine (Sion, Thoune, Innsbruck, Villach, etc.) qu'un peu partout en Europe, en Orient et même au Japon. En trois ou quatre générations, le motif légendaire s'est ainsi imposé comme une réalité dans la mémoire orale. L'analogie que Guy P. Marchal croit voir entre le pont sur l'Emme et Guillaume Tell est peut-être abusive; dans le cas de l'enquête lucernoise, la mémoire du vieux témoin est sollicitée, celle des narrateurs de Tell est spontanée. Il n'en reste pas moins que cette histoire de pont est révélatrice des mécanismes de la mémoire collective populaire tels qu'ils ont pu fonctionner aussi dans notre affaire.

Mais toutes les astuces de narrateur n'excluent en rien l'existence d'un récit originel authentique, ni n'en occultent tout le contenu. Nous avons constaté il y a un instant que le récit recueilli fait appel à des réalités matérielles et culturelles qui correspondent effectivement à l'époque racontée. Il ne serait guère vraisemblable, d'autre part, que des récits tout empruntés à des traditions étrangères ou inventés de toutes pièces se fussent si profondément imposés en un laps de temps bref – moins d'un siècle – dans la mémoire collective d'un peuple, jusqu'à constituer le noyau de son histoire. Un peuple qui, en cette fin du Moyen Âge, n'est pas aussi fruste et naïf qu'on l'a décrit plus tard, et qui a déjà acquis une conscience précise de son identité.

Si nous mettons un instant de côté Guillaume Tell, dont l'aventure est moins typique par certains côtés et mérite d'être dissociée des autres au moins chronologiquement – elle est sans doute un peu plus ancienne –, les autres récits forment un ensemble à la fois cohérent dans sa typologie et répétitif dans sa signification. Chaque détail, chaque anecdote s'ajuste sans effort dans la réalité sociale, économique et culturelle des Waldstetten au XIIIe siècle. L'histoire du mari trompé qui venge son honneur et celui de sa femme en assassinant le rival dans son bain à coup de hache (peu importe que ce rival fût, ou ne fût pas, justement le méchant bailli ou un partisan du seigneur étranger et haï), puis qui se cache dans la forêt – nous dirions qu'il prend le maquis – pour échapper à la punition qui l'attend : c'est un fait divers suffisamment insolite et propre à frapper l'imagination pour qu'on se le raconte, de génération en génération. De même, la mésaventure du cultivateur dont l'agent seigneurial fait saisir les bœufs de labour, qui se défend mais se fait torturer tandis que son fils prend à son tour le large; ou celle du privilégié dont la trop belle maison suscite jalousie ou suspicion de la part du bailli : autant d'incidents isolés, dont la force émotionnelle a fort bien pu survivre dans la mémoire collective.

L'affaire des châteaux inspire les mêmes observations.

Tout apparaît ici simple, naturel, presque banal. Le récit de la prise des châteaux n'est pas tout à fait dépourvu de traits épiques, mais dont la coloration est plus proche de l'humour, voire de la liesse populaire, que de l'héroïsme. Sur les quatre forteresses dont l'assaut nous est rapporté, trois se sont révélées dépourvues de garnison... Zwing-Uri, près d'Altdorf, excitait la colère des Uranais – mais n'était pas gardé; aux Schwyzois, la tour de Lauerz semblait inexpugnable sur son île : elle était vide. Au Nidwald il fallut recourir à la ruse, à la complicité involontaire d'une servante, pour se rendre maître de quatre malheureux gardiens. Seule l'affaire de Sarnen fut plus chaude; mais la garnison et le bailli, pris de court, n'offrirent aucune résistance, et nul ne chercha d'ailleurs à les poursuivre. Aucun témoignage contemporain, il est vrai, ne rend compte de ces incidents. Mais les fouilles archéologiques confirment l'existence bien réelle de ces châteaux de légende et leur abandon subit; celui de Zwing-Uri ne fut même pas achevé. L'affaire est donc pour le moins vraisemblable. Or un récit imaginé n'eût-il pas introduit d'instinct plus d'héroïsme, et présenté les assaillants sous un jour plus glorieux?

La mémoire collective n'a pas seulement retenu une série de faits divers isolés. Elle les a regroupés et organisés au service d'une conscience historique qui se voulait bonne conscience. Elle en a fait les signes, les héros nommés d'une résistance anonyme et collective bien réelle contre un ennemi héréditaire : la Maison de Habsbourg. Cette dynastie a été, non sans raisons, comme l'abcès de fixation d'une vieille rancune des Suisses et d'une peur, surtout, de l'influence et du pouvoir que pourraient prendre sur eux des gens étrangers à leur communauté et à leurs mœurs. Il n'est guère question de gros sous dans ces affaires, mais de justice et d'honneur. Les protagonistes de nos histoires, en fin de compte, agissent pour des motifs plutôt personnels, domestiques – seul Guillaume Tell est d'emblée acteur d'un geste à signification politique; mais l'acte final, le meurtre du tyran, retrouve un sens personnel : la vengeance d'un comportement aussi cruel que stupide. Rétrospectivement – et à la lumière des circonstances telles qu'elles apparaissent après la victoire de Morgarten –, la tradition assigne à ces incidents des motifs et des effets politiques, idéalisés, ennoblis, héroïques – et collectifs : des individus sont portés en triomphe par la mémoire et sont faits, peut-être malgré eux, porteurs du message idéologique de leur groupe. C'est un déplacement des valeurs auquel, après tout, nous assistons souvent aujourd'hui encore. « Toute communauté existe grâce à ces récits qu'elle se raconte à elle-même; ils empruntent à la réalité, et puis les conteurs s'en emparent; les faits se modifient, soit qu'on les exalte, soit qu'on les oublie. » Le propos des frères Paolo et Vittorio Taviani à propos de leur film *La nuit de San Lorenzo* (interview au *Nouvel Observateur*, 30 octobre 1982) ne s'applique-t-il pas fort justement aux origines de la Confédération?

Après coup, et dans la confusion du souvenir collectif, des matériaux authentiques ont été assemblés en raison d'une image que l'on entendait transmettre : ils ont été employés à légitimer la ténacité des Suisses et leur victoire sur les champs de bataille par les circonstances plus lointaines des origines du conflit séculaire. Ces récits imaginent donc une chronologie, une succession d'événements donnée comme naturelle. Mais ils se sont abstenus de les dater – pour le plaisir des érudits, qui ont pu se livrer à toutes les conjectures. Qu'importaient les dates, les années précises, pour les auditeurs de ces récits à qui elles ne disaient rien de toute façon? On a vu que quelques allusions à l'histoire générale – la dissociation des Habsbourg et de la Maison d'Autriche, le destin de l'empire – sont passablement fantaisistes; mais là encore, quelle importance?

L'important, pour l'auditeur, était que le récit ait un sens grâce à sa structure. Le linguiste et sémiologue A.J. Greimas décompose le récit en une séquence narrative : manipulation + compétence + performance(s) + sanction. L'histoire de Guillaume Tell répond exactement à cette séquence : c'est pourquoi elle laisse l'impression d'un récit plus construit que les autres. La manipulation, ou situation qui engage l'affaire, c'est l'obligation non respectée de saluer le chapeau; la compétence, celle de Tell au tir à l'arbalète. Le héros est soumis à trois épreuves : les deux premières (la pomme; le pilotage de la barque) sont dites qualifiantes, la première faisant figure d'épreuve principale : celle, justement, qui fut probablement interpolée ou substituée après coup. L'évasion est une troisième épreuve, glorifiante. Et la sanction tombe avec le meurtre de Gessler.

L'histoire des Trois Suisses n'a pas autant d'unité, de rigueur dans la séquence; elle s'y conforme pourtant aussi. Chacun de son côté et à la merci de son adversaire, les héros sont provoqués (« manipulation ») assez pour avoir à donner la preuve de leur « compétence » : meurtre du séducteur, résistance active à la confiscation des bœufs, réflexion politique de Stauffacher. L'« épreuve » principale est ici le « serment du Grutli », soit l'association des rebelles; et la « sanction », la prise de châteaux avec expulsion des agents étrangers.

Ces histoires ont donc une qualité narrative remarquable : elles sont composées. Non par l'auteur du *Livre Blanc* ou celui d'un possible modèle antérieur, car ceux-ci ont déjà perdu de vue bien des détails, ou oublié leur sens. Mais par une tradition orale plus ancienne, trop proche des événements réels pour n'en point apporter des reflets assez exacts, moulés dans un récit reconstitué et peut-être complété pour devenir porteur d'émotion, et du même coup signifiant, valorisant. La mémoire collective que porte le récit est, à chaque génération, un compromis entre le passé et le présent.

Un autre trait de nos récits plaide en faveur de leur réalisme, et par là de l'authenticité des matériaux narratifs qu'ils ajustent : ils ne font appel à aucun moment à des interventions surnaturelles. Les héros ont beau être des gens fort pieux et invoquer Dieu, ils ne sont jamais au bénéfice d'un secours miraculeux ni de Dieu lui-même, ni de la Vierge ou d'un quelconque saint. En face, le diable lui aussi s'abstient de les embarrasser ou de les tenter : nulle menace diabolique – la méchanceté humaine se suffit à elle-même. Hors du champ religieux (singulièrement absent, soit dit en passant, de toute notre affaire), pas trace de ces êtres merveilleux que les gens du Moyen Âge voyaient intervenir sans cesse dans leur univers où le naturel et le surnaturel coexistaient en toute simplicité – ou en complète confusion. Cette abstention totale du miraculeux, du diabolique et du merveilleux est surprenante dans un corpus de récits médiévaux, montagnards de surcroît. Assez surprenante pour ajouter à leur crédibilité.

Au total, nous avons affaire sans plus l'ombre d'un doute à une narration très arrangée, organisée autour d'un thème idéologique central. L'arrangement est suspect. Suspect aussi tel épisode vraisemblablement interpolé en vue de corser l'histoire, d'en accroître la force d'émotion, de mieux accéder au cœur des auditeurs et d'impressionner leur mémoire; c'est le cas du tir sur la pomme, emprunté à une tradition scandinave qui avait pu commodément circuler jusqu'aux Alpes. Mais ce cas semble bien exceptionnel, et d'ailleurs suffisant pour produire l'effet escompté. Les autres matériaux de la narration sont sans liens nécessaires les uns avec les autres. Ils remontent probablement de couches différentes de la mémoire – l'histoire de Guillaume Tell étant certainement la plus ancienne.

Cette histoire particulière, un peu plus mystérieuse, moins typique que les autres parce que davantage retravaillée par un effort poétique, n'aurait-elle pas simplement ramené à un héros légendaire les gestes d'un groupe ? Guillaume Tell ne serait-il pas une sorte de nom collectif ? Il n'est pas possible, bien sûr, de l'affirmer sans réserve. Mais ce serait assez dans la logique de toute cette tradition d'abord orale, plus tard écrite : cristalliser sur un personnage émotions, sentiments et gestes de tout un peuple, ou du moins de sa couche consciente et active.

La tradition – dans le double sens d'une mémoire collective et de sa transmission par les écrits –, nous venons de la soumettre à deux épreuves. Celle d'abord des textes qui nous la font connaître. Ces textes ont été composés trop longtemps après les faits qu'ils racontent, mais nous sommes parvenus à la conclusion qu'ils recueillent néanmoins, avec plus ou moins de talent, plus ou moins d'innocence, des souvenirs bien antérieurs. Puis une deuxième épreuve : celle de la cohérence, non de la narration globale, très arrangée, mais de son contenu subjectif. Celui-ci atteste la vraisemblance d'une partie au moins des épisodes, à travers les détails dont ils sont affectés. Et cette vraisemblance conduit à un certificat d'authenticité des matériaux du discours, à quelques exceptions près (dont la pomme de Norvège).

Il reste, comme dans les bonnes légendes du Moyen Âge, une troisième et dernière épreuve à faire subir à la tradition. La plus longue et la plus difficile. Celle de sa confrontation avec l'histoire.

DEUXIÈME PARTIE

L'épreuve de l'histoire

Soumettre Guillaume Tell à l'épreuve de l'histoire, c'est chercher sa place dans le temps, l'espace et le tissu social où il peut avoir vécu. C'est donc retracer l'histoire de son peuple. L'histoire de cette fédération de communautés alpines qui fit de lui un héros bien avant qu'il ne devienne celui d'une nation en formation, la Suisse telle qu'elle est aujourd'hui, ou d'un mythe universel.

Temps, espace, tissu social. Le temps est de durée moyenne, celui de quatre ou cinq générations entre le début du XIIIe et celui du XIVe siècle. L'espace est étroit, enfermé par ses hautes montagnes. Le tissu est celui de solidarités paysannes; il est solide, mais relativement simple, peu encombré des hiérarchies féodales qui commandent encore presque partout ailleurs.

L'environnement précis de Guillaume Tell est un monde resserré et singulier. En outre, il est éloigné de nous. Il nous restera peu accessible si nous ne faisons pas d'abord l'effort de le situer dans un contexte élargi et dans une plus longue durée. Car bien des aspects de cette histoire médiocrement informée ne s'éclairent qu'en fonction d'un passé plus ancien encore. En fonction d'une lente mise en place des structures politiques, économiques et sociales que notre histoire met en cause. Et en fonction des mentalités que ces structures ont fait naître, des ambitions qu'elles ont développées. L'épisode de Guillaume Tell et toutes les circonstances qui l'entourent constituent autant de réactions au contact de ces mentalités, de ces ambitions opposées : elles créent une situation conflictuelle.

Il est par conséquent opportun de remonter quelques siècles en arrière. De comprendre dans quelles conditions et par qui s'est fait le peuplement des vallées au centre des Alpes autant que celui de leur avant-pays, le plateau helvétique au nord et à l'ouest, ou la plaine lombarde au midi. Il faut retenir les destins mêlés de ces régions voisines, différents mais devenus bientôt complémentaires. Il faut connaître quels besoins ont voué les montagnards aux formes de vie matérielle et sociale qu'ils ont adoptées et quelles relations ambiguës ils ont pu nouer avec le bas pays, ou avec d'autres vallées à l'est comme à l'ouest. Il faut découvrir l'affrontement de sociétés autrement bâties, de pouvoirs autrement conçus et perçus, de cultures et de sensibilités autrement exprimées. Autour du petit monde de Guillaume Tell, il faut rassembler le grand monde.

CHAPITRE V

Le melting-pot

Des Helvètes et des Romains

Les Alpes centrales et leur avant-pays occidental jusqu'à la ligne du Jura et au lit du Rhin, ou même jusqu'à la vallée de la Saône et aux collines de la Forêt-Noire, ont toujours été un espace de passage et de brassage des peuples, une sorte de melting-pot où se sont croisées, affrontées, combinées et accumulées les ethnies et les expériences culturelles les plus diverses. La « nation » qui aujourd'hui occupe l'essentiel de cet espace et qu'on appelle la Suisse est-elle d'ailleurs une nation, en dépit des accents nationaux qu'elle prête à ses institutions et à ses entreprises? Vue de l'extérieur, la Suisse peut avoir acquis unité et cohérence. Mais ses citoyens savent combien problématique a été – et reste – l'assemblage de collectivités disparates et mouvantes, qui parlent quatre langues sans compter de nombreux dialectes; qui participent de cultures dont les foyers principaux se situent à l'étranger; qui vivent à des altitudes et sous des climats contrastés; qui équilibrent tant bien que mal deux confessions (elles les ont durement, longuement divisés du XVIe à la fin du XIXe siècle); qui se réfèrent à des valeurs, à des traditions et même à des passés différents... Un pays réputé petit, mais qui semble faire collection de ses altérités : tel est l'héritage de peuplements, de pénétrations successives, d'influences qui se bousculent sans tout effacer de celles qui les ont précédées. Comme si chacune s'était faite complice des autres.

La géographie propose-t-elle une explication suffisante ? Le plateau suisse ouvre son couloir au passage des peuples. Montagnes et fleuves constituent des barrages de retenue sur lesquels viennent buter les migrants. Les lacs offrent ressources vivrières, ou refuge. Ces éléments ont tous joué leur rôle. Il y en eut bien d'autres. L'espace que nous considérons n'a pas donné naissance à une civilisation qui lui fût propre ; mais il s'est trouvé à la croisée de plusieurs foyers culturels à puissant rayonnement ; et il est devenu le lieu de leurs rencontres. N'a-t-il pas vocation, d'ailleurs, à le rester ?

Ce carrefour s'est manifesté très tôt, en fait aussi loin dans le temps qu'une recherche archéologique fructueuse permet de remonter, c'est-à-dire jusqu'au deuxième millénaire avant notre ère, l'âge du bronze, et avec une précision croissante à l'époque dite de Hallstatt (du nom d'une mine de sel alors exploitée dans les Alpes autrichiennes), ou premier âge du fer, soit la première moitié du premier millénaire ; puis à l'époque de La Tène (station sur la rive occidentale du lac de Neuchâtel), ou second âge du fer, dès le milieu du même millénaire. Le plateau suisse et le fond fertile des grands sillons alpins connurent alors un peuplement relativement dense, concentré autour de localités commerçantes et prospères : elles servaient déjà de relais entre le monde méditerranéen, avec sa civilisation avancée, et les tribus occidentales et septentrionales d'Europe, plus frustes mais non exemptes ni de ressources, ni d'attirance pour le luxe et les beaux objets.

L'origine même de ces habitants préhistoriques de la Suisse est assez confuse, certainement diverse. C'est déjà le melting-pot, la migration de peuplades venues tantôt du nord, tantôt de l'ouest ; plus parcimonieusement de l'est et du sud. Sans entrer dans le détail de ce qui est connu avec plus ou moins de certitude, retenons que le plateau et l'entrée des vallées principales accueillirent des Celtes; les montagnes orientales (à l'est du sillon rhénan), les Rhètes, qui s'installèrent solidement dans la région des Grisons (que l'on appelle aussi la Rhétie). Sur le versant sud des Alpes (Tessin) s'est établie la tribu des Lépontiens, parente des Étrusques ou par eux influencée. Ces localisations sont toutefois relatives et il n'a jamais existé de frontières bien marquées entre ces ethnies. Les Celtes, ou Gaulois, ont envahi l'Italie du Nord et infiltré les Lépontiens. Ceux-ci ont débordé la crête des Alpes pour occuper des vallées, plus ou moins vides d'hommes auparavant, sur le versant septentrional (Uri et Haut-Valais). Et les Rhètes eux aussi ont assimilé de gré ou de force des éléments lépontiens et plus encore celtiques. Entre Celtes, d'ailleurs, les variétés d'origines et de cultures ont été grandes selon qu'ils venaient des Gaules ou de la Germanie.

Parmi les Celtes descendus du nord dans le sillage des Cimbres et des Teutons, les Helvètes. Leurs quatre tribus franchissent le Rhin dans les dernières décennies du IIe siècle av. J.-C. Ce sont des semi-nomades, qui vivent d'un peu d'agriculture sur brûlis et d'élevage. Ils investissent une région boisée, la défrichent en y mettant le feu, sèment du grain; lorsque le sol, après quelques années, est épuisé, ils poussent un peu plus loin et recommencent, tandis que derrière eux repousse la forêt. A deux reprises au moins ils essaient de poursuivre leur errance en direction d'une sorte de terre promise, le sud-ouest de la Gaule; mais ils sont à chaque fois refoulés à l'est du Jura, donc sur le plateau suisse. En dernier lieu par César en personne, qui remporte sur eux la bataille de Bibracte (dans le pays des Éduens, près d'Autun) en 58 av. J.-C. César a voulu estimer leur nombre total à 263 000 âmes, plus quelque 100 000 individus de tribus voisines engagés avec eux dans la même migration. C'est une exagération certaine, destinée à mettre en valeur le talent militaire de César et à justifier les frais considérables de la campagne entreprise par lui contre ces Helvètes.

Il n'en reste pas moins assez d'Helvètes pour peupler

généreusement, en voisinage avec d'autres populations moins connues, ce plateau de l'*Helvétie* qui conservera leur empreinte. Les Suisses, plus tard, n'hésiteront pas à s'identifier avec ces lointains ancêtres ou prédécesseurs et adopteront volontiers l'épithète « helvétique » pour leur Confédération. Le nom de *Suisses* (sous sa forme allemande, *Schweizer*, ou latine, *Suitenses*), à peu près contemporain de Guillaume Tell et de l'épisode de Morgarten, sera d'abord une désignation utilisée par des personnes étrangères à la première alliance, par extension à tous les cantons de celle-ci du nom de l'un d'entre eux – le mieux connu à l'extérieur –, celui de Schwyz.

Dès l'intervention de César et l'établissement définitif des Helvètes, le destin des territoires de la future Suisse fut associé étroitement à celui de l'Empire romain. Il n'y eut pourtant pas, à proprement parler, de conquête de l'Helvétie, donc du plateau entre Jura et Préalpes, par les Romains. Mais une domination de fait par encerclement : toutes les provinces limitrophes furent soumises jusqu'au Danube et au cours inférieur du Rhin; et par noyautage : César institua deux colonies militaires, des garnisons, aux extrémités du plateau : l'une à Nyon sur le Léman, et l'autre sur le Rhin. L'empereur Auguste fixera définitivement la seconde à Augst (aujourd'hui dans la banlieue de Bâle). En revanche, c'est bien par la force que les Romains s'emparèrent des Alpes occidentales (Valais et Savoie) autour de 25 av. J.-C. Quelques années plus tard, par une campagne militaire de grand style menée simultanément à partir du Rhin et de la Gaule cisalpine (Italie du Nord), ils prirent possession de la Rhétie. Le « Trophée des Alpes » à La Turbie, au-dessus de Nice, célèbre l'assujettissement achevé par Auguste de tous les peuples alpins. Rome s'assurait ainsi à travers les Alpes les passages indispensables à ses liaisons avec le *limes*, la frontière septentrionale bien gardée de l'empire, en même temps que des routes de commerce sûres. A l'ouest, les cols du Petit et du Grand-Saint-Bernard et les vallées correspondantes : Aoste; la Tarentaise des farouches Salasses; la *Vallis poeninae*, vallée Pénnine abrégée plus tard en *Valais*, la Vallée par excellence. A l'est, les passages rhétiques, particulièrement ceux du Julier et du Septimer.

Quelles qu'aient été les formes militaires ou civiles de domination ou d'association que choisirent les nouveaux maîtres de l'espace helvétique et rhétique, la romanisation de celui-ci progressa rapidement le long des axes routiers et sur le plateau. La symbiose entre colons romains et Helvètes se fit presque sans heurts. Elle se traduisit par l'aménagement agricole du plateau; plus encore par une intense urbanisation de toute la région entre Léman et Rhin : marchés, centres commerciaux et financiers, relais des grands trafics nord-ouest – sud-est, portèrent l'Helvétie romaine à une prospérité remarquable et à un développement culturel à dominante latine (la langue des Romains s'imposa) mais avec des traits originaux. Les axes routiers, surtout au débouché sur le plateau des vallées du Rhône et du Rhin, furent eux aussi solidement gardés et colonisés. La montagne, en revanche, Alpes, Préalpes et Jura, sauf aux rares points de passage, demeura largement ignorée des Romains : je reviendrai plus tard sur cette circonstance lointaine, mais essentielle à notre propos.

Du Ier au IIIe siècle de notre ère, la « paix romaine » fut assez longue et assez sûre pour permettre l'établissement de structures sociales, de traditions culturelles solides. Assez solides pour qu'elles aient ensuite résisté aux bouleversements des grandes invasions : partiellement dans la zone septentrionale et centrale, progressivement germanisée; plus complètement dans les régions occidentales, méridionales et dans une grande partie de la Rhétie, qui préserveront leurs idiomes romans.

Au milieu du IIIe siècle pourtant, la stabilité du peuplement et de la vie collective du plateau helvétique fut à nouveau compromise, pour basculer bientôt tout à fait sous la pression d'envahisseurs du Nord. Tel fut d'ailleurs le sort de toute la partie occidentale de l'empire, jusqu'en Italie même, et finalement jusqu'à Rome.

En 259-260, de graves désordres dans la capitale obligèrent les Romains à dégarnir leur frontière du Rhin, le *limes*, ouvrant ainsi la porte au peuple qui se pressait déjà sur l'autre rive du fleuve, celui des Alamans. L'Helvétie fut dévastée par ce raid. Il fut momentané, l'assaillant vite refoulé vers le nord. Mais le choc avait déséquilibré économie et société, paralysé les esprits. Ce qui restait d'énergie et de ressources fut mobilisé pour renforcer la défense, sur le Rhin et en profondeur à travers tout le plateau. Les cités florissantes d'antan cédèrent la place à quelques forteresses-refuges. Elles se révélèrent inutiles.

Menace alamane au-delà du *limes*, marasme des affaires en deçà : au IVe siècle, les régions frontières de l'empire se dépeuplent. Bien des familles romanes, c'est-à-dire d'origine romaine ou assimilées, et parmi les plus riches, préfèrent se retirer en lieu sûr; les uns repassent les Alpes; les autres se font un abri de celles-ci et s'installent au fond de quelques vallées : celle du Rhin aux environs et en aval du *castrum* (forteresse) de Coire et sur le seuil étroit de Walenstadt (région alémanisée plus tard, mais dont les toponymes conservent une forte empreinte romane); celle du Rhône en amont du Léman; celle de l'Aar, autour des lacs alpins de Brienz et de Thoune. Quelques groupes choisissent de se cacher au cœur des massifs forestiers préalpins, ou sur les flancs du Jura. Ils trouvent dans ces refuges des espaces vides et donc libres, un sol et un climat pas trop rudes encore, donc la possibilité d'y recréer les activités agricoles – cultures des céréales, de la vigne, des vergers – qu'elles avaient quittées. Ainsi se vide en partie le plateau suisse, surtout sa partie septentrionale trop proche de la menace rhénane, au profit d'un développement de la frange alpine. Mais un développement limité, de petites communautés qui se replient sur elles-mêmes, en autarcie, soignant certes traditions et coutumes romanes mais échappant de plus en plus au contrôle d'une administration – et d'une fiscalité – romaines en désorganisation progressive.

Et lorsqu'en 401, les dernières légions romaines sont à jamais retirées du *limes* et regagnent l'Italie, toutes les provinces si soigneusement constituées et gérées par Rome au nord, à l'ouest et dans les Alpes se détachent, morceau par morceau, de l'empire recentré sur la Méditerranée et sont prêtes à voir fleurir de nouvelles structures et de nouveaux pouvoirs, sans heurts.

Des Alamans, des Burgondes – et des chrétiens

Sans heurts? C'est un fait que ni en Helvétie, ni dans les provinces gallo-romaines voisines ne s'est alors produit le choc attendu, le déferlement des peuplades, Alamans en tête, qu'on imaginait n'attendre que le démantèlement des défenses romaines pour se ruer sur les terres disponibles. Il n'y eut rien de pareil, du moins dans l'immédiat et sous la forme brutale que l'on redoutait. Et les premières tribus « barbares », c'est-à-dire étrangères, qui vinrent tirer parti du vide ne furent point les Alamans si redoutés mais un peuple beaucoup plus modeste, en nombre comme en ressources culturelles, celui des Burgondes. Ce peuple semble avoir quitté la Scandinavie, l'île de Bornholm peut-être, au IIe siècle ap. J.-C. et avoir migré jusqu'au Rhin moyen. Empêché de le remonter par les Alamans solidement retranchés entre le Main et la Forêt-Noire, il traversa le fleuve, chercha à s'établir quelque part entre la Lorraine et la Champagne, fut encore bousculé cette fois par les Francs et finalement écrasé, en 436, par le général romain Aetius. Celui-ci entendit se servir des « débris du peuple burgonde » et leur assigna un droit de résidence et des terres à cultiver en *Sapaudia*; il ne faut pas comprendre par là la Savoie (qui en tirera pourtant son nom), mais bien la région comprise entre Genève, Lausanne et les crêtes du Jura. D'autres Burgondes purent s'établir entre Saône et Rhône (Bresse, Bugey). Peu nombreux, dispersés, ils assimilèrent d'autant plus rapidement la langue latine et la culture romane qu'ils se sentaient maladroits et méprisés par les populations d'accueil. Ils restèrent en revanche solidaires, très organisés; de sorte que malgré leur infériorité numérique et culturelle, ils surent imposer très vite leur pouvoir, leur loi et leurs institutions (la fameuse « loi Gombette ») à toute la zone où ils avaient été assignés à résidence. Dès 451, ils ont créé un royaume burgonde qui s'étend jusqu'à Lyon, puis jusqu'à la Durance au sud, la Saône à l'ouest, la Suisse « romande » – celle-ci leur doit en effet d'être restée romane – au nord-est. Cette « Burgondie », première d'une longue série de principautés et royaumes de Bourgogne, vécut moins d'un siècle avant de tomber sous la coupe des Francs, des rois mérovingiens. Mais elle avait installé une aire culturelle, une familiarité interrégionale qui ne devait jamais plus se dissoudre, quelles que dussent être les vicissitudes politiques de ses parties prenantes.

Quant aux Alamans si redoutés, ils entrèrent sur le territoire helvétique avec un bon siècle de retard sur l'horaire prévu, vers l'an 500, et si j'ose dire sur la pointe des pieds. Non plus le raid dévastateur du IIIe siècle, mais une infiltration discrète, continue, d'agriculteurs-éleveurs semi-nomades en mal de sédentarisation et donc de terres à cultiver et de prairies pour leurs bêtes. Ces Alamans n'avaient pas, au départ, constitué un peuple unique d'origine bien localisée. Ce fut d'abord une sorte de conglomérat, une fédération lâche de diverses tribus errantes à travers la Germanie mais que rassemblait la communauté de leur langue et de leurs usages. Bousculés de tous côtés par d'autres peuples mieux structurés et disciplinés, les Francs, les Bavarois, les Ostrogoths, les Huns, ils finirent par se regrouper dans le sud de la Germanie, cette « Alémanie » que l'on désignera plus tard du nom de Souabe et qui correspond en gros à l'actuel *Land* de Bade-Wurtemberg. Les hordes primitives s'y policèrent peu à peu, précisèrent leur identité culturelle sans pour autant réussir à s'imposer comme une « nation » pourvue d'un pouvoir autonome : leurs chefs que l'on mentionne à partir du VIe siècle, les ducs d'Alémanie, semblent avoir été des fonctionnaires francs plutôt que des indigènes.

Quoi qu'il en soit, ces Alamans sont nombreux; beaucoup trop pour le territoire qu'ils occupent. C'est pourquoi une partie d'entre eux passent le Rhin en direction de l'Alsace, de l'Helvétie et des Alpes. Ils profitent des vides laissés par le départ de colons romans, évitent de heurter de front ceux qui sont restés, se tiennent à distance des cités et des bourgs encore occupés, mais prennent possession des terres libres, des trouées dans l'épaisse forêt qui recouvre plateau et Préalpes, des flancs les mieux exposés des vallées alpestres. Ainsi ont-ils colonisé de manière intense le nord et le centre du plateau suisse, de même que la plupart des vallées qu'ils pouvaient remonter de là, entre Aar et Rhin. Lentement, ils y imposent leur langue et leur culture; ils « alémanisent » une grande part de la Suisse actuelle et de l'Alsace. Ils pénètrent aussi profondément vers le sud-ouest en direction du Léman, dans la zone de peuplement roman plus dense et plus stable; ils y donnent à leurs établissements, villas de chefs ou fermes, des noms alémaniques aussi qui sont restés dans la toponymie. Mais contrairement à ce qui s'est passé au nord, minoritaires, ils se laissent absorber peu à peu par la culture environnante et adoptent les parlers romans du cru. Quant à la zone d'implantation burgonde autour de Genève, ils n'y accèdent pratiquement pas. De sorte que dans toute l'ancienne Helvétie règne désormais un voisinage tranquille d'éléments romans et alémaniques; mais du poids relatif de l'une ou l'autre présence dépend le parler commun des habitants de chaque région. Une frontière linguistique se dessine ainsi lentement, incertaine et mouvante parfois au gré des déplacements locaux de population. Elle va du nord, des derniers plissements du Jura au-dessus de Bâle, vers le sud et les montagnes; elle coupe en deux régions linguistiques le Valais. Cette frontière entre deux aires culturelles si contrastées, l'une d'expression française et l'autre allemande, a ceci d'étrange qu'elle ne peut se lire dans le paysage physique et surtout qu'elle ne deviendra jamais une frontière politique nette ou durable, pas plus qu'elle ne distinguera des espaces économiques à vocations distinctes. Aujourd'hui même, elle ne marque pas systématiquement la limite de cantons suisses mais en traverse plusieurs, bilingues de ce fait. Ajoutons que la pénétration alémane de cette haute époque a rarement encore atteint le fond des hautes vallées alpines et n'a point débordé sur le versant sud. Et qu'elle s'est arrêtée net à l'entrée de la Rhétie, fermement tenue par les autochtones; l'alémanisation d'une partie de cette province ne sera accomplie qu'autour du XIe siècle, et dans de tout autres conditions.

La constitution, par couches successives, de ce melting-pot entre Alpes, Jura, Rhône et Rhin, s'est vue complétée et comme cimentée par la christianisation des populations hétérogènes qu'il assemblait. A défaut d'un pouvoir unique et fort, elle ne s'est pas faite comme en France ou chez d'autres nations à travers le baptême d'un roi, donc par décret supérieur, mais par vagues d'évangélisation à partir de foyers fort différents. Seule exception : l'adoption de la foi chrétienne par le roi Sigismond au début du VIe siècle, à Genève, et la conversion collective de ses sujets burgondes.

Le christianisme s'était introduit en Helvétie dès l'époque romaine, dans les cités dont quelques-unes entretinrent un évêque. Sauf en Valais et dans la région occidentale, romane, les campagnes furent peu touchées. Leur évangélisation, avec les bases d'une organisation ecclésiastique, entre le Ve et le VIIe siècle, fut l'œuvre de moines venus de Bourgogne, et même d'Irlande : saint Gall et saint Colomban, peu après 600. En dépit de l'action des évêques (un évêché d'Alémanie est créé en 600 à Constance; de lui relève désormais toute l'Helvétie alémanique) et des premiers monastères, en dépit aussi de l'influence franque de plus en plus marquée et, par conséquent, de la conversion des dirigeants alamans, le peuple de ceux-ci semble être demeuré longtemps peu perméable à l'innovation religieuse dans laquelle il voyait peut-être un instrument de domination étrangère, une aliénation des autonomies locales. Telle crainte a pu animer plus particulièrement les montagnards; jusqu'au temps de Guillaume Tell, et plus tard encore, ils ne donneront point signe de foi ardente, de dévotion ou de soumission particulière à l'Église. Dans toute la tradition de libération des Suisses, la référence religieuse est étrangement absente.

Charlemagne ou l'aménagement des Alpes

Printemps de l'an 773. Le roi des Francs, Charlemagne, veut en finir avec Didier, roi des Lombards, qui depuis des années cherche à imposer sa loi à toute l'Italie du Nord et nargue même le pape. Charlemagne rassemble son armée à Genève et la dirige vers son adversaire en deux corps qui franchissent la montagne, l'un par le Grand-Saint-Bernard (ou Mont-Joux, *Mons Jovis*, comme on l'appelait encore), l'autre par le Mont-Cenis. La victoire est au bas de ces cols, devant Pavie où Didier, enfermé, capitule bientôt; et avec elle la couronne lombarde que ceint Charlemagne, réunissant sous son autorité le Nord et le Sud, et du même coup le domaine des Alpes qui désormais ne sépare plus, mais relie les deux royaumes.

Cette traversée conquérante des Alpes n'est ni la première, ni surtout la dernière. Le père de Charlemagne, Pépin le Bref, était descendu deux fois en Italie, en 755 et 756, dans des conditions analogues. Un siècle plus tard, c'est son petit-fils Charles le Chauve qui franchira à son tour le Grand-Saint-Bernard – avec moins de chance : bousculé en Italie par son propre neveu Carloman, descendu de sa Bavière par le Brenner, et menacé en France par un soulèvement de ses vassaux, Charles, vieillissant et malade, tente de repasser la montagne; elle le retiendra, en Maurienne, où il meurt dans un hameau perdu, le 7 octobre 877.

Ces expéditions carolingiennes à travers les Alpes ouvrent une ère nouvelle dans l'histoire de toute cette région d'Europe. Dès le VIe siècle, les Francs, plus nombreux, mieux organisés et certainement plus ambitieux, avaient pris le contrôle de toutes les autres peuplades établies entre la mer du Nord et les Alpes, y compris

Burgondes et Alamans. Les rois francs, puis mérovingiens, n'exercèrent pas un véritable pouvoir – au sens que nous donnons aujourd'hui à ce mot – mais édifièrent un réseau d'influences. Ils placèrent des hommes à eux dans les postes clefs, les ducs d'Alémanie, les évêques. Les Mérovingiens furent cependant trop faibles, et trop absorbés par les divisions des Francs et les intrigues de palais qui ont fait leur médiocre réputation, pour pouvoir conférer à l'ensemble disparate qu'ils contrôlaient les structures et la cohérence qui eussent assuré leur autorité. Ils laissèrent faire, et leur clientèle, tels les ducs d'Alémanie, en profitèrent pour recouvrer leur autonomie. A plus forte raison les petits peuples marginaux de la montagne.

Mais au VIIIe siècle, les « maires du palais » austrasiens reprirent les choses en main. De ce groupe de hauts fonctionnaires du royaume oriental des Mérovingiens (dont la capitale était à Metz) allait émerger la dynastie des Carolingiens. Ils perçurent l'intérêt stratégique de l'Alémanie, de l'Helvétie et de la portion centrale des Alpes, entre Rhône et Rhin : une solide implantation dans ce secteur devait assurer la communication avec l'Italie, plus particulièrement avec Rome, et, comme on l'a vu, freiner l'ambition de ces concurrents venus de l'Est par la Pannonie (plaine danubienne), les Lombards installés et latinisés dans la plaine du Pô. Elle pouvait aussi servir de rempart, voire de base d'expéditions, contre cet autre peuple – le dernier arrivé – des Bavarois, occupant le *Noricum* (Bavière orientale et Haute-Autriche, le rebord des Alpes entre le lac de Constance et Linz). Les premiers Carolingiens obtinrent vers 740 la soumission définitive des ducs d'Alémanie. Le titre de ceux-ci disparut. Mais ce succès politique restait aussi formel que l'avait été l'autorité de ces ducs sur l'espace alaman. Il s'agissait d'obtenir un contrôle plus minutieux des populations; et aussi de combler les vides, sur les axes routiers et militaires, d'un peuplement irrégulier, au tissu encore lâche. L'instrument de cet aménagement du territoire à contrôler fut d'abord ecclésiastique : des évêques judicieusement choisis pour leur fidélité sur les sièges de Bâle, Genève,

Lausanne, Constance et plus tardivement Coire, qui résista longtemps à cette prise d'influence. Et des monastères fondés aux points sensibles, et généreusement dotés : Reichenau (sur le lac de Constance) en 724; Pfäfers (731) et Disentis (vers la même époque) en Rhétie, sur l'une des routes vers la Lombardie; d'autres encore, créés ou relevés comme Saint-Gall et Saint-Maurice d'Agaune. Ces institutions n'attiraient pas des moines seulement, mais groupaient autour d'elles une population de paysans, d'artisans qui pouvaient être au besoin mobilisés pour l'entretien et la sécurité des chemins, voire de tout le district. La plupart des monastères du temps entretiennent des contingents d'hommes d'armes.

Charlemagne devient roi des Francs en 768 avec son frère Carloman. Trois ans plus tard il est seul à la tête du *regnum Francorum*. Un royaume étendu, trop vaste en fait pour se plier à une gestion administrative centralisée et vraiment efficace. Un royaume constamment menacé sur toutes ses frontières (d'ailleurs imprécises, mouvantes), de l'Espagne à la Saxe, aux marches bavaroises et slaves, sans oublier le rival lombard. Pis encore, c'est un royaume composite. Sous la même couronne, il assemble mal des peuples d'origines, de traditions, d'activités, de cultures, d'idiomes bien différents. Les Francs sont eux-mêmes divisés en plusieurs branches, plus ou moins fondues dans le moule culturel gallo-romain. Mais il y a en outre les Burgondes, les Alamans, les Wisigoths et bien d'autres. Et en montagne, les anciennes populations aborigènes moins bousculées par les invasions. Chacun de ces peuples a son espace aux limites assez floues; chacun est à son tour divisé en plus petits territoires, le *pagus*, le pays, seul théâtre animé d'une vie publique à l'horizon restreint.

Charlemagne poursuit la politique de rassemblement et d'aménagement du royaume engagée par ses prédécesseurs immédiats. Comme eux, il se sert avec habileté de l'Église : instrument de rassemblement, d'influence; mais surtout de cohésion morale et culturelle. Le christianisme devient l'axe de ralliement de toutes les populations soumises de près ou de loin à son autorité. Lorsqu'à la

Noël de l'an 800 il se fait, à Rome, couronner empereur d'Occident, c'est qu'il entend assumer la responsabilité temporelle de l'ensemble du monde occidental christianisé. Or cela implique une séparation plus nette des pouvoirs spirituel et temporel, aussi à l'échelon des peuples et des *pagi*. L'empereur institue donc à côté des évêques ou abbés un réseau de fonctionnaires laïcs chargés d'assumer sur place les fonctions d'administrateurs et de gouverneurs militaires. Les peuples sont pourvus (s'ils n'en avaient pas déjà) de chefs, de ducs ou, dans les marches frontières, de margraves (on dira plus tard marquis en français); à la tête des « pays », grands ou petits, il place des gens sûrs, ses « compagnons » (*comites*), ou comtes. Beaucoup, sinon la plupart, de ces fonctionnaires ont été recrutés parmi les Francs; mais il s'avéra parfois nécessaire ou préférable de choisir, comme comtes, des notables indigènes, mieux au fait des ressources et des habitudes de leur peuple. Fonctions civiles et militaires se confondent sensiblement dans une société où tous les hommes d'un certain rang, la noblesse, sont des guerriers entraînés. Les domaines distribués généreusement par l'empereur fournissent à ceux-ci leurs moyens d'existence, ceux de tenir leur rang, d'entretenir leur équipement.

Même les grandes abbayes, on l'a vu, ont leur équipe guerrière; celle-ci est astreinte au service de l'ost royal; ou bien elle assure localement la sécurité des routes : tel Saint-Claude, dans le Jura, et Saint-Maurice d'Agaune, au pied du passage essentiel du Grand-Saint-Bernard.

Dans la mise en œuvre de ces structures de gouvernement et de police générale de son empire, le monarque prête en effet une attention particulière aux routes vers l'Italie, donc aux cols alpins et à leurs débouchés, Maurienne, Tarentaise, Valais, vallées de Suse et d'Aoste, sur le versant sud; et la Rhétie. Par évêques, abbés et comtes interposés, il tient solidement le territoire des anciens royaumes burgondes le long du Rhône et de part et d'autre du Jura. Son effort porte surtout sur la Rhétie, moins sûre, mais importante dans la stratégie impériale puisqu'elle relie, par ses cols, le nord et le sud de l'empire, des provinces constamment agitées et vers lesquelles il faut toujours pouvoir transférer rapidement des troupes. L'évêque de Coire avait au cours du VIIIe siècle réuni les pouvoirs spirituels et temporels sur la Rhétie et une partie du Tyrol; son autorité s'étendait du massif du Gothard au col du Brenner. Face aux Francs, il affirmait avec fermeté la tradition d'indépendance religieuse, politique et culturelle des Rhètes, aidé en cela par la relative prospérité du pays. Charlemagne va briser, mais très momentanément, cette résistance : il lui fixe une barrière orientale avec la création en 798 d'un siège archiépiscopal à Salzbourg; il essaie de substituer à l'évêque rhète un prélat qui lui fût dévoué; il installe à Coire un comte, en 807. Après la disparition de Charlemagne, l'évêque de Coire rétablira son autorité et la conservera longtemps encore.

Entre Rhône et Rhin, le long de la muraille des Alpes sans ouverture praticable, la domination carolingienne s'est peu manifestée, Alpes et Préalpes sont restées en dehors de la grande politique impériale.

La dislocation des pouvoirs

On sait ce qu'il advint de l'Empire carolingien. Il fut trop fragile pour résister à des forces centrifuges jamais étouffées tout à fait par Charlemagne; et déchiré par des partages successifs et totalement arbitraires entre les héritiers, selon la loi franque qui ignorait encore la raison d'État.

Pour les trois petits-fils de Charlemagne, le traité de Verdun créa trois royaumes. Celui des Francs de l'Ouest deviendra peu à peu la France; celui de l'Est correspond à une grande partie de la Germanie; par référence à l'un de ses peuples les mieux implantés, il deviendra pour les gens de l'Ouest le pays des Alamans, l'Allemagne. Entre deux, le royaume de Lothaire : la Lotharingie, bande étroite mais étirée interminablement de la mer du Nord à l'Italie, en passant par la Lorraine qui en a reçu son nom et par la grande Bourgogne. A travers le plateau helvétique, la frontière de cette Lotharingie avec le royaume germanique remontait commodément les cours du Rhin et de l'Aar; elle correspondait ainsi plus ou moins (mais pas strictement) à celle des pays burgondes et alamans comme à la ligne de partage des langues; ces critères objectifs ne semblent guère avoir présidé au partage. La frontière traversait les Alpes au massif du Gothard. Ce qui signifie que ce col difficile à franchir et ses vallées d'accès n'offraient aucun intérêt aux yeux des auteurs du partage : c'est une sorte de no man's land.

Ingouvernable et peu viable, la Lotharingie disparut au partage suivant, en 870. Elle ne laissa qu'un souvenir, un mythe durable, une ambition à nourrir pour bien des princes des générations futures, jusqu'au duc de Bourgogne Charles le Téméraire au XVe siècle. Sa partie occidentale, de part et d'autre du Jura, revint à Louis le Germanique. La section méridionale fut constituée en royaume d'Italie, mais qui incluait en outre toute la vallée du Rhône, de son glacier à son delta.

Découpages formels, dont le second importe moins encore que le premier. Car plus avance le IXe siècle, plus les princes carolingiens perdent rapidement, l'un après l'autre, le contrôle réel de leurs royaumes. Ceux-ci ne seront plus au Xe siècle que des ombres dont nul, en dehors du roi, ne se soucie plus guère. Peuples et *pagi* retournent à une indépendance de fait qu'ils n'avaient pas eu le temps d'oublier. Pourtant, il subsista de l'entreprise carolingienne l'image de l'autorité royale, celle d'un certain ordre de la société organisée autour d'une hiérarchie de responsabilités et de pouvoirs; il resta aussi les familles des fonctionnaires dotés de privilèges et de biens, une classe d'hommes avertis et ambitieux, la noblesse, qui prit très vite l'habitude de transférer ses privilèges comme ses biens domaniaux à ses descendants : elle se fit héréditaire. Ce sont ces hommes de familles comtales qui s'investirent dans leur *pagus* de l'autorité royale et en reprirent les marques et les signes – jusqu'au titre même de roi. Ainsi, Boson se fait roi de Provence en 879.

En Lotharingie – noyautée, après Verdun, par des nobles francs occidentaux –, un certain Conrad, d'une famille comtale d'Auxerre déjà puissante, fut chargé par son roi de reprendre à de petits seigneurs indigènes le contrôle de l'abbaye de Moutier-Grandval au cœur du Jura et de celle de Saint-Maurice d'Agaune : toutes deux commandaient l'axe de communication nord-sud vital pour ce curieux royaume. Conrad s'acquitta parfaitement de sa mission – mais pour son propre compte. Dès 864, sans en référer davantage à son roi, il exerce le pouvoir sur ce qu'on appelait la Bourgogne transjurane, c'est-à-dire la Suisse romande. Son fils Rodolphe, cumulant les titres déjà héréditaires de comte de Genève, de Lausanne et de Sion, franchit le dernier pas : en janvier 888, à Saint-Maurice, il se fait proclamer roi et couronner. Il lui suffit de déclarer son allégeance de principe à l'empereur pour devenir en fait son propre maître. L'exemple de Rodolphe témoigne d'un autre phénomène : ce noble d'implantation récente dans le pays qu'il gouverne s'est totalement assimilé à la culture, à la nature montagnarde du peuple dont il a pris la tête. Un chroniqueur contemporain, Réginon de Prüm, l'a fort bien observé : « Ce Rodolphe, il échappait à tous ceux qui lui voulaient du mal; il grimpait dans la montagne se cacher dans les refuges les plus sûrs. » Son royaume, groupé autour du mont Blanc, s'étend au Valais, à la Suisse romande, au Jura jusqu'à la Saône et au Rhône jusqu'à Lyon. Il contrôle ainsi tous les passages occidentaux des Alpes et tient à distance respectueuse autant le roi des Francs occidentaux que celui de Germanie traditionnellement porteur, désormais, du titre impérial. Comme ce dernier s'occupait de plus en plus des affaires italiennes, il fut bientôt porté à s'intéresser de près à cette Bourgogne alpine. Celle-ci lui reviendra d'ailleurs à la mort sans enfants légitimes du dernier des Rodolphiens, en 1032.

Plus au nord, autour du Rhin, c'est dans des conditions comparables qu'émerge au début du Xe siècle et dans le moule de l'ancien duché d'Alémanie un nouveau duché, dit de Souabe. Vaste lui aussi, difficile d'ailleurs à fixer sur une carte. Il unit moins un peuple qu'un conglomérat d'ethnies différentes et d'idiomes divers répartis sur le sud de l'Allemagne, autour du lac de Constance, en Suisse septentrionale et plus haut encore, chez les Rhètes, jusqu'aux sommets des cols grisons. De la souveraineté de ces nouveaux princes dépendent aussi, formellement mais d'assez loin, les vallées de Suisse centrale, le pays du futur Guillaume Tell.

La naissance de ces grandes principautés sur le versant alpin témoigne avant tout du prix sans cesse attaché à des communications sûres vers l'Italie. Sur tout l'Occident, le prestige de Rome et d'une péninsule plus riche, plus active, plus cultivée, demeure une force d'attraction sans pareille. De ces principautés qui tiennent les clefs de l'Italie (Provence, Bourgogne, Souabe, Bavière, Tyrol, Salzbourg, etc.), on a pu dire qu'elles furent des *Pass-Staaten*, des « États-cols ». Ce n'est point faux. Mais c'est oublier tout de même leurs fortes assises territoriales en plaine, dont ces États tirent l'essentiel de leurs ressources; et se faire illusion sur leur degré d'organisation administrative presque inexistante, économique, financière ou militaire. En fait, l'autorité du prince reste vague et diffuse; elle repose sur la fidélité, donc le bon vouloir, des vassaux, des comtes et des nobles locaux jaloux de leurs prérogatives. Les frontières même sont floues : c'est une notion que tout le Moyen Âge aura grand-peine à préciser. En fin de compte, ces États sans structure et sans autre politique que les ambitions souvent lointaines de leurs princes (dont peu ont laissé une empreinte durable) n'étaient guère plus viables que l'Empire carolingien ou ses morceaux d'héritage. Ils se sont effrités à leur tour, laissant place aux initiatives plus locales, mais plus constructives, de familles vassales constituées en lignages solidaires, et dotées de fiefs. Vers la fin du XIe et le début du XIIe siècle, on repartira de zéro, avec des pouvoirs neufs.

Hongrois, Sarrasins

Ces dislocations successives des pouvoirs impériaux, royaux et princiers résultent d'un défaut de structure. Elles furent accélérées ou aggravées par des événements extérieurs imprévus : les incursions rapides, violentes et dévastatrices des Normands au nord, des Hongrois à l'est, des Sarrasins au sud.

Les Normands, venus par mer et le long des fleuves atlantiques, n'ont pas atteint les régions qui nous occupent ici. En revanche, celles-ci ont été en première ligne pour recevoir l'assaut des Hongrois. Tout à fait inconnus jusque là des chrétiens d'Occident, les Hongrois s'installèrent à la fin du IXe siècle en Pannonie (où ils sont restés). Ils en firent la base d'une suite impressionnante de raids : on en relève 33 entre 899 et 955, qui les conduisirent aussi loin que Brême, Orléans ou Otrante. Le pillage de ces cavaliers aux déplacements trop rapides pour être prévisibles et pour laisser le temps de sonner l'alarme affecta surtout les plaines, celles d'Allemagne et de Lombardie, et le front septentrional des Alpes. Au passage, ils mettent à sac l'abbaye du Tegernsee (907), celle de Saint-Gall (1er mai 926), où la précieuse bibliothèque, ô miracle de sainte Wiborada, avait été mise à l'abri juste à temps. En 909, les Hongrois dévastent la Souabe, la Rhétie. En 924, ils réussissent à franchir les Alpes du Sud pour tomber sur le pays nîmois; en 954 encore, le retour de ce qui sera leur dernier raid, jusqu'aux Pays-Bas et en Bourgogne, s'effectue par les Alpes et l'Italie. Rien, semblait-il, ne pouvait retenir ces cavaliers de l'Apocalypse qui tiraient derrière eux butin, femmes et enfants vendus ensuite comme esclaves, sans doute à des trafiquants grecs. Fatigue ou sédentarisation progressive ? Le roi de Germanie et empereur Othon Ier, qui après tant d'autres tenta d'arrêter leur course, y réussit enfin en 955 à la bataille du Lechfeld, près d'Augsbourg. La menace des peuples de la steppe cessa de peser sur les campagnes d'Occident – qui se souviennent peut-être des

Hongrois en évoquant l'*ogre* des contes de veillée; mais cette étymologie n'est point sûre.

Les incursions sarrasines dans les Alpes commencèrent en même temps, dans les dernières années du IXe siècle; mais elles furent plus longues à stopper que les invasions hongroises. Elles eurent d'ailleurs un caractère différent, moins catastrophique pour les provinces visitées, sinon sur les côtes de Provence. C'est là en effet, dans le comté de Fréjus, que débarquent et se nichent, vers 890, des bandes de Maures venus d'Espagne. A partir de cette base, ils sèment la terreur sur la côte, puis s'insinuent dans l'arrière-pays montagneux. Ils se glissent de vallée en vallée, profitant comme les Hongrois de l'effet de surprise, moins en raison de leur rapidité – ils sont à pied – que par leur habileté à ne pas se faire repérer. Ils attaquent bourgs et villages, avec une préférence marquée pour les monastères aux greniers et caves bien pourvus. Les voici en 940 en Valais, à des centaines de lieues de leur repère : ils dévastent Saint-Maurice et rançonnent les voyageurs au col du Grand-Saint-Bernard. Ils vont resurgir plusieurs fois dans la région, comme le long des vallons jurassiens, au moins jusqu'à Vallorbe-Jougne : ils savent les bons chemins du trafic où s'embusquer. Mais en 972, ils scandalisent la chrétienté tout entière en capturant sur le chemin de Rome, au Grand-Saint-Bernard, l'illustre et vénérable abbé de Cluny, saint Maïeul. C'en est trop. Le comte de Provence, Guillaume « le Libérateur » (justement), avec le concours des comtes de Turin, de Forcalquier et d'autres nobles, organise un coup de main et détruit le dangereux nid de Sarrasins (972-973).

CHAPITRE VI

L'empereur et ses barons

Un empire germanique

Vers l'an mille, l'horizon de l'Europe s'éclaircit.

Les invasions, d'où qu'elles viennent, sont définitivement stoppées. Un âge de paix relative s'installe; l'Église y veille, dont l'autorité spirituelle et morale s'est affirmée. Lentement, mais sûrement, les économies sortent d'une longue léthargie. Mises en confiance, les populations commencent à croître : elles vont doubler, en gros, au cours des trois siècles suivants. Cela peut sembler à nos yeux une performance médiocre. Compte tenu du long blocage antérieur et de l'état de sous-développement extrême de ces populations au moment où s'amorce le redressement, c'est au contraire une performance remarquable; d'autant plus que la tendance va rester assez régulière. Les contemporains de l'an mille ont été sensibles à ce changement d'atmosphère, à une existence un peu moins misérable où les années de famine s'espacent, où la nourriture se diversifie un peu. Des paysans plus nombreux défrichent la forêt, labourent des champs plus vastes ou conduisent des troupeaux moins efflanqués vers les pâturages. Les chemins s'animent; de village en village, de bourg en bourg, de ville en ville, les échanges se multiplient. Échanges de grains, de vins, de sel; de bétail; d'articles manufacturés; d'hommes aussi, et d'idées, et de formes.

Sur un espace plus pacifique et plus dynamique, les structures politiques vont bientôt se dessiner plus finement. La répartition des pouvoirs, des responsabilités et des droits le long d'un axe hiérarchique organise la société féodale en fonction du besoin d'ordre et d'autorité assez généralement ressenti. Cette société va correspondre, pour deux ou trois siècles – jusqu'au temps de Guillaume Tell –, à une nécessité fonctionnelle, avant de se figer et de se dégrader.

Les deux grands royaumes francs issus des partages carolingiens, à l'ouest et à l'est, subsistent. Mais ils ont perdu, dès la fin du IXe et au Xe siècle, tout lien organique entre eux. L'un est devenu le *regnum Francie*, le royaume de France. L'un des lignages de sa noblesse, celui des Capétiens, réussit à s'y perpétuer sur le trône, à faire admettre le droit du fils aîné à la succession de la couronne; mais au prix d'une large autonomie laissée aux feudataires, chefs des provinces ou des *pagi*.

L'autre royaume, celui des Francs orientaux ou *regnum teutonicum*, affronte un destin plus ambitieux, mais avec des contours moins nets. Il recouvre essentiellement l'antique Germanie, mais aussi une partie de la Gaule à l'ouest du Rhin et l'ancienne Helvétie; les royaumes de Bourgogne et de Provence sont dans sa mouvance; et son roi-empereur règne aussi formellement et parfois réellement sur une partie de l'Italie. Le domaine des Alpes tout entier est donc plus ou moins directement dépendant de son autorité. L'ensemble est très vaste, disparate. Même l'imposant noyau germanique du royaume manque d'unité, ethnique et politique. Il se compose toujours des mêmes grands peuples dont les territoires se sont définis en autant de duchés : ceux de Souabe (l'ex-Alémanie), de Bavière, de Franconie, de Saxe; ou en principautés plus réduites, seigneuriales ou ecclésiastiques, éparpillées à travers l'Allemagne. Le royaume comporte en outre quelques communautés urbaines relevant directement du roi; enfin des « marches », zones de frontières face aux populations, surtout slaves, de l'est.

Dans ces conditions, les derniers rois carolingiens successeurs de Louis le Germanique n'ont pas fait le poids devant des princes régionaux trop puissants. Malgré leurs dissensions, ceux-ci prennent l'habitude de se réunir avec les représentants des autres collectivités pour essayer de prendre en commun les décisions importantes. Ces assemblées, ces journées de délibérations, prennent le nom de *diète* (du latin *dies*, jour; en allemand *Tag, Reichstag*, diète impériale). En apparence, un régime parlementaire? Guère, car les participants à la diète ne représentent que très imparfaitement les populations du royaume. La diète a un rôle plutôt consultatif. Elle est entre les mains tantôt du roi, tantôt des grands feudataires ou d'un parti d'entre eux. A partir de 911, c'est la diète qui désigne le roi parmi les princes : le titre sera dorénavant électif même s'il lui advient de rester momentanément dans le même lignage.

En août 936, c'est un prince de la maison saxonne, Othon Ier, qui est élu. Il va entreprendre une action d'envergure pour donner à un régime plongé dans l'anarchie (au sens étymologique du terme) un début d'organisation et d'autorité; et au royaume, l'esquisse d'une politique. Il s'appuie tant bien que mal sur les clans de la haute noblesse germanique et freine les élans frondeurs de celle-ci en lui déléguant des pouvoirs administratifs étendus. La victoire d'Othon sur les Hongrois en 955 assoit définitivement son prestige. Il l'exploite aussitôt en se faisant proclamer, à la manière romaine, *Imperator*. De cette acclamation il fait une institution : en 962 il reçoit à Rome la couronne impériale des mains du pape. Désormais le Saint Empire romain germanique va connaître à sa tête un roi élu par ses pairs – le collège électoral va vite se réduire à un très petit club de princes et de gens d'Église; à charge pour ce roi de se rendre à Rome afin d'y recevoir la plus haute couronne. Tous les rois germaniques, il s'en faut, ne réussiront pas à franchir cette étape ultime et prestigieuse de leur carrière.

Les seigneurs des Alpes

L'art de gouverner des rois-empereurs, qu'ils ont maîtrisé à des degrés fort inégaux, c'est dorénavant de tenir tête aux grands princes qui les ont désignés en recherchant surtout l'appui des noblesses locales, des villes, des communautés libres. Ils y sont dans l'ensemble parvenus, favorisant ainsi l'essor de lignages féodaux d'origine secondaire sinon obscure; favorisant aussi l'autonomie des communautés. Comme tout l'Occident, l'empire voit se constituer ces liens de dépendance et de solidarité qui forment le tissu féodal. Mais une féodalité plus souple qu'en France, par exemple, puisque la couronne, qui contrôle les investitures, change souvent non seulement de mains, mais de famille et d'ethnie. Et aussi parce que le pays, très vaste, offre suffisamment de place, de terres, de fiefs. Il est comme élastique, ouvert à la colonisation des marches de l'est; et aussi à celle de quelques vallées alpines. Le système offre en outre une mobilité sociale qui permet, par la faveur impériale, des ascensions rapides à de petits nobles, voire à des non-nobles. C'est un régime de clientèle : il importe de s'assurer la plus sûre, la plus stable. Or quelle clientèle est plus sûre que celle qui a tout à gagner, rien à perdre ? Celle des individus de la plus modeste condition, mais qui sont prêts à tout au service de celui qui leur permet d'en sortir et de gravir l'échelle de la société. Tant l'empereur que les barons firent appel pour former la domesticité de leur maison à des non-libres, des serfs. Rapidement, le service de ces familles, en même temps qu'il gagna la confiance du maître, affranchit les serviteurs en fait, tout comme l'intégration à la société urbaine affranchit les serfs, en fait des bourgeois. « L'air de la ville rend libre », dit un vieil adage; mais ce sont aussi le service du prince et les charges exercées pour son compte qui rendent libre. La souveraineté affranchit. Un peu plus tard, la charge n'affranchira pas seulement; elle anoblira. Ainsi s'est constituée dans l'empire cette classe des « ministériaux », des serviteurs-fonctionnaires, institution originale de la société germanique et réservoir de fidèles auxquels il est possible de faire accomplir toutes les missions, des plus prestigieuses aux moins honorables. Ces ministériaux vont tenir quelques-uns des rôles importants dans les événements auxquels s'attachera le nom de Guillaume Tell.

Il est inutile que nous entrions dans les méandres de la politique impériale des XIe et XIIe siècles, les démêlés de l'empereur avec ses vassaux-électeurs, ses conflits avec Rome, la fameuse querelle des Investitures pour la collation des titres ecclésiastiques (1059-1122), jusqu'au concordat de Worms qui fixa le principe de la séparation, dans l'empire, des pouvoirs temporel et spirituel. L'Italie est à la fois le mirage de l'empire et le gouffre de ses ressources. Les empereurs, qui n'ont pas plus de capitale fixe que de dynastie stable, sont princes vagabonds, chevauchant d'un château et d'une ville à l'autre au gré des exigences du moment. Ils passent et repassent les Alpes, suivant des itinéraires variables, le plus souvent cependant par les cols grisons (la Rhétie) ou par le Brenner. L'Italie ne cesse de les attirer et les retient, en général longtemps : ils y passent en moyenne la moitié de leur règne. Henri IV, l'humilié de Canossa (qui ne règne pas moins de cinquante ans, de 1056 à 1106), Frédéric Ier Barberousse (de 1152 à 1190) et surtout Frédéric II (1212-1250) seront plus italiens qu'allemands, malgré leur lignage et leur titre.

D'une succession d'événements complexes et souvent confus, retenons surtout la fonction des Alpes dans la stratégie des empereurs successifs, la même que leur avaient reconnue déjà les Carolingiens. Tenir les Alpes, c'est assurer une libre circulation entre les deux couronnes, la royale, germanique, et l'impériale, romaine. A l'image de Charlemagne, les empereurs othoniens comme leurs successeurs vont adopter une politique d'intervention dans les pays de montagne; ils vont s'efforcer de conserver surtout le contrôle des voies d'accès aux cols. Les deux Frédéric, de la Maison de Souabe, dessineront pourtant des projets plus ambitieux. L'objectif central restera la domination de l'Italie; mais les Alpes entières – et plus seulement quelques chemins – y seront conçues comme un instrument désormais territorial du pouvoir. Dans cette perspective, les empereurs vont encourager la constitution, sous leur tutelle, de principautés féodales alpines ou semi-alpines; tout en veillant à ce que ces jeunes puissances ne prennent pas trop d'extension, ni n'aspirent à trop d'indépendance.

Il n'est pas davantage nécessaire que nous énumérions tous les lignages nobles destinés à occuper quelque rang dans la région qui nous occupe, le front des Alpes centrales : nous nous perdrions vite dans un catalogue de fiefs, de titres et de noms dont la plupart disparaissent bientôt, les dynasties tournant court par extinction et leurs fiefs et fonctions passant à d'autres ou retournant aux mains de l'empereur qui redistribue les cartes d'une main plus ou moins libre. Qu'il suffise d'évoquer brièvement les maisons les plus significatives pour notre histoire et les territoires qu'elle anime.

Partons de ce royaume improvisé de Bourgogne dont nous avons vu qu'il s'efface, dévolu à l'empereur à la mort sans héritier acceptable du dernier roi de la dynastie rodolphienne, en 1032. Sa dissolution permit à quelques seigneurs locaux issus d'obscures familles comtales d'exercer dans leur région des droits étendus; et donc d'y installer leur pouvoir. Quelques-uns sont des vassaux des ducs de Souabe, tel le comte d'Albon en Dauphiné; la plupart ne relèvent de personne, sinon de l'empereur, lointain mais prêt, on vient de le voir, à faciliter leur ascension.

Constitué à partir de 1029 au profit de la Maison d'Albon, qui reçut en fief de l'archevêque de Vienne le sud du Viennois, et de l'évêque de Grenoble le Grésivaudan, le Dauphiné fut érigé en principauté d'empire dès 1038. Il s'élargit du Briançonnais, qui débordait sur le versant italien et contrôlait la route du Mont-Genèvre; et plus tard des pays d'Embrun et de Gap (1202) et des quelques « baronnies » plus au sud, aux confins de la Provence.

Non loin de ces princes qui s'intitulent dauphins désormais, et dans des conditions analogues, un autre lignage entreprend d'étendre ses droits et son influence sur la Savoie, discrètement au XIe siècle, plus résolument dès le milieu du XIIe; et avec un réalisme territorial assez exceptionnel à l'époque. Plutôt que d'accepter loin à la ronde des fiefs dispersés mais rentables, les comtes de Savoie concentrent tous leurs moyens autour du fief initial, qu'ils élargissent systématiquement. Ils en arrivent à maîtriser une principauté d'un seul tenant, assez homogène; non pas un pays riche; mais il inclut le contrôle de trois passages transalpins essentiels, le Mont-Cenis et les deux Saint-Bernard. Le col du Simplon leur échappe, il est à l'évêque de Sion; mais il a peu d'attrait et ne sera guère fréquenté avant la fin du XIIIe siècle. Les comtes de Savoie acquérront plus tard – vers 1280 – le comté de Turin et s'installeront ainsi au Piémont. Mais ils devront attendre jusqu'en 1310 pour accéder à leur tour à la dignité de princes d'empire, qui les libérera de l'hommage à l'empereur. Celui-ci, indifférent au Dauphiné, n'avait pas voulu en revanche se dessaisir d'une région aussi sensible que la Savoie.

Autour du Léman, les comtes de Savoie viennent pourtant se heurter à des concurrents. Quelques-uns, trop faibles, seront absorbés (le comté de Genève), d'autres contournés, comme la principauté épiscopale mais minuscule de Genève (distincte du comté de même nom). Un rival se revèle pourtant plus coriace : le lignage des Zæhringen.

Cette famille nous ramène plus au nord, dans ce duché de Souabe à cheval sur le Rhin, entre l'Alsace et le Gothard, le Jura et les sources du Danube. C'est à Zurich que les ducs de Souabe avaient d'abord fixé leur résidence, au début du Xe siècle. Mais un siècle plus tard, à la suite d'une rébellion contre l'autorité royale et d'un affrontement avec les chevaliers loyaux, le duc fut tué, en 1030, et ses héritiers déchus. La dignité ducale vacante fut alors en quelque sorte mise au concours; et pendant deux générations, quelques familles nobles se livrèrent une lutte acharnée pour la relever. On était entré en pleine querelle des Investitures, qui divisait les esprits, formait des partis adverses au gré des ambitions et des calculs des uns et des autres. Les candidats au duché de Souabe ne se privèrent pas de cette occasion de se mettre en valeur. Finalement, en 1098 seulement, les deux derniers candidats en lice acceptèrent un compromis. L'un était du lignage des Hohenstaufen; allié du roi dans la querelle, il se vit attribuer le pouvoir ducal sur la Souabe.

L'autre prétendant, Berthold II, était chef du lignage des Zæhringen, détenteur de gros fiefs de part et d'autre du Rhin. Il était aussi l'un des *leaders* du parti adverse, promoteur de réformes dans l'Église et de l'indépendance de celle-ci par rapport au roi. Fort d'un large appui au sein de la noblesse souabe, surtout au sud du Rhin, d'un *lobby* helvétique en somme, il ne fut pas débouté complètement. En compensation du duché manqué, le titre au moins de duc lui fut accordé, ce qui le plaçait sur le même pied que son rival. Ses fiefs patrimoniaux furent confirmés, y compris un récent et gros héritage, celui de la famille éteinte de Rheinfelden. En outre, il fut nommé avoué ou bailli (*Vogt* en allemand, dérivé du latin *advocatus*) du domaine royal de Zurich. Berthold II obtenait ainsi la suzeraineté sur un vaste comté couvrant à peu près la partie occidentale de la Suisse actuelle. Entre les deux rivaux, il ne s'agissait pas d'un partage territorial de la Souabe, mais d'une répartition toute féodale des liens de vassalité. Les vassaux des Zæhringen cessaient de devoir l'hommage personnel au duc de Souabe, en dépit de la souveraineté que celui-ci conservait. En pratique pourtant, le duché constitué par les domaines des Zæhringen et leurs vassaux devint autonome comme un immense alleu à l'intérieur du duché de Souabe. Celui-ci, pour sa part, se recentra plus au nord. Les Hohenstaufen renoncèrent évidemment à Zurich comme capitale et fixèrent leur résidence à Ulm.

A défaut du pouvoir plus élevé qu'ils convoitaient, les ducs de Zæhringen pensent avoir désormais les mains libres pour se tailler un véritable État dans l'État, étendu sur le plateau suisse et jusqu'au cœur des Alpes. Ils s'y emploient activement. L'héritage des Rheinfelden leur permet de prendre pied en Bourgogne (c'est encore la désignation de la Suisse romane, en souvenir de l'ancien royaume). Un peu plus tard, de sombres intrigues mais aussi la faveur dont les entoure un nouvel empereur, le Saxon Lothaire, vaut aux Zæhringen la fonction, assez théorique mais prestigieuse, de « recteurs de Bourgogne », c'est à dire vicaires impériaux, ou gouverneurs, des comtés de Bourgogne (romande et comtoise) et de Provence (1127). Mais le vent, encore une fois, va tourner assez vite.

En 1152, c'est en effet un Hohenstaufen duc de Souabe, Frédéric Ier dit Barberousse, qui est élu empereur : le descendant du rival devient le souverain. Et un souverain à qui sa politique alpine et italienne ne fait pas considérer d'un bon œil l'excès de pouvoir accumulé par les Zæhringen. Il s'empresse donc de leur reprendre les droits sur la Bourgogne et la Provence. Surtout, il encourage résolument les forces régionales qu'il juge capables de faire obstacle aux ambitions du dangereux feudataire. Il libère les évêques de Genève et de Lausanne de tous les droits seigneuriaux exercés sur eux par les Zæhringen. Mieux encore, il soutient les ambitions des comtes de Savoie. Avec la bénédiction impériale, ces princes montagnards doués d'un sens avisé et très moderne de la gestion administrative s'installent sur la rive septentrionale du Léman. Ils y dressent leur résidence et forteresse de Chillon, complétée par une « Villeneuve » (1214), tout à la fois poste de péage, port d'embarquement sur la route venant d'Italie, hospice pour l'accueil des voyageurs et des malades, entrepôt pour les marchandises sur la route entre l'Italie et les foires de Champagne. Avec sa domination sur le pays de Vaud, Thomas Ier de Savoie et son fils Pierre, « le petit Charlemagne », ont achevé de construire un véritable État alpin, solide, viable – et durable.

Les malheureux Zæhringen n'eurent plus qu'à se

replier sur leurs domaines patrimoniaux, au nord de la Sarine. Ils y affirmèrent leur pouvoir, ou redorèrent leur blason par une politique dynamique de peuplement et d'aménagement. Ils fondèrent maintes villes, dont trois destinées à un bel avenir : Fribourg-en-Brisgau (vers 1120 déjà); Fribourg-en-Uechtland (en pays « Welsche »; c'est le Fribourg suisse) en 1157; et enfin Berne, vers 1191. Ils essayèrent de compenser leur échec sur le Rhône en développant les vallées de l'Aar et de la Reuss, en concentrant leur effort sur les cantons de Suisse centrale guère revendiqués jusque-là. Et peut-être ont-ils été complices de l'ouverture de la route du Gothard – rien n'est moins sûr cependant. De toute façon, le destin leur joua encore un vilain tour, définitif celui-ci : la dynastie s'éteint avec Berthold V, en 1218.

A tour de rôle ou en concurrence, les ducs de Souabe et de Zæhringen avaient donc commandé toute la Suisse alémanique et la Rhétie du XIe au seuil du XIIIe siècle. Ceux de Souabe s'étaient retirés tôt de la région, se désintéressant de son sort. Ceux de Zæhringen disparaissent. Un vide s'instaure. Pas pour longtemps. La région est pleine de lignages nobles prêts à profiter de l'aubaine. Rivaux heureux des Zæhringen autour du Léman, les comtes de Savoie sont tout prêts à étendre leur autorité sur le plateau helvétique en prenant sous leur protection les jeunes cités de Fribourg et de Berne, en acquérant par-ci, par-là des droits divers qui puissent servir leur influence. A l'autre bout du plateau, entre le lac de Zurich et celui de Constance (actuels cantons de Zurich et de Thurgovie), un autre lignage comtal a pris entre-temps de la bouteille, celui des Kybourg : un autre candidat sérieux à la succession tant féodale que politique des Zæhringen.

L'empereur, cependant, si occupé qu'il fût ailleurs, ne perdait pas de vue la partie qui se jouait sur le rebord septentrional des Alpes. Il redoutait qu'une ou plusieurs puissances seigneuriales acquièrent dans cette région trop d'influence et ne vinssent à menacer, le cas échéant, ses si précieuses communications avec l'Italie. Les tensions politiques du temps étaient telles qu'aucune fidélité n'était assurée à long terme, les renversements d'alliances, fussent celles-ci consolidées par des mariages, bien trop fréquents. Si Frédéric Barberousse avait encore encouragé sans réserve les ambitions des Savoie, son fils et successeur Henri VI entendit les freiner. Il leur reprit par la force, en 1187, leurs positions en Valais, soumit à sa souveraineté immédiate l'évêché de Sion et prit sous sa protection personnelle le col du Grand-Saint-Bernard. Les comtes de Savoie n'en gardaient pas moins le contrôle de ses deux accès : l'entrée de la vallée du Rhône en amont du Léman verrouillé par la forteresse de Chillon; et le haut du val d'Aoste.

Une génération plus tard, lorsque s'effacent les Zæhringen, c'est le petit-fils de Barberousse, Frédéric II de Hohenstaufen, qui veille à ce que leur héritage soit judicieusement divisé entre plusieurs familles dont aucune ne puisse ainsi s'élever trop haut. Tous les vassaux du duc défunt en reçurent une part. Les Kybourg recueillirent la plus grosse, à laquelle s'attachaient des revenus importants; mais elle n'avait aux yeux de l'empereur qu'une valeur stratégique assez négligeable. D'ailleurs, les Kybourg n'eurent pas plus de chance que les Zæhringen. Leurs derniers représentants, Hartmann l'Ancien et son neveu Hartmann le Jeune se révélèrent médiocres seigneurs, soumis à l'influence du comte Pierre de Savoie dont l'Ancien avait épousé la sœur en 1218. Pratiquement dépossédés au profit de celle-ci et des Savoie, les deux Kybourg disparurent presque en même temps et sans héritier mâle – à la manière des Zæhringen et de tant d'autres lignages.

Mais déjà, derrière les Zæhringen ou les Kybourg hors jeu, pointait une autre dynastie, qui ne devait ni céder si facilement, ni surtout s'éteindre mal à propos : celle des Habsbourg.

Une ceinture de villes

Tandis que se déroulaient conflits et rivalités des princes et des seigneurs, que les lignages montaient et disparaissaient, le paysage peu à peu changeait. Sur tout le plateau suisse, comme ailleurs, les paysans ne se souciaient guère de ces tribulations politiques, sauf lorsqu'elles dégénéraient en courtes guerres féodales dont ils étaient les figurants parfois, et surtout les victimes. Ces guerres n'étaient heureusement ni trop fréquentes, ni très dévastatrices. L'alternance, sur quelques territoires du plateau, de suzerains alémaniques comme les Zæhringen, romans comme les Savoie, n'affectait en rien les structures, les usages culturels locaux. Les paysans travaillaient, acquittaient leurs redevances au seigneur, vivaient tant bien que mal de ce qui leur restait. Grâce au défrichement des forêts, à une agriculture plus intensive qui adoptait progressivement le système de l'assolement triennal, et plus diversifiée aussi – la vigne s'installe un peu partout sur les coteaux bien exposés –, il restait assez, bon an, mal an. Assez pour entretenir des familles plus nombreuses qui, en retour, disposaient de plus de bras. Assez aussi pour qu'une partie de la récolte, vendue par le seigneur sur sa part ou par le paysan sur son reste, s'en allât nourrir des populations improductives en termes de ressources alimentaires : celles des villes.

Du XIe au XIIIe siècle, la renaissance urbaine est un des phénomènes les plus sensibles de l'essor général qui traverse cette longue période. Cette renaissance est le produit d'un double mouvement. Quelques cités gallo-romaines avaient survécu aux tourmentes des grandes invasions. Servant à la fois de siège épiscopal et administratif, de refuge et de garnison, elles s'étaient réduites, à l'ouest et au nord des Alpes, à leur plus simple expression – quelques centaines de pieds de diamètre à l'intérieur de leur enceinte. Au sud des Alpes, en revanche, la civilisation urbaine avait conservé plus d'éclat, envers et contre tout. Ce sont ces villes-là qui reprennent vie les premières, les cités épiscopales particulièrement. La fonction religieuse et administrative qu'elles exercent se double d'un marché régional à l'occasion des fêtes célébrées. Ce marché anime un petit commerce local auquel des individus se consacrent – des marchands. Puisque l'enceinte trop étroite ne peut bientôt plus les accueillir tous, ils bâtissent échoppes et logis au sortir des portes de la cité et en dessinent ainsi les faubourgs. Des artisans se joignent à eux.

Ces cités, cependant, sont éloignées les unes des autres. Sur l'espace qui nous occupe, entre Rhône, Jura, Alpes et Rhin, elles sont vite comptées : les évêchés de Genève, Lausanne et Sion au sud; ceux de Bâle, Constance et Coire au nord. C'est bien peu; trop peu pour les besoins du commerce et de l'artisanat dont l'offre et la demande augmentent régulièrement. C'est trop peu aussi pour l'ambition des princes, puis celle des seigneurs. Dès le Xe, aux XIe et XIIe siècles surtout, ceux-ci perçoivent le profit qu'ils peuvent tirer d'une ville bien à eux. Profit de prestige. Profit militaire : la ville peut entretenir une garnison et constituer un point d'appui plus solide qu'un château isolé. Profit politique : le rayonnement d'une ville est un instrument d'autorité efficace sur son arrière-pays. Et profit matériel : la ville attire du monde, stimule les activités; elle fournit l'occasion d'instituer et de percevoir en tout ou en partie des droits lucratifs, péages et tonlieux, droits de justice, taxes diverses. Elle peut devenir aussi prétexte, pour le seigneur, à battre monnaie; un tel privilège n'est-il pas le signe, par-dessus tout autre, du pouvoir acquis ? De sorte que durant ces trois siècles, les fondations de villes vont bon train. Les unes prennent aussitôt du ventre, deviennent importantes; leurs bourgeois, hommes libres, manifestent vite des velléités d'autonomie. D'autres vont rester au stade d'embryons, pour retomber plus tard au rang de bourgades ou de villages, voire disparaître tout à fait, victimes des malheurs du XIVe siècle. Mais toutes, lors de leur fondation, sont pourvues de privilèges pour ceux qui viendront les habiter, d'institutions de gestion interne sous le contrôle du seigneur ou de ses officiers, et d'une enceinte qui les protège mais trace aussi la limite de validité de ces avantages.

Quelques-unes de ces villes complétèrent un monastère préexistant; seules de ce groupe celles de Saint-Gall et de Lucerne devaient se révéler longuement viables. Saint-Maurice, en Valais, resta un bourg sans dynamique propre. Autre cas singulier : celui de Zurich, l'actuelle plus grande ville de Suisse. Sur le site d'un *vicus*, d'une localité-marché gallo-romaine, existait depuis le haut Moyen Âge un petit couvent auprès du tombeau des saints martyrs Félix et Regula. Louis le Germanique, en 853, y ajouta un monastère de femmes en faveur de sa propre fille, dont il fit l'abbesse; il le dota généreusement puisqu'il lui laissa tout le domaine patrimonial qu'il possédait à Zurich même et aux environs; et encore – ce qui était, nous le verrons bientôt, plutôt théorique – le pays d'Uri, patrie du futur Guillaume Tell. Uri n'était encore à personne et devait être à l'époque d'un rapport bien médiocre... C'est à côté du complexe religieux de Zurich qu'un peu plus tard, vers 920, le premier duc de Souabe choisit de venir résider et construisit son palais. La présence de ce haut prince, de sa cour, de ses ministériaux, décida de l'essor d'une localité aussitôt reconnue comme ville : la qualité de *civitas* lui est attribuée par un document de 929. Centre religieux et politique, Zurich ne tarde pas à devenir aussi un marché, un centre commercial régional, mais dont il ne faut pas, avant le XIIIe siècle, exagérer l'importance.

Quelques cités bien affirmées ponctuent ainsi le plateau. Parmi elles les fondations des Zæhringen, Fribourg et Berne : elles forment l'avant-garde de la culture alémanique sur le front du monde roman; Fribourg, en pays latin, accueille une population à nette majorité alémanique. Et puis, toute un semis serré de villes minuscules. Le paysage urbain du plateau suisse est ainsi devenu, au XIIIe siècle, d'une exceptionnelle densité qui témoigne d'une indiscutable prospérité (en termes relatifs) des campagnes nourricières. Ce paysage urbain est comme atomisé. Ou, pour emprunter une image plus précise à la chimie, il est comme une émulsion de villes en milieu rural.

Dans une perspective plus large, c'est toute une ceinture de villes qui enserre dorénavant l'ensemble du massif des Alpes, à distance plus ou moins respectueuse. Les cités du plateau sont relayées au nord et à l'est par celles d'Alsace, de Souabe, de Bavière et d'Autriche; à l'ouest et vers le sud par les villes des vallées de la Saône et du Rhône; au midi, ce sont les métropoles italiennes, de Lombardie surtout, et jusqu'à Venise.

Encadrées de villes qu'elles vont contribuer à nourrir, à relier, à animer, les Alpes les écartent pourtant de leurs « murailles éternelles ». Comme l'observera justement Jean de Muller à la fin du XVIIIe siècle : « Ce pays ne renferme point de villes. » Au Moyen Âge – et jusqu'à l'âge industriel en fait –, l'urbanisme ne conquiert ni les Alpes, ni les Préalpes. Les quelques exceptions des cités épiscopales médiévales, comme Coire et Sion, confirment la règle. Elles restent insignifiantes en tant qu'agglomérations.

CHAPITRE VII

Les vallées oubliées

Le peuplement des montagnes

Le lecteur s'en sera peut-être étonné : les deux chapitres qui précèdent ont évoqué l'installation de peuples, puis de pouvoirs, sur l'aire où va s'insérer plus tard la confrontation des Waldstetten et des princes étrangers. Or il n'a guère été question de la montagne, sinon en termes de stratégies impériales et d'aménagement routier. Et il s'est agi surtout du Valais et de la Savoie à l'ouest, de la Rhétie à l'est : les vallées de passage vers l'Italie. Du pays même de Guillaume Tell ou des cantons voisins, je n'ai guère touché mot. Négligence de ma part ?

Oubli de l'histoire, bien plutôt. Ces vallées se sont peuplées partout, nous allons le voir. Parcimonieusement, c'est-à-dire à la mesure des ressources que l'on sut tirer de la montagne; mais régulièrement. Elles n'ont en revanche, et pendant très longtemps – jusqu'au XIIIe siècle –, retenu en rien l'attention des princes qui se disputaient le bas pays. Ils n'y ont pas vu le moindre intérêt. Ces vallées rudes, d'accès incommode, finissaient pratiquement en culs-de-sac. Elles ne menaient pas vers des cols aisément praticables pour descendre en Italie; d'autres itinéraires, infiniment plus pratiques et bien équipés, s'ouvraient de part et d'autre. De plus, ces vallées paraissaient vouées à la pauvreté. Le fisc royal, la soif de fiefs des hauts barons n'y pouvaient espérer des revenus substantiels. Nul filon de quelque métal, précieux ou non, n'y avait été repéré, pas plus que des sources salines. A quoi bon s'escrimer à faire valoir et respecter un pouvoir sur des pays de forêts, de rochers et de névés qui n'avaient presque rien à donner? C'est pourquoi ces vallées ont connu une existence sinon paisible – certes pas –, du moins complètement fermée. En quoi d'ailleurs elles ont partagé le sort de presque tout le massif alpin, à l'exception des quelques passages alors fréquentés.

Des habitants, il y en avait cependant dans ces montagnes. Il y en avait toujours eu, aussi loin que de maigres traces permettent de remonter le temps à leur recherche. Seulement, jusqu'à ce que ces montagnards entrent enfin dans l'histoire vers 1200, nous ne savons d'eux que fort peu de choses. Qui étaient-ils? Que faisaient-ils? Quelle organisation s'étaient-ils donnée et comment fonctionnait-elle? A partir des rares éléments connus, et si isolés que leur interprétation n'est pas toujours évidente, nous ne pouvons guère avancer que des hypothèses; ou procéder par induction à partir d'observations tardives, lorsque des documents un peu plus nombreux et précis viennent éclairer l'existence de la montagne.

Il est singulier de constater combien tôt la montagne a été fréquentée, sinon habitée. A peine le dernier grand âge glaciaire a-t-il libéré le fond des vallées que des hommes s'y aventurent. Qu'y cherchent-ils? Un refuge? Du gibier? Dès le sixième millénaire en tout cas, ils aménagent un peu partout dans les Alpes des abris sous roche; les archéologues en ont repéré du Vercors aux Dolomites, en passant par les Alpes valaisannes et bernoises et la région du Gothard. Quant à une occupation durable de sites alpins attestés par des cimetières, elle semble débuter à l'âge du néolithique moyen, quelque 4 000 ans avant notre ère. D'un millénaire à l'autre, des types anthropométriques et culturels nettement différents se succèdent, se superposent ou se mêlent, ce qui permet d'admettre que des ondes de migrations sont venues buter contre la montagne et s'y sont installées à l'abri. Dans quelques vallées – mais non les nôtres –, des gisements de cuivre ont pu fixer des exploitants. Il a existé en tout cas un peuple alpin du bronze ancien, de type uniforme du Dauphiné à l'Autriche, mais distinct des peuples des basses terres à la même époque.

Au cours du premier millénaire avant notre ère (périodes de Hallstatt, puis de La Tène), le peuplement alpin devient plus dense. Il prend aussi des contours ethniques et culturels plus différenciés, auxquels de nouvelles migrations ne sont pas étrangères. Les Celtes, on l'a vu déjà, infiltrent avec l'avant-pays toute la partie occidentale et centrale des Alpes, de l'embouchure du Rhône aux sources du Rhin. Quelques sites de l'âge du bronze, la butte de Zwing-Uri (Amsteg) notamment, montrent qu'ils se sont glissés jusque sous les forêts des Waldstetten. La vallée d'Uri est-elle pour eux davantage un passage qu'un séjour ? Sept anneaux d'or retrouvés dans une pente d'éboulis en face d'Erstfeld, et qui datent de La Tène (environ 400 av. J.-C.), ont fait penser à un trafic de marchands celtes par le Gothard ; mais la trouvaille, pour impressionnante qu'elle soit, est trop isolée pour être concluante. Nous connaissons les Lépontiens, proches des Étrusques, qui montent du sud dans la Léventine et l'ont peut-être dépassée. Le groupe le plus remarquable par son peuplement et sa culture occupe tout un réseau de vallées et de crêtes entre Rhin et Adige. Il fonde ce que les archéologues désignent comme la civilisation de Melaun ; mais les historiens préfèrent le désigner comme le peuple des Rhètes : le seul peuple alpin préhistorique qui pénétrera dans l'histoire et y préservera très longtemps son identité. Il ne l'a même pas perdue tout à fait de nos jours. Ce peuple romanisé va conserver son idiome roman, envers et contre tous les Alamans, Lombards, Goths et autres Bavarois, et même contre les pressions plus récentes de centralisation culturelle. Il parle encore ce « ladin » ou rhéto-romanche, quatrième langue « nationale » (mais non officielle) de la Suisse, et dialecte aussi de plusieurs vallées italiennes.

Ces grandes familles ethniques ne doivent pas faire illusion : le peuplement alpin, inégalement réparti mais assez dense sur le fond des grandes vallées ouvertes, est en fait compartimenté à l'infini en petites tribus; chacune occupe son segment de vallée principale, ou sa petite vallée latérale. Elles n'ont entre elles que des relations plutôt épisodiques, sans doute conflictuelles surtout : autour d'un pâturage, d'un torrent détourné, d'une fille séduite. Chacune forme une communauté homogène, solidaire, prend ses décisions en assemblée; chacune a pourtant aussi ses hiérarchies internes. Ce qui est certain, c'est qu'il n'y a pratiquement pas d'ingérence extérieure.

Pas même sous la domination romaine, sauf le long des axes routiers. La soumission de ces peuples est une construction politique des Romains dont les intéressés n'ont dû, pour la plupart, prendre conscience qu'à peine; elle ne doit pas les avoir beaucoup contraints, surtout les plus reculés d'entre eux. On a retrouvé les traces de villas romaines jusqu'aux limites du plissement alpin, mais guère plus avant, sauf à Kussnacht et Alpnach (Obwald), *Alpiniacum*, où la villa d'un certain Alpinius remonte au IIe ou IIIe siècle de notre ère. La romanisation, l'usage généralisé du latin (mais nous ignorons les modalités de cette conquête linguistique, probablement lente, donc tardivement acquise) ont pu être reçus comme une commodité culturelle. Quoi qu'il en soit, l'histoire encercle désormais ces peuplades, du sud au nord; mais elle continue de les ignorer.

Un changement intervient au déclin de l'empire, dès le IIIe siècle. Un changement, non un bouleversement : le mouvement de refuge en montagne des colons romains du *limes*, redoutant une invasion des Alamans après le raid de ceux-ci vers 260. Le phénomène eut une ampleur certaine; il est clairement attesté dans bien des districts du rebord alpin, particulièrement dans la vallée rhétique du Rhin. Là, on sait que ces colons se sont réinstallés sur les sites disponibles et y ont introduit des cultures dont ils avaient l'expérience, inconnues jusque-là dans la région :

la vigne, les arbres fruitiers, le noyer dont les fruits donnaient de l'huile.

Nous n'avons guère d'indice d'un tel refuge au pays des Waldstetten. Il n'en est pas moins très vraisemblable. Les vallons boisés d'Unterwald et de Schwyz offraient un bon abri et assez d'espace pour un peu d'agriculture. Quant à Uri, véritable forteresse (on l'a assez dit), pratiquement accessible par le seul lac, il constituait un refuge idéal en la circonstance. Cette présence colonisatrice de familles d'origine romaine expliquerait mieux que toute autre hypothèse la présence attestée plus tard sur les bords du lac des Quatre-Cantons et de la Reuss de cultures méditerranéennes (vigne, châtaignier, noyer) qu'un climat assez doux permit d'y introduire. D'autre part le village de Burglen (*Burgilla*), patrie supposée de Guillaume Tell, porte déjà à l'époque carolingienne ce nom qui révèle la présence d'un *burg*, d'un lieu fortifié. Or aucun des occupants antérieurs de la région n'avait eu motif d'une telle construction, sinon justement les colons réfugiés. Ceux-ci ont dû se fondre assez facilement dans le milieu indigène, certainement peu dense et assez primitif; il est vrai que nous ignorons tout de lui... Avait-il compté des éléments lépontiens, donc des gens venus du Sud? Les indices dans ce sens sont d'ordre linguistique. Même longtemps après l'alémanisation de la Suisse centrale, Uri, Glaris et le Haut-Valais conserveront quelques expressions, relatives à l'élevage du bétail surtout, que l'on retrouve également au Tessin et qui sont d'origine étrusco-latine.

Les temps qui suivent ont été parmi les plus bousculés de l'histoire européenne. Mais nos régions eurent à peine l'occasion de s'en apercevoir. S'il y eut déferlement sur les Alpes orientales (Lombards, Avars, Bavarois, Slaves) et quelques bousculades dans les Alpes occidentales, le front central de la chaîne fut à peine effleuré par les envahisseurs barbares qui ne trouvaient rien dans ces vallées sauvages qui pût les attirer et les retenir. Ni la Rhétie, ni le Haut-Valais, ni la région des Waldstetten n'ont été concernés par les invasions.

La lente installation des Alamans

Au XVe siècle circulera en Suisse une curieuse fable à laquelle chroniqueurs et historiens accorderont longtemps quelque crédit. Sous le titre *De l'origine des gens de Schwyz et du Hasli*, l'auteur ou rapporteur de cette fable, un Schwyzois, soutiendra avec force détails à l'appui que le peuplement de son canton remontait à une migration, qu'il situe au IVe siècle, de Suédois. Chassés de leur pays par une famine, ces Scandinaves seraient passés en Germanie, auraient remonté le Rhin et « conquis » une partie de la Suisse centrale. De là, ils auraient encore monté une expédition à Rome pour sauver pape et empereur de la populace romaine retombée dans le paganisme... Parallèlement, des habitants de Frise orientale seraient venus occuper le Hasli, au fond de l'Oberland bernois. Cette fable cache mal des intentions politiques : justifier les droits des Schwyzois sur leur pays; répondre aussi à l'insulte de Félix Hemmerli, ce Zurichois lié au parti des Habsbourg et qui soutenait, lui, avec mépris, que les Schwyzois descendaient d'esclaves saxons installés à Schwyz par Charlemagne pour coloniser la région.

Derrière tant de fantaisie, il y a cependant aussi des réminiscences vagues. Les unes de sources littéraires : les conquêtes normandes, qui n'ont jamais approché la Suisse; ou la coïncidence, le jeu des mots *Sveci* (Suédois) et *Svici* (Schwyzois, Suisses). D'autres souvenirs sont empruntés à la mémoire collective : les ancêtres lointains sont venus du froid.

En réalité, il ne s'agit pas plus de Suédois que de Frisons ou de Saxons, mais simplement d'Alamans : le même peuple qui s'est installé, pacifiquement et presque furtivement, dans le sud de l'Allemagne et sur le plateau helvétique. Dans les espaces reculés des Préalpes et des Alpes, les Alamans n'ont pénétré que plus tard, guère avant la fin du VIIe siècle; sans doute lorsqu'il n'y eut plus assez de terres disponibles dans l'avant-pays, et alors que le duché d'Alémanie était déjà passé sous le contrôle des Francs. C'est d'ailleurs en rapport avec le dernier des ducs d'Alémanie qu'Uri est mentionné pour la toute première fois, en 732. Le duc Théobald (Thibaud), plus porté à ses habitudes païennes qu'à un christianisme de fraîche date et de convenance, était en conflit avec les dignitaires religieux de son domaine. Il exila l'abbé Eto, de Reichenau (sur le lac de Constance), dans ce qu'il devait considérer comme le coin le plus perdu de son duché, l'*Uronia.* Eto n'eut guère le temps de faire ample connaissance avec son lieu de relégation : Charles Martel, vainqueur de Théobald, le rappela à Reichenau la même année. L'épisode indique au moins qu'au début du VIIIe siècle, les Alamans ont commencé, à peine, à occuper les environs du lac des Quatre-Cantons, y compris sa tête. *Uronia* n'est peut-être encore qu'une ancienne désignation d'Altdorf, dont la plus ancienne église date d'environ 700.

De toute façon, l'alémanisation des régions de montagne a progressé très lentement, se heurtant à maints obstacles. En Rhétie, l'obstacle est sociologique, voire politique. On l'a dit, les Rhètes tiennent farouchement leur pays, ils ont donc résisté longtemps à la pénétration d'étrangers. Une famille rhète s'est imposée à Coire, dès le VIe ou le VIIe siècle : la dynastie des Victorides y cumule le gouvernement laïc du *praeses* et la fonction religieuse de l'évêque. Mise hors jeu l'espace de quelques années par Charlemagne, elle récupère ses pouvoirs aussitôt après sa mort. Ailleurs, l'obstacle est celui de la nature – du vide. C'est le phénomène de « frontière » que les historiens de l'Amérique connaissent bien : il peut être aisé de conquérir des territoires habités, cultivés; il est très difficile de gagner des espaces vides, qui n'offrent rien. Les Alamans qui se présentent, jusqu'au Xe ou même encore au XIe siècle, n'ont pas beaucoup d'imagination : où qu'ils soient, ils pratiquent les mêmes types d'activité agricole mixte, un peu d'agriculture et quelques têtes de bétail. Or en montagne, la place manque le plus souvent pour obtenir ainsi des résultats suffisants à nourrir une famille, dans les conditions de productivité et de rendements qui sont celles de l'époque.

De sorte que, lente, la pénétration alémane jusqu'au XIe siècle ne dépasse pas les fonds de vallée un peu élargis : la petite plaine de Schwyz et celle de Lauerz; les bords de la Reuss en remontant jusqu'à Erstfeld (dérivé du germanique *Œrtsveld*, dont l'étymologie demeure peu claire...); ou le vallon plus ouvert d'Obwald. Les sites occupés qui, en Valais, grimpent déjà jusqu'à 1 500 m d'altitude ou davantage à la faveur d'un climat plus sec, ne dépassent guère 1 000 m en Rhétie, 700 ou 800 m chez les Waldstetten : à peine d'étroits couloirs. En pays uranais, la première vague d'alémanisation n'a même pas atteint les sites occupés en amont d'Erstfeld, qui vont conserver leurs toponymes romans (plus tard habillés d'allemand); Gurtnellen, c'est *curtinella*, la petite ferme; Gœschenen, c'est *cascina*, la hutte de berger; et les redoutables Schœllenen, *scalina*, l'escalier... Familles gallo-romaines et alémanes en voisinage ont dû pratiquer pour quelques générations un bilinguisme dont le vocabulaire médiéval de la région garde la trace.

Il y a bien eu les entreprises des premiers Carolingiens, dont nous savons quelle importance ils attribuaient à la garde de routes sûres, donc au peuplement stable et dense des vallées de passage. La fondation de Disentis et celle d'autres monastères des Alpes occidentales et orientales est un exemple de la politique carolingienne autoritaire d'aménagement de l'espace. Disentis est bâti, peu après 700, à presque 1 200 m, donc loin au-dessus de tout habitat antérieur, *in desertis* (*monasterium disertinense*); les moines attirent et fixent autour d'eux un noyau de peuplement qui se met à défricher et dont l'exemple va se répercuter peu à peu, assez loin à la ronde. Disentis ne semble pas pourtant avoir influencé les occupants des Waldstetten, peu éloignés mais séparés par de trop hautes crêtes.

Quelques régions de montagne ont pu même être abandonnées tout à fait par leurs occupants indigènes sans que ceux-ci soient aussitôt remplacés. Tel a certainement été le cas, en dépit de la fable rapportée tout à l'heure, du Hasli, au fin fond de l'Oberland bernois, en amont du lac de Brienz. Cette région, bien connue aujourd'hui des touristes et des lecteurs de Conan Doyle (c'est là qu'il précipite Sherlock Holmes dans la cascade du Reichenbach et dans la mort), semble être restée vide d'hommes jusqu'au XIIe siècle. Ces désertions (par émigration? par épuisement?) comme, d'une façon plus générale, l'étroitesse des espaces occupés en montagne au cours du haut Moyen Âge en disent long sur la condition matérielle précaire, misérable, de ces populations; sur la faible espérance de vie qu'elles portaient en elles; sur l'horizon qui les enfermait étroitement – l'horizon de leur environnement, mais de leur avenir aussi.

Et pourtant, là où ils peuvent, les Alamans s'infiltrent, imposent sans conflits connus (sauf en Rhétie) leur langue, leurs coutumes et leur loi à des populations indigènes sans doute anémiées. A la différence de celles-ci, qui vivaient en habitat dispersé, les Alamans ont un sens aigu de la tribu, de la collectivité : ils se forment en villages; sans doute par habitude de sécurité, mais aussi par commodité. Ils peuvent concerter leur activité, l'assolement biennal des terres, l'irrigation. Ces villages d'un même coin de vallée forment une communauté avec ses institutions, ses pouvoirs locaux : ce sont les *pagi*, les « pays ». En montagnes comme sur le plateau, ils sont à l'origine lointaine de la plupart des cantons, ou des dizains du Valais, ou encore des Ligues grises dont l'alliance formera plus tard les Grisons. Ce sont aussi les Alamans qui introduisent dans les vallées le christianisme, avec l'appui des moines.

Le mystère des Walser

Il convient ici d'évoquer brièvement un phénomène singulier, important pour l'anthropologie des Alpes et dont quelques retombées concernent notre affaire. Mais un phénomène dont les circonstances historiques précises et la chronologie restent entourées d'un mystère assez épais en dépit de recherches passionnées; ou peut-être à cause d'elles, tant les émotions que suscitent encore les Walser chez leurs descendants (ou ceux qui pensent l'être) ont été sources de légendes, d'exagérations et de distorsions.

Le terme générique de *Walser* désigne un peuple d'origine alémane établi d'abord en Valais, d'où son nom, mais qui entreprit ensuite une longue migration. Non pas de retour vers les plaines, comme d'autres montagnards; mais une errance infatigable de vallée en vallée, à l'intérieur des Alpes – comme à la recherche du vert pâturage, de la terre promise.

Le Bas-Valais, du Léman jusqu'en amont du siège épiscopal de Sion, avait été fortement romanisé avant de devenir, on s'en souvient, le berceau du royaume de Bourgogne autour de l'abbaye de Saint-Maurice d'Agaune. Au contraire, le fond de la vallée du Rhône, étroit, aride, soumis aux divagations du fleuve, était resté à l'écart. Les Alamans y pénétrèrent, sans doute en empruntant les cols qui y donnent accès à partir de la vallée de l'Aar (Rawil, Gemmi, Lœtschberg). Et sans doute encore en deux vagues. La première occupa les meilleurs sites, les plateaux qui dominent le Rhône, comme celui de Montana, la vallée de Conches (entre Brigue et le glacier du Rhône) et les premiers étages accessibles des vallées latérales (Zermatt, Saas Fee, val de Binn). La seconde vague, elle, arriva trop tard, au cours du XIe siècle; elle dut se replier sur des sites moins bien exposés, plus arides et rocheux, plus élevés aussi. Elle provoqua de la part des premiers arrivés la méfiance, une réaction de rejet. Il n'y eut pas d'assimilation des uns aux autres. Sans qu'aucun motif d'ordre politique les y eut contraints, sans nécessité économique évidente – ces nouveaux venus s'étaient ingénieusement adaptés à l'ingratitude de leur environnement –, les « Walser » résolurent de repartir. Manque d'accueil, ou retour de l'instinct nomade ?

Non pas brusquement, du jour au lendemain, ni tous ensemble. En fait, la migration des Walser a dû débuter au XIIe siècle; elle s'étale sur près de deux cents ans. Elle part au petit bonheur – et par petits groupes familiaux – dans plusieurs directions : on va les retrouver au pied du mont Blanc, à Vallorcine; dans les Alpes lombardes et au Tessin (Léventine). Cependant, l'axe principal de leur errance passe par la Furka, le vallon d'Urseren, l'Oberalp, le Rhin antérieur (Disentis); à partir de là, les Walser se dispersent à travers la plus grande partie des Grisons, jusqu'au Vorarlberg et même au Tyrol. Ils ont emmené avec eux leurs usages et leurs lois; partout où ils s'arrêtent, ils restent groupés en une communauté qui se veut distincte des autres, à la manière d'une secte religieuse (ce qu'ils ne furent apparemment pas). Et où ils aboutissent, ils s'installent sur les terres qu'ils peuvent trouver; comme en Valais, les bonnes places sont déjà occupées, et depuis longtemps. Ils se font donc colons d'altitude, relégués presque à la limite des arbres. Ou rejetés une fois de plus. Leur stabilisation définitive, leur assimilation au milieu d'accueil ne s'accomplira que bien après les aventures de Guillaume Tell.

Là où ils sont passés, ces étranges migrants laissent des traces. Celles de leur adresse. Ils ont appris à tirer parti des pires terrains, des zones arides qu'ils arrosent en détournant les torrents, des prairies qu'ils débarrassent des éboulis qui les recouvrent. Ils ont leur manière de construire maisons et chemins. Ils ont pu, au passage, communiquer leur savoir-faire aux habitants permanents. L'historien de Disentis et du Gothard, le père Iso Müller, croit voir leur main dans les installations qui, vers 1220, rendront enfin praticable la gorge des Schœllenen, ouvriront le Gothard au grand trafic et désenclaveront les Waldstetten. Ce n'est point sûr. Mais il est certain que les travaux ingénieux qui furent alors réalisés alors sont bien dans la manière des Walser.

Les vallées, l'empereur, ses filles et le bailli

Le peuplement des *pagi* de la Suisse centrale est loin d'être achevé au IXe siècle lorsque les princes de l'époque s'avisent qu'ils ont là-bas des sujets; donc matière à tirer quelques revenus.

Les Carolingiens avaient repris à leur compte le patrimoine confisqué des anciens ducs d'Alémanie. Parmi ces terres, le domaine royal de Zurich; c'est-à-dire, autour du site de la future cité, toute une constellation d'exploitations rurales. Le 21 juillet 853, l'empereur Louis le Germanique dote le Fraumunster, le couvent de femmes qu'il vient de fonder pour sa fille, précisément à Zurich. Il lui attribue tout naturellement ce domaine à portée immédiate et les collines boisées de l'Albis, qui sont toutes proches elles aussi. Or il y ajoute ce que l'acte appelle le *pagellus Uroniae*, le petit pays d'Uri. Avec ses églises, ses maisons, « ses serfs des deux sexes et de tout âge », ses terres cultivées ou non, ses bois, ses prairies, etc. Ce qui fait précisément l'objet de cette donation n'est point clair. L'énumération, usuelle en cas de donation, ne doit point faire illusion : l'empereur ne peut donner que ce qu'il a. Non pas tout le pays d'Uri, dont la plus grande partie est encore inoccupée et inexplorée. Tout au plus la petite plaine de la Reuss et les premières pentes, entre la tête du lac et le village de Silenen, autour des deux églises de Burglen et Silenen; et il n'est pas certain du tout que tous les paysans du coin aient été vraiment concernés.

Quatre ans plus tard, le même Louis le Germanique revient en partie sur ses intentions, puisqu'il donne l'église zurichoise de Saint-Pierre et les deux églises uranaises avec les dépendances destinées à leur entretien non plus à ses filles ou au Fraumunster, mais au prêtre en charge de cette institution, à titre personnel et en viager. Il s'agit d'un certain Bérold, important dignitaire ecclésiastique venu du midi de la France. A la mort de Bérold, en 894, bien après le décès de Louis le Germanique et de ses deux filles abbesses du Fraumunster, ces possessions retournent purement et simplement au domaine royal. Ce n'est qu'en 952 qu'Othon Ier fait à nouveau don à l'abbaye non pas de tout le pays d'Uri, mais des deux églises seulement. Pour faire tout de même bon poids, il y ajoute le revenu de la dîme ecclésiastique. Le Fraumunster bénéficiera désormais de ces rentes jusqu'à leur rachat par la communauté uranaise ou par les paroisses; un rachat qui n'aura lieu qu'au début du XVe siècle seulement. Rentes d'ailleurs modestes. En 1370, alors que le pays sera devenu riche, les revenus du Fraumunster à Uri consisteront en environ 1 000 kg de fromage; 18 chèvres; 24 peaux de chèvres; 60 moutons et brebis, un peu de laine; 14 quart de noix; et 53 livres en monnaie. C'est à peine le revenu annuel d'une seule exploitation de taille moyenne sur le plateau. On notera l'absence, dans cette liste de redevances, des grains, du vin; et surtout du gros bétail, de loin la plus importante production des Uranais.

L'intérêt de ce qui précède n'est pas dans le va-et-vient des concessions royales reprises et redonnées; il n'est guère non plus dans la présence, peu pesante au demeurant, du Fraumunster et de ses intendants; leurs droits ne seront ni molestés ni contestés lors de la rébellion des Waldstetten. Cet intérêt réside surtout dans le statut juridique et politique de la région tel qu'il apparaît en filigrane dans cette succession d'actes. Ceux-ci suggèrent que le *pagellus* d'Uri, à peine colonisé, n'intéresse au fond personne. Il est trop misérable encore pour n'être pas méconnu; nul comte ou baron n'est mis à sa tête. La donation de 853 le soustrait d'ailleurs expressément à toute justice comtale ou seigneuriale. A qui appartient-il donc? En pratique, aux habitants. Ils l'exploitent tant bien que mal, mais ne doivent de comptes à personne, sauf un impôt au roi et la dîme à l'Église. Quelques lopins de terre sont attachés au service des deux églises locales, et sur ces parcelles travaillent, semble-t-il, des gens de condition servile; d'autres serfs dépendent sans doute de propriétaires locaux plus habiles et plus riches que les autres, des coqs de village. Mais en droit, ce pays sans propriétaire éminent, sans seigneur, relève directement du roi-empereur, qui en dispose, on l'a vu, à son gré, mais comme distraitement. C'est un morceau du domaine royal, mais un morceau médiocre, marginal, qui n'est jamais qu'une sorte d'annexe au domaine combien plus substantiel de Zurich.

A Zurich réside l'administrateur, le *landvogt*, l'avoué impérial (*advocatus*), fonction que l'on a pris l'habitude de désigner en français par le terme de bailli. Il lève l'impôt, rend la haute justice, parfois la basse justice si celle-ci n'est pas abandonnée aux habitants eux-mêmes. Sa juridiction ne s'étend pas aux seuls objets de la donation de 853 : elle inclut aussi le pays de Schwyz, et dans une certaine mesure l'Unterwald. D'entrée de jeu, les Waldstetten sont réunis dans l'exercice, par le même haut fonctionnaire et juge suprême, de la même souveraineté immédiate du roi.

A vrai dire, nous sommes peu informés du sort de Schwyz et d'Unterwald avant le XIe siècle : ils sont aussi oubliés qu'Uri, et même davantage. Ils n'ont fait l'objet d'aucune donation ou transaction quelconque qui nous soit connue. L'Unterwald n'a peut-être été colonisé et alémanisé qu'à la fin du IXe ou au Xe siècle, donc plus tard encore que la vallée de la Reuss; ce qui laisse supposer qu'il n'y avait guère d'occupants antérieurs. Il relève dès lors de la souveraineté directe des Othoniens, qui pourtant le cédèrent à leur allié le roi de Bourgogne; il revint au domaine impérial à l'extinction de la dynastie rodolphienne en 1032. Un siècle plus tard pourtant, lorsque fut fondé loin dans la montagne, en site désert, le monastère d'Engelberg (1124), celui-ci fut encore réputé appartenir à « la province de Bourgogne et au *pagus* de Zurich » : contradiction dans les termes, puisque Zurich n'a jamais été bourguignon, mais qui témoigne verbalement du peu de cas que l'on faisait encore, à la cour, de cette région. Les paysans y étaient libres; le servage ne se développera qu'au XIe siècle sur les terres abbatiales. Les habitants se rendent entre eux leur propre basse justice, et relèvent du bailli impérial pour la haute justice, celle de sang.

Quant à Schwyz, ce n'est encore qu'un minuscule territoire au pied des Mythen, que quelques familles alémanes ont entrepris de défricher. L'un de ces colons se nommait Suito, le chef probablement; tout le groupe fut considéré comme ses gens, les *Suitenses* dont dérive *Schwyz* (et par extension ultérieure, *Suisse*)... Des gens libres eux aussi; c'est-à-dire que personne encore n'a songé à les assujettir. Formellement, ils relèvent eux aussi du domaine impérial de Zurich. En revanche, les *Suitenses* ont des voisins, bientôt encombrants, voire menaçants. Au nord, sur le versant préalpin qui borde le haut lac de Zurich, comme à l'ouest autour du lac de Zoug, à Arth, ou encore à Kussnacht, à Gersau, se sont constitués des domaines remis en fiefs à divers seigneurs laïcs ou ecclésiastiques.

Surtout, le modeste ermitage de saint Meinrad prend une importance encombrante pour les Schwyzois. Ce moine de Reichenau s'était retiré, vers 828, au cœur de la « sombre forêt » (*Im Finstern Walde*) qui s'étend sur d'anciennes moraines entre Schwyz et le lac de Zurich. Il y fut assassiné, dit la tradition, par des brigands. Le site fut délaissé jusqu'au début du Xe siècle, lorsqu'il fut ranimé par deux chanoines de Strasbourg attirés par l'odeur de sainteté du premier ermite. Autour d'eux se groupèrent d'autres religieux qui, bientôt adoptèrent la règle de saint Benoît. En 974, l'empereur Othon confirma l'existence de ce monastère-ermitage, Einsiedeln; il octroya aux moines le droit de choisir leur abbé, qui se vit conférer la dignité de prince d'empire. Bien entendu, ces privilèges s'accompagnèrent d'une substantielle dotation en domaines et terres dans la région, qu'arrondit encore le duc Hermann de Souabe. Une institution considérable était née, qui devait rapidement prospérer; au spirituel, par son rayonnement dans le milieu monastique d'Allemagne; au temporel, grâce à la pratique de l'élevage, seule activité qui fût vraiment rentable dans cette zone humide et froide. Plus particulièrement, les moines choisirent de développer l'élevage du cheval, qui pouvait satisfaire une demande en forte croissance de la part des seigneurs chevaliers et guerriers. Vers l'an mille déjà, les haras réputés d'Einsiedeln fournissent en destriers et palefrois une bonne part de la noblesse d'empire.

Comme il fallait s'y attendre, hommes libres de Schwyz et moines d'Einsiedeln entrèrent tout de suite en conflits de bornage. Conflits interminables, souvent violents et qui, nous le verrons, jouent un rôle de détonateur pour la participation de Schwyz à la rébellion des Waldstetten. Conflits aussi embrouillés, aux yeux des juges et arbitres qui seront maintes fois appelés à trancher, que sont imbriqués droits et terres des parties. D'une part, le couvent a acquis des terres dans le propre pays schwyzois; les paysans qui les travaillent, serfs ou fermiers, constituent une communauté séparée. D'autre part, les Schwyzois en mal de prairies et d'espace forestier cherchent à s'étendre du côté de ces « marches » qui les séparent du bassin zurichois mais que contrôlent les moines. Face à la puissance monastique et féodale en construction, les Schwyzois, plus exposés que leurs voisins d'Uri, plus orgueilleux de leur autonomie que ceux d'Unterwald, n'ont d'autre recours que l'empereur et son bailli de Zurich. Ce n'est d'ailleurs pas négligeable, comme la suite de leur histoire le révélera.

L'ère des Zæhringen

Quoi qu'il en soit, jusqu'au XIe siècle finissant, la montagne reste bel et bien fermée, oubliée. Les basses vallées, et parmi elles les pays des Waldstetten, ne sont que d'étroits entonnoirs par lesquels se glissent quelques familles ou groupes de familles paysannes en mal de terroir – immanquablement suivies par quelque officier du roi qui vient arpenter, évaluer ce qui pourrait faire l'objet d'un don, prélever ce qui peut l'être déjà; ou par les décimateurs qui réclament la part de l'Église. Ces agents des pouvoirs temporel et spirituel sont pour l'heure les seuls liens, encore ténus, des Waldstetten (et de bien d'autres peuples en semblable condition, de la Provence à la Carinthie) avec le monde ouvert, avec l'histoire.

Cet état de choses commence à changer vers 1100. Je propose cette date par commodité. Il ne s'agit pas d'un mouvement brusque, mais d'une tendance qui imperceptiblement s'affirme, de décennie en décennie. Néanmoins, c'est peut-être bien la génération qui vécut le tournant du XIIe siècle qui, la première, a pu sentir le vent tourner. Pour le meilleur et pour le pire.

Les raisons du changement sont multiples. Elles sont d'ordre économique, politique, social et religieux. L'économie fermée, autarcique, domaniale, immobiliste du haut Moyen Âge s'est animée, depuis quelques générations déjà, dans les plaines d'Europe, sur le plateau helvétique aussi. Dès avant 1100, les effets en deviennent sensibles. La population augmente, assez rapidement pour éprouver le besoin de plus d'espace. Bien que nous n'en possédions aucun témoignage direct, il paraît fort probable que la montagne a vu affluer des paysans en quête de terres; et qu'ils arrivent dans le sillage des religieux et des lignages nobles du plateau qui acquièrent, nous allons le voir, des domaines dans les vallées. Dans le même temps, les besoins de ce monde plus nombreux croissent aussi et se diversifient; les villes, de plus en plus, participent à la demande générale. La montagne peut contribuer aussi à satisfaire celle-ci. Et nous verrons au prochain chapitre qu'elle s'y est ingéniée, avec succès. En tout cas, autour de 1100, un flux d'échanges s'amorce entre haut et bas pays.

Au plan politique, l'événement majeur, c'est l'effacement du duché de Souabe, le partage des influences entre les Hohenstaufen et les Zæhringen dont j'ai raconté plus haut les circonstances. Avec cet effacement disparaît ce qui avait malgré tout fait non pas l'unité, mais une certaine cohérence du peuple alémanique. Le vieux droit alémanique tombe en désuétude, qui avait jusque-là favorisé et protégé les paysans colonisateurs, dont nos Waldstetten. Le duc de Souabe ne semble guère être jamais intervenu sérieusement dans leurs affaires, mais il offrait un recours possible contre d'éventuelles prétentions de ses vassaux. Il était, en fin de compte, plus proche que l'empereur, plus sensible à la nature des besoins de ses sujets. Or ce duc, dont le titre et la fonction sont passés au lignage des Hohenstaufen, se replie dès le compromis de 1098 au nord du Rhin. Il laisse pratiquement la place à cet autre duc, sans duché mais avec toute latitude : le duc de Zæhringen.

Or les Zæhringen, qui vont faire la pluie et le beau temps entre Rhin et Rhône pendant tout le XIIe siècle, représentent le type parfait du prince féodal. Ils ne fondent pas leur pouvoir sur une assise territoriale; privés d'« État », c'est-à-dire d'un duché au sens carolingien, correspondant à un peuple et à son espace, ils vont faire jouer leur influence où ils peuvent, au gré des occasions, des alliances, des solidarités. De leur suzeraineté, ils n'ont pas une conscience spatiale, mais ponctuelle et surtout personnelle. Ils vont sans fin tisser des liens vassaliques, dans le strict respect des règles chevaleresques mais aussi dans un calcul presque machiavélique de leur avantage fondé sur l'autorité personnelle et sur le prestige. Ils vont, avec succès, créer plusieurs villes; parce que c'est la mode; parce que leur pouvoir assure, à moyen terme, la viabilité de ces fondations – l'histoire de Berne et des deux Fribourg va leur donner raison sur ce point; parce que ces villes sont objets de prestige, centre de rayonnement politique, économique, financier, culturel, dont les fondateurs tirent le plus grand parti.

La position des Zæhringen, comme d'ailleurs de tous les grands feudataires de l'empire, est d'autant plus forte qu'est faible celle de l'empire lui-même. Car celui-ci est théâtre d'un jeu d'intrigues qui favorise surtout les forces centrifuges. Celles-ci sont renforcées par la longue querelle de l'empereur et du pape sur l'affaire des investitures – entendez la prééminence du pouvoir laïc ou celui de l'Église. Or en maintes provinces de l'empire, mais particulièrement en Souabe et en Helvétie, l'Église représentée par évêques et monastères est forte; elle est riche aussi. Et maints princes et seigneurs choisissent d'embrasser son parti, par conviction ou par opportunisme.

L'un des instruments du pouvoir tel que le conçoivent les Zæhringen, c'est de s'assurer des fidélités par la concession de droits rémunérateurs, de fiefs et de domaines. A leur tour, les vassaux s'assurent, par les mêmes moyens à échelle réduite, la fidélité d'autres lignages plus modestes; c'est ainsi que se concrétise la société féodale, en descendant du prince jusqu'au seigneur d'un petit terroir, proche de ses paysans; et en remontant, du chevalier et son équipage de quelques hommes d'armes au prince qui en dispose, le cas échéant, pour ses opérations militaires ou les intègre à l'ost, l'armée royale, s'il le veut bien : cette obligation est bien moins régulièrement respectée dans l'empire germanique immense, éparpillé, que, par exemple, dans le royaume de France.

Les fiefs créent entre le seigneur et son vassal des obligations réciproques importantes. N'en font d'ordinaire l'objet, au XIIe siècle, que d'assez grands domaines. Il y faut en outre l'assentiment royal, qu'il n'est pas toujours évident d'obtenir. Pour récompenser ou se lier un vassal, il est en général plus expéditif de lui confier la simple propriété d'un domaine, ou plusieurs, parfois petits : quelques champs peuvent faire l'affaire. Ce mode de cession est aussi pratiqué vis-à-vis des ministériaux, ces agents du seigneur que leur office a tiré hors de leur condition servile originelle.

Des propriétaires chez les Waldstetten

Pour pouvoir donner, encore faut-il avoir. Avant leur ascension, les Zæhringen ne possédaient qu'un modeste patrimoine autour de la Forêt-Noire. Au moment où leur influence s'installe, la plupart des domaines existants (ou encore à défricher) sont pourvus de propriétaires. Certes, les Zæhringen recourent, comme tous leurs compagnons, à la stratégie domaniale la plus féodale : les mariages, et la reprise de fiefs tombés en déshérence. C'est ainsi qu'ils ont acquis les gros domaines en Bourgogne

(Suisse romande) des défunts comtes de Rheinfelden.

En cette matière, les seigneurs grands ou modestes ont manifesté une singulière propension à créer leur propre concurrence, et la plus redoutable : les monastères. Tout noble qui se respecte – et redoute son avenir dans l'au-delà – se doit de fonder un couvent ou, à défaut, de céder à l'un d'eux une partie de ses biens. Or les monastères ne contractent pas mariage ni ne s'éteignent. Les terres qu'ils reçoivent et font exploiter leur restent à jamais, sauf cas de vente ou, plus souvent, d'échange; il est vrai que ce ne sont pas toujours les terres les plus riches qu'ils se voient offrir. Certains lignages se sont faits comme une passion, une vocation de fonder et doter des couvents, presque à la chaîne.

Ainsi les sires de Sellenburen, qui résident non loin de Zurich, sur le versant ouest des collines de l'Albis. Un ancêtre avait fondé au Xe siècle le couvent de Saint-Blaise (Forêt-Noire); de ses descendants, l'un participa à la fondation de Muri; et son frère Conrad créa en 1120, dans la haute vallée d'Obwald où il jouissait de droits de pâturages, le couvent d'Engelberg, alors *Egiberg*, la montagne étroite. Conrad de Sellenburen avait-il rallié le parti de l'empereur? Ou est-ce un effet du concordat de Worms qui mit fin en 1122 à la sanglante querelle des Investitures? Deux ans plus tard en effet, l'empereur Henri V accorda à la nouvelle fondation sa protection particulière. Celle-ci ne couvrit guère le fondateur : Conrad périt assassiné en 1126, et son monastère privé de bienfaiteur eut quelque peine à démarrer au milieu des rochers et des chamois... C'est à partir de 1143, sous la direction de l'abbé Frowin, qu'Engelberg s'engagea sur les chemins de la prospérité, qu'il ne quitta plus durant tout le Moyen Âge. Il devint notamment un important *scriptorium*, un atelier de copie des livres.

Le rude pays forestier d'Unterwald devait d'ailleurs passer presque entier en mains abbatiales : y ont au XIIe siècle des domaines, outre Engelberg installé sur place, les couvents de Saint-Léger (Lucerne), de Beromunster (qui les a reçu des Lenzbourg), de Saint-Blaise (le plus éloigné) et de Muri – les protégés des Sellenburen. Pour Schwyz, on a vu déjà la place qu'y prenait Einsiedeln, voisin prestigieux, mais envahissant. A Uri, nous connaissons la donation en faveur du Fraumunster de Zurich, mais réduite aux seules dépendances des deux modestes églises paroissiales. En outre, le couvent cistercien de Wettingen (près de Baden, en Argovie), puis Disentis, y posséderont des terres aussi, mais au XIIIe siècle seulement.

En plaine ou en montagne, ces terres conventuelles occupent beaucoup de place, et beaucoup de monde. Pour l'Unterwald, on peut estimer que les paysans libres qui travaillent leur propre terre ne constituent vers 1200 qu'un tiers de la population active, les deux autres tiers labourant les domaines religieux; la plupart comme serfs, mais un certain nombre comme « dépendants d'Église » : un statut personnel d'hommes libres, de métayers en réalité.

Les Zæhringen trouvèrent une autre issue pour accomplir leurs libéralités en faveur de leurs fidèles et de leurs ministériaux. Ils disposèrent purement et simplement des biens attachés au domaine royal. C'est certainement dans ce dessein que Berthold II, lorsqu'il accepte en 1098 le compromis qui le dessaisit du duché de Souabe, se fait concéder la suzeraineté sur les fiefs que détient le comte de Lenzbourg. Car parmi eux, il y a le bailliage impérial de Zurich, c'est-à-dire le pouvoir administratif, fiscal et judiciaire de ce domaine qui compte parmi ses dépendances les terres des Waldstetten, en particulier celles d'Uri. Berthold II devient une sorte de super-bailli. Un siècle plus tard (1173), son descendant reprendra en compte direct l'héritage des Lenzbourg éteints, y compris le bailliage de Zurich. Cette position lui permettra de disposer en complète liberté de ces terres uranaises qui ne sont encore à personne d'autre qu'au roi, lointain, et aux paysans. Non pas toutes les terres d'Uri cependant; mais celles qui avaient d'abord fait l'objet de la donation de Louis le Germanique au Fraumunster, puis étaient retournées au domaine royal. Autrement dit, les biens mis de bonne heure en culture dans la petite plaine de la Reuss, entre Silenen et Fluelen, et quelques prairies situées en amont.

La première bénéficiaire de la largesse des Zæhringen à Uri fut une famille de leurs ministériaux, les sires de Rapperswil. Elle porte le nom d'une localité sur le haut lac de Zurich, là où celui-ci se resserre assez pour permettre de passer sans peine sur l'autre rive; donc un point de passage important et de contrôle du trafic. Ces sires de Rapperswil (ils recevront en 1232 la couronne comtale) se sont construit au service des Zæhringen une belle fortune, et une solide puissance seigneuriale dans les Préalpes à l'est de Zurich. A Uri, leurs biens sont concentrés dans la plaine de la Reuss; mais ils ont aussi un domaine à Gœschenen, tout en haut de la vallée, avec une tour. Lorsque, en 1227, les Rapperswil céderont toutes leurs terres uranaises aux cisterciens de Wettingen, la valeur en sera estimée à 300 marcs d'argent, ce qui constitue une somme considérable.

Les Rapperswil ne furent pas seuls. Une bonne dizaine au moins de petits barons se virent doter d'un domaine sur le sol uranais. Quelques-uns sont presque de la région, établis sur l'avant-pays, autour de Lucerne. Mais plusieurs viennent d'assez loin : ce sont des « Bourguignons », entendez des barons de l'ex-royaume de Bourgogne, la Suisse occidentale où les Zæhringen, tout au long du XIIe siècle, cherchent à asseoir leur influence et leur pouvoir. Il ne s'agit pas pour autant de Romands, de francophones. Les Zæhringen s'appuient de préférence sur les éléments d'origine alémanique, sur leurs compatriotes en somme. La plupart des nouveaux propriétaires à Uri résident dans la région de Berne, sur le cours de l'Aar entre Thoune et le pied du Jura. Presque tous vont d'ailleurs conserver leur résidence au cœur de leur patrimoine initial; ils se contentent de faire prélever par un intendant la rente de leur bien.

Une exception néanmoins. Les barons de Schweinsberg, dans l'Emmental bernois, choisissent d'émigrer à Uri. Ils s'installent sur leur terre, un peu en amont d'Altdorf et sur l'autre rive du torrent, au village d'Attinghausen. Ils en prennent le nom, sans doute pour manifester leur volonté d'enracinement dans ce pays nouveau. Ils construisent un château, signe de la puissance locale dont ils se sentent investis. Ils sont, relativement, riches; outre le noyau domanial d'Attinghausen, ils acquièrent des terres un peu partout dans le pays, de Sisikon, au bord du lac, jusqu'à Wassen, haut dans la vallée. Ils vivent sur un grand pied, conservant d'autre part d'étroites relations avec leur parenté de Bourgogne. On a conservé de leur ménage un somptueux coffret à bijoux du XIIIe siècle, décoré d'armoiries bourguignonnes.

Arrivés à Uri vraisemblablement vers la fin du XIIe siècle, les Attinghausen, en deux générations à peine, vont s'imposer comme des notables du cru. Ils sauront très vite assumer les ambitions et les préoccupations de leur environnement, et devenir, au moment difficile, des champions de la cause uranaise. Ils vont y engager tout leur prestige. Ils n'en restent pas moins des étrangers; d'une certaine manière des usurpateurs. Des personnages en tout cas qui veulent se distinguer, que la population ressent comme différents : elle finira par se retourner contre eux, au XIVe siècle, et les obligera à abandonner le pays qu'ils avaient contribué à préserver. Mais ceci est déjà une autre histoire.

CHAPITRE VIII

Le signe du Taureau

Les onglus et les cornus

« D'or à un rencontre de taureau de sable lampassé et bouclé de gueules » : telles sont les armes adoptées par le pays d'Uri, probablement entre 1231 et 1243, afin de rendre manifestes l'autonomie et l'identité politique qu'il était en train d'acquérir. Ces armes sont doublement parlantes. Elles suggèrent l'étymologie possible de cette *Uronia*, le pays de l'aurochs (*urus*), le bœuf sauvage. Elles désignent l'activité économique principale de la région, l'élevage du gros bétail, source de son incontestable richesse au temps de Guillaume Tell. Une tradition locale rapportait qu'un pape à qui les Uranais auraient rendu quelque service ferra la face du taureau d'une boucle, emblème de l'asservissement; il voulait signifier que les habitants avaient vaincu à la fois la sauvagerie du pays en domestiquant le bétail, et celle de leurs mœurs en témoignant de leur fidélité à l'Église.

Comme la plupart des légendes, celle-ci contient une part de vérité. Les habitants d'Uri n'ont effectivement pu tirer parti d'un territoire aussi peu hospitalier et pauvre en ressources que grâce à l'élevage. Les mérites que ce récit leur prête, ils les partagent pourtant avec bien d'autres populations; en fait, presque toutes celles qui sont réparties dans les montagnes et se heurtent à la même ingratitude naturelle du sol, aux mêmes dangers. D'un bout à l'autre de la chaîne des Alpes, depuis la Provence jusqu'à ses rebords les plus orientaux, ceux de la Styrie et de la Slovénie, c'est dans leur familiarité avec le bétail et dans les usages multiples qu'ils surent en faire que les montagnards ont trouvé leur plus sûr moyen d'existence, et souvent l'origine d'une réelle prospérité. L'exploitation régulière de cette ressource remonte d'ailleurs loin dans le temps, plus haut même que les sources historiques ne le suggèrent. De récentes trouvailles archéologiques n'ont-elles pas révélé que la race bovine d'Hérens (du nom d'une vallée affluente de la rive gauche du Rhône, où cette espèce continue d'être appréciée aujourd'hui pour sa nature robuste et agile) était déjà répandue dans les Alpes Pennines (Valais, val d'Aoste) au deuxième millénaire avant notre ère?

L'élevage des bovins semble avoir pris pied en ces âges reculés et s'être développé surtout dans la section centrale des Alpes, entre les massifs du Mont-Blanc (peut-être même de l'Oisans, en Dauphiné) et du Gothard. Du Valais, la petite vache brune aux jambes solides a pu sans peine passer quelques cols et se voir adoptée par les paysans de l'Oberland bernois, éventuellement; et certainement par les Waldstetten. A quel moment, nous l'ignorons. Compte tenu du vocabulaire des bergers uranais où nombre d'expressions romanes se sont maintenues, on peut fort bien imaginer que l'acclimatation de cette race méridionale remonte à l'occupation celto-romaine de la Suisse centrale.

En revanche, au sud et à l'est de cette zone de diffusion, dans les Alpes de Provence et tout le bassin de la Durance, sur le revers piémontais, mais aussi en Rhétie et dans l'ensemble des Alpes d'Autriche, c'est le petit bétail, moutons et chèvres, qui l'emporta longtemps. On en sait l'importance au voisinage de la Méditerranée dès l'époque romaine, à travers le Moyen Âge et les Temps modernes; on en connaît les modalités singulières, le rite saisonnier de la transhumance qui conduit interminablement d'immenses troupeaux de brebis vers les hauts pacages d'été et les ramène en plaine à l'automne. Les moutons des Alpes orientales ne furent pas astreints à d'aussi longs déplacements. L'élevage y resta une activité plus localisée, plus dispersée aussi, dans le cadre d'exploitations spécialisées, de fermes entièrement réservées à cet animal. C'est que le mouton, ou la chèvre des paysans plus pauvres, offre une gamme de produits utiles plus étendue que ce que l'on peut obtenir du gros bétail; il se révèle ainsi plus avantageux à court terme. Il fournit, comme les vaches, viande et produits laitiers; des peaux plus fines que celles des bovins et donc mieux payées; et surtout la laine. L'élevage en est plus rapide, le profit apparaît plus vite pour un labeur à peu près équivalent. C'est certainement pourquoi les gros propriétaires, seigneurs laïcs et ecclésiastiques de Provence, des Grisons, du Tyrol, ont systématiquement encouragé, au haut Moyen Âge, cet élevage ovin de préférence à celui des vaches. Celles-ci ne commencent à paître, dans ces provinces-là, qu'assez tard. Pas avant le XIIe siècle, par exemple, dans les Grisons. Onglus (ovins) et cornus (bovins) ne cesseront de se disputer l'herbe des pâturages, dans toutes les Alpes. Au XIXe siècle encore, à Schwyz, les « onglus » désigneront le parti des petits éleveurs face aux gros propriétaires, les « cornus ».

L'élevage est donc, dans toute la montagne, une activité ancienne et largement répandue. Mais de très bonne heure aussi, cette activité s'est différenciée entre pays de moutons, au sud et à l'est, et pays de vaches, au cœur des Alpes.

Les insuffisances d'une agriculture

Clairement attestée, l'ancienneté de l'élevage alpin ne doit cependant pas créer l'illusion d'une spécialisation précoce, d'une forme de monoculture pratiquée d'emblée et systématiquement. Avant le XIe siècle, et même le XIIe dans la plupart des vallées occupées, il en va de celles-ci comme de tous les pays de plaine en Occident : l'entretien de quelques têtes de bétail n'est pour l'agriculteur qu'un appoint, un complément à son activité qui reste, pour l'essentiel de son emploi du temps, le labour des champs. Les quelques exploitations seigneuriales de Provence, de Rhétie et du Tyrol vouées tout entières au mouton ne sont que l'exception. Le peuplement des cantons qui sont le cadre de notre propos a d'abord, nous l'avons relevé, investi les fonds de vallée, là où les dépôts d'alluvions avaient constitué des plaines minuscules, mais fertiles. Et ce peuplement y est resté longtemps attaché, parce que là seulement il était possible d'obtenir des grains, quelques légumineuses, et de faire croître des arbres fruitiers.

Pourtant, les économies du haut Moyen Âge ont été des économies naturelles de subsistance, avec un caractère étroitement autarcique. L'immense majorité des hommes et des femmes consacraient tout leur travail, et donc la majeure partie de leur temps, à produire ce qui leur était strictement nécessaire, et d'abord à manger. Ils passaient leur vie aux champs. Or la productivité du travail, les techniques ancestrales que nul ne songeait à perfectionner ou à modifier et donc les rendements agricoles étaient à tel point médiocres qu'un labeur assidu parvenait tout juste, en année de récolte moyenne, à assurer la survie d'une famille ou celle de la communauté villageoise. Une année moyenne signifiait une récolte de trois ou quatre grains de froment pour un grain semé; un peu davantage s'il s'agissait d'orge ou de seigle, céréales plus résistantes – la dernière mieux adaptée au climat et au terrain de montagne – mais moins nourrissantes. Après réserve des semences pour la saison suivante, une fois acquittés les droits du seigneur, s'il y avait lieu, de la dîme et d'autres obligations en nature, ce qui restait au producteur-consommateur se ramenait à peu de chose; et parfois à rien : on entrait en période de disette, puis de famine si cet état se prolongeait.

Réalité générale, à laquelle les vallées des Alpes n'ont point échappé. Tout au contraire. Les compartiments naturels imposés par le relief, l'éloignement des rares marchés, l'étroitesse de l'horizon mental faisant obstacle à toute initiative, plus encore la rareté des bonnes terres alliée à la rudesse du climat : autant de raisons qui rendirent plus dures encore qu'ailleurs les conditions d'existence des paysans, plus incertaine leur survie à long terme. Ici ou là, l'élevage de quelques bêtes sur les premières pentes de l'adret, le flanc de la vallée le mieux exposé, a pu être un secours appréciable. Il avait l'avantage d'occuper peu, les femmes et les enfants plutôt que les hommes; et de ne pas disputer aux cultures les meilleurs lopins. Il apportait un complément opportun au régime alimentaire, en qualité (protéines) comme en quantité ou en diversité; il fournissait laines et peaux pour se couvrir; un peu de fumier pour enrichir le sol cultivé. Mais que faire de ce bétail en hiver, lorsque le froid et la neige, durant de longs mois, rendaient impossible son pacage à l'air libre? Où trouver le fourrage nécessaire? Les paysans s'en allaient ramasser sur les pentes, dans la forêt, de l'herbe qu'ils engrangeaient pour l'hiver; mais la ressource du foin sauvage ne nourrissait le troupeau que quelques semaines. Et il n'était pas question de transformer en prairies des champs déjà trop rares. De sorte qu'à l'entrée de l'hiver, la plupart des bêtes devaient être sacrifiées; au moins leur viande, séchée à l'air vif et glacé, se conservait-elle assez commodément.

Les besoins que couvrait l'élevage ainsi pratiqué n'étaient pas illimités. Des champs, on pouvait toujours espérer tirer davantage et il n'y avait nul embarras à consommer ou stocker ce surplus. Du bétail, au contraire, on ne pouvait tirer grand parti. L'abondance de viande ne régalait qu'au temps de la boucherie; la capacité de consommation des laitages avait sa limite aussi; et que faire des surplus de laine et de peaux une fois la famille bien couverte de la tête aux pieds et, le cas échéant, les voisins? Un élevage plus intensif n'aurait eu de sens qu'en fonction d'un marché, de l'existence d'industries en mal de matières premières. Or rien de tel ne s'offrait encore; surtout pas aux paysans des vallées oubliées.

Peur en montagne vers l'an mille

Globalement plutôt misérable, la condition paysanne s'est vue aggravée au cours du haut Moyen Âge par une période climatique de refroidissement traduite par une avance importante des glaciers entre 400 et 750, dates larges. Le peuplement alpin n'a pas encore grimpé assez haut pour être directement menacé par les glaces, comme cela se produira de façon alarmante au cours du « petit âge glaciaire » du XVIIe siècle. Mais l'abondance des neiges, leur fonte tardive, les étés brefs et humides ont assombri la vie des montagnards et compromis les rendements déjà insuffisants. La tendance climatique s'est retournée au temps de Charlemagne; ce qui a facilité peut-être son entreprise de peuplement, par monastères interposés, de quelques hautes vallées servant de passage. Pourtant, le réchauffement d'alors fut faible et lent, les glaciers n'ont reculé qu'à regret, les conditions physiques de la vie en montagne ne se sont un peu améliorées qu'avec un délai de deux siècles au moins, donc pas avant l'an mille et plus certainement autour de 1100.

Ainsi s'est vu dérangé dans le haut Moyen Âge l'équilibre toujours fragile entre nature et peuplement de la montagne. Équilibre médiocre, mais qui avait pourtant permis aux hommes de survivre tant bien que mal et d'occuper durablement les sites les moins défavorables. L'ampleur et les circonstances de la crise qui désole les Alpes à l'approche de l'an mille sont difficiles à saisir. Les petits peuples qui la subissent sont trop isolés, trop ignorés du reste du monde pour qu'il reste des témoignages explicites de la misère qu'ils ont alors traversée. Et la recherche érudite ne s'y est guère intéressée encore. Les rares indices suggèrent le dépeuplement de certaines vallées ou secteurs. Le Hasli par exemple, tout au fond de l'Oberland bernois, aux sources de l'Aar; ce secteur occupé, si lâchement que ce fût, à l'époque romaine et dans le très haut Moyen Âge semble déserté au seuil du nouveau millénaire. L'immigration alémano-souabe, l'effort de colonisation entrepris par des moines clunisiens – la région relève du royaume de Bourgogne – ne réoccupent les abords du lac de Brienz, la petite plaine en amont, les pentes et vallons adjacents que vers la seconde moitié du XIe siècle. Dans d'autres vallées les habitants tiennent bon. Mais au prix de quels efforts?

Le climat, certainement, porte une part de responsabilité dans cette crise. Il n'explique pourtant pas tout. Nous pouvons avancer quelques explications complémentaires. Il est vraisemblable qu'une partie des habitants des Alpes aient émigré vers les plaines et vers de meilleures chances de survie; et ce mouvement a pu entraîner des familles, des groupes entiers, d'où la désertion des sites les plus ingrats. Cela a pu se produire vers la fin du Xe et la première moitié du XIe siècle, lorsque l'air se réchauffe et la vie s'anime quelque peu en bas pays, tandis que le long hiver, plus haut, se prolonge encore. La fin du Moyen Âge revivra dans des conditions analogues cette tendance à l'émigration, par exemple dans le massif de l'Oisans (Dauphiné). Il n'est pas exclu, ensuite, que certains paysans aient trop vite réduit ou même abandonné leur agriculture décidément stérile pour se consacrer à un élevage plus facile et plus profitable. Mais ce choix les a conduits bientôt dans l'impasse d'une surproduction, faute de marché; et faute aussi de sel, cette substance rare et pourtant indispensable à la santé du bétail, et plus encore à la conservation des produits d'élevage.

Il apparaît d'autre part que les régions les plus affectées ont été celles où s'est infiltré le plus profondément le système seigneurial. Dans ces économies de subsistance extrêmement fragiles, le prélèvement de la rente du seigneur, même modeste, a pu représenter une exigence intolérable et finalement mortelle. Le seigneur, presque toujours, réside en plaine, assez loin; il n'est pas là pour apprécier la misère de ses serfs, de ses hommes liges ou de ses métayers, pour prendre des initiatives ou donner l'exemple d'une gestion mieux adaptée aux conditions écologiques. Ses agents, ses ministériaux, n'en ont cure; ils se contentent de prélever. De cette hypothèse d'un déséquilibre entraîné par la pression fiscale sans contrepartie, nous avons une manière de contre-épreuve : lorsque le seigneur laïc réside sur place ou lorsque la vallée abrite un monastère dont l'abbé et les moines veillent à la prospérité de leur maison, la crise est surmontée ou, pour le moins, atténuée.

Imaginons enfin l'usure de populations trop déshéritées. Usure biologique consécutive à trop d'efforts physiques pour un trop faible gain. Usure mentale aussi, celle d'une vie sans horizon, sans espoir, sans temps pour le repos, pour la joie. Double usure, qui suffit à suggérer une faible fécondité des femmes (qu'aggrave une énorme mortalité infantile) et permet de comprendre le recul ici, la stagnation ailleurs, de la société montagnarde au tournant du millénaire. L'âge du découragement, de la peur.

Les Alpes entrouvertes

Quand cet âge a-t-il pris fin ? Il n'y a pas de réponse sûre; et moins encore de réponse uniforme. Telle montagne a pu être d'assez bonne heure en relation avec le bas pays déjà ranimé, et par lui influencée; telle autre s'est maintenue à l'écart, sur laquelle l'hiver du haut Moyen Âge a régné plus longuement. Sans prendre trop de risques, nous pouvons situer le réveil des Alpes et de leurs économies entre la seconde moitié (et plutôt la fin) du XIe siècle et les premières décennies du XIIe. C'est en tout cas autour de 1100 et peu après que nous en percevons les premières manifestations timides : les Alpes s'entrouvrent.

C'est bien un début d'ouverture. Car le développement qui s'ébauche n'est pas un phénomène strictement endogène, le fruit d'une génération spontanée. Les montagnards, peu à peu, changent d'attitude, adoptent une stratégie nouvelle. C'est qu'ils y sont incités par certaines transformations de leur environnement.

La nature elle-même y contribue par l'amélioration du

climat. L'augmentation des températures moyennes (+1° C environ entre le Xe et le XIVe siècle, ce qui est moins insignifiant qu'il n'y paraît) modifie favorablement, en montagne plus qu'ailleurs, les possibilités de rendement agricole. La saison des cultures s'en trouve allongée; quelques jours, deux ou trois semaines de plus sans neige ni gel font une différence vite sensible dans le calendrier des travaux et des récoltes. Les glaciers reculent et sur leurs moraines abandonnées repoussent bientôt la forêt ou les herbages : c'est autant d'espace gagné pour l'homme et pour ses bêtes. En outre – mais cet effet ne se fera vraiment sentir qu'aux XIIIe et XIVe siècles – la fonte des glaciers et des névés permanents libérera des passages par-dessus les hautes crêtes, ouvrira des communications imprévues, désenclavera maintes hautes vallées, rendra accessibles aux paysans, à leurs vaches et à leurs moutons non seulement de nouveaux pâturages, mais encore de nouveaux marchés. Les éleveurs d'Évolène au val d'Hérens iront alors proposer leurs produits au marché d'Aoste, à peine plus éloigné mais moins encombré que celui de Sion. Ils emprunteront pour s'y rendre des cols récemment dégagés de leur glace; passages que le petit âge glaciaire du XVIIe siècle fermera à nouveau et qui ne sont depuis lors, et encore aujourd'hui, accessibles qu'aux alpinistes bien équipés. Les recherches récentes d'archéologues forestiers ont repéré des troncs de conifères pris dans quelques glaciers valaisans (Mont-Miné, val d'Hérens) et les ont datés par les techniques de la dendrochronologie : témoins irrécusables d'un Moyen Âge où la forêt grimpa de 200 ou 300 mètres au-dessus de sa limite actuelle d'altitude; et du même coup d'un climat exceptionnellement clément.

Encore fallait-il savoir saisir cette bonne fortune naturelle, qui ne s'offrit que fort lentement, imperceptiblement, et dont les avantages ne deviendront décisifs qu'au temps même de Guillaume Tell. Or l'essor économique alpin sera déjà presque à son apogée. Et de toute façon, la rémission climatique à elle seule ne pouvait entraîner qu'un léger mieux-être, elle permettait de nourrir quelques bouches de plus. Elle n'allégeait pas la tâche des populations et ne créait point l'essor.

Cet essor n'est certes pas le seul fait de la volonté ou de l'intuition des populations encouragées par une nature un peu moins hostile. Mais il n'est pas non plus le résultat d'une volonté que seraient venus imposer des gens du plat pays, le produit d'une colonisation extérieure ou d'une soumission à des exigences étrangères. L'essor naît d'une rencontre, d'un contact enfin noué entre la montagne et les pays qui l'entourent. Une communication s'ouvre – s'entrouvre – entre des populations aux besoins différents mais complémentaires, susceptibles de créer un courant d'échanges.

Les régions de la périphérie des Alpes, les plaines d'Occident, ont amorcé leur développement un bon siècle plus tôt, autour de l'an mille. Après trois ou quatre générations, cette croissance commence à rendre manifeste une série de conséquences, dont quelques-unes vont concerner l'espace alpin : la pression démographique; la demande des villes en ressources alimentaires; la nécessité de voies de communications pratiques et sûres pour le commerce entre la Méditerranée et les régions occidentales et septentrionales de la Chrétienté. Ce dernier point sera repris au prochain chapitre.

L'augmentation de la population a mis en évidence assez rapidement l'insuffisance des terres disponibles pour la nourrir. Défrichements et travaux de bonification n'ont pas partout suffi. De sorte que des mouvements de migration et de colonisation se sont esquissés. C'est ainsi qu'au Tyrol viennent s'établir des petits nobles bavarois qui s'y font remettre des domaines en fief; et des paysans les accompagnent. Des seigneurs et des agriculteurs souabes s'installent dans les mêmes conditions au fond des vallées à peine occupées ou désertées de la Rhétie. L'Oberland bernois se voit recolonisé dans les circonstances énoncées plus haut. Les cantons des Waldstetten n'échappent pas à cette poussée, encore que nous en connaissions très mal l'impact. Schwyz échappe, dans son « vieux pays » autour du chef-lieu, à la féodalisation, mais se voit comme ceinturé par de petits domaines seigneuriaux. Uri offre aux ducs de Zæhringen une réserve de terres à distribuer à leurs vassaux; mais la plupart de ceux-ci ne viennent pas se montrer sur place. Et l'Unterwald dote une série de couvents dont un seul, celui d'Engelberg, est fondé sur le territoire du canton. La pression seigneuriale y reste donc faible, ou distante. En revanche, les trois vallées, comme leurs voisines, reçoivent en renfort de leur population alémane déjà installée depuis trois siècles au moins des contingents de paysans qui montent du plateau helvétique ou de la région rhénane. Comment s'est faite la répartition des terres entre anciens et nouveaux venus, nous l'ignorons. Sans doute la crise autour de l'an mille avait-elle laissé des champs en friche, désormais remis en culture. Sans doute aussi les immigrants ont-ils, comme en Rhétie ou comme les Walser en Valais à la même époque, investi les sols encore libres parce que plus ingrats : ceux du haut des vallées ou des vallons latéraux, encore en friche.

Quoi qu'il en soit, les immigrants communiquent aux anciens colons l'esprit de renouveau qui règne en plaine. Ils leur transmettent leur dynamisme. Ils apportent aussi et diffusent des pratiques (assolement triennal) et des cultures nouvelles (vigne, légumineuses, céréales mieux résistantes).

L'urbanisation et les besoins des citadins en ravitaillement sont une conséquence à plus long terme de l'essor. Elle commence à se manifester pourtant dans la première moitié du XIIe siècle. La vie urbaine ouvre le marché des subsistances et des matières premières. Elle propose un débouché aux éventuels surplus de l'économie montagnarde. Elle va décider de la rentabilité de l'élevage. En retour, elle va permettre aux habitants des vallées de compenser l'insuffisance de leur propre agriculture par des achats de grains; de se procurer outillage et équipement; et plus particulièrement d'obtenir du sel.

Condition préalable à cet échange : que la communication soit établie. Qui a pu servir de premier intermédiaire, si l'on exclut l'idée improbable que les gens de la montagne soient descendus de leur propre chef vers des villes éloignées, ou que les citadins aient fait le chemin inverse ?

Le mérite de cette communication revient de façon plus vraisemblable à la petite noblesse ou aux ministériaux des seigneurs pourvus de fiefs ou de domaines en montagne sans y résider eux-mêmes : ceux-là faisaient régulièrement le déplacement entre villes, campagnes, montagnes et pouvaient estimer les besoins et les chances des unes et des autres. Ce mérite revient encore aux moines, appelés eux aussi à circuler entre leur couvent et les biens que celui-ci exploite dans les Alpes.

Immigration complémentaire avec occupation plus serrée des sols productifs, offre et demande réciproques des villes et des vallées, organisation de l'exploitation et des échanges par les principaux propriétaires : telles sont donc les conditions de l'essor alpin autour ou peu après 1100.

Mutation des esprits

Quant à la forme qu'a pu prendre un tel essor, c'est avant tout la promotion de l'élevage. Dès lors que cette activité trouve, dans les villes surtout, un débouché rentable et que des intermédiaires mettent en contact les intéressés, rien ne fait plus obstacle à son développement.

N'imaginons pourtant pas une explosion. Ce n'est pas du jour au lendemain, d'une génération à l'autre, ni même en un siècle entier, que les misérables paysans de montagne ont converti leurs maigres champs de céréales en vertes prairies, rassemblé et conduit au pâturage de gras troupeaux, descendu en ville viandes, fromages et peaux et réalisé ainsi un substantiel bénéfice... Cette transformation s'est faite avec lenteur, par étapes. La première de ces étapes couvre à peu près les XIIe (seconde moitié) et XIIIe siècles; d'autres suivront, au XVe et même encore au XVIIe siècle.

Pareille évolution, d'autre part, n'a pas connu le même rythme ni la même ampleur dans toutes les Alpes. Elle a distingué surtout les vallées du rebord occidental : le Dauphiné et la Haute-Savoie (alentours du massif du Mont-Blanc); une partie du Valais et de l'Oberland bernois; les Alpes et Préalpes de Suisse centrale et orientale; l'Arlberg, le nord du Tyrol et la principauté de Salzbourg. C'est-à-dire les vallées sur lesquelles la haute chaîne retient les masses d'air humides apportées de l'océan et qui connaissent de ce fait des précipitations plus abondantes. Une pluviosité moyenne de 100 cm par an ou davantage convient mal à la culture des grains; elle encourage au contraire l'exploitation des prairies, donc l'élevage. Or la vallée d'Uri, par exemple, reçoit en moyenne 120 à 170 cm d'eau, selon les sites. Beaucoup moins arrosées, les vallées et les montagnes de la zone intra-alpine abritées des vents d'ouest ont conservé un système mixte, agriculture et élevage combinés; ce qui les a maintenues dans une situation d'autosuffisance et d'autarcie d'autant plus prononcée que ces régions étaient plus éloignées de marchés urbains profitables.

De toute façon, même dans les zones naturelles les plus propices, la première étape de promotion de l'élevage a exigé des paysans un rude effort d'adaptation et d'importants aménagements. Il fallut rompre avec des siècles d'habitude d'une agriculture traditionnelle et autarcique. Il fallut accepter un autre calendrier et une nouvelle division des travaux. Il fallut apprendre à surmonter des risques inconnus, à compter sur une clientèle étrangère avec qui négocier, conclure un marché : il fallut savoir mesurer jusqu'où dépendre des autres, engager des relations de confiance; et d'abord apprendre à connaître et apprécier le partenaire. Il fallut donner à tout – le temps, la distance, les marchandises, les animaux, les hommes même – une autre valeur. Ou une valeur, simplement : il fallut savoir le prix des choses. Cette mutation mentale considérable n'a pu s'opérer qu'à petits pas prudents; l'horizon naturel du montagnard l'y préparait mal. Elle n'a pas été assumée par tous en même temps et avec la même aisance. Bien des populations, des vallées entières ont résisté plus longtemps à l'innovation, parce que soumises à une moindre pression; des inégalités de développement se sont ainsi dessinées. L'Unterwald, par exemple, restera à prédominance agricole et forestière jusqu'au XVe siècle alors que ses deux voisins et confédérés sont passés dès le XIIe siècle à l'élevage intensif. Lors des événements qui marquent la naissance de la Confédération vers 1300, l'Obwald a moins de rapports avec le plat pays, moins de prestige et de poids dans les discussions; et moins de richesse.

Au sein d'une même communauté aussi, la mutation n'est pas acceptée par tous au même degré. Ceux qui s'y plient les premiers en tirent avantage sur leurs parents, leurs voisins. Ainsi s'instituent, en dépit d'une organisation sociale et politique communautaire et largement démocratique dans son principe, des distinctions de fortune et de prestige : des hiérarchies. Les coqs de village tendent à prendre le pas sur les autres, à régenter la communauté. Mais ils s'affrontent les uns les autres, dans ces rivalités de clans dont toute l'histoire alpine (et les sociétés actuelles) s'est vue agitée, notamment Uri au XIIIe siècle, et au XIVe encore : nous en reparlerons.

Cette mutation, répétons-le, ne fut pas spontanée. Elle eut ses agents, qui ne furent pas partout de la même espèce. Ce furent tantôt les nobles, ceux qui choisirent de venir résider en montagne; ils n'y en eut guère parmi les Waldstetten, du moins au temps du démarrage. Lorsque les Attinghausen se fixent à Uri vers la fin du XIIe siècle, l'évolution est trop avancée déjà pour qu'ils aient pris part à son engagement. Tantôt l'initiative revient aux ministériaux, représentants des propriétaires nobles vivant ailleurs, ou des couvents du plat pays dotés en montagne. Tantôt enfin, aux monastères sur place. A mon sens, les moines ont été les principaux artisans des transformations de la montagne, transformations mentales aussi bien que pratiques.

En évoquant le rôle des religieux en pays de montagne, on pense d'abord aux deux ordres qui se fondent à la fin du XIe siècle, qui choisissent des vallées reculées pour assumer en toute sérénité leur vocation contemplative mais qui, pour survivre, entreprennent de coloniser, de faire exploiter rationnellement et prospérer leur domaine. C'est l'ordre des Chartreux créé par saint Bruno de Cologne en 1084 et qui élit ce « massif montagneux, abrupt et redoutable, où l'on ne pénètre qu'à grand-peine et bien rarement » (Guibert de Nogent), la Grande-Chartreuse, dans les Préalpes du Dauphiné. Et peu après, l'ordre de Cîteaux. L'un et l'autre connaissent un succès rapide et multiplient leurs filiales. Mais les Chartreux n'ont élu retraite nulle part dans les Alpes centrales; et les Cisterciens n'apparaissent que tard à proximité (Wettingen, près de Zurich, fondé en 1227 et grand propriétaire de terres à Uri; couvents féminins de Steinen, Schwyz, 1262; de Frauenthal, Zoug, 1254). Ni les uns ni les autres n'ont joué un rôle notoire dans la région.

Celle-ci, en fin de compte, est sous l'influence du seul ordre de saint Benoît, largement présent et fortement enraciné sur le versant septentrional du massif alpin, et depuis longtemps, dans les conditions politiques que j'ai déjà évoquées. De Saint-Gall à Saint-Maurice, en passant par Disentis, Einsiedeln (934), Engelberg (1120) ou les couvents de plaine (Muri, Murbach-Lucerne) avec possessions en montagne, c'est une culture bénédictine qui baigne les Alpes centrales. Et c'est de ces maisons que sont venues non pas toutes les impulsions, mais les plus efficaces.

La terre rare

La promotion de l'élevage dans tout le domaine alpin dès la fin du XIe siècle repose tout de même sur une pratique dont nous avons relevé l'ancienneté. La difficulté, pour les paysans, ne fut donc pas de se familiariser avec le bétail, qu'ils connaissaient déjà bien. Ce fut plutôt l'aménagement d'un espace nourricier qui fit problème; un espace suffisant pour entretenir désormais de grands troupeaux, et cela tout au long de l'année. Il fallut d'abord rendre possible la stabulation hivernale. Le ramassage du foin sauvage le long des pentes n'y suffisait pas; et il n'était plus question de sacrifier la majeure partie du bétail à l'entrée de la mauvaise saison. Il n'y eut d'autre solution que de renoncer à la plupart des champs cultivés pour les transformer en prairies.

Comme il n'était pas imaginable, d'autre part, d'abandonner toute agriculture, il fallut trouver peu à peu des modalités de répartition de l'usage des sols en fonction de leur qualité. Il fallut aussi gagner de nouvelles terres. On se mit donc, comme en plaine, à défricher. Mais c'était moins simple qu'en plat pays. Les rares fonds plats des vallées, les petites plaines alluviales à basse altitude, étaient entièrement occupés. Il fallait donc monter, attaquer les pentes les moins abruptes et les mieux exposées; ou investir la partie supérieure, en général étroite et difficile d'accès, des vallées principales ou de leurs affluents latéraux.

Dans toutes les Alpes, une riche toponymie trahit l'intense opération de défrichement à cette époque. On ne compte plus, chez les Waldstetten, les lieux-dits qui rappellent cette intervention tels que *Grut*, *Rut*, *Ruti*, *Rutli*, *Grutli* – la tradition attribue à l'un d'entre eux le rôle que nous connaissons. Ils signifient que la forêt y fut abattue. Ailleurs, les *Schwendi* indiquent le défrichement par écorçage préalable des arbres auxquels, une fois secs, on met le feu (écobuage). Les multiples toponymes en *-ingen* du val Schæchen racontent le défrichement de cette contrée au XIIe siècle.

Or un déboisement excessif pouvait déstabiliser les talus, ou exposer champs, prairies et granges au danger d'avalanches. Les extensions possibles étaient assez restreintes, et nous pouvons imaginer quelle longue expérience les paysans durent acquérir, au prix de multiples accidents et catastrophes, jusqu'à ce qu'ils eussent trouvé entre leurs besoins et les contraintes naturelles un équilibre écologique satisfaisant. Ils le trouvèrent pourtant, et surent le conserver. Cet équilibre ne sera plus menacé jusqu'à l'arrivée des promoteurs immobiliers, des cortèges de touristes, des skieurs auxquels sont ouvertes des pistes et des installations de remontée mécanique qui déchirent la forêt protectrice.

Les pentes, même fortes, conviennent assez aux prairies, dont l'herbe retient la terre. Pour les cultures de labour (céréales, légumineuses, vigne), il fallut construire des murs et aménager d'étroites terrasses qui grimpèrent à l'assaut des pentes mieux ensoleillées. Ainsi s'est dessiné le profil caractéristique des flancs de vallées, dans toutes les Alpes mais aussi en d'autres massifs montagneux du pourtour méditerranéen, et jusqu'au Népal. Chaque paysan se réservait ainsi, au prix d'un énorme travail, quelques pièces de champs de la taille d'un mouchoir de poche, plus ou moins fertiles. Le reste était converti en prairies.

Plus efficace à long terme, la conquête des hautes terres. C'est bien à partir du XIe siècle que celles-ci sont colonisées dans les pays de nos Waldstetten, en partie par les immigrants, en partie par les anciennes familles qui, sous la pression démographique qu'elles ressentent aussi, se divisent et essaiment vers les hauts. A Schwyz, la vallée de la Muota en amont de la petite plaine du village initial. A Uri, la haute vallée de la Reuss autour de Wassen et Gœschenen sous la gorge de Schœllenen; mais aussi les vallées latérales, le Maderan et surtout le val Schæchen, assez largement ouvert à l'est des villages anciens d'Altdorf et de Burglen. Là-haut se reconstituent de nouvelles communautés villageoises (telle Spiringen, dans le val Schæchen), semi-autonomes parce que le chemin est trop long qui descend vers le chef-lieu; mais elles restent dépendantes du marché, du centre paroissial que constitue ce dernier et des décisions d'intérêt collectif qui y sont arrêtées. Plus encore que les basses vallées, les hautes terres ont affirmé leur vocation à l'élevage, qui seul s'y révélait apte à entretenir les habitants.

Pour être prospères, les prairies comme les champs exigeaient une série de travaux d'aménagement. Quelques-uns restaient l'affaire individuelle de chaque exploitant : il s'agissait de dépierrer le sol afin de n'y point briser sa faux; de construire des granges en proportion de la quantité de foin à conserver pour l'hiver, en général combinées avec une étable en sous-sol où le bétail viendrait consommer sur place. Mais d'autres travaux exigeaient une entreprise collective : la construction et l'entretien des chemins d'accès et des canaux d'irrigation indispensables à la bonne croissance de l'herbe en saison estivale, généralement assez sèche. Il fallait capter l'eau des torrents dans leur ravin, l'amener à flanc de coteau jusqu'aux prairies, et la répartir équitablement entre les prés de chacun. Ces canaux, appelés « bisses » en Valais (par analogie, peut-être, avec la bisse, ou couleuvre), souvent audacieusement creusés, ou conduits sur un montage de troncs évidés et de planches disposés en travers des falaises rocheuses, ont développé chez leurs constructeurs un remarquable savoir-faire, qu'ils reportèrent sur l'installation des chemins de montagne et des ponts sur les torrents.

Le royaume des animaux

Toute terre réservée aux champs et surtout aux prairies, que faire des troupeaux durant l'été, pendant que les paysans sont occupés aux fenaisons et aux moissons? L'élevage ancien s'était satisfait des sous-bois et des pâturages les plus proches, désormais convertis eux aussi en prés. Sans doute – mais nous ne savons rien de précis – les paysans avaient-ils déjà pris l'habitude de grouper leurs quelques bêtes et de les confier pour l'été à un ou plusieurs bergers, qui pouvaient les faire transhumer assez loin. Mais rien n'indique que les grands alpages d'altitude aient été visités déjà.

Du XIe au XIIIe siècle, c'est la conquête de ces immenses espaces libres, au-dessus des limites biologiques de la forêt (environ 1 900 m aujourd'hui, plus de 2 000 m aux XIIIe et XIVe siècles) : le vrai royaume des animaux. Montés à l'alpage après la fonte des neiges, en juin, ramenés dans la vallée à fin septembre, les troupeaux collectifs de quelques dizaines, voire centaines, de vaches y passent l'été en plein air, broutant une herbe courte mais nourrissante, riche en substances qui assurent la santé de l'animal, la qualité de son lait, de sa viande, de son cuir. Elles sont sous la surveillance d'une petite équipe de vachers (probablement les propriétaires des bêtes à tour de rôle) et d'un fromager qui apprête sur place un lait qu'on ne pourrait conserver autrement. En fin de saison, les pièces de fromage sont réparties entre les propriétaires en proportion de leur bétail.

Occupés en été seulement, ces pâturages ne reçoivent pas d'équipement fixe. Une cabane abrite les bergers et le chaudron du fromager. Certains pâturages pourtant, suffisamment abrités et offrant quelque espace aux prairies, ont fini par retenir un habitat permanent. Tel est le cas du vallon d'Urseren, aux sources de la Reuss en amont des Schœllenen. Certains des pâturages qu'il offre avaient été mis à profit très tôt par les gens de la Léventine, sur l'autre versant du Gothard : l'archéologue Werner Meyer y a retrouvé au-dessus d'Hospenthal les fondations de deux cabanes qu'il attribue au IXe siècle. Les restes d'une chapelle du XIe siècle dédiée à saint Colomban près du village d'Andermatt suggèrent une occupation dès lors permanente par des dépendants du monastère de Disentis. Ces habitants seront peu à peu submergés et bousculés, d'une part par les Walser venus du Valais par le col de la Furka; d'autre part par les paysans uranais lorsque aura été vaincue, vers 1220, la gorge des Schœllenen.

Cela reste l'exception. Les conditions climatiques, même améliorées, ne permettent pas le séjour prolongé en altitude. L'été y est en revanche le temps d'une activité intense. Les paysans entreprennent d'y défricher la forêt par le haut, et de gagner ainsi en toute sécurité de nouvelles prairies dont ils descendent le foin dans les granges en contrebas. Car ce ne sera qu'au XIVe siècle que se développeront les « mayens », les campagnes intermédiaires entre villages et pâturages, où les paysans vivent le printemps et l'automne. Pour abréger pourtant le parcours des troupeaux et les transports de foin, des étables sont ici ou là aménagées à mi-hauteur, avec fromageries. On trouve encore de telles installations, dans les Préalpes surtout. Au Moyen Âge, quelques grands propriétaires en exploitent au pays des Waldstetten. Le Fraumunster de Zurich en possède à Burglen, dans le val Schæchen, à Gurtnellen et à Silenen; les comtes de Habsbourg en ont près de Schwyz; et le couvent d'Einsiedeln en a aménagé toute une ceinture sur ses domaines.

Les pâturages d'altitude sont de qualité inégale selon leur exposition, le degré de leur empierrement, le microclimat local. Les vaches, gourmandes, ont besoin d'espace; elles exigent chaque jour une nouvelle pâture. De sorte que le rapide accroissement des troupeaux obligea les bergers à rejoindre des alpages de plus en plus éloignés. Il s'est révélé tôt, dès le XIIe siècle, que les bons pâturages venaient à manquer. Des communautés villageoises vont surmonter l'impasse en allant chercher très loin des herbages libres; on verra même, mais sensiblement plus tard, en 1514, les Valaisans de Törbel (audessus de Viège) acheter un pâturage bernois près du col de Grimsel : une transhumance de 70 km...

La guerre des bergers

Cette situation de manque fut source inévitable de conflits : d'une vallée à l'autre, les communautés s'affrontèrent autour de l'usage des pâturages situés sur les crêtes qui les séparaient. Affrontements violents. Mais les bagarres de bergers à coups de gourdins, les rapts de bétail et tous les vilains coups que les adversaires accoutumés à une vie rude et violente pouvaient se porter ne résolvaient rien durablement. A la longue, il fallait se résoudre à porter le litige devant quelque cour d'arbitrage.

Les gens d'Uri se sont fait une réputation de squatters des pâturages d'autrui. La topographie les excuse. Leur pays est entouré de tous côtés par des éleveurs concurrents. Il est étroit et abrupt, les bons pâturages n'y sont guère étendus. Les Uranais ont été certainement, d'autre part, les premiers de toute la région à réaliser le profit qu'ils pouvaient tirer de leur bétail plutôt que d'une agriculture plus ingrate encore qu'ailleurs. Ils ont développé leurs troupeaux avant leurs voisins, ou plus vite qu'eux. Ils ont épuisé tôt les ressources d'herbe de leur propre vallée. Ils sont tout naturellement passés sur les versants encore inoccupés de ces voisins. Mais bientôt ceux-ci ont revendiqué ce qu'ils regardaient, en bonne logique orographique, comme leur bien.

Les premières disputes de bornage dans lesquelles les Uranais furent engagés les opposèrent aux gens de Glaris, au-delà du col du Klausen qui ferme le val Schæchen. Un premier arbitrage du XIe siècle par le duc de Souabe est certainement un faux brandi par ceux d'Uri pour faire valoir un droit douteux. En 1196, en revanche, le comte palatin Othon de Bourgogne donne son aval à une frontière nettement favorable aux Uranais : elle leur accorde le segment supérieur de la vallée – glaronaise – de la Linth, qu'on appelle depuis l'*Urner Boden*, le « seuil uranais ». Selon une légende locale, la frontière devait être déterminée par la rencontre de deux coureurs, l'un parti d'Altdorf, l'autre de Glaris (soit un parcours de quelque 60 km) au premier chant du coq; les Uranais auraient « trafiqué » leur coq afin de donner plus tôt que l'heure normale le signal de départ de leur champion... De toute façon, l'accord de 1196 ne fut pas toujours respecté. En juillet 1315 (une année de pluies catastrophiques sur toute l'Europe), les bergers des deux cantons en viennent aux mains, et les incidents de ce genre se répéteront périodiquement.

Tout à côté, autour des mêmes crêtes mais face, cette fois, aux Schwyzois du val Muota, les Uranais se sont montrés moins agressifs; ils n'en ont pas moins occupé et conservé plusieurs pâturages inclinés vers la vallée de leurs voisins. Les frontières de ces cantons, loin de suivre l'habituelle ligne de partage des eaux, entérinent aujourd'hui encore l'expansionnisme pastoral d'Uri.

En direction inverse, vers l'ouest, les troupeaux uranais avaient franchi dès la fin du XIe siècle le col des Surènes, qui communique avec le site du couvent d'Engelberg et donne accès à plusieurs pâturages excellents; ceux-ci n'appartenaient encore à personne et les bergers s'y installèrent commodément. Bientôt pourtant, les moines du couvent fondé tout près de là en 1120 revendiquèrent l'usage de ces herbages qu'ils regardaient comme leur bien naturel. Le conflit éclata sans nul doute très vite; mais il n'est documenté par une série de procès civils et d'arbitrages qu'à partir du XIIIe siècle et va traîner jusqu'à la fin du XVe. Des bagarres de bergers résonnent en 1260 dans toute la région. La reine Gertrude, l'épouse du roi des Romains Rodolphe Ier de Habsbourg, semonce les Uranais en 1273; deux ans plus tard, un arrêt du juge royal limite leur jouissance de ces pâturages. Les années agitées de la fin du siècle, autour de l'intervention de Guillaume Tell, donnent aux bergers d'Uri le prétexte de revenir en force, brutalement : les alpages des moines sont dévastés, leur bétail massacré ou volé; les agresseurs poussent l'impudence jusqu'à descendre, bannière en tête, sous les fenêtres du monastère lui-même. Peut-être ces incidents ont-ils laissé trace dans une légende, encore : la guerre des bergers, où de gros intérêts locaux étaient en jeu, a frappé l'imaginaire collectif. Ici, la légende est celle d'un monstre sanguinaire qui hantait les pâturages des Surènes, et qui fut finalement vaincu par un taureau élevé spécialement pour le combattre. De toute façon, Engelberg finira par céder tout à fait les Surènes aux Uranais, mais en 1516 seulement.

Non loin de là, dans des conditions sensiblement analogues, aux mêmes époques et avec une égale durée, les gens de Schwyz affrontèrent les moines d'Einsiedeln et les paysans de ceux-ci dans la forêt de la Sihl. Là aussi, l'imprécision des frontières et la contradiction des droits à défricher provoqua les conflits dès le XIIe siècle (arbitrages impériaux en 1114 et 1143), envenimés au XIIIe siècle, alors que les terres libres se faisaient vraiment rares. En 1217, le comte Rodolphe l'Ancien de Habsbourg tenta de mettre fin à trois années de guérilla forestière par un jugement favorable aux Schwyzois. Il sut apaiser les esprits pour un temps, mais non résoudre le fond du problème. Celui-ci resurgira dans des circonstances dont nous aurons à reparler.

Les profits et les produits

Il est certain, bien que nous n'en ayons guère la mesure, que cet élevage à la fois intensif et extensif a très vite porté ses fruits, procuré des revenus, accumulé entre les mains de quelques gros éleveurs, voire de communautés publiques comme celle d'Uri, un important capital. Nous pouvons, sans exagérer, parler d'un capitalisme rural bien avant la lettre. Il s'exprime surtout en têtes de bétail, plutôt qu'en espèces monétaires. Pourtant, la commercialisation nécessaire de cette puissante production implique une rapide et profonde monétarisation des vallées. Celle-ci est clairement acquise au début du XIIIe siècle lorsque les Uranais achètent, en espèces sonnantes et trébuchantes, le privilège de l'immédiateté impériale (1231); elle remonte pourtant plus haut encore.

Les Waldstetten, à cet égard, ont pu prendre une nette avance par rapport à d'autres peuples de la montagne. L'évolution n'en est pas moins générale à travers toutes les Alpes. Les provinces méridionales et orientales, spécialisées dans l'élevage du mouton surtout, fournissent en matière première les ateliers urbains de draperie : ceux de la basse vallée du Rhône (Provence); ceux surtout de Lombardie, ou encore de la vallée autrichienne du Danube. Le Tyrol en particulier, tant sur le versant nord (vallée de l'Inn) qu'au sud (vallée de l'Adige), devient un producteur essentiel. Ses éleveurs, qu'imitent ceux des Grisons, raisonnent de bonne heure en termes de développement économique : plutôt que de livrer toute leur laine à l'étranger, pourquoi n'en pas travailler sur place une partie au moins? Il se mirent à produire un drap gros, épais, assez grossier mais solide et qui connut depuis un succès durable sous le nom de *loden* : un tissu dont Tyroliens et Bavarois ont fait leur impérissable costume traditionnel.

Les Alpes centrales n'ont pas renoncé aux moutons et aux chèvres. Mais ce n'y est qu'un élevage d'appoint, la part des plus pauvres. Les éleveurs des Préalpes fournissent en laine quelques artisans des villes, en particulier ceux de Fribourg. Mais cela reste l'exception. Les paysans gardent en général la laine pour s'en couvrir; filage et tissage constituent une activité domestique des longs hivers.

Dans ces montagnes-là, tout l'effort est réservé à l'élevage bovin. Donc à la production de ressources alimentaires, viande et produits laitiers; les peaux de vache n'ont qu'une valeur commerciale médiocre. Le commerce de ces biens, fort malencontreusement pour nous, n'a laissé aucune trace écrite avant la fin du Moyen Âge, c'est-à-dire une époque où le marché aura déjà sensiblement changé d'aspect. Il est donc impossible de nous faire une idée des modalités des échanges, de leur intensité, des quantités et des valeurs concernées, et même de la nature des produits, qui a pu évoluer avec le temps. Quelques registres ont été conservés, généralement par les couvents, où sont inscrites les redevances dues au propriétaire éminent, au seigneur. Ils énumèrent toutes sortes d'articles, où la rareté des produits proprement agricoles (grains, légumes) ne nous surprend plus. Les fruits y sont plus fréquents, noix – dont on pressait l'huile – et châtaignes surtout. Ce dernier fruit occupe une place importante dans la nourriture des montagnards, pas seulement au sud du Gothard (où il reste fort répandu aujourd'hui) mais aussi au nord : le châtaignier s'était introduit autour du lac des Quatre-Cantons à la faveur du climat adouci. De même la vigne, autour d'Altdorf; elle redisparaîtra à la fin du Moyen Âge. Les produits d'élevage l'emportent pourtant nettement comme objets de la rente seigneuriale ou de la dîme. La dîme des agneaux est mentionnée pour Uri en faveur du Fraumunster de Zurich dès 995; ce qui montre que l'élevage ovin n'était pas insignifiant même au pays des vaches. Les peaux n'occupent pas une grande place. Fait singulier, les porcs sont rarement mentionnés. Leur élevage semble réellement insignifiant chez les Waldstetten. Finalement, le produit le plus lourdement requis, c'est le fromage.

Est-ce à dire que l'élevage bovin des Alpes centrales au Moyen Âge est orienté principalement vers la production laitière? La réponse est difficile à proposer. De fait, les pièces de fromage se conservent assez bien si l'on consacre assez de sel à leur confection; elles sont commodes à transporter; elles peuvent ainsi voyager loin. Bien plus tard, à partir du XVIe siècle, les grosses pièces de fromage à pâte dure de la Gruyère fribourgeoise, de l'Emmental bernois, de l'Entlebuch lucernois, constitueront une des bases alimentaires des flottes françaises et hollandaises au long cours – mais nous n'en sommes pas là. Uranais et Schwyzois livraient-ils d'ailleurs déjà des fromages à pâte dure, ou des pièces plus molles? J'incline à penser qu'ils sont passés progressivement des secondes au premières, plus avantageuses en termes commerciaux. Ils produisaient aussi, davantage pour leur consommation personnelle, une sorte de sérac (*Zieger*) à base de lait caillé; il sera réservé aux gens de Glaris, restés d'ailleurs plus longtemps fidèles aux onglus, d'en faire la réputation.

Les Waldstetten ont certainement amorcé leur succès commercial avec ces fromages. Mais au plus tard vers le milieu du XIIe siècle, la demande urbaine croissante les a incités à exporter de plus en plus la viande, et donc à réorienter leur production. Le commerce de la viande a dû prendre d'abord la forme de pièces découpées, séchées et salées; comme les fromages, celles-ci se conservaient et se transportaient sans trop de peine. Mais cette production exigeait passablement de travail, de longs déplacements à dos d'homme ou de cheval jusqu'aux marchés urbains, à plusieurs journées de marche. En outre, elle consommait une énorme quantité de sel – environ un dixième du poids de la viande. Ce n'était pas une production très rentable, sinon en période de disette, lorsque grimpaient les prix en ville. En saison normale, elle ne satisfaisait point l'appétit des citadins pour la viande fraîche.

De sorte que rapidement, les éleveurs en vinrent à l'exportation du bétail de boucherie sur pied. Nous en ignorons les conditions précises, les itinéraires, les prix; ce trafic ne donnait pas lieu à contrat, se réglait au comptant ou par troc contre du sel, des grains, des articles manufacturés tels qu'armes (arbalètes...), outils de fer, etc. Mais une chose est certaine : les Waldstetten prennent l'habitude de porter eux-mêmes leur marchandise en ville, sur le plateau suisse, en Souabe, en Alsace ou dans l'autre direction, en Lombardie. Ce n'est pas, bien sûr, que chaque éleveur entreprenne de tels voyages pour son compte seul. Ce sont les plus cossus qui prennent en charge la production des voisins plus modestes. Ils agissent au nom de la communauté de leur vallée. Celle-ci se voit soudée d'un côté par les conditions collectives de production : utilisation commune des pâturages, aménagement des chemins et des canaux d'irrigation, défrichement des forêts et bien d'autres travaux qui dépassent les capacités individuelles; et à l'autre bout de la chaîne, par une organisation elle aussi collective de la commercialisation des produits. Ce dernier aspect, rarement évoqué par les historiens, me paraît essentiel. Il fonde une étroite communauté d'intérêt et une relation de confiance entre ses membres, coqs de village ou modestes paysans.

L'horizon éclaté

Cette prise en main du commerce par les producteurs était nécessaire; elle était avantageuse aussi. Nécessaire, parce que la montagne ignore aux XIIe et XIIIe siècles – et ignorera longtemps – l'idée d'un marché interne, d'une rencontre périodique et privilégiée entre producteurs et acheteurs en gros. C'est un usage purement citadin encore. Et les Alpes, en tout cas les Alpes centrales, n'enferment aucune ville. Altdorf, Schwyz, Stans, Sarnen, Einsiedeln, Glaris, chefs-lieux de leur vallée, ne sont que des villages ou des bourgs. Un marché ne va s'y établir, au plus tôt, qu'au temps de Guillaume Tell, donc vers la fin du XIIIe siècle; et il n'aura jamais qu'une portée locale. Le seul dont nous connaissions l'institution à une date précise, celui d'Appenzell, ne fonctionnera qu'en 1358.

Or les déplacements de nos éleveurs-vendeurs vers les boucheries des villes ont eu une portée culturelle et politique remarquable. Ils ont introduit dans l'horizon étroit des montagnards une connaissance du monde, ponctuelle certes et superficielle, mais nouvelle. Les voyageurs rentraient avec des récits, des idées, des représentations, des objets – telle l'arbalète de Guillaume Tell – qui influençaient insensiblement la perception de leurs concitoyens. Ceux-ci, mieux informés, prirent conscience de la réalité ou de l'identité politique des petits peuples qu'ils formaient par référence à d'autres sociétés, à d'autres pouvoirs. Ils commencèrent à apprécier la liberté de fait dont ils bénéficiaient malgré toute la rudesse de leur existence, dès lors que cette liberté même, en regard de la condition des autres peuples, n'était plus aussi évidente et pouvait être menacée. L'horizon protecteur allait-il éclater?

Plus encore, ce commerce les enrichissait, dans tous les sens du mot, à commencer par le plus matériel. Ils se trouvèrent engagés dans un mouvement de croissance, et s'ingénièrent à s'y maintenir. Les débouchés facilement accessibles semblaient restreints; il parut avantageux et prometteur de conquérir d'autres marchés.

CHAPITRE IX

L'invention du Gothard

L'appel de la Lombardie

Les marchés les mieux chargés de promesses pour les Waldstetten se trouvèrent au Midi.

Fertile, populeuse, la Lombardie ne s'était jamais abaissée au niveau de sous-développement qui avait affecté presque toute l'Europe du haut Moyen Âge. De sorte qu'elle put saisir avant toute autre province les chances de la reprise générale du XIe siècle et connut une croissance particulièrement forte. Entre les Alpes, la ligne de l'Appenin et l'Adriatique, la plaine du Pô se couvrit d'un semis de villes dont plusieurs acquirent une taille considérable pour l'époque : une quinzaine d'entre elles vont dépasser avant 1300 le seuil des 10 000 habitants, mais quelques-unes sont loin en avant. Milan a pris le relais de Pavie comme capitale de ce qui avait été le royaume carolingien des Lombards, et comme centre religieux et culturel de toute l'Italie septentrionale; avec quelque 200 000 bouches à nourrir au XIIIe siècle, elle est l'une des toutes grandes métropoles d'Occident. Rivales mais complémentaires, Gênes et Venise prolongent la Lombardie sur la mer et vers l'Orient. A peine en retrait, les centres régionaux de Côme, Bergame, Brescia, Vérone, Mantoue, Ferrare, Parme, Modène, Bologne, Plaisance, Asti, et d'autres encore, relayés plus au sud par les cités toscanes et par Rome, participent au dynamisme sans équivalent de ce que Fernand Braudel appelle le « quadrilatère urbain », le groupe des quatre, Gênes, Milan, Venise et Florence. Ces villes se rendent maîtresses d'un vaste *contado*, c'est-à-dire de leur arrière-pays rural dont elles entendent tirer l'essentiel des ressources alimentaires et des matières premières dont elles ont besoin pour vivre, travailler et commercer.

A la faveur du mouvement communal qui les libère de toute tutelle princière, les grandes cités s'érigent en seigneuries et républiques tout à la fois. Républiques de marchands. Une forte tradition artisanale et commerçante héritée de l'Antiquité, assoupie mais jamais perdue durant les siècles du haut Moyen Âge, se ranime; elle s'élargit et s'ouvre aux innovations techniques et gestionnaires. L'accumulation de capitaux, de biens mobiliers et immobiliers entre les mains de la classe marchande ou de la noblesse féodale qui détient la terre exprime la prospérité de cette Italie du Nord et son avance, à tous égards, sur les autres nations d'Occident.

Les campagnes, bon an, mal an, produisent assez de vivres, de grains surtout, pour assurer le ravitaillement de ces populations citadines exceptionnellement denses. Elles peuvent même créer quelques surplus susceptibles d'être exportés. En revanche, les rares étendues de prairie dans la plaine et la proche ceinture montagneuse ne satisfont qu'imparfaitement la demande urbaine en produits d'origine animale; et particulièrement en viandes. Il y avait donc là bel et bien une chance de marché pour nos éleveurs des Alpes centrales : l'appel d'une demande lombarde, solvable en argent ou en biens d'échanges. Et cela à distance raisonnable.

Encore fallait-il y arriver...

Traverser les Alpes au temps d'Hughes Capet

L'importance politique et militaire de quelques routes transalpines pour l'Empire romain et plus tard pour celui des Carolingiens a déjà été évoquée. Elle ne doit pas faire illusion sur la densité du trafic pendant le haut Moyen Âge. Après que se fut évanoui le rêve unitaire carolingien, les rares chemins régulièrement ouverts ne virent passer que quelques contingents armés, de loin en loin; plus régulièrement les pèlerins en chemin vers Rome; parfois l'équipage d'un prince, d'un haut baron; ou leurs agents pressés de régler quelque affaire politique ou religieuse en Italie. Les voyageurs pour affaires privées sont en revanche rares; et vite dressé l'inventaire de leurs marchandises. Les conditions de l'économie européenne n'encouragent pas les échanges à longue distance, avant la fin du XIe siècle. Le coût même des transports à dos d'homme ou de cheval, les dures journées de marche, l'insuffisance des structures d'accueil et d'abri en montagne : autant de raisons péremptoires qui excluent du grand commerce tous les biens de consommation courante et ne laisser traverser les Alpes qu'à quelques produits de luxe. C'est réduire du même coup la clientèle de ces biens à un nombre très restreint de privilégiés : les princes et leur entourage immédiat, les plus hauts barons, quelques évêques et abbés grassement dotés. On cite, en 940, un transport exceptionnel de marbre d'Italie vers la Lorraine, acheminé par le Grand-Saint-Bernard sur des charrettes peu adaptées au terrain : l'une d'elle se renversa. En sens inverse passent des métaux (l'étain de Cornouailles), des esclaves. L'importation d'épices orientales, de soieries, de fourrures par des marchands juifs préfère traverser le royaume de Kiev et l'Europe centrale plutôt que la Méditerranée et les Alpes.

Les chemins sont dans un état déplorable. Le superbe réseau qu'avaient aménagé les Romains aux premiers siècles de notre ère est à l'abandon depuis si longtemps – depuis le Ve siècle au moins – qu'il n'en reste plus guère que des traces discontinues. Nulle autorité ni administration centrale, civile ou militaire, n'est en situation ou n'a les moyens d'un entretien dispendieux. Même le gouvernement carolingien, un moment fort, et très soucieux de garantir ses communications avec l'Italie, a dû se reposer sur la bonne volonté de ses agents locaux, surtout les monastères fondés ou relevés en partie à cet effet à l'ombre des meilleurs cols. Cette bonne volonté ne s'est maintenue que lorsque ces couvents y trouvent leur propre avantage; celui de Disentis, par exemple, entretient sérieusement la route du Lukmanier parce que celle-ci assure sa liaison avec les domaines qu'il possède au sud des Alpes.

L'insécurité des chemins est à la mesure de leur dégradation. La menace, au Xe siècle, des raids hongrois et des coups de main sarrasins n'est pas la seule à peser sur les voyageurs et leurs bagages. Réduits par la misère, ou séduits par des gains faciles, des paysans se font brigands de grands chemins. Charlemagne et ses successeurs avaient su rétablir une police satisfaisante sur les axes principaux, ceux du Mont-Cenis et du Mont-Joux (Saint-Bernard). En 789, le roi des Francs avait confirmé les dotations du monastère de la Novalaise (fondé en 726) en vue de constituer un point fort au Mont-Cenis; et c'est Louis le Pieux qui y créa le premier hospice destiné à l'accueil des voyageurs au sommet d'un col. Saint-Maurice d'Agaune, Disentis, Mustair (en Rhétie orientale), Innichen-San Candido (Pustertal, dans le Trentin) eurent la faveur impériale pour les mêmes motifs. Cette sécurité momentanément restaurée ne résista pourtant pas à l'émiettement de l'autorité carolingienne. Les routes du Xe et du XIe siècle ont acquis la pire des réputations.

On passait pourtant, avec quelques marchandises. Ce n'est pas un hasard si bien des chapelles érigées, à partir du XIe siècle, le long des routes même secondaires ont été placées sous le vocable de saint Nicolas, patron des marchands; par exemple au col du Klausen, entre les pays d'Uri et de Glaris, qui ne desservait pourtant guère que ces vallées. Dangereuse, lente, coûteuse, une communication transalpine politique, religieuse, militaire ou plus rarement commerciale n'en restait pas moins nécessaire.

Au XIe siècle, quelques princes intéressés à cette communication, ceux surtout qui possédaient des droits territoriaux dans les Alpes, entreprirent d'améliorer les conditions du trafic, sa sécurité avant tout. Ils firent bâtir des tours de guet et fortifier les bourgs. Ils choisirent pour ces postes de protection les verroux naturels qui, presque partout, barrent l'accès des vallées vers la plaine et constituent des points de passage obligés. Ces « cluses » sont d'ailleurs une survivance de l'administration romaine. Pour couvrir leurs frais, ils imposent des droits de tonlieu; ce qui renchérit encore les prix de transport. D'autres princes vont alors négocier des tarifs privilégiés, en leur faveur ou celle de leurs sujets. En 1027, le roi Knut II de Danemark en voyage à Rome cherche à obtenir de l'empereur Henri II et du roi Rodolphe III de Bourgogne des exemptions pour ses sujets « tant marchands que ceux qui voyagent pour aller prier ». Un texte célèbre du XIe siècle, les *Honorantie civitatis Papie* (Pavie), énumère les cluses qui débouchent en Lombardie : Suse, Bard, Bellinzone (au pied du Lukmanier et du San Bernardino), et d'autres plus à l'est; il précise les tarifs applicables aux convois de draps, d'étoffes de lin, d'épices, d'étain, de chevaux et d'esclaves. Ce même texte dénonce encore des contestations fréquentes entre les percepteurs des tonlieux et des marchands angles et saxons; un accord entre les rois d'Angleterre et des Lombards tenta de régler la question.

Le long des chemins de montagne, mais à l'échelon local, les habitants découvrent l'intérêt pour eux de se mettre au service plutôt qu'à l'embarras du trafic qui commence à se développer. Un texte de 1129 décrit les *marrones*, guides au Grand-Saint-Bernard, équipés de gants et de bonnets de fourrure, de chaussures ferrées et de longs bâtons pour sonder la neige – déjà des « alpenstocks ». La corporation de ces guides aux Xe et XIe siècles préfigure celles qui s'organiseront, les siècles suivants, auprès de chaque grand col alpin.

Il y eut ainsi quelques initiatives, ponctuelles, hésitantes, pour assainir et encourager le trafic transalpin. Mais elles témoignent surtout des difficultés insurmontées et ne répondent pas encore à une exigence suivie de passage.

Renaissance du trafic

Pareille exigence finit tout de même par se manifester. C'est qu'aux besoins occasionnels des princes et au marché étroit de leur cour viennent s'ajouter, plus pressantes et continues, l'offre et la demande des villes de part et d'autre des Alpes. Les premières Croisades créent sur les chemins de montagne une animation nouvelle; elles ouvrent l'Orient au rêve, à la curiosité et au goût des populations chrétiennes, ou du moins citadines. C'est autour de 1100 qu'on se met à traverser les Alpes, sinon plus volontiers – elles épouvantent toujours et souvent éprouvent réellement les voyageurs –, en tout cas plus régulièrement. L'extrême rareté des témoignages avant le XIIIe siècle finissant ne nous laisse que soupçonner cette animation. Elle exclut toute appréciation du nombre des voyageurs, du volume et de la valeur des marchandises. Une estimation hasardeuse, pour le XIIIe siècle, suggère que passait par an et par chacun des cols importants une moyenne d'environ 10 000 quintaux (1 quintal = 100 livres de poids), soit 560 tonnes métriques par an et par col. Pour une dizaine de telles routes transalpines, cela donnerait globalement un trafic de 5 000 à 6 000 tonnes de marchandises entre l'Italie et l'Occident (sans les liaisons maritimes).

Si ce calcul de l'historien autrichien Herbert Hassinger propose un ordre de grandeur plus ou moins raisonnable, il ne peut tenir compte ni de la part des trafics régionaux entre vallées alpines elles-mêmes, ni du fait évident que les différents cols n'ont pas fonctionné tous d'une manière constante, loin de là. Leur utilisation, le flux des biens transportés dans les deux sens dépendaient de l'offre et de la demande de part et d'autre des Alpes; donc d'une donnée variable à court comme à long terme. Ils dépendaient encore de la plus ou moins bonne commodité des itinéraires selon la saison, la longueur des étapes, les tarifs de péages, les structures d'accueil, l'organisation locale des transports et les risques divers d'origine naturelle (avalanches, inondations) ou humaine (brigandage ou mouvements guerriers). Il s'agissait, pour le marchand, de choisir sa route en fonction des coûts et des risques, en incluant dans son calcul la durée d'immobilisation du capital que constituaient ses biens en déplacement. Sécurité et rapidité se combinaient. De sorte qu'il s'est instauré entre les divers cols offerts au trafic une concurrence d'autant plus vive que ceux-ci pouvaient être voisins et proposer des variantes. Il y a eu une chronologie, une conjoncture des cols, qu'il reste d'ailleurs à explorer.

On ne peut oublier d'autre part que les mêmes sentiers menant aux mêmes cols ont mêlé des trafics tout différents par leur nature, leur qualité, leur destination finale.

Voici les paysans de la vallée qui mènent leur troupeau vers un alpage, ou se rendent au proche village, au chef-lieu; la transhumance, à grande ou courte distance, a souvent frayé la voie que d'autres usagers ont suivie ensuite. Voici d'autres montagnards que quelque affaire, ou quelque procès, appelle au-delà du col, mais dans un voisinage encore proche et familier. Voici les vagabonds, les errants de la montagne. Surtout cet étonnant peuple des Walser qui migre entre le XIIe et le XIVe siècle, interminablement, en quête d'alpes qui les accueillent et les nourrissent. Voici les moines qui grimpent vers leur couvent haut perché, en compagnie peut-être de frères pèlerins sur le chemin de Rome ou de Jérusalem. Voici les éleveurs qui s'en vont vers la plaine, vers la ville, proposer leurs victuailles ou leur laine. Voici les gens du seigneur, les juges, les percepteurs; et ceux du roi. Et puis les marchands; et tous ceux encore que la montagne n'arrête pas, mais qui doivent la franchir pourtant. Au total, ces derniers sont minoritaires; s'ils se distinguent des autres passants, c'est par leur équipage, la colonne des bêtes de somme qui les accompagne avec ses guides avertis. En général les marchands traversent en convois groupés, par mesure tout à la fois d'économie et de sécurité; et peut-être pour se donner mutuellement courage en rompant la solitude, le silence mystérieux des espaces de haute montagne.

Pour ces marchands qui se déplacent d'une ville à l'autre comme pour les pèlerins, les croisés et autres voyageurs au long cours, le passage des Alpes n'est qu'un moment, le plus aventureux peut-être, de leur expédition, le temps de quelques journées de chevauchée ou de marche, six ou huit dont rarement plus de deux ou trois en altitude vraiment élevée. Ils n'ont, de toute façon, guère d'autres recours. La route maritime de Gibraltar ne s'ouvrira devant les galères génoises et vénitiennes qu'autour de 1300, et ne servira que le transport des marchandises, surtout pondéreuses; car ce sera un voyage moins coûteux, certes, mais aussi moins sûr (d'où des primes d'assurances plus élevées); et surtout moins rapide. L'incertitude des délais de livraison par mer fera longtemps – jusqu'à l'époque dite moderne – préférer la voie terrestre pour l'acheminement des biens de haute valeur mais faible encombrement, tels que les épices, les soieries. On pouvait aussi s'épargner les fatigues et les effrois de la montagne en suivant le Rhône pour s'embarquer à Aigues-Mortes; c'est un itinéraire que choisirent souvent les voyageurs soucieux de confort, et point trop pressés. Les côtes de Méditerranée, des bouches du Rhône à Gênes ou à Pise, trop souvent visitées des pirates barbaresques, sont en outre peu hospitalières en cas d'intempéries ou d'avaries; elles n'ont guère meilleure réputation que les sentiers alpestres.

Offrant donc les voies les plus sûres et les plus rapides nonobstant tous leurs inconvénients, les Alpes entrent, vers la fin du XIe et surtout au cours du XIIe siècle, dans la géographie des voyages et celle du commerce qui s'éveille.

Les passages traditionnels

Non pas toutes les Alpes cependant. Les itinéraires couramment suivis dépendent d'une part de la densité de population et de l'activité des pays qu'ils relient; d'autre part, du minimum d'équipement qui rend les cols praticables. En fait, jusqu'au XIIIe siècle, la géographie des routes alpines ne va pas changer. Elle reste ce qu'en avaient fait les Romains, revue mais non augmentée par les Carolingiens. Elle ne retient donc encore que les deux grands cols occidentaux, le Mont-Cenis et le Mont-Joux, à l'ouest; le système multiple et plus ou moins interchangeable des cols rhétiques, à travers les Grisons; le col tyrolien du Brenner avec son satellite ou substitut, le col de Resia, entre le Haut-Adige et l'Inn. Plus à l'est, d'autres cols, les Tauern, le Tarvis, n'ont guère encore qu'un usage régional.

A l'ouest, le Mont-Cenis (2 084 m) a perdu quelque peu son prestige d'antan. Entre la Lombardie d'un côté, les foires de Champagne, l'Ile-de-France et les Pays-Bas de l'autre, il contraint à un détour trop long. A plus forte raison le Petit-Saint-Bernard (2 188 m) et le Fréjus (2 797 m). Ils ne sont plus que des substituts possibles lorsque les itinéraires ordinaires sont entravés. Les cols des Alpes méridionales (Tende, 1 279 m; Mont-Genèvre, 1 854 m) n'acquerront réputation et commodité qu'avec le séjour des papes en Avignon, donc nettement plus tard.

Seul à côté du Mont-Joux, le Simplon proposait un chemin aussi direct, sinon plus rapide encore; modérément utilisé à l'époque romaine, il était depuis retombé en sommeil. C'est moins sa hauteur (2 000 m tout juste) que la longueur de l'étape proprement montagneuse et la dénivellation insolite de celle-ci – les pieds du col lui-même plongent à 600 m (à Brigue) et à moins de 300 m d'altitude (à Domodossola) – qui décourageaient l'ascension du Simplon. Pire encore, l'interminable vallée où divaguait le Rhône vers l'ouest n'était pas aménagée. Le voyageur avait à frayer son chemin comme il pouvait à travers roches, ravins et broussailles des versants, passant en alternance de la rive gauche à la rive droite. L'aménagement des approches du Simplon en Valais se fera à l'initiative des marchands de Milan pressés de se rendre en Champagne par le plus court chemin : ce sera vers 1270.

En attendant, le col du Grand-Saint-Bernard reste fidèle à une vocation plus que millénaire, passage privilégié entre la Péninsule et l'outremont occidental. Il est le premier agent et le premier bénéficiaire de l'émergence du commerce international transalpin entre XIe et XIIe siècles. Par la vallée du Pô, navigable jusqu'au pied de la montagne, et par le val d'Aoste d'un côté; par le Léman, le pays de Vaud et la cluse jurassienne de Jougne de l'autre, ce col donne l'accès le moins incommode vers la Bourgogne et vers les foires trimestrielles de Troyes, Provins, Lagny et Bar-sur-Aube en Champagne, qui deviennent au XIIe siècle le rendez-vous essentiel du négoce européen. Que la fortune du Grand-Saint-Bernard soit liée à celle des foires champenoises, la donation l'atteste (confirmée en 1177) que fit le comte Henri de Troyes à l'hospice et à l'église de Saint-Bernard du Mont-Joux de la moitié des profits du tonlieu prélevé sur la vente des toiles à la foire de Provins. Cette fortune a cependant commencé plus tôt. C'est autour de 1050 déjà qu'un religieux de la région, Bernard, archidiacre d'Aoste († 1081) construit à quelques pas du sommet du col un hospice, une église et un petit couvent pour accueillir les voyageurs ou leur porter secours au besoin. Un siècle plus tard, un moine islandais de passage saluera cet « hospice de saint Bernard »; le nom restera celui de cette maison accueillante, et celui du col. Car là-haut, proclame une liturgie du XIIIe siècle, le saint « a détruit un enfer et construit un paradis ». Le bienfait de cette institution hospitalière fut bientôt reconnu par des dotations substantielles dont la dispersion, d'Italie jusqu'en Angleterre, témoigne de l'importance attachée à ce haut passage. L'hospice devait servir de modèle à des institutions analogues au sommet de tous les cols régulièrement fréquentés; d'inspirateur d'une tradition, d'une culture hospitalière qui ne restera d'ailleurs point confinée en montagne.

Une évaluation quantitative du trafic de cette haute

route n'est possible qu'à partir de 1283-1284, grâce aux comptes dès lors conservés des péages prélevés par les fonctionnaires des comtes de Savoie à Bard (val d'Aoste), Saint-Maurice d'Agaune et Villeneuve-de-Chillon. Elle indique alors des volumes de marchandises assez remarquables; les seules laines destinées à l'industrie italienne (et de provenance anglaise surtout) y représentent en moyenne 3 000 balles par an, soit quelque 300 de nos tonnes.

Loin de là vers le nord-est, le groupe enchevêtré des cols grisons constitue le pendant du Grand-Saint-Bernard, en direction de l'Allemagne. Le trafic commercial n'y acquiert cependant de l'ampleur que plus lentement. Ces cols ont eu d'abord, et dès les Carolingiens, une importance stratégique et politique que les entreprises impériales en Italie ont soutenue jusqu'en plein XIIIe siècle. Ce ne sont pas, dans l'ensemble, des cols trop malaisés à gravir. Mais tous exigent, de part et d'autre, une marche d'approche plutôt longue, par des vallées auxquelles le plissement alpin a donné un dessin très irrégulier, à l'image d'un labyrinthe, et que l'érosion à entaillées profondément. Le col du Splugen (2 116 m) entre Côme-Chiavenna et Coire, établit la liaison la plus directe, mais très escarpée, de la Lombardie vers la Suisse orientale, la Souabe et la Bavière; de ce fait, il a peut-être été mieux fréquenté que ses voisins. Mais les relations de voyage ont souvent confondu dans le même effroi des efforts identiques et des paysages dont un œil peu averti distinguait mal les nuances : partout les mêmes rochers, les mêmes neiges, les mêmes torrents et les mêmes précipices...

A l'ouest du Splugen, le *Mons Avium*, *Monte Uccelle*, troquera beaucoup plus tard ce nom d'oiseaux pour la protection de saint Bernardin de Sienne; ce San Bernardino (2 066 m, de Bellinzone à Coire) n'a jamais attiré la foule des voyageurs avant qu'y soient ouverte une autoroute et foré un tunnel, en 1967. Non loin, le Lukmanier, *Locus Magnus*, s'ouvre assez bas (1 919 m); mais il impose un long détour par la Léventine, le val Blenio et, sur l'autre versant, la haute vallée du Rhin antérieur (Sursilva). Entretenue tant bien que mal par les moines de Disentis, c'est au moins une route sûre et pourvue de structures d'accueil; elle a la faveur des voyageurs plus que celle des marchandises et voit passer plus d'un empereur. A l'est du Splugen, enfin, les passages du Septimer (2 313 m) et du Julier (2 287 m), bien aménagés jadis par les Romains, profitent encore d'un tracé moins détérioré qu'ailleurs.

Les Goths, en effet, puis les Francs, avaient pris soin d'entretenir ces communications rhétiques vers l'Italie. Nous avons constaté le prix qu'y attachait Charlemagne. L'indépendance et la tranquillité relative de la Rhétie au haut Moyen Âge furent favorables à leur maintien sans solution de continuité. Les empereurs d'Allemagne firent donc des Grisons, à défaut d'un itinéraire plus simple, leur chemin attitré vers le couronnement à Rome ou leurs entreprises italiennes, tantôt par un col, tantôt par l'un de ses voisins; au total, quatre-vingts traversées impériales sont connues entre le règne d'Othon Ier (Xe siècle) et l'Interrègne au milieu du XIIIe siècle. L'essor du commerce trouva donc lui aussi aux Grisons un faisceau d'itinéraires, à partir du XIIe siècle; c'est-à-dire lorsque la Souabe et les pays alentour du lac de Constance se mirent à fabriquer et exporter vers l'Italie et vers l'Orient des toiles de lin, appelant en retour des produits d'origine méditerranéenne. Au confluent méridional de tous ces chemins, la ville de Côme devint alors « la clef de l'Italie » pour les Allemands, selon l'expression de l'empereur Frédéric II, en 1239. Ses marchands et ceux de Milan négocièrent aux XIIe et XIIIe siècles une série de privilèges qui assurèrent, avec la sécurité des routes grisonnes, la prospérité croissante de leurs affaires en Allemagne.

Le goulot des Schœllenen

Entre les cols que je viens d'énumérer, du Léman à la Rhétie, le plateau hélvétique vient s'adosser à la muraille des Préalpes et des Alpes. Muraille à peine fissurée par les sillons de l'Aar et de la Reuss. Muraille demeurée pratiquement infranchissable jusqu'au XIIIe siècle, jusqu'à cet événement que nous pouvons bien appeler invention du Gothard. Événement remarquable dans l'histoire du commerce médiéval, comparable par sa portée à l'ouverture de la voie maritime de Gibraltar moins d'un siècle plus tard; et remarquable aussi dans l'histoire politique de l'Europe centrale, dont la nouvelle route bouscule les données stratégiques.

Le chemin du Gothard n'était pourtant pas tout à fait inconnu auparavant. Les habitants des vallées proches, gens de la Léventine et d'Urseren, ou les moines de Disentis l'empruntaient pour communiquer entre eux. Les Uranais eux-mêmes le pratiquaient pour descendre vers l'Italie; ce fut certainement dès le XIIe siècle la voie de leur exportation de bétail en Lombardie : ils n'en avaient point d'autre.

Le col lui-même, à 2 112 m, n'est ni plus ni moins élevé que la plupart des autres. On le franchit sans peine et rapidement, en une courte étape (environ 20 km), puisque les deux vallées habitées qui sont à sa base portent le voyageur déjà haut : le vallon d'Urseren (Hospental) à 1 450 m, la Léventine au village d'Airolo à 1 175 m.

Mais l'obstacle majeur, c'est, sur la rampe nord, la profonde gorge des Schœllenen, qui isole Urseren du pays d'Uri en aval. La Reuss s'y précipite entre des falaises tortueuses qui ne laissent aucune corniche, pas le moindre rebord où se puisse faufiler un sentier; et cela sur plusieurs centaines de mètres. Obstacle totalement infranchissable. Contournable éventuellement, au prix d'une épuisante marche à travers les rochers du Bœzberg, la montagne dressée à l'ouest, sur la rive gauche du torrent. Une ascension à plus haute altitude que le col lui-même; mais celui-ci, sur la rive droite, ne peut être abordé qu'après que l'on est redescendu pour traverser Urseren. Une double dénivellation, donc; un détour propre à décourager le passant et presque inimaginable avec des bêtes de somme; en tout cas trop long et trop coûteux pour un trafic ordinaire et régulier de marchandises. Le Gothard n'était pas complètement désert pourtant; un petit hospice l'atteste, qui accueillait les voyageurs dès 1170; l'initiative en était revenue à l'archevêque de Milan, de qui relevait la Léventine jusqu'au col.

Les négociants, dès la seconde moitié du XIIe siècle, purent bien déplorer cet obstacle déconcertant. N'était-ce la diabolique gorge, ces quelques pas impossibles, une route du Gothard aurait ouvert la liaison la plus brève et la plus commode entre la Lombardie et les pays rhénans, l'Allemagne méridionale et centrale, l'Alsace, la Lorraine, les Flandres, le Brabant et, plus loin, la Scandinavie ou l'Angleterre. Autant de pays en développement, de plus en plus intéressés à de bonnes communications commerciales, culturelles aussi, avec le bassin méditerranéen; autant de marchés ouverts aux hommes d'affaires d'Italie. Les foires de Champagne, il est vrai, disposaient de l'axe du Grand-Saint-Bernard; mais dès avant 1200, elles ne suffisent plus à concentrer tous les échanges transalpins. Vers les pays nordiques, la Champagne exigeait d'ailleurs un bien long détour; un détour ressenti désormais comme superflu.

Vers 1200 donc, une pression croissante s'exerce sur le bouchon des Schœllenen. Celui-ci va sauter tôt ou tard. Il y faut de l'initiative et du savoir-faire. C'est aux ancêtres de Guillaume Tell, aux Uranais, qu'en revient le mérite.

L'invention du Gothard : comment ?

L'aménagement d'un passage à travers la fameuse gorge est entouré d'une aura légendaire aussi riche que l'existence de Guillaume Tell et les origines de la Confédération. De vraies légendes, celles-ci, où le surnaturel vient se mêler au réalisme des situations, le diable aux projets des hommes. Là encore, l'imaginaire collectif des riverains de la Reuss a enregistré durablement un événement dont il percevait à la fois les effets profonds et le défi aux lois de la nature, comme un refus orgueilleux mais salutaire des contraintes que celle-ci imposait.

La légende, ici, exploite un mythe courant dans l'histoire des ponts, des ouvrages lancés à l'horizontale en contradiction apparente avec les principes d'équilibre. C'est le mythe du pacte conclu par les riverains d'un fleuve avec le diable. Celui-ci s'engage à réaliser l'impossible projet en une nuit, mais au prix de l'âme du premier être qui viendrait à passer le pont. Les requérants, futés, se font devancer par quelque animal; ce fut une chèvre sur le Pont du Diable des Schœllenen. Dans son dépit et sa fureur, l'architecte trompé précipite du haut du Bœzberg un rocher sur les habitants de Gœschenen, le premier village en aval de la gorge. Le monstrueux caillou s'y voit encore, objet de la vénération des habitants de la vallée. Pour ne point le sacrifier au tracé de l'autoroute du Gothard construite il y a quelques années, les ingénieurs de celle-ci le firent riper, à grand soin mais à gros frais, sur les quelques dizaines de mètres nécessaires à son salut.

Une variante de la légende attribue l'initiative de l'ouverture des Schœllenen – et du pacte avec le diable – à un jeune forgeron de Gœschenen. Pareil métier serait-il mal indiqué pour jeter un pont, qui requiert davantage l'habileté de charpentiers et de maçons ? L'archéologie a pourtant justifié la légende. Le problème, aux Schœllenen, ne fut pas tant de lancer le pont. Le torrent n'y est point large, et les montagnards, partout, avaient assimilé l'art des ponts en voûte de maçonnerie. La même région en propose d'autres exemples, tel ce pont dont on pouvait hier encore admirer l'élégance entre la gorge et Gœschenen – une construction du début du XVIIIe siècle sur des modèles plus anciens – hélas emporté par l'inondation dévastatrice de fin août 1987. Il suffisait d'assez d'audace. La vraie difficulté commence en aval, pour vaincre la falaise. L'examen de celle-ci par l'archéologue Rudolf Laur-Bélart en 1924 a révélé l'installation de passerelles de madriers supportant un tablier de planches, à peine au-dessus du lit du torrent; mais ces passerelles, au lieu de reposer sur des piles ou des socles, avaient été accrochées à des anneaux de fer fixés haut dans la paroi. Les crues fréquentes de la Reuss ont dû maintes fois entraîner les passerelles; mais l'installation d'ancrage demeurait en place, la remise en état de la route n'était plus qu'un travail de routine. De sorte que l'astuce et sa réalisation ont bien été pour une part l'œuvre d'un forgeron.

Quoi qu'il en soit, l'ensemble mobilisera bien des compétences, de celles que possédaient à un haut degré les Walser. Le séjour de ceux-ci dans le vallon d'Urseren est attesté au XIIIe siècle. Rien pourtant ne confirme leur participation directe à un ouvrage dont ils ne paraissent pas avoir eu eux-mêmes l'usage. L'analogie du sentier des Schœllenen – auquel on substituera plus tard (mention en 1303) un chemin en galeries entaillées dans le rocher – avec l'art des « bisses » valaisans suspendus n'est pas probante.

Quand ?

Si nous soupçonnons, derrière la légende, la technique qui fut employée, nous ignorons, même approximativement, la date de cet événement considérable. Et c'est évidemment fâcheux. Les historiens n'ont pu que rassembler toutes sortes d'indices, plus indirects les uns que les autres, et tenter de les interpréter chronologiquement. Les hypothèses ne manquent donc point, et nous placent d'autant mieux dans l'embarras qu'elles constituent une fourchette d'un bon siècle et demi entre les dates extrêmes où l'ouverture du Gothard a pu prendre place. C'est beaucoup...

C'est Karl Meyer, le défenseur engagé de Guillaume Tell, qui croit pouvoir remonter le plus haut : jusqu'au début du XIIe siècle. Il invoque les droits seigneuriaux dont se prévalaient autour de 1150 les comtes de Lenzbourg tant en Léventine et dans le val Blenio qu'en pays d'Uri. Pourtant, la dispersion géographique des droits et des charges seigneuriales exercés par un même lignage était alors une réalité courante; rien ne confirme que les Lenzbourg aient cherché à structurer un espace territorial homogène. Meyer relève encore la rédaction, en 1237, d'usages coutumiers plus anciens regardant les activités de transport des habitants de la Léventine. Or ces coutumes avaient pu tout aussi bien s'appliquer au trafic du Lukmanier – attesté depuis fort longtemps – dont l'itinéraire emprunte aussi la partie inférieure de la Léventine. La date de 1237 suggère au contraire qu'à cette époque justement, le gonflement remarquable du trafic aussitôt après l'ouverture du Gothard a rendu opportun de préciser ces usages et de les mettre par écrit.

Tout à l'opposé de cette datation, Ferdinand Güterbock a proposé naguère une date très tardive : la fin du XIIIe siècle. L'événement est à ses yeux exactement contemporain de l'agitation des Waldstetten et de l'alliance de 1291. C'est vrai qu'à ce moment seulement, les témoignages directs et précis se multiplient pour confirmer l'existence d'un chemin de grand passage par le Gothard. Par exemple l'existence d'un péage impérial au port de Fluelen. Pourtant, trop d'autres indices révèlent une circulation déjà importante avant le milieu du XIIIe siècle.

Il n'y a guère espoir de réussir jamais à dater finement l'ouverture de cette route. A-t-elle d'ailleurs été réalisée d'un seul souffle, par le trait de génie d'un entrepreneur ou l'intervention du diable en une nuit? Les constructeurs ont dû tâtonner, consolider, perfectionner peu à peu leurs ouvrages et les éprouver. Et le passage une fois aménagé, plusieurs années ont pu s'écouler avant que voyageurs et marchands ne s'avisent de cette commodité et n'adoptent régulièrement le nouvel itinéraire.

En toute hypothèse, il me paraît donc raisonnable de revenir à la datation approximative qu'avait avancée en 1900 l'historien allemand Aloys Schulte, dont les recherches sur le trafic transalpin au Moyen Âge font encore autorité : Schulte cite l'abbé Albert de Stade, un Allemand du Nord, qui décrit l'itinéraire de son pèlerinage à

Rome en 1236 : « Si tu juges bon de revenir par le Mont Elvelinus, que les Lombards nomment *Ursare* (= Urseren), tu vas de Rome... à Côme... à Lugano. Là commence le trajet en montagne, qui mène jusqu'à *Zonrage* (Zurich ?). De Lugano à Bellinzone il y a un jour de voyage, puis trois jusqu'à Lucerne, y compris la traversée du lac.... » Telle est la première mention indubitable d'un voyage par le Gothard. La courte traversée proposée – trois jours seulement de Bellinzone à Lucerne, soit des chevauchées quotidiennes d'au moins cinquante kilomètres – exclut le détour du Bœzberg : la passerelle des Schœllenen est donc ouverte avant 1236.

N'en trouvons-nous pas confirmation dans les subites tensions politiques qui viennent troubler, juste à cette époque, la quiétude séculaire des deux rampes d'accès au Gothard ? Longtemps négligées ou carrément ignorées des principales puissances du nord comme du sud, les vallées de la Reuss (Uri et Schwyz) et du Tessin (Léventine) retiennent tout à coup l'attention, ouvrent des conflits : c'est à qui s'en assurera la maîtrise.

Au nord, la jeune dynastie féodale des Habsbourg s'insinue au cœur du réseau d'influences qu'avaient construit les Zæhringen, entre-temps disparus de la scène. Elle l'exploite pour s'introduire dans les montagnes des Waldstetten et prendre ceux-ci sous sa tutelle. C'est donc qu'elle a quelque chose à y chercher, le contrôle d'une route, des rentrées fiscales, que les générations précédentes ont ignoré. Or ni le pouvoir impérial ni les communautés locales ne l'entendent de cette oreille. En 1231, Frédéric II accorde – ou plutôt vend à bon prix – aux Uranais, aisés, le privilège de l'immédiateté impériale. Il les soustrait ainsi au pouvoir d'un prince féodal. Manœuvres qui n'auraient point eu de sens sans une subite valorisation économique et stratégique de la région.

Au sud, c'est la rivalité déchaînée de Côme et de Milan qui vient témoigner d'une géographie modifiée des communications. Les évêques de ces deux cités et les corporations de marchands se disputent tout à coup âprement la possession de Bellinzone et de sa forteresse; celle-ci est la clef de la Léventine. Luttes et négociations compliquées se succèdent entre 1229 et 1242, au cours desquelles l'adversaire commun des villes lombardes, l'empereur Frédéric II, tente de tirer les marrons du feu pour assurer à son propre avantage le contrôle de la rampe sud du Gothard, comme il le fait en 1231 pour la rampe nord, celle d'Uri. En fin de compte, c'est pourtant la grande métropole commerciale, Milan, qui l'emporte en Léventine en 1242. Et son podestat peut écrire au légat pontifical que la prise de la forteresse de Bellinzone cette année-là « nous ouvre les chemins de la France et de l'Allemagne et les ferme à nos ennemis ». C'est bien au Gothard qu'il pense.

Autres indices encore, d'une autre nature : la multiplication des postes de péage sur les routes qui, au nord, peuvent desservir le passage du Gothard : en 1228 le péage de Saint-Amarin, dans les Vosges; en 1240 celui de Reiden, près de Zofingue, sur le *caminus Basle*, le chemin de Lucerne à Bâle; en 1251 celui de Freudenau sur l'Aar, juste en aval du confluent de cette rivière avec la Reuss venant de Lucerne et la Limmat de Zurich. Le péage de Reiden, aux mains des Habsbourg, est de tous l'indice le plus probant. Si l'on excepte le trafic régional qui ne pouvait justifier à lui seul l'institution d'une douane de cette importance, seule passait par là la route du Gothard dans son prolongement vers le grand carrefour bâlois.

De tout cela, Schulte conclut, avec un excès de précision peut-être, que l'ouverture du Gothard dut avoir lieu entre 1218 et 1225. Les meilleurs historiens penchés sur la question, Laur-Bélart, Charles Gilliard, Gottfried Boesch, se sont rangés à son avis. Acceptons aussi, avec à peine plus de prudence, une fourchette d'une quinzaine d'années, entre 1215 et 1230 : nous ne pouvons être trop éloignés de la vérité. Car c'est bien à partir de là que se précisent les signes d'une fréquentation régulière et d'un trafic rapidement croissant.

C'est d'ailleurs aussi avant le milieu du siècle que, conformément à l'usage introduit par saint Bernard d'Aoste, un premier hospice est installé au sommet du col, et dédié – on ne sait trop pourquoi – à un bénédictin qui avait été évêque de Hildesheim deux siècles plus tôt († 1038) : saint Godehard, ou Gothard. Comme ce fut fréquemment le cas, l'hospice transmit son pieux vocable au col lui-même et à toute la route, en effaçant du souvenir les vieux toponymes du massif, mont *Elvelinus* (*Evelinus, Evel*) ou *Ursernberg*; et celui du col, *Tremola.*

Qui?

Il reste à nous demander enfin qui a su prendre l'initiative de cet aménagement dont les effets commerciaux et politiques furent à ce point considérables. La réalisation matérielle des travaux fut assurée évidemment par les gens de la vallée. Il est exclu d'imaginer un contrat avec des constructeurs venus on ne saurait d'où. Mais au nom, à l'inspiration ou sur l'ordre, et aux frais de qui ont-ils travaillé? Derrière le légendaire forgeron de Gœschenen se profilent trois candidats.

Voici d'abord, soutenu par un autre historien allemand, Heinrich Büttner, le dernier des ducs de Zæhringen, Berthold V, vers 1200 ou peu après puisqu'il meurt sans postérité en 1218. On se souvient que Frédéric Barberousse, en 1189, avait retiré aux Zæhringen les privilèges et droits que ceux-ci exerçaient en Suisse romande, et du même coup les avait privés de leur droit de regard sur le Grand-Saint-Bernard. L'empereur s'était ainsi réservé pour lui-même, par-dessus les comtes de Savoie et les évêques de Sion en compétition, le contrôle de la principale route entre l'Italie et l'Occident. Les Zæhringen, frustrés, n'eurent rien d'autre à faire qu'à se replier sur leurs possessions et privilèges de Suisse septentrionale et centrale.

Pour compenser l'avantage stratégique (et les revenus péagers) perdus à l'ouest, ils auraient d'abord esquissé une politique de soutien à la route du Grimsel (2 165 m, aux sources de l'Aar), combinée pour redescendre sur le val d'Ossola et la Lombardie avec le col de Gries (2 479 m). Cet itinéraire difficile eût desservi surtout la ville de Berne que les Zæhringen venaient de fonder. Mais il n'avait aucune chance : il imposait un très long déplacement, l'ascension successive de deux cols trop escarpés. Il se plaçait d'ailleurs en travers des axes que pouvait animer le grand commerce. Convaincu de cette impasse, Berthold V se serait alors intéressé au Gothard; et c'est lui qui aurait fait aménager le passage des Schœllenen.

L'hypothèse est séduisante. Mais aucun texte ne livre même un commencement de preuve. Les Zæhringen avaient généreusement disposé des biens impériaux en pays d'Uri; ils en avaient récompensé vassaux et ministériaux. Mais eux-mêmes n'ont manifesté aucun intérêt sérieux pour cette région inhospitalière. Une politique routière conséquente eût impliqué un pouvoir plus affirmé sur la région – celui que les Habsbourg vont bientôt essayer d'obtenir. C'est donc, à mon sens, faire la part trop belle au sens politique et à l'instinct spatial de ces princes féodaux dont l'influence concrète sur place était à peu près nulle. Une complicité, la bienveillance des Zæhringen dans cette affaire n'est pas à exclure. Et moins encore celle des petits nobles qu'ils avaient installés ou dotés à Uri, comme les Attinghausen. Ceux-ci devaient trouver à la nouvelle route un intérêt personnel et immédiat pour l'exportation de leur bétail. Il me semble néanmoins hasardeux d'en attribuer le mérite à eux seuls.

Deuxième candidat, collectif celui-ci : les marchands. En première ligne ceux de Côme et de Milan. N'ont-ils pas l'intérêt le plus évident à ouvrir une communication directe et commode avec les pays septentrionaux ? Ce sont bien eux, avant leurs confrères d'Allemagne, qui vont s'empresser de l'exploiter. On vient de voir avec quelle âpreté ils se sont disputés le contrôle de la Léventine, donc les conditions d'accès au Gothard les plus avantageuses; et comment Milan l'emporte avec la conquête de Bellinzone en 1242.

Il semblerait pourtant qu'une intervention directe des

marchands pour faire enfin sauter le bouchon des Schœllenen et aménager la route eût donné lieu à des accords écrits, à des contrats de construction et d'entretien. Les Milanais eussent été soucieux de préciser leur engagement financier dans l'affaire, de répartir les responsabilités entre eux-mêmes et les riverains de la route. C'est ce qu'ils feront, une cinquantaine d'années plus tard, au Simplon. Là-bas, leur initiative sera minutieusement documentée. Pour le Gothard, nul texte dans ce sens n'est apparu. Que les Milanais, les Comegasques, des « universités » ou corporations de marchands d'autres cités lombardes, éventuellement souabes aussi, aient agi en « groupes de pression » et qu'ils aient porté à l'entreprise un intérêt actif, n'en doutons point. Mais ils n'apparaissent, je pense, qu'à l'arrière-plan.

Reste un dernier candidat, collectif lui encore : les paysans du coin. Ceux des villages et des bourgs de la basse vallée de la Reuss, le pays d'Uri proprement dit. Ou peut-être les habitants isolés du vallon d'Urseren, certainement attentifs à une liaison facile vers l'aval. Je ne penche pourtant pas volontiers pour ces derniers (au contraire de leur valeureux historien, le père Iso Müller). Ils sont encore très peu nombreux autour de 1200; c'est la route qui va animer et peupler le vallon; et ils n'ont pas les mêmes puissants motifs que leurs voisins d'aval. Les légendes, si elles contiennent une information digne d'être retenue, désignent toutes les gens qui vivent au bas des Schœllenen. De toute façon, ni ceux du haut, ni ceux du bas ne sont suggérés par aucun document qui trahisse leur part à l'entreprise. Mais si l'absence de contrats notés de la part des seigneurs ou des marchands est suspecte, elle est parfaitement naturelle pour des paysans qui n'ont nul besoin de mettre par écrit leurs conventions internes et seraient bien en peine de le faire.

Après tout, l'entreprise avait lieu chez eux et n'appelait point nécessairement l'intervention de tiers. Les gens d'Uri disposaient des moyens : le capital à investir, pratiquement négligeable d'ailleurs; la main-d'œuvre préparée au travail qu'on attendait d'elle par une longue expérience des aménagements en montagne; le savoir-faire; le matériel. Et ils avaient le mobile. Nul n'était mieux intéressé qu'eux à l'ouverture d'une route par où écouler bétail, viandes, peaux, beurres et fromages dans les meilleures conditions, vers le sud comme vers le nord; et par où importer les biens qui leur manquaient. De ceux-ci, le sel avait assurément la plus grande valeur. Or, au XIIIe siècle, les Alpes centrales dépendaient exclusivement du sel méditerranéen pour leur approvisionnement régulier. Il était donc de toute importance pour les éleveurs uranais, schwyzois, valaisans, etc., d'ouvrir des routes du sel les plus pratiques possible pour le transport de cette matière pondéreuse et délicate.

De plus, leur fréquentation depuis quelques générations des marchés lombards avait appris aux Uranais le besoin qu'éprouvaient les hommes d'affaires d'une route transalpine directe. Ils savaient donc qu'en créant cette route, ils pouvaient attendre un fort trafic et escompter des profits substantiels – ce qui, en effet, ne manqua pas.

C'est pourquoi, à défaut de preuves plus formelles, je crois pouvoir attribuer aux bergers d'Uri le mérite d'avoir, autour de 1220 ou peu après, rendu praticable le verrou des Schœllenen; et par suite la route du Gothard tout entière, promue très vite au rang de voie majeure du trafic transalpin, du grand négoce européen. Peut-être avec l'aide des voisins d'Urseren, ou celle des Walser. Peut-être celle aussi des gens de Schwyz et, pourquoi pas, des moines d'Einsiedeln qui purent y voir aussi leur avantage. Probablement sous une certaine pression des milieux marchands. Et avec la possible bénédiction des Zæhringen ou celle d'autres seigneurs exerçant quelque influence dans cette région des Alpes.

Le poids du Gothard

Les effets de l'« invention » du Gothard se sont manifestés très vite. C'est cependant à long terme que nous en pouvons mesurer tout le poids, économique, culturel, politique.

Le poids économique, c'est, au nord des Alpes, une transformation de la carte des échanges commerciaux, une redistribution des centres de gravité de la production industrielle et des richesses. Le nord de la Suisse, le sud et le centre de l'Allemagne jusqu'à Nuremberg et Francfort, et toute la vallée du Rhin jusqu'à la mer ont reçu à travers le Gothard des impulsions nouvelles. Ces régions cessent de dépendre, pour leurs échanges avec l'Italie et la Méditerranée, du détour par les rendez-vous champenois ou par les cols des Alpes occidentales. Elles deviennent plus autonomes; et prospères. Les foires de Champagne vont s'en ressentir, qui déclineront rapidement autour de 1300. D'autres causes, d'ordre politique, ont contribué à leur effacement. Mais le déplacement plus à l'est d'un axe essentiel du commerce d'Europe en reste la raison décisive. Au sud des Alpes, la Lombardie, Venise, Florence ont aussi tiré profit des marchés dont le Gothard ouvrait ou simplifiait l'accès. D'une manière générale, ce Gothard vint satisfaire à point nommé, ou même avec retard, un besoin d'échanges que des populations en croissance éprouvaient pour assurer le niveau de vie et d'activité auxquelles elles aspiraient. La nouvelle route ne s'est pas substituée aux anciennes, pas plus que la voie maritime de Gibraltar ouverte vers 1300. Elle s'en est fait le complément pour augmenter la quantité des biens transportés, et pour élargir l'éventail des communications transeuropéennes.

Au plan local, c'est-à-dire pour ces pays des Waldstetten qui nous occupent ici, le Gothard permit d'accéder, on l'a vu, à un marché formidable, et fort avantageux, d'exportation et d'échanges. Il a animé la région par son trafic et par les revenus substantiels que les riverains surent en tirer : métiers nouveaux de guides, de transporteurs, d'aubergistes; fournitures de chevaux, de ravitaillement pour les voyageurs et leur équipage. Une manne distributive : même les paysans les plus modestes pouvaient en avoir leur part. Cela put contribuer fortement à la volonté de préserver à tout prix un système de gestion autonome et collectif; mais ne manqua pas d'entraîner aussi des mutations sociales, un changement des mentalités, des tensions internes qui vont affecter le milieu de Guillaume Tell.

Le cul-de-sac qu'avaient été les vallées des Alpes centrales s'est ouvert, les Waldstetten sont désenclavés. Par l'accès vers l'Italie, par le flux des passants, c'est un vaste horizon qui se substitue à celui des étroites montagnes fermées sur leurs occupants. Un signe : deux contrats vénitiens de 1299, retrouvés par J.-C. Hocquet, organisent des livraisons de sel aux Waldstetten (et aux Valaisans) pour leur élevage, en provenance des salins de Ra's al-Makhbaz et Djerba : un produit africain dans l'étable de Guillaume Tell...

Les effets politiques de l'ouverture du Gothard sont à la mesure des résultats économiques. Nous en avons soupçonné quelques-uns. Il convient d'y insister davantage. Car ce Gothard va participer, avec un rôle de premier plan, aux événements qui mettent en scène Guillaume Tell et les Trois Suisses. Il n'est point exagéré d'affirmer que le Gothard a donné naissance et conscience à la Confédération. Autour de lui, il a cristallisé l'alliance, comme un fil cristallise autour de lui le sucre candi.

CHAPITRE X

Frédéric II et les Waldstetten

Les clans impériaux

En 1218 disparaît le dernier des Zæhringen. En 1231, Uri négocie et obtient le privilège de l'immédiateté impériale, autrement dit sa complète autonomie au sein de l'empire. Que s'est-il passé dans ce court intervalle ? Quelles ambitions a déchaînées l'extinction du plus puissant parmi les lignages établis entre Rhin et Rhône ? Quels jeux de pouvoir et d'influence se sont-ils donc déroulés, qui ont inspiré dans un délai rapide l'arrangement inattendu des bergers du Gothard avec leur impérial mais lointain souverain ? Pour répondre, il nous faut reprendre les événements quelque peu en amont.

Au cours du siècle précédent, les traditionnelles rivalités féodales de la noblesse allemande avaient débouché sur la formation de partis politiques; ou mieux, de clans, dans la mesure où ceux-ci s'articulaient autour des quelques hautes familles princières, virtuellement candidates à la couronne. Celle des Hohenstaufen, en Souabe, et celle des Welf, en Bavière et dans le nord de l'Allemagne, bénéficiaient des « groupes de pression » – dirai-je des *lobbies* ? – les plus efficaces. L'affrontement de ces clans pouvait reposer sur des idéologies, formulées plus ou moins clairement par les princes ou par les clercs attachés à leur service. Il s'agissait, ouvertement, de conceptions divergentes sur les rapports de l'empire et de l'Église, sur la réforme de cette dernière, ou sur la conception même des pouvoirs, royaux, seigneuriaux, ecclésiastiques. L'enjeu réel, cependant, c'était le pouvoir lui-même; avec le prestige, la richesse et la sécurité qu'il conférait.

L'empereur Frédéric Ier Barberousse, de la Maison de Souabe, se vit favorisé par la longueur même de son règne, assez exceptionnelle, entre son élection de 1152 et son départ en 1189 pour la Croisade dont il ne rentra pas; et par une intelligence politique elle aussi hors du commun de son temps. Il sut dominer les conflits de ses vassaux et récupérer au profit de la couronne une partie des pouvoirs que ceux-ci avaient détournés à leur avantage. Il forma le « grand dessein » d'un État impérial assez fort pour imposer sa paix à l'ensemble des pays qui le constituaient, de la Frise jusqu'en Sicile. Son objectif prioritaire fut d'assurer l'ordre, source de prospérité; un ordre obtenu au besoin par la force, mais légitimé par le droit à la fois naturel et positif. Cette politique fut, dans un sens, facilitée par l'extinction d'un certain nombre de lignages parmi les plus encombrants. En revanche, ceux qui survécurent plus longtemps, parmi lesquels les Zæhringen figuraient encore, aiguisèrent d'autant mieux leur appétit de pouvoir. Frédéric Ier régla sans problème sa succession dynastique : son fils Henri, déjà fait roi de Sicile, fut couronné empereur dès 1191, quelques mois seulement après la disparition de son père. Mais Henri VI n'eut pas le même destin prolongé. A sa mort prématurée en 1197, il ne laissait qu'un fils en trop bas âge pour prétendre à la succession. La prétention des Hohenstaufen à l'hérédité de l'empire était ruinée, et compromis aussi tout l'édifice de restructuration de l'État qu'avait dressé le Barberousse. Cette faille ralluma aussitôt les conflits que la haute noblesse d'Allemagne n'avait pas oubliés tout à fait; elle suscita d'ambitieux espoirs de promotion pour quelques lignages jusque-là demeurés dans l'ombre des puissants.

Effectivement, les princes électeurs ne surent pas se mettre d'accord sur un candidat à la succession impériale. D'un côté, le clan des Hohenstaufen présenta le second fils du Barberousse, le duc Philippe de Souabe; il bénéficiait d'un appui moral du roi de France, Philippe Auguste. De l'autre côté, c'est avec son or que le Plantagenêt Richard Cœur de Lion soutint les alliés des Welf et la candidature d'Othon de Brunswick. Ce dernier ne disposait en Allemagne que d'un patrimoine restreint; mais il était aussi comte de Poitou et, comme tel, vassal direct du roi d'Angleterre. L'élection impériale devenait une affaire internationale; l'axe transalpin, un enjeu de la lutte entre Anglais et Français. D'étranges stratégies européennes commençaient à se dessiner par-dessus le petit pays de Guillaume Tell.

Dans l'impossibilité de s'accorder, les électeurs se mirent en quête d'un candidat de compromis; et le nom du duc Berthold V de Zæhringen fut un moment sur leurs lèvres. Berthold s'est-il senti trop peu assuré de réunir – sans doute en les achetant – assez de voix? Ou a-t-il eu peur de la responsabilité qu'on lui proposait? Le dernier des Zæhringen n'a pas été le plus doué ni le plus convaincant des représentants de cette famille aux desseins plus féodaux que politiques. Toujours est-il que, pressenti pourtant par le parti des Welf, il préféra se ranger dans le sillage du candidat Hohenstaufen... Sans doute estima-t-il, non sans sagesse dans sa vision toute féodale des réalités, qu'il retirerait plus d'avantages de sa soumission à ce voisin proche et prestigieux que d'une couronne dont il n'aurait pas trop bien su comment la porter. Il reçut en effet, pour prix de son désistement en faveur de Philippe de Souabe, l'avouerie de Schaffhouse, qui complétait harmonieusement ses droits sur la Suisse occidentale.

L'élection de 1198 n'aboutit ainsi qu'à une impasse totale : les deux candidats furent proclamés et couronnés par leurs clans respectifs. Ils s'épuisèrent dès lors, et pendant des années, à tenter de s'imposer l'un à l'autre, autant en Italie qu'en Allemagne même. La réalité de l'État et son administration passèrent loin à l'arrière-plan, tandis que les rivalités féodales trouvaient à nouveau toute liberté de se déployer. C'est Philippe de Souabe qui s'effaça le premier, assassiné en 1208 par le fiancé repoussé et frustré de sa fille, un Wittelsbach de Bavière. Mais sur le chemin d'Othon IV, resté seul en course et pourvu en 1209 du titre d'empereur, se dressa presque aussitôt un autre Hohenstaufen : le petit-fils de Barberousse, trop jeune en 1198 mais grandi dans l'intervalle, bien assis sur son trône de Sicile, fort de l'appui du pape Innocent III, un fin stratège; et fort, bien sûr, du clan familial que ralliaient les uns après les autres les princes d'Allemagne sentant le vent tourner très vite.

Frédéric II arrive en Allemagne, pour la première fois de sa vie, en été 1212 (il a dix-huit ans) et se fait élire roi en décembre déjà. L'Allemagne a de nouveau deux maîtres; mais cette fois, Othon IV ne fait plus le poids face au prestige et à l'intelligence de son jeune adversaire, que sert une constellation d'influences toute nouvelle. Othon IV se tourne vers son protecteur, le roi d'Angleterre, qui n'a cure de l'aider en Allemagne, mais l'entraîne en campagne contre le roi de France : Othon va être le grand vaincu de Philippe Auguste à Bouvines, le 27 juillet 1214. Il en réchappe; mais ce qu'il lui restait de prestige et de fidélités s'en est allé dans la bataille... Frédéric II reste dès lors le seul maître. Il réussit à faire couronner roi par anticipation son tout jeune fils Henri VII, dès 1220, et le désigne comme son représentant en Allemagne, comme régent en somme, tandis que lui-même s'en va ceindre à Rome, au passage, la couronne impériale avant de regagner son royaume natal, sa vraie patrie, l'Italie méridionale. C'est donc aux affaires méditerranéennes, à celles de la Péninsule, qu'il va consacrer le meilleur de son attention et presque toute sa présence jusqu'à sa mort en 1250. Il n'en est pas moins attentif, à distance, aux affaires d'Allemagne; et particulièrement sensible à la complémentarité de ses deux royaumes, pourtant si différents. Il a mieux encore que son grand-père Barberousse le sens de sa vocation impériale à la tête de territoires qu'il regarde comme des États, non plus comme des conglomérats de domaines, de droits féodaux et de communautés aux statuts divers. La noblesse allemande, bien sûr, campe sur ses droits acquis que l'empereur ne peut transgresser. Il apprend en revanche à les manipuler dans l'intérêt de cette sorte de super-État qu'est l'empire, auquel il s'efforce de donner un contour réel. Il se sert de la pérennité de la couronne contre la haute noblesse dont les lignages, eux, sont mortels. Il pratique une habile redistribution des fiefs tombés en déshérence. Il reprend en main chaque fois que l'occasion s'en présente les droits de haute justice sur ses sujets et les fait administrer par ses officiers : c'est un des moyens les plus sûrs d'affirmer sa souveraineté. Et c'est avec discernement, c'est-à-dire à des vassaux aussi loyaux que possible, qu'il délègue les pouvoirs qu'il ne peut exercer en personne sur un ensemble aussi immense et disparate que son empire.

Cette conception centralisée et fonctionnarisée du pouvoir impérial implique que soient tenues avec vigilance les articulations, fragiles, entre le royaume d'Allemagne et celui d'Italie; que les communications entre eux soient garanties sans discontinuité, sans risques d'interférences ou de ruptures. Les Alpes et leurs cols émergent ainsi au centre du dispositif. Barberousse déjà, et pour les mêmes raisons, s'était assuré tantôt leur contrôle direct, tantôt la fidélité des seigneurs assignés à ce contrôle. D'un vassal sans héritier, il avait recueilli au profit de la couronne l'avouerie – c'est-à-dire la protection temporelle – de l'évêché de Coire, avec l'accès des cols grisons. Sur le versant sud de ceux-ci, il avait annexé Chiavenna à son duché patrimonial de Souabe. Généreusement doté par Barberousse en Italie du Nord, le couvent de Disentis montait la garde sur le col du Lukmanier, que l'empereur traversa plus d'une fois. D'autres seigneurs à lui dévoués complétèrent le dispositif dans les vallées tessinoises de Blenio et du Misox. A l'ouest, profitant subtilement des rivalités locales autour du Léman, il avait su écarter tant les Savoie que les Zæhringen du col du Grand-Saint-

Bernard. A l'est enfin, il était maître du Brenner. Frédéric II allait s'organiser de même.

L'ouverture du Gothard, on l'a vu, intervient précisément au début du règne de Frédéric II, au moment où il consolide son dispositif. Il n'y a aucune raison de penser pour autant que l'empereur prenne une part, même modeste, à cette initiative. Il n'en a cure. Le Grand-Saint-Bernard à l'ouest, et surtout les passages des Grisons, suffisent à ses besoins stratégiques. La nouvelle route est utile à ses sujets, sans doute; mais elle dessert aussi les républiques urbaines d'Italie septentrionale, Milan surtout, qu'il regarde comme une menace permanente. Au fond, le Gothard l'embarrasse plutôt. Mais puisqu'il est ouvert, il vaut mieux en tirer parti. Il faut éviter surtout que ce col échappe à son autorité aussi immédiate que possible. Frédéric II aurait sans doute volontiers confié cette garde aux dévoués Zæhringen. Mais ils ont mal à propos disparu de la scène, juste au moment où le Gothard et les pays qui en commandent l'accès sortent de cette ombre où l'histoire les avaient si longtemps oubliés. Cette région sans maîtres retient tout à coup l'intérêt et nourrit des ambitions. N'est-elle pas devenue promesse d'une bonne assise politique, mais aussi de revenus substantiels?

Émergence d'une dynastie

Vacant en 1218, l'héritage des ducs de Zæhringen était considérable. Il comprenait les biens patrimoniaux de la dynastie éteinte, dispersés mais très nombreux sur le plateau helvétique entre la Sarine et le Rhin, ainsi qu'en Souabe; ils incluaient les villes de Fribourg, Thoune et Berthoud au sud; et un domaine plus concentré dans la région assez montagneuse située entre les lacs de Zurich et de Constance. A quoi s'ajoutaient les droits d'avouerie et de bailliage exercés au nom de l'empereur sur quelques monastères et leurs possessions, sur les villes impériales de Berne (naguère une fondation des Zæhringen eux-mêmes) et de Zurich, et encore sur quelques communautés rurales autonomes telles que le Hasli dans la haute vallée de l'Aar – et naturellement Uri, administrativement rattaché au bailliage impérial de Zurich. Autant de possessions, de droits et d'influences qui avaient constitué comme un petit royaume au sein du royaume d'Allemagne, mais qu'aucun des Zæhringen n'avait eu l'idée de structurer en un État homogène, à la différence de ce que réalisaient les comtes de Savoie sur les confins méridionaux.

Les biens patrimoniaux de Berthold V, le dernier duc, passèrent naturellement à ses plus proches parents, ses deux beaux-frères. L'un reçut les terres de Souabe; l'autre, qui était comte de Kybourg, celles de Suisse. Un bel héritage, qui mettait ce Kybourg en situation de reconstruire à son profit le réseau de pouvoirs qu'avaient détenus les Zæhringen. Il s'y essaya, mais sans intelligence. Il disparaîtra bientôt à son tour, en 1264.

L'empereur Frédéric II avait d'ailleurs veillé à ce que ne se constitue pas sur le versant nord des Alpes une puissance féodale monolithique et potentiellement dangereuse. Il s'était bien gardé de reporter sur les Kybourg l'ensemble des droits impériaux que les Zæhringen avaient tenus, mais les avait répartis entre plusieurs familles nobles de la région dont aucune, lui semblait-il, n'avait assez de poids pour prendre trop d'influence. Le bailliage de Zurich, sans la ville, fut partagé entre quelques dynasties locales, d'anciens vassaux des Zæhringen désormais directement liés par leur hommage à l'empereur. Zurich, Berne et quelques autres cités, de même que le Hasli, furent dévolus à la couronne impériale, en pratique livrés à eux-mêmes sous la direction de quelques chevaliers locaux, des riches bourgeois ou les paysans les plus cossus. Quant à Uri, il fut enfin détaché de la circonscription zurichoise et constitué en bailliage impérial. C'est comme tel que ce pays fut confié à un autre lignage régional fidèle depuis des générations aux Hohenstaufen : celui des comtes de Habsbourg. De sorte que les Waldstetten, vers 1220, entrèrent dans la sphère de cette famille qu'ils devaient avoir bien des raisons de redouter par la suite.

Rien pourtant ne laissait prévoir le pourrissement ultérieur de leurs relations. Ces Habsbourg n'étaient encore que bien modestes seigneurs; ils ne se distinguaient en rien des autres vassaux suisses des Hohenstaufen. Des riches dépouilles des Zæhringen, ils ne recevaient en fief qu'un bailliage, une gestion administrative au nom de l'empereur, et non la pleine possession d'une seigneurie. Et qui plus est, le bailliage de cette vallée médiocre et marginale qu'était encore Uri, ou qu'elle paraissait être vue de l'extérieur. Le Gothard n'était vraisemblablement pas ouvert, tout au plus en chantier, et son importance n'était guère déjà perceptible. Les Habsbourg semblaient n'avoir obtenu qu'une miette du festin. Ils allaient essayer d'en tirer tout le parti possible.

Les Habsbourg descendaient d'une famille comtale de cette Lotharingie qui, pour si brève qu'eût été son existence, avait offert leur berceau à une série impressionnante de lignages destinés à des rôles importants. Peut-être est-ce précisément l'absence durable d'un pouvoir royal bien établi sur le no man's land lotharingien qui avait stimulé les barons de ces provinces? Vers l'an mille, cette famille tenait quelques terres en Alsace et en Souabe, mais plus particulièrement autour des confluents de l'Aar et de la Reuss, en Argovie. C'est en tout cas là qu'elle a désormais son séjour, près de la cité romaine de Vindonissa et au passage de l'Aar entre Bâle et Zurich; donc sur la route qui conduit des pays rhénans et des Flandres vers l'Italie par les cols grisons. Au début du XIe siècle, le comte Radbot et son cousin Werner, évêque de Strasbourg, sont au service de l'empereur et en profitent pour acquérir de nouveaux fiefs et arrondir leur domaine d'Argovie. C'est peut-être Radbot qui, autour de 1025, élut domicile au lieu-dit *Habicht* (l'autour), à la pointe d'une crête de collines qui viennent buter sur l'Aar; il y fit construire un *burg*, un château fort, à la fois forteresse et résidence. Il existe encore, lourde masse sans orgueil qui n'attire même pas les touristes, sollicités à travers toute la Suisse par des dizaines de châteaux infiniment plus remarquables. Il témoigne ainsi de la modestie de ses occupants qui, bien sûr, cesseront de l'habiter dès lors qu'ils accéderont à un destin princier, autrichien et impérial. Au XIe siècle, l'autour n'est pas encore aigle, lorsque les châtelains adoptent pour patronyme, selon l'usage courant de la petite noblesse, le toponyme de leur résidence, contracté de *Habichts-burg* en *Habs-burg*.

Les comtes vont se montrer, au XIIe siècle, vassaux fidèles des Hohenstaufen, participant à leurs campagnes d'Italie. Des vassaux heureux, parce que prudents. Ils s'abstiennent des entreprises trop aventureuses de leur suzerain et survivent, à la différence de tant de lignages effacés par les combats, les voyages ou les épidémies. Et ils recueillent gravement, mais systématiquement, des parts d'héritage de leurs voisins disparus. Leur influence grandit avec leur fortune. Elle s'étend vers ces montagnes qui ferment leur horizon, le long de la Reuss, jusqu'aux abords du site de Lucerne. Les Habsbourg, se pliant à une mode pieuse, ont contribué à la fondation et à la dotation du monastère bénédictin de Muri. Ils sont assez riches au seuil du XIIIe siècle pour que le comte Rodolphe l'Ancien fasse au jeune Frédéric II un prêt de 1 000 marcs d'argent afin de gagner à son parti le duc de Lorraine. L'attribution du bailliage d'Uri est-elle le gage de cette créance? Au printemps de 1218, tandis que s'éteint le dernier des Zæhringen et que se discutent fébrilement les modalités de sa succession, le jeune comte Albert et sa femme Edvige, une Kybourg, donnent naissance à un garçon qui sera le comte Rodolphe IV et plus tard Rodolphe Ier, roi des Romains, c'est à dire d'Allemagne. Ce seront son gouvernement et surtout sa mort, en 1291, qui déclencheront les événements auxquels sont associées les épopées de Guillaume Tell et des trois Suisses de la légende.

Lucerne et le réveil des Waldstetten

L'an 1218 marque donc le désenclavement politique des Waldstetten. Mais aussi le début de leurs tribulations. Ces petits peuples cessent de vivre heureux dans leur solitude. Ils entrent dans l'histoire.

Les Habsbourg prennent pied à Uri en cette qualité nouvelle de baillis impériaux. Quel pouvoir réel et quel profit sont attachés à cette fonction? Les trop rares documents de ce temps le précisent mal. Le bailli juge les causes civiles en appel, ce qui est un moyen certain de prendre de l'influence; il rend, au pénal, la haute justice pour autant que celle-ci ne soit pas déjà le privilège d'un autre seigneur. Avec quelle fréquence le nouveau bailli est-il intervenu, de sa propre initiative ou de celle des sujets justiciables? C'est ce que nous ignorons. Nous ne savons pas davantage quelle pression fiscale il a exercée sur les habitants, toujours au nom de l'empereur. Ce qui est clair cependant, c'est que les Uranais n'ont pas apprécié du tout un régime qui portait atteinte à leur autonomie ancestrale : ils vont très vite s'organiser pour en être débarrassés.

Uri n'est cependant pas seul concerné par ces changements féodaux. Car dans la même distribution de fiefs et de droits, les Habsbourg ont encore reçu l'avouerie de quelques monastères : Muri en Argovie, Murbach en haute Alsace; s'y ajoutera encore le couvent des cisterciens de Wettingen fondé avec le concours des Habsbourg en 1227. Ils en assurent désormais la protection et exercent pour l'abbé certains droits, de justice notamment, sur les dépendances domaniales de ces établissements religieux. Et ils en retiennent, bien sûr, quelque profit, en même temps qu'ils élargissent leur champ d'influence. Or ces monastères possèdent tous domaines, pâturages et droits en Suisse centrale, particulièrement dans l'Unterwald et à Uri, où Wettingen se voit richement doté. De sorte que par ce biais encore, les Habsbourg étendent l'aile de l'autour sur les vallées.

Mais il y a plus. Les moines alsaciens de Murbach avaient établi jadis – au VIIIe siècle déjà – un prieuré à la tête occidentale du lac des Quatre-Cantons, où la Reuss en ressort. Dans les années 1170-1180 furent fondés là par l'abbé de Murbach – un fils de la petite noblesse des environs – un marché et une cité : Lucerne. La première ville à proximité immédiate des Waldstetten, le seul marché protégé et doté de privilèges commerciaux qui n'exigeait plus d'eux un long déplacement.

Les circonstances de la fondation de Lucerne, les conditions de son rapide développement ont donné lieu à tout un débat d'interprétation. Que cette ville neuve ait été destinée à rehausser le prestige du lignage local qui en prit l'initiative ne fait aucun doute. Des considérations d'ordre économique ont pourtant dominé. La présence d'une ville et d'un marché dans une région en plein développement démographique et agricole, mais jusque-là dépourvue de pôle urbain, ne pouvait que favoriser un essor plus soutenu. La ville stimulait les échanges internes, la division du travail et sa rentabilité; elle encourageait l'artisanat, ainsi que le commerce avec d'autres centres actifs du plateau, de Berne à Zurich. Elle concentrait des capitaux et les redistribuait dans la région en animant la circulation monétaire. Éleveurs, agriculteurs et bûcherons de l'Unterwald, de Schwyz et d'Uri y trouvaient enfin un débouché naturel et commode pour leurs produits surabondants en même temps qu'un marché qui leur offrait ce dont ils manquaient, des outils, du vin, éventuellement des grains. La transformation en prairies de leurs champs à rendements misérables pouvait donc s'accélérer à moindres risques. Les Waldstetten ont été tout de suite les animateurs privilégiés du nouveau marché et de son cadre urbain, qui venait à point nommé les désenclaver économiquement, avant même qu'ils ne le deviennent aussi en termes politiques.

Lucerne occupe d'autre part une situation idéale sur les voies de trafic, au point d'embarquement ou de débarquement des voyageurs et marchandises à destination ou en provenance des vallées. A tel point que les historiens ne purent manquer de faire le rapprochement entre la fondation du marché lucernois et l'ouverture du Gothard. Les deux événements, mal datés l'un et l'autre, ne sont-ils pas de toute façon proches dans le temps? Karl Meyer, qui est aussi le plus ardent sinon le plus convaincant des avocats récents de Guillaume Tell, a eu le mérite d'expliquer clairement la fondation de Lucerne et de la situer assez sûrement autour de 1180. En revanche, c'est certainement à tort qu'il y a vu l'effet d'une route du Gothard déjà ouverte au grand trafic; Meyer a cru soutenir ainsi son hypothèse d'un aménagement des Schœllenen antérieur au milieu du XIIe siècle. Or nous avons constaté déjà qu'une telle datation ne résiste pas à l'examen des autres pièces du dossier et que le Gothard n'a pu être ouvert avant 1220 environ : avec un demi-siècle de retard sur Lucerne. Cette cité devait en tirer effectivement un profit énorme; et tout son développement jusqu'à l'époque contemporaine sera étroitement lié à cette route majeure qui la dessert. Mais elle n'en est pas le produit. Plus récemment, un autre historien, Gottfried Boesch, a suggéré qu'à défaut du Gothard, l'émergence de Lucerne pouvait être rattachée au trafic, moins prestigieux, du Brunig. Le lignage fondateur avait des possessions importantes dans la haute vallée de l'Aar, que ce col et la vallée de l'Obwald reliaient commodément au bassin de la Reuss : Lucerne pouvait ouvrir son marché aux producteurs de l'Oberland aux dépens de Berne et gagner ainsi sur les deux tableaux.

Quoi qu'il en soit, c'est toute la Suisse centrale qui s'anime au tournant des XIIe et XIIIe siècles. Les changements politiques et l'arrivée des Habsbourg dans ce paysage en éveil vont-ils brouiller le jeu? Nous ne savons pas avec certitude si les Habsbourg ont entrepris d'emblée d'instituer une véritable domination féodale sur la région; ils n'en ont de toute façon pas eu le temps. Ce qui est sûr, c'est que la présence insidieuse, arrogante, des agents par eux mis en place, recrutés parmi leurs ministériaux, dérangea. Elle perturba les fragiles équilibres sociaux des communautés des vallées; elle compliqua la vie quotidienne, l'exploitation, le commerce; elle alourdit les charges et menaça les profits paysans; elle interféra dans les décisions collectives; elle introduisit des critères étrangers dans l'exercice de la justice; elle inspira des sentiments de méfiance, d'incertitude, de déstabilisation. Bref, cette intervention d'un pouvoir étranger provoqua dès ce premier contact avec les Habsbourg une réaction de rejet, qui devait s'imprimer durablement dans l'esprit des Waldstetten, toutes catégories sociales confondues. Survenue dans cette atmosphère, la manne qui tomba du Gothard ne pouvait qu'accentuer le conflit. Chacune des deux parties n'allait-elle pas chercher à tirer avantage pour son seul profit des ressources économiques et de la qualité stratégique du nouveau passage transalpin?

Le privilège d'Uri

Frédéric II fut sensible à cette situation, et surtout au dernier argument. Dans sa conception d'un empire aussi romain que germanique, donc italien autant qu'allemand, les Alpes prenaient une valeur particulière. Garants des rares passages ouverts, les peuples de la montagne méritaient sa sollicitude. C'est au retour de sa croisade en Terre sainte (1228-1229) que Frédéric II fut averti du conflit qui couvait en Suisse centrale. Il y fut tout de suite attentif : le Gothard ne débouchait-il pas directement sur cette Lombardie perpétuellement agitée et hostile à son autorité? D'un autre côté, les Habsbourg n'étaient-ils pas des vassaux méritants? L'empereur n'avait aucun intérêt à affronter ses barons d'Allemagne en restreignant leurs prérogatives ou en freinant leurs ambition. Les affaires de la Péninsule exigeaient sa présence et toute son énergie, et le succès de sa politique dépendait de la stabilité préservée au nord des Alpes, donc du bon vouloir des vassaux.

Des négociations furent engagées. Nous n'en connaissons pas les circonstances, ni qui en prit l'initiative; probablement les Uranais, agissant encore pour leur seul compte, et qui, gardiens du Gothard, pouvaient avoir l'oreille de Frédéric II. Quoi qu'il en soit, ces négociations aboutirent assez rapidement : par un acte scellé le 26 mai 1231 à Haguenau (Alsace), l'une des résidences préférées des Hohenstaufen, le jeune roi Henri VII, agissant au nom de son père et assurément sur instruction de celui-ci, accorda aux gens d'Uri le privilège de l'immédiateté impériale. Cet acte faisait d'eux les membres d'une communauté libre d'empire, ne relevant plus que du seul souverain ou de ses représentants personnels désignés; il les dégageait de toute obédience féodale. Un tel privilège n'était pas, en soi, une concession exceptionnelle; il était pourtant réservé d'ordinaire à des villes, telle Lubeck en 1227, pour y encourager l'expansion économique et la prospérité.

Par cet acte, les Uranais recevaient le droit d'élire leur *ammann*, à la fois président et juge. La première fonction documente l'existence institutionnelle, l'identité politique de la communauté. Celle de juge fut peut-être partagée avec un bailli impérial, un fonctionnaire de la cour, mais cela n'est point sûr : on ne voit jamais intervenir un tel personnage. Ces dispositions n'innovaient pas. Elles confirmaient bien plutôt, ou rétablissaient, un ancien état de fait et lui donnaient force de droit : il était bien dans la manière de Frédéric II de créer partout des situations juridiques claires. Dorénavant, il appartenait au roi seul, ou à ses délégués, de connaître des affaires d'Uri, en particulier des causes en appel. Compte tenu de l'éloignement de la cour et des plus graves soucis qui pouvaient retenir le roi, c'était concéder en pratique aux nobliaux et paysans d'Uri une autonomie complète, y compris pour la gestion et l'entretien de la route du Gothard sur leur territoire.

En tout cas, les Habsbourg furent proprement évincés d'Uri en 1231. Comme ils ne s'étaient pourtant rendus coupables d'aucune faute à l'égard du roi, ils durent être dédommagés par quelque somme d'argent. Et l'on peut admettre que les Uranais rassemblèrent la somme nécessaire, voire qu'ils s'acquittèrent d'un tribut supplémentaire au profit du trésor royal. Après tout, ils en avaient les moyens. Il leur apparut avantageux d'acheter, fût-ce assez cher, une liberté qui rétablissait l'ordre traditionnel, et qui à long terme les rembourserait largement de leurs débours.

Mais il ne s'agissait que de la liberté d'Uri. Pour l'heure, aucune solidarité tangible n'unissait encore les Waldstetten.

Dissidences

Un nouveau coup du sort atteint les Habsbourg l'année suivante, qui va ébranler le modeste prestige qu'ils se sont acquis et affaiblir pour un temps l'influence qu'ils exercent déjà sur l'espace compris entre le Rhin et les Alpes. Le vieux comte Rodolphe II meurt au début de 1232, et aussitôt ses deux fils, Albert IV et Rodolphe III, se disputent âprement l'héritage. S'ils conviennent en 1234 d'un premier partage des biens patrimoniaux, puis d'un second en 1238-1239, c'est sans doute l'effet d'un arbitrage, peut-être celui de l'empereur en personne. Cette convention ne règle pourtant le différend qu'en apparence; car désormais les deux branches des Habsbourg issues du partage vont se montrer résolument, systématiquement hostiles l'une à l'autre pendant plus d'un siècle et vont tout mettre en œuvre pour se mettre mutuellement des bâtons dans les roues. Les occasions, d'ailleurs, ne vont pas leur manquer de se manifester haine et jalousie; elles vont entraîner en Suisse des conséquences multiples.

A la branche aînée, celle du comte Albert IV, dite plus tard des Habsbourg d'Autriche dès lors que le fils d'Albert et futur roi Rodolphe aura fait main basse sur les duchés des Alpes orientales, le partage attribue le patrimoine ancien de la famille, en Alsace et en Argovie. Il inclut l'avouerie du monastère de Muri et celle de Sæckingen sur le Rhin, deux riches abbayes. La branche de Rodolphe III, quoique cadette, conserve (ou s'attribue) le titre comtal. Elle reçoit les fiefs familiaux dispersés autour de Zurich, quelques seigneuries à l'ouest de Lucerne (Sempach, Willisau) et celle de Laufenbourg, sur le Rhin; de cette dernière, Rodolphe III le Taciturne fait sa résidence habituelle; de sorte que la branche qu'il fonde va en garder le nom, Habsbourg-Laufenbourg. Elle hérite encore de l'avouerie de Murbach, et donc aussi celle de la ville de Lucerne. C'est elle enfin, et ceci surtout nous intéresse, qui assume le pouvoir du bailli impérial sur les pays d'Unterwald et de Schwyz, non pourvus du même privilège qu'Uri.

A peine Rodolphe le Taciturne a-t-il obtenu satisfaction et commencé à manifester son pouvoir sur les Waldstetten que des événements de portée européenne viennent suspendre brusquement ses ambitions. En 1235, le jeune roi Henri VII, le signataire des libertés d'Uri, s'est soulevé contre son père l'empereur en regroupant autour de lui quelques barons mécontents. Pis encore, il a fait alliance avec la ligue des villes lombardes, principal foyer de l'opposition en Italie : l'équilibre, l'existence même de l'empire s'en trouvent menacés. Frédéric II, après quinze ans d'absence, accourt en Allemagne pour remettre les choses en place, déposer, condamner et enfermer son fils rebelle et faire couronner roi à sa place un autre de ses rejetons, Conrad. Mais aussi pour mobiliser ses barons souabes en vue d'une intervention musclée en Lombardie. L'une des troupes de chevaliers, rassemblée à Bâle, a peut-être emprunté le Gothard; plus probablement l'un des cols grisons, mieux familiers aux Hohenstaufen.

Frédéric II remporte en 1236 et 1237 plusieurs succès contre les Lombards; mais il ne peut venir à bout de la résistance de la ligue, que soutient de plus en plus ouvertement le pape Grégoire IX. L'empereur fait alors appel à la solidarité des rois d'Occident. La prétention d'indépendance des villes menace, pense-t-il, le principe même de la monarchie, et l'exemple des cités de Lombardie risque de faire école ailleurs : « Cela vous concerne, vous et les autres rois de la terre », écrit-il à Louis IX. Il est entendu. Des contingents français, anglais, castillans, hongrois et même grecs et arabes se joignent à la forte armée des sujets italiens et allemands de l'empereur. Celui-ci échoue pourtant devant Brescia : la plus nombreuse des armées, avec les moyens qui sont encore ceux du XIIIe siècle, est impuissante à s'emparer d'une ville bien défendue. L'insuccès de Frédéric II désarme l'aide internationale, qui s'en va. Il encourage au contraire la coalition italienne anti-impériale dont Grégoire IX, à plus de quatre-vingt-dix ans, prend la tête. Frédéric se fait menaçant; mais le pape n'hésite plus à lancer contre l'empereur son arme la plus redoutable : l'excommunication. Elle est prononcée le dimanche des Rameaux 1239.

Frédéric II au ban de l'Église, l'union mystique du sacerdoce et de l'empire dont il a fait son horizon se dissout. Mais surtout, à travers tout l'empire, la porte s'ouvre toute grande aux infidélités, aux dissidences, aux affrontements, au désordre. La Suisse n'est pas épargnée.

Entre l'empereur et le pape

Tout de suite, princes et barons, villes d'empire et communautés plus ou moins libres prennent parti. Les uns pour l'empereur, les autres pour le pape. Un fossé se creuse entre eux, qui ne suit ni quelque frontière géographique, ni aucun clivage social bien défini. L'idéologie, les convictions, la piété ou le respect des fidélités n'ont guère de part aux choix qui sont faits : chacun décide selon son intérêt le plus immédiat, et qui peut changer, en entraînant le sujet dans l'autre camp. Des rivalités diffuses se précisent, apparaissent au grand jour : qu'un voisin, un concurrent ait opté pour l'empereur, son rival se déclare aussitôt trop bon fils de l'Église pour ne point se soumettre à la volonté du pape. Belle occasion pour les deux Habsbourg frères ennemis de se situer politiquement l'un face à l'autre. L'aîné, Albert, reste fidèle à la tradition de sa famille, qui s'est révélée payante; donc loyal envers son souverain Hohenstaufen. Sans être des familiers, l'empereur et son vassal se connaissent bien; ils semblent avoir éprouvé sympathie l'un pour l'autre, même si le comte Albert s'est sagement gardé, comme ses ancêtres, de s'engager trop dans les affaires italiennes de son suzerain. Raison suffisante aux yeux de Rodolphe le Taciturne pour adopter, lui, le parti du pape, en compagnie de ses cousins Kybourg, eux aussi jaloux de l'influence d'Albert en Suisse septentrionale.

A Schwyz, les paysans goûtent peu le pouvoir qu'y exerce désormais le Habsbourg-Laufenbourg; ils envient leurs voisins d'Uri, débarrassés depuis quelques années de toute tutelle. Ils prennent donc vite prétexte du choix du Taciturne pour faire représenter auprès de l'empereur qu'ils ne peuvent plus être soumis à un bailli impérial, un délégué du souverain qui s'est rendu indigne de la confiance de celui-ci. Les Schwyzois ont quelque peine à joindre Frédéric II, qui a momentanément regagné son lointain royaume héréditaire de Sicile. Une délégation finit par le rencontrer à l'automne 1240 sous les murs de Faenza, cité pontificale dont les impériaux viennent de commencer le siège. En guise d'argument, les notables de Schwyz apportent à Frédéric un contingent de soldats pour prendre part à l'opération. Mais l'empereur est surtout séduit par l'idée que Schwyz, comme Uri, peut assurer la garde du Gothard; et cela est pour lui d'autant plus actuel que les Uranais, divisés, paraissent pourtant pencher pour le parti du pape et de la ligue des villes lombardes : celles-ci ne sont-elles pas les meilleures clientes de leur élevage ? Au même moment d'ailleurs, on s'en souvient, Frédéric II essaie de tirer parti des disputes de Milan et de Côme autour de Lugano et de Bellinzone, et de parvenir à contrôler aussi l'accès du Gothard par le sud. Il n'est pas exclu non plus que l'autre Habsbourg, le jeune comte Rodolphe IV, un filleul de Frédéric II, soit intervenu en faveur de Schwyz auprès de son parrain, trop content de jouer un vilain tour à l'oncle ennemi.

Frédéric II accède ainsi volontiers à la requête de Schwyz et lui accorde, dans les dernières semaines de 1240, un privilège d'immédiateté impériale analogue à celui de 1231 en faveur d'Uri. Analogue, à ceci près qu'il introduit une équivoque adroitement calculée. Car si l'acte affirme en effet que les Schwyzois sont désormais justiciables directement de l'empereur, il omet de préciser si celui-ci sera pourtant représenté par un bailli; et surtout, si les Habsbourg-Laufenbourg sont déchus de leurs droits, comme l'avaient été expressément leurs cousins à Uri... Toutes les interprétations sont donc permises : Schwyz s'estime totalement libre; le Taciturne prétend continuer d'exercer ses fonctions...

De toute façon, les espérances de Schwyz sont prématurées. Le comte Rodolphe, s'il est taciturne, est opportuniste tout autant. Quelques mois après l'octroi de la charte de Faenza, il tourne casaque et rallie le parti impérial; tôt après, il récupère toutes ses prérogatives sur Schwyz. Mais ce choix ne dure guère non plus : dès 1247, le voici de nouveau du côté du pape; et les Schwyzois de prétendre une seconde fois à leur liberté.

De l'autre côté du lac, Unterwald est plus que jamais déchiré par la rivalité insurmontable des deux districts, Obwald et Nidwald. Obwald a tenté, en 1240, de s'associer à la démarche des Schwyzois à Faenza; mais il n'a pas obtenu satisfaction de l'empereur. Ce petit canton n'a guère d'intérêt aux yeux de Frédéric; demi-pays, il ne fait pas le poids. D'autant moins que l'autre moitié, celle de Nidwald, avec Lucerne et la majorité des Uranais, vient d'accorder sa préférence au pape. Les prises de parti, on le voit, sont mouvantes et subtiles. A Schwyz seul, l'unanimité semble avoir régné, ce qui fait la chance momentanée de ce canton. Les autres Waldstetten sont profondément divisés, selon des lignes de partage qui sont celles des clans locaux autour de quelques familles dominantes. Le grand conflit du sacerdoce et de l'empire n'est point perçu comme tel par une société qui ne se sent réellement concernée que si ses activités, son commerce de bestiaux, ses revenus du trafic sont affectés. Ce conflit à un niveau trop élevé pour être compris n'est pour elle qu'étiquette à de vieilles querelles, quelles qu'en soient les sources, qui trouvent prétexte à se déchaîner au grand jour. Bagarres, meurtres en série, coups de main sur les troupeaux et les granges s'y croient légitimés.

En 1245, le concile convoqué à Lyon par le successeur de Grégoire IX, Innocent IV, confirme l'excommunication de Frédéric II et le déchoit de sa dignité impériale. Si le conflit a jusque-là peu affecté l'Allemagne, il l'embrase désormais. Sur le plateau helvétique, quelques villes d'empire, Berne, Zurich, Schaffhouse et la cité épiscopale de Constance se rangent dans le parti de leur souverain afin de préserver leurs privilèges. Elles y rejoignent quelques rares seigneurs attachés à la cause des Hohenstaufen, avec à leur tête le comte Rodolphe IV de Habsbourg. Une poignée de fidèles, qui se retrouvent face aux évêques et aux abbés partisans du pape et aux autres grands barons de la région, dont les Kybourg et les Habsbourg-Laufenbourg. Schwyz et Obwald se joignent sans hésiter aux premiers. Nidwald et Uri, embarrassés par des querelles internes, affectent semble-t-il une prudente neutralité. Quelques opérations guerrières ont lieu; un bref siège de Lucerne par les impériaux suggère que les intérêts économiques, une fois de plus, ne sont pas étrangers au choix d'un parti et dictent sa stratégie.

Mais Frédéric II meurt le 13 décembre 1250 à Castel Fiorentino, dans son Apulie natale. Sa disparition, bien sûr, ne suffit pas à résoudre les problèmes politiques agités tout au long d'un grand règne, ni à rétablir l'ordre perturbé à travers tout l'empire. Elle prive du moins de leur ferment les conflits féodaux d'Allemagne et de Suisse. Nul ne sait ce qui va suivre, qui succédera au redoutable souverain. On attend, dans le calme un moment retrouvé. Les tensions ne se relâchent pas pour autant.

CHAPITRE XI

La tentation des Habsbourg

Le temps de l'Interrègne

On devait attendre longtemps. Vingt-trois ans pour avoir un roi régulièrement élu et agréé par tous en Allemagne : ce sera le comte Rodolphe IV de Habsbourg. Soixante-deux ans pour qu'un empereur (Henri VII de Luxembourg) soit couronné à Rome... Un « Grand Interrègne », comme les historiens ont intitulé cette période avec raison. S'il n'y a pas constamment vacance du pouvoir au sens strictement institutionnel – il va y avoir au contraire surabondance –, cette vacance est bien réelle au sens politique : personne ne va être en mesure d'assumer ce pouvoir.

Frédéric II a cru pourtant avoir réglé depuis longtemps sa succession, mieux : ses successions, aux couronnes qu'il porte. En Allemagne, après la rébellion de son aîné Henri, il a fait élire roi un autre de ses nombreux fils, Conrad IV. Pour son royaume de Sicile, il a désigné le plus doué de ses enfants, Enzio. Mais au moment où il disparaît, Enzio est prisonnier de leurs ennemis et il subit à Bologne une captivité qui va s'éterniser jusqu'à sa mort, vingt-trois ans plus tard... Conrad, mal accepté en Allemagne, tente d'aller délivrer son malheureux frère et poursuivre l'entreprise paternelle en Italie; mais il y perd bientôt la vie lui aussi, en 1254. Manfred, un autre frère, n'aura pas plus de chance : il sera tué à la bataille de Bénévent qu'il livrera en 1266 contre Charles d'Anjou, appelé à la rescousse par le pape. Dernier survivant des Hohenstaufen et dernier espoir des impériaux, l'enfant Conradin est pris à son tour par Anjou et décapité sur la place du marché de Naples, en 1268. La Maison d'Anjou s'installe désormais sur ce trône méridional qu'avaient trop aimé des générations de Hohenstaufen.

L'opposition à Frédéric II en Allemagne, soutenue par Innocent IV, y avait désigné dès 1247 un anti-roi en la personne du comte Guillaume de Hollande; sauf en Rhénanie, cette marionnette n'eut aucune autorité même après que la mort de Conrad l'eut laissé seul en titre. Il ne profita d'ailleurs guère de cet avantage tout formel puisqu'il ne survécut guère à son rival. En 1257, deux partis de princes électeurs choisirent chacun pour roi un prince étranger : Richard de Cornouailles, couronné à Aix selon le cérémonial en usage, mais non pourvu pour autant d'un pouvoir réel; et Alphonse, déjà roi de Castille et qui jamais ne mit les pieds en Allemagne.

Pléthore de couronnes, donc; mais vacance de fait du pouvoir sur l'ensemble des provinces d'Allemagne, et sur l'empire tout entier. Les effets n'en sont que trop prévisibles. Quelques grands princes féodaux animés d'une conception déjà moderne de l'État en profitent pour consolider et étendre leur autorité territoriale; cela autant aux dépens des collectivités urbaines ou rurales libres qu'à ceux de leurs vassaux, ou de voisins moins avisés ou moins bien placés. Ces princes, tels les comtes de Provence – cette même Maison d'Anjou que l'on vient de voir mettre la main sur le royaume de Sicile – ou les comtes de Savoie, à un moindre degré les dauphins du Viennois, s'appuient sur la mise en place d'une administration compétente et efficace. D'autres s'inspirent de ces hauts exemples, cherchent à rassembler des territoires homogènes, à construire des principautés de même type. La maison aînée de Habsbourg est sur le point d'y réussir en Autriche; elle n'abdique pas son ambition d'en faire autant entre Rhin et Gothard : c'est l'enjeu que va symboliser Guillaume Tell. D'autres encore, bien placés au départ, ne saisissent pas cette chance ; c'est le misérable destin des riches Kybourg, littéralement envoûtés par les Savoie, leurs parents, et qui cèdent à ceux-ci, les unes après les autres, les parcelles de leur fortune et de leur pouvoir.

Dans l'ensemble se développe, rapidement, la notion d'État fondée sur l'autorité territoriale ; elle renouvelle en s'y substituant largement les formes traditionnelles de fidélités féodales fondées sur les liens personnels et une distribution éparpillée des fiefs d'empire. L'idée d'un empire, ou seulement d'un royaume-État rassemblant tous les peuples germaniques, qui avait animé les deux grands Hohenstaufen, Barberousse et Frédéric II, pendant un siècle exactement, cette idée-là s'estompe ; à l'heure même où, au contraire, elle achève de s'imposer en France, de Philippe Auguste à Philippe le Bel. L'Allemagne n'y reviendra plus. Jamais, sinon dans les circonstances encore toutes proches de nous d'un « troisième Reich », pour un temps bref mais dont il eût été préférable pour tout le monde qu'elle fît l'économie.

« Paix territoriales »

Face aux ambitions sans barrières des grands barons, comment peuvent réagir les villes ou autres communautés mises au bénéfice de l'immédiateté impériale, mais désormais privées de ce recours suprême ?

La modalité la plus courante est de se placer sous la protection d'un haut seigneur assez sûr pour être efficace, mais au moindre coût ; c'est-à-dire de choisir celui qui soit le moins enclin à restreindre les libertés et privilèges locaux en matière de commerce, de justice et de finances : c'est là tout ce qui importe. Berne, prospère parmi toutes les cités du plateau suisse, s'ouvrit aux comtes de Savoie. Choix plein de sens : leurs États offrent un débouché au négoce bernois.

D'ailleurs, au bout du Léman, dans cette enclave qu'est la ville et principauté épiscopale de Genève, une intéressante place de marché commence à attirer l'attention du grand commerce. C'est dans ces années dont nous parlons, en 1262, que les foires de Genève sont pour la première fois mentionnées. Or le document en question évoque un paiement en foire; il signale ainsi qu'à Genève était déjà en place l'appareil financier qui, précisément, distingue les foires internationales des marchés de portée simplement locale. Les quatre foires annuelles de Genève, dotées de privilèges, sont déjà fréquentées par les hommes d'affaires italiens. C'est donc aubaine pour les bourgeois de Berne, et il est naturel qu'ils regardent vers cette Maison de Savoie qui, en outre, contrôle avec le Piémont les accès occidentaux de l'Italie, de la vallée du Rhône et du midi de la France.

Sur le plateau plus septentrional, les villes – Zurich en tête, mais à l'exception de Bâle – préfèrent la haute protection du comte Rodolphe de Habsbourg. N'ont-elles pas aussi leurs bonnes raisons? Rodolphe est le plus fort, dorénavant, et le plus indépendant des barons de la région. Il peut tenir tête aux prétentions de ses concurrents, tels le comte de Savoie ou le comte de Habsbourg-Laufenbourg, son parent rival; et il n'y manque pas. Il s'est acquis d'autre part la réputation d'un prince éclairé, libéral envers les communautés autonomes, qu'elles soient urbaines ou rurales. Il se montre amical, voire familier, avec les bourgeois de Zurich, ouvert aux besoins du peuple, sensible à sa prospérité. Les Uranais eux-mêmes ne vont guère hésiter à recourir à ses bons soins.

Cette manière de s'inscrire parmi la clientèle d'un noble patron protecteur n'exclut pas une autre stratégie des communautés, celle de leur appui réciproquement accordé. Celle des *landfrieden,* ou « paix territoriales ».

Ces « paix » ne sont pas conclues pour mettre fin à des hostilités, mais surtout afin de les prévenir. Elles ne sont pas négociées par des guerriers, donc des nobles, entre eux. Elles ont avant tout force de droit civil et engagent

1. Tir sur la pomme. En haut, Baumgarten surprend le séducteur de sa femme; Tell méprise le chapeau. Verre peint, artiste anonyme sur commande de l'imprimeur Christophe Froschauer. Zurich, vers 1530. Zurich, Musée national suisse.

2. Première représentation gravée du tir sur la pomme. Chronique de Petermann Etterlin. Bois. 1507.

3. Surtout de table en bois sculpté, avec coupe en verre incorporée plus tard. Œuvre du sculpteur Alexandre Trippel, offerte à la Société helvétique en 1782. Elle servit de modèle à l'emblème de la République helvétique (1798-1803). Zurich, Musée national suisse.

4. Prise par ruse du château de Rotzberg. Détail d'une gravure sur bois de Johann Jost Hiltensperger, 1770. Musée Tell de Burglen (Photo Patrick Bergier).

5. Tour des Attinghausen, au village du même nom. Fondations du XIIIe siècle. Réaménagée en maison paysanne (Photo Patrick Bergier).

6. Burglen, village natal (?) de Guillaume Tell. Gravure du XVIIIe siècle. Société suisse des traditions populaires, Bâle.

7. Avalanche au Gothard. Miniature de la "Chronique bernoise officielle" de Diebold Schilling, vers 1480. Berne. Bibliothèque des Bourgeois.

8. Guillaume Tell. Gravure sur bois du "Livre des héros", *Heldenbuch*, de Pantaléon, Bâle 1578.

9. Gravure de l'époque révolutionnaire. Zurich, Bibliothèque centrale.

10. Caspar Wolf, Le Pont du Diable dans les Schoellenen. Huile sur toile, vers 1777-79. Aarau, Musée des Beaux-Arts.

11 *Genuina Guil. Telli effigies,* remis en 1577 par le colonel des Cent-Suisses Guillaume Tugginer à André Thevet à Paris. Peinture sur bois, artiste inconnu. A servi dès lors de modèle à de nombreux portraits gravés. Musée Tell, Burglen (Photo Patrick Bergier).

12. Rodolphe 1er de Habsbourg. Peinture sur bois provenant probablement d'un retable. Artiste inconnu, Zurich, vers 1500. Musée Tell de Burglen (Photo Patrick Bergier).

13. Diplôme de Frédéric II de décembre 1240 accordant aux habitants de Schwyz le privilège de l'immédiateté impériale. Schwyz. Archives d'État.

14. Frontiscipe d'une publication révolutionnaire. Paris, vers 1793.

15. Bataille de Morgarten. Miniature de la Chronique de Tschartlan, 1470.

ACADEMIE ROYALE DE MUSIQUE.

LES BUREAUX NE SERONT PAS OUVERTS. — *On commencera à 7 heures précises.*

Aujourd'hui Lundi 3 Aout 1829,

la 1re représentation de

GUILLAUME

TELL,

Opéra en quatre actes.

CHANT : Mrs Ad.-Nourrit, Dabadie, Levasseur, Bonel, Prévost, Alexis, Ferdinand-Prévôt, Massol, Pouilley, Trevaux; Mmes Cinti-Damoreau, Dabadie, Mori, Dalier.
DANSE : Messieurs Albert, Paul, Lefebvre, Montessu, Simon, Daumont, Frémol; Mmes Noblet, Legallois, Montessu, Taglioni, Elie, Buron, Alexis, Dupuis, Perceval.

(LES ENTRÉES DE FAVEUR SONT SUSPENDUES.)

S'adresser, pour la location des loges, au bureau de location de l'Académie Royale de Musique, rue Grange-Batelière, Hotel-Choiseul.

Ve BALLARD, Imprimeur du Roi, rue J.-J. Rousseau, n. 8.

16. Affiche annonçant la création de l'opéra de Rossini, à Paris.

17. Publicité pour un fromage fondu au jambon (Photo Florence Cornu, Genève).

18. Propagande électorale en Suisse. Vote du 26 février 1984 sur l'initiative pour l'introduction d'un service civil. (Photo Florence Cornu, Genève).

l'ensemble des habitants d'un espace donné. L'espace interne d'une ville; ou celui de plusieurs villes, qui signent alors une sorte de pacte entre elles. Ou encore, un territoire rural occupé par une ou plusieurs communautés autonomes.

L'institution n'est pas nouvelle au XIIIe siècle. Elle existait depuis le Xe siècle au moins, à l'initiative de l'Église dont les évêques essayaient de remédier ainsi au désordre qui régnait alors presque partout : c'est ce qu'on avait appelé les « paix de Dieu ». Elle avait ensuite perdu cette inspiration ecclésiastique et pris entre les mains des souverains et des grands princes territoriaux le caractère d'un instrument de gestion politique en faveur de leurs sujets : elle protégeait ceux-ci à la fois contre eux-mêmes et contre les abus, trop fréquents, des chevaliers et de la noblesse. Frédéric Barberousse, en 1152, en avait étendu la portée à tout l'empire, en principe, comme un moyen de contrôle sur tous les détenteurs de fiefs. Et Frédéric II, à la diète de Mayence en 1235, avait repris l'idée d'une *Landfriede* dont la promulgation (rédigée pour la première fois en allemand) voulait donner au royaume d'Allemagne un ordre constitutionnel. Les vacances impériales, par la force des choses, privèrent de tout sens ces « paix territoriales » à caractère universel. Elles encouragèrent en revanche une prolifération de « paix » locales ou régionales par lesquelles les communautés orphelines d'empire se donnèrent des moyens d'autodéfense.

La substance de ces « paix » est constante. Ceux qui les négocient et s'engagent par serment à les respecter promettent de ne pas s'agresser mutuellement; ce qui vaut pour les collectivités contractantes comme pour leurs membres, à titre individuel. Ils se promettent secours en cas de besoin, et conviennent des modalités d'arbitrage en cas de conflit. Plus particulièrement, les « paix » promettent la sauvegarde des marchands : les parties s'engagent à ne pas se saisir de la personne ou des biens d'un marchand appartenant à l'une des communautés contractantes. C'est un premier pas, important, pour la sécurité du commerce libre.

Les « paix » ne sont pas limitées dans le temps mais déclarées perpétuelles. Ne nous leurrons pas sur la portée réelle d'une telle perpétuité. Les hommes et les femmes du Moyen Âge ont du temps une perception diffuse, subjective, fragmentée, mais surtout statique ou répétitive, comme se répètent les jours, les saisons. La perpétuité n'est jamais que la projection, sur un avenir considéré comme immobile, des réalités, donc des besoins de l'instant. Elle s'efface dès que ceux-ci sont oubliés ou dépassés. C'est pourquoi tant de ces paix perpétuelles n'ont eu force que l'espace d'un matin, bientôt brisées par le tumulte des choses. Et c'est pourquoi, si persiste leur raison d'être, il est utile de les renouveler assez souvent, une fois au moins par génération, c'est-à-dire par mémoire de témoins.

Il est naturel qu'un tel outil de l'ordre public ait été manié surtout par les villes, dans la défense de leurs privilèges souvent contestés ou carrément méprisés. Longtemps livrées à elles-mêmes, les cités d'Italie comme celles du midi de la France y avaient eu recours dans un système multilatéral qui avait conduit au XIIe siècle à la constitution de ligues. C'est à l'une d'elles, en Italie, que s'était heurté l'absolutisme des Hohenstaufen, de Frédéric II surtout. Leur exemple efficace fit école en Suisse dès les périodes de vacances du pouvoir, au début du XIIIe siècle et surtout durant l'Interrègne.

Dès avant 1218, Berne et Fribourg avaient conclu un pacte de paix, avec la bénédiction de leur seigneur commun, le duc de Zæhringen; déjà sans doute à des fins commerciales. Elles renouvellent cet accord en 1243, et plus d'une fois par la suite. Chacune d'elle, d'autre part, s'associe avec d'autres localités du voisinage; un réseau se forme ainsi dans l'ancienne Bourgogne transjurane; mais constitué d'une série de paix bilatérales. L'objet en est la sécurité du commerce contre tout dommage volontairement causé, contre le pillage des convois; un for judiciaire est prévu en cas de contestations, de non-paiement des dettes commerciales. Mais à partir de 1243, ces paix vont plus loin; elles prennent un accent plus politique. Berne et Fribourg n'appartiennent plus au même seigneur : la première bénéficie de l'immédiateté impériale, la seconde est passée des Zæhringen éteints aux mains des Kybourg, indirectement à celles des comtes de Savoie. Il s'agit donc avant tout de prévenir les effets de possibles conflits entre les protecteurs des deux cités. Bernois et Fribourgeois s'engagent, dans cette éventualité, à intervenir pour proposer à leurs seigneurs des solutions à l'amiable. Si des hostilités sont pourtant inévitables, les villes respecteront un délai de quatorze jours après dénonciation de la paix avant de s'affronter en combat. La précaution pouvait se révéler utile dans cette zone frontière entre l'influence des Savoie et celle des Habsbourg.

La sagesse des citadins fut impuissante à garantir la paix. La rivalité des princes se déchaîna sur cette partie occidentale du plateau helvétique, région prospère, au carrefour de grandes routes commerciales. Elle devait se prolonger jusqu'en plein XIVe siècle, avec d'incessants renversements d'alliances et changements de fronts. Les « paix » urbaines et le statut de neutralité qu'elles impliquaient ne pouvaient résister durablement. Régulièrement pourtant, Berne et Fribourg, durement affectées dans leur développement par ces conflits sans issue, renouaient leurs liens constructifs entre elles ou avec les cités voisines plus modestes. A la longue, de cette succession d'accords bilatéraux répétés, sortira au XIVe siècle une sorte de confédération de villes, avec Berne pour centre.

Dans le même temps, c'est-à-dire dès le milieu du XIIIe siècle, un système comparable de « paix » rapproche les cités d'Allemagne du Sud, celles de la Souabe de part et d'autre du Rhin. Il inclut Zurich, Schaffhouse, Saint-Gall. Mais ici, les accords sont négociés de façon multilatérale et donnent naissance à une ligue sur le modèle lombard. L'objectif reste d'assurer, malgré l'anarchie et les ambitions des dynastes rivaux, la sécurité propice aux affaires urbaines. La grande habileté de Rodolphe de Habsbourg, le comte puis le roi, va être de sympathiser avec ces villes contre ses concurrents – Kybourg, Laufenbourg et quelques autres – et de récupérer ainsi pour son parti la ligue et les forces dynamiques des milieux bourgeois.

Les « paix territoriales » ne sont pas l'affaire des villes seulement : elles peuvent aussi être conclues par des communautés rurales autonomes, et dans le même esprit. L'enjeu y est encore la liberté du commerce, celui des produits de la campagne; et une garantie de non-agression et de règlement pacifique des conflits, de bornage par exemple, ou de pâturages. Les « paix » des campagnes peuvent aussi sceller une alliance contre les menaces d'agression extérieure, d'atteinte à la liberté de gestion des communautés concernées. Le célèbre pacte que les Waldstetten feront solennellement entre eux en août 1291 et que l'on regarde aujourd'hui comme l'acte de fondation de la Suisse moderne n'est rien d'autre qu'une de ces « paix » préventives – dans un contexte un peu particulier sur lequel je reviendrai le moment venu.

Or ce Pacte de 1291 précisera dans son préambule qu'il s'agit non pas d'une initiative nouvelle, mais du renouvellement d'une alliance, d'une confédération de paix antérieure : *antiqua confederationis forma.* Mais il n'en révélera pas la date, sans doute oubliée. L'acte de cette plus ancienne « paix », s'il a été mis par écrit (ce qui n'est pas sûr), n'a jamais été retrouvé. En 1291, il n'est plus très récent puisqu'on parle de l'*antiqua... forma*, d'un pacte ancien qu'il convient de renouveler. Il me paraît légitime, dans ces conditions, de le situer soit dans les dernières années, contestées, du règne de Frédéric II – les années 40 du XIIIe siècle; soit plus probablement encore au début de l'Interrègne, dans les années 50.

L'héritage des Kybourg

Le 27 novembre 1264, dans son château dominant la rivière Töss près de Winterthour, à quelques lieues au nord-est de Zurich, s'éteint le comte de Kybourg, Hartmann l'Ancien. S'éteint aussi avec lui l'un des derniers grands lignages féodaux entre Rhin et Alpes : maître de toute la Thurgovie, avoué impérial de Zurich et de Glaris, héritier d'une large part de l'ancien domaine des Zæhringen. Ses droits et possessions s'étendent à l'est jusqu'au sillon alpin creusé par le Rhin; à l'ouest jusqu'au lac de Neuchâtel et à la ville de Fribourg. De son mariage avec Marguerite, sœur du comte Pierre II de Savoie, il n'a pas eu d'enfant; son unique proche parent mâle, son neveu Hartmann le Jeune, l'a précédé dans la tombe sans descendance lui non plus.

Il est aisé d'imaginer les appétits aiguisés par la perspective de cet héritage à saisir. Le comte Rodolphe de Habsbourg peut y prétendre : sa mère n'était-elle pas une Kybourg, et par elle, n'est-il pas lui aussi neveu d'Hartmann l'Ancien? Mais Marguerite de Kybourg, l'épouse, n'a pas oublié qu'elle est née comtesse de Savoie. Elle n'a eu aucune peine à circonvenir le faible Hartmann, soucieux surtout de son luxe et de sa tranquillité; elle l'a ainsi persuadé de céder d'avance la succession à son frère Pierre de Savoie, le « petit Charlemagne ». Ce dernier gouverne le patrimoine familial autour du Léman et l'a renforcé dans le pays de Vaud; il a étendu son influence, on l'a vu, jusqu'à Berne, Berthoud et Morat. Il dispose ailleurs de puissants atouts, d'une forte influence en Angleterre, dont le roi Henri III est son neveu. Ses titres et ses domaines anglais – il est comte de Richmond et possède sa résidence à Londres (l'hôtel Savoy en perpétue le souvenir) – lui assurent un appui politique, mais surtout de gros revenus qu'il peut investir pour asseoir son autorité en Suisse. Il a pu acheter la succession d'Hartmann en épongeant les dettes de son beau-frère.

Mais lorsque la succession s'ouvre effectivement, Pierre est en Angleterre : il ne peut intervenir immédiatement pour faire valoir ses droits, d'ailleurs contestables. Rodolphe, lui, est à portée, prêt à ramasser ce qu'il peut, par force ou par ruse. Toute la fraction orientale de l'héritage tombe ainsi entre ses mains, y compris l'avouerie de Zurich : il n'y a pas d'empereur pour en disposer autrement... Rodolphe se tourne ensuite vers les possessions occidentales des Kybourg. En dépit d'une démarche du pape, il s'empare de Fribourg avant que Pierre II n'arrive enfin pour sauver ce qui reste de l'héritage escompté – peu de choses en fin de compte. Du moins le comte de Savoie sait-il défendre avec succès ses positions au sud de Fribourg.

Principal bénéficiaire, donc, le comte Rodolphe. Il a réussi la percée qui lui assure désormais un véritable État territorial, du Jura et de l'Alsace jusqu'aux contreforts des Alpes, des confins de la Suisse romande (Fribourg) au lac de Constance. Il est le maître de toute la Suisse occidentale, où quelques derniers seigneurs alleutiers font rapidement leur soumission, le plus souvent sous la contrainte des armes.

Les Waldstetten dans l'Interrègne

Ces longues années de l'Interrègne, jusqu'en 1273, créèrent pas mal de confusion aussi dans les vallées de Suisse centrale. Même si celles-ci ne se sont pas trouvées engagées dans les conflits dont je viens de parler et n'ont point connu les malheurs de la guerre dont paysans et bourgeois du plateau étaient les victimes.

Point de guerre, mais l'anarchie. Au sens propre du mot, puisqu'il n'y a plus de pouvoir assez net et fort pour assurer l'ordre. C'est sans doute aussi pourquoi nous savons mal ce qui s'y passe. Largement livrés à eux-mêmes, sans protection affirmée et sans autorité judiciaire suprême, les Waldstetten n'ont guère laissé de témoignages sur leurs démêlés internes. A quelques interventions extérieures, nous percevons néanmoins combien les tensions ont été élevées, les passions locales déchaînées.

Les Schwyzois, on s'en souvient, avaient essayé par deux fois de se placer sous la tutelle directe de l'empereur. La condamnation de Frédéric II puis l'Interrègne ruinèrent leurs espérances. Comme leurs voisins d'Unterwald, les Schwyzois se soulevèrent plusieurs fois dans ces années troubles du milieu du siècle. Quelques historiens ont pensé naguère que c'est à ces rébellions de 1247-1249 que se rattachent les récits de la conjuration des Suisses et de la prise des châteaux. Cette hypothèse n'est plus guère admise aujourd'hui, faute de vraisemblance. Elle n'est pas totalement exclue pourtant, s'agissant de la prise des châteaux de Sarnen-Landenberg et de Schwanau-Lauerz, dont l'occupation régulière cesse en effet vers cette époque.

Les fils de Rodolphe le Taciturne, mort en 1249, eurent les mains moins lourdes que leur père. Esprit plus libéral ou faiblesse? La vertu apparente cache probablement le défaut. Les deux frères semblent surtout avoir manqué constamment d'argent : on se demande à quoi ils dépensèrent toute leur grosse fortune... Ils permirent à leurs tenanciers serviles à Schwyz de se racheter en 1269 – ce qui souligne, en passant, la prospérité de ces paysans et les liquidités dont ils disposaient. Ils dilapidèrent progressivement leur héritage, racheté fief après fief par leur cousin Rodolphe. Le second frère brada même les biens de sa femme, une autre Kybourg, et céda ainsi à Rodolphe le village d'Arth, sur le lac de Zoug, seuil d'accès du plateau helvétique vers Schwyz.

Le Habsbourg de la branche aînée faisait ainsi coup double : il écartait de son chemin la branche rivale, ruinée; il occupait de fortes positions domaniales chez les Waldstetten et étendait son bras sur les vallées, à l'exception d'Uri. Dans la même foulée, il faisait main basse en 1273 sur l'avouerie du vallon d'Urseren, en s'adjugeant un héritage du lignage des Rapperswil. Même la liberté d'Uri, désormais encerclé, devenait précaire.

Contre l'autorité sourcilleuse du Taciturne, les paysans de Schwyz avaient appris à serrer les coudes. Leur sens communautaire s'en trouva renforcé; élargi aussi, de la simple gestion des activités pastorales à la conscience d'une identité politique. La génération suivante, celle de l'Interrègne, profita des longues négligences du pouvoir seigneurial pour traduire cette identité en système de gouvernement autonome. Ce qui n'était encore qu'une communauté foncière, une organisation collective des pâturages et des troupeaux, devint une administration plus structurée, étendue à toutes les fonctions d'intérêt public : justice, impôts, représentation de la communauté vis-à-vis de tiers. Le pays de Schwyz fut divisé en « quartiers », dont les habitants désignaient parmi les notables un *ammann*, un chef. Les deux, puis quatre *ammanns* constituaient ensemble l'ébauche d'un gouvernement exécutif. Il semble bien que c'est à eux que le seigneur ait pris l'habitude de déléguer ses pouvoirs, acceptant de la sorte l'autonomie de fait du pays. A la fin du siècle (1291), le premier *ammann* apparaîtra dans les documents avec le titre de *landammann* (président; cette magistrature existe toujours dans les cantons de Suisse centrale). Le *landammann* préside la *landsgemeinde*, l'assemblée de tous les hommes libres du pays. Il perçoit les impôts au profit de la communauté. Il juge en premier ressort; ce qui signifie que les habitants, conformément à un usage très ancien, ne sont pas soumis à l'arbitrage d'un juge étranger. Le *landammann*, enfin, prend la tête de la troupe que Schwyz peut mobiliser parmi les paysans pour quelque opération militaire ou paramilitaire : on verra plus loin que les prétextes n'y ont pas manqué.

Les deux vallées de l'Unterwald ont connu une situation de départ analogue. Elles aussi sont sous l'autorité des comtes de Habsbourg-Laufenbourg. Elles ne réussissent cependant pas à profiter au même degré du déclin de cette autorité pour affermir leur autonomie et acquérir la même identité politique que Schwyz. Les deux vallées – sauf le territoire du monastère d'Engelberg – sont encore regardées de l'extérieur comme une seule communauté. En 1239-1240, c'est ensemble qu'elles essaient de se soulever et de requérir avec Schwyz le privilège de l'immédiateté impériale. Sans succès : c'est que le cœur n'y est pas tout à fait. Les esprits sont divisés entre le parti de l'empereur et celui du pape; ces choix correspondent peu, répétons-le, à une perception objective de la grande politique, à laquelle les paysans n'ont guère accès; mais beaucoup à l'affrontement des clans locaux. En surimpression de ces oppositions internes se dessine de plus en plus distinctement la division des deux vallées, en dessus et en dessous de la forêt (le Kernwald, sorte de no man's land forestier, entre elles). A quel motif attribuer ce manque de solidarité ? Sans doute à l'isolement topographique qui distingue fortement les deux districts. Mais aussi à une évolution rurale décalée. Plus ouvert et fertile, l'Obwald est encore, au XIIIe siècle, un district céréalier plus ou moins prospère. Nidwald a pris le virage vers l'activité pastorale; mais avec moins de succès que Schwyz et Uri; c'est un canton encore pauvre. Ces mésententes, au contraire de l'unité affichée par les Schwyzois, ont bloqué le processus d'autonomie d'Unterwald, l'accomplissement de son identité politique. Celle-ci ne s'est développée que dans le cadre intime, mais insuffisant, des paroisses de Stans et de Sarnen, correspondant aux deux demi-cantons.

Crise sociale à Uri. Les Izzelin et les Gruoba

La situation est tout autre, bien sûr, à Uri. Est-elle meilleure pour autant ? Le canton, au milieu du XIIIe siècle, est en pleine mutation économique et sociale. La relative richesse accumulée par l'élevage et l'exportation de ses produits est encore fraîche. Elle n'est d'ailleurs pas distributive; elle renforce les inégalités de revenus et de rang social, nourrit haines et jalousies. Le trafic du Gothard augmente rapidement de volume. Lui aussi contribue à la prospérité globale en créant des emplois et des profits. Les emplois sont bienvenus. Car l'élevage a ceci de particulier, en regard de la culture des champs, qu'il exige moins de travail et par conséquent n'occupe pas la population avec autant d'ampleur. Le problème de l'emploi n'a certes pas encore à Uri la gravité qu'il prendra à partir des XVe et XVIe siècles, lorsqu'un grand nombre de garçons se verront forcés à l'émigration et iront s'engager comme mercenaires dans les armées d'Europe. Mais il se pose déjà. Les services de la route (guides, transports en montagne et sur le lac, accueil, fourniture de fourrage aux chevaux de somme et de nourriture et de matériel aux voyageurs, entretien et surveillance de la route, maintenance des entrepôts ou « soustes », etc.) ont apporté une solution. Mais cette solution, de nouveau, n'est pas au bénéfice de tous les habitants à parts égales. Elle tend à concentrer l'activité le long de la route même, dans les quelques villages qui la jalonnent entre Fluelen et Gœschenen, au détriment des vallées latérales. Elle a donc déplacé des familles, remué la population et vraisemblablement déstabilisé celle-ci. Elle a créé une différence et ouvert une opposition entre le vieux métier d'agriculteur-pasteur et les nouvelles professions de la route; même si ces dernières n'ont été exercées en général qu'à temps partiel. En tout état de cause, le trafic, les contacts avec l'extérieur, les marchés étrangers influencent les mentalités, mais de manière inégale.

Ce sont certainement ces déséquilibres violents de la société uranaise qui rendent compte des conflits de clans qui se déchaînent à Uri pendant la période de l'Interrègne. A vrai dire, l'information parvenue ne nous les laisse que soupçonner. D'un seul de ces drames nous avons un écho assez précis. Mais il révèle un tel embrasement des passions, et si durable, qu'il n'est pas possible de croire à un incident isolé. Il s'agit de la guerre sanglante de deux familles, celles des Izzelin et des Gruoba. Familles au sens le plus large, qui comprennent les parents même éloignés; et comme il s'agit de familles aisées, pourvues de troupeaux et de terres, il faut admettre que chacune attirait dans son clan toute une clientèle de serviteurs, d'obligés, de voisins. Le jugement qui tenta d'y mettre fin donne les noms de vingt responsables pour chaque clan, presque tous notables et chefs de foyer; ce sont donc au total des dizaines de personnes, des centaines probablement, qui se sont vues impliquées dans cette affaire tragique.

Nous ignorons les motifs qui furent à l'origine de cette

dispute, peut après 1250, donc au début de l'Interrègne. Le clan des Izzelin se recrute surtout dans la vallée moyenne de la Reuss, entre les villages de Schattdorf et de Gurtnellen; celui des Gruoba dans le vallon latéral de Schæchen. On peut imaginer au départ une affaire de vol de bétail, un conflit de bornage des prairies; ou encore l'honneur compromis d'une fille ou d'une sœur... En tout cas, meurtres en série perpétrés par un clan sur les membres de l'autre font autant penser aux mœurs de la vendetta corse, avec une émotivité analogue, qu'aux règlements de compte des « familles » de la mafia.

Que cette violence ait pris une couleur politique n'est qu'un aspect secondaire. Les Izzelin s'affichent comme gibelins, du parti de l'empereur; les Gruoba se veulent donc guelfes, partisans du pape. Or ces étiquettes n'ont plus, sous l'Interrègne, qu'un sens affectif puisqu'il n'y a pas d'empereur. Elles ne relèvent d'ailleurs pas de choix politiques délibérés. Encore aujourd'hui le comportement politique et électoral des paysans de la montagne est déterminé, au village et dans la commune, par le clan où leur famille s'est rangée depuis des générations; s'ils votent pour la liste de tel parti que leur soumettent les politiciens du chef-lieu, ce n'est pas en fonction d'un programme, encore moins d'une idéologie; c'est d'abord par défi au clan d'en face qui traditionnellement apporte ses voix à la formation concurrente. Conservateur ou libéral, noir ou vert, on l'est en montagne par fidélité familiale, non par conviction. De même, les Uranais furent guelfes ou gibelins par solidarité de clan, sans connaître le sens des couleurs dont ils affublaient leurs disputes.

L'arbitrage du comte Rodolphe

Voici donc Uri ensanglanté par la vendetta des Izzelin et des Gruoba. L'ordre dangereusement perturbé, la bonne marche des affaires compromise. Les notables pourvus du pouvoir local sont impuissants à faire cesser le massacre. Ils le sont d'autant plus que le pays entier est divisé par cette querelle, les chefs aussi. Or, faute d'empereur, seule instance légale de recours et d'arbitrage, ou faute d'un suzerain incontesté, à qui s'adresser?

Uri fait alors un choix qui a pu se révéler opportun dans l'immédiat, mais chargé à plus long terme de menaces sérieuses. Il demande l'arbitrage du comte Rodolphe de Habsbourg : le seul seigneur des environs dont l'habileté politique reconnue, l'autorité réelle et le prestige font le poids et peuvent apaiser les esprits surchauffés.

Rodolphe accepte. S'est-il de lui-même proposé, voire imposé? Les avis des érudits divergent sur ce point – comme sur tant d'autres – car rien n'autorise la certitude. Le jugement d'arbitrage est conservé, non en original mais par la copie qu'eut la bonne idée d'en faire Gilles Tschudi au XVIe siècle. Ce texte précise bien que le comte est intervenu à la prière des gens d'Uri; mais la formule, courante en matière d'arbitrage, n'est pas vraiment probante. En tout état de cause, l'occasion est inespérée pour le Habsbourg de reprendre pied dans ce pays devenu d'importance stratégique, et qu'il a dans son collimateur depuis quelques décennies.

Rodolphe arrive à Altdorf à la fin de 1257. Il est accompagné d'une suite nombreuse : huit de ses chevaliers signeront l'acte en tant que témoins. Combien de jours, ou de semaines, sont nécessaires pour convaincre les partis de cesser leur tumulte? A la veille de Noël, le 23 décembre, le comte et la communauté des habitants d'Uri scellent l'acte d'arbitrage : les hommes des deux clans font serment de réconciliation. Celui qui viendrait à l'enfreindre paiera 60 marcs d'argent au clan adverse, et autant au comte : une amende vraiment dissuasive, même pour d'aussi riches justiciables... Le coupable, regardé comme parjure, sera mis au ban de l'Église comme de l'empire; il perdra tous ses droits; il sera traduit en justice pour meurtre. Cette disposition rompt avec la coutume, qui ne regarde pas les guerres privées comme des actes criminels. Quatre notables uranais, dont deux appartiennent à la noblesse, sont désignés pour former une commission de surveillance.

Peine et menaces perdues : la guerre des clans repart presque aussitôt de plus belle. Il faut que Rodolphe revienne à Altdorf, dès le printemps suivant. Ce n'est plus cette fois d'arbitrage qu'il s'agit, mais de haute justice pénale. Et l'un des clans, le gibelin, celui des Izzelin, est déclaré coupable par le jugement rendu le 20 mai 1258. La couleur pro-impériale a-t-elle pesé dans la balance du comte-juge ? Il n'y a aucune évidence. La branche aînée des Habsbourg, peu d'années encore auparavant, n'avaient point caché sa fidélité prudente aux Hohenstaufen; rien n'indique, même durant l'Interrègne, un retournement opportuniste vers le camp du pape. Il faut croire à un jugement objectif contre le clan coupable de rupture d'armistice. La punition qui tombe est sévère; elle correspond sans faiblesse aux mesures prévues par l'arbitrage de décembre. Les biens meubles (les troupeaux, l'argent) et les immeubles des Izzelin sont confisqués *cum conniventia universitatis vallis Uranie,* avec l'assentiment de la communauté de la vallée d'Uri; les biens qu'ils tenaient en fief de l'abbesse du Fraumunster de Zurich retournent à celle-ci. Aux coupables, à leurs femmes et à leurs descendants il est à jamais interdit de contester devant qui que ce soit l'arrêt qui les condamne, ils n'ont plus qu'à se taire. Le jugement, par ailleurs, ne prononce aucune peine corporelle ou de bannissement : le mépris collectif suffit. Il ne paraît d'ailleurs pas avoir accablé les coupables trop longtemps; quelques-uns vont réapparaître peu d'années après parmi les notables d'Uri...

Cette affaire signale-t-elle un affrontement entre petits nobles locaux et paysans roturiers, comme il a été parfois suggéré ? Je ne le pense pas. Le clivage qu'elle suggère est plus mental que social. Les patronymes des individus des deux clans convoqués à la sentence d'arbitrage désignent clairement des roturiers. Si la noblesse a pu jouer un rôle dans ce drame, c'est éventuellement dans le choix de l'arbitre : elle pouvait croire se donner le suzerain protecteur qui lui manquait et renforcer sa condition, précaire, au sein de l'élite uranaise. Cela n'est qu'une conjecture. Car si l'Interrègne a favorisé la condition de la petite noblesse dans l'Allemagne en général et sur le plateau suisse, rien n'autorise à penser que tel ait été le cas parmi les Waldstetten.

Ce qui reste clair en revanche, c'est l'influence qu'a prise, ou reçue, le Habsbourg. Il ne va pas la laisser perdre. Bien que les rares documents ne l'attestent point, il paraît tout de même vraisemblable que le comte, en repartant, ait laissé sur place des agents chargés de l'exécution de la sentence contre les Izzelin; cette exécution a dû prendre assez de temps pour dresser l'inventaire des biens saisis, et pour régler leur sort. Il n'est nullement exclu que la présence de ces exécuteurs se soit éternisée, qu'ils aient assumé sous couvert de leur mission spécifique d'autres tâches de police et de justice. Bref, qu'ils se soient mués peu à peu en ces baillis dont la tradition de libération rapportera plus tard les méfaits. On ne sait aujourd'hui que trop bien comment une force étrangère appelée à l'aide évolue vers la tyrannie. Que les policiers laissés sur place par Rodolphe pour rétablir l'ordre en 1258 aient été regardés une génération plus tard comme des intrus et mal tolérés n'a rien en soi de surprenant. Et cela même si Rodolphe, devenu roi, adoptera vis-à-vis des Uranais un ton débonnaire.

Le roi Rodolphe

A force de grignoter des héritages, de s'adjuger des droits vacants, de battre sur le terrain les barons qui le gênaient, de racheter les domaines des autres et de mettre les villes dans sa poche, le comte de Habsbourg, seigneur encore modeste à la mort de Frédéric II, est devenu vingt ans plus tard un suzerain considérable. Rodolphe a su donner à son héritage dispersé les contours d'un territoire presque homogène, avec un peuplement dense, des campagnes plutôt prospères, plusieurs villes et de nombreux bourgs actifs, un réseau routier serré. De ces routes, plusieurs sont des supports du commerce international : celui qui descend du Gothard par Lucerne, l'Argovie et Bâle en direction des cités du Rhin, d'Alsace, des Flandres et du Brabant, de Champagne et de l'Ile-de-France. Celui d'Europe centrale par Constance, Berne, Fribourg vers les foires de Genève, Lyon, Avignon, Aigues-Mortes et l'Espagne. L'État habsbourgeois contrôle un carrefour européen. Bâle seule, malgré ses efforts, échappe à son pouvoir; mais au-delà, Rodolphe a pris possession des cités impériales de Mulhouse et de Colmar. Il règne ainsi sur un État qui en impose à ses voisins par ses dimensions, par son niveau de développement, par l'embryon d'une administration entre les mains des ministériaux du comte, par l'ordre qui commence d'y régner. Dans l'incertitude allemande, les barons trouvent leur avantage à se ranger au service d'un prince solide, énergique, généreux même lorsque son intérêt l'y invite.

Le prestige acquis de Rodolphe de Habsbourg, ses qualités de gestionnaire autant que de chef de guerre décident les princes électeurs d'Allemagne à lui proposer, à la fin de l'été 1273, la couronne royale. Richard de Cornouailles, l'un des deux rois élus contradictoirement en 1257, n'a jamais su régner; il est mort l'année précédente. Les princes prolongeraient volontiers l'Interrègne, qui les arrange : ils n'ont de compte à rendre à personne. Mais le peuple, les villes réclament un roi, garant du bon ordre qu'ils sont pressés de voir restauré. Le pape, de son côté, insiste pour repourvoir l'empire d'un chef et menace de le désigner lui-même. Les électeurs, pendant plusieurs mois, ne se mettent d'accord que sur les candidats dont ils ne veulent en aucun cas. Ce sont le prince palatin Louis, un Wittelsbach, qui règne sur la Bavière; et surtout le redoutable Ottokar Przemysl, roi de Bohême, duc d'Autriche, de Carinthie et de Styrie – le plus puissant des princes territoriaux sur les marches orientales de l'Allemagne.

A la recherche anxieuse d'un candidat de compromis, les électeurs s'arrêtent sur Rodolphe : puissant dans sa province méridionale, mais non trop marqué à l'échelle du royaume; doué; et en plus âgé déjà – cinquante-cinq ans –, ce qui promet un règne court, une simple transition... Rodolphe est en train d'assiéger Bâle, cette lacune gênante sur la carte de son territoire, lorsqu'il reçoit la proposition des électeurs. Toute sa perspective change aussitôt, il conclut en hâte un armistice avec l'évêque et galope vers Francfort, où il est élu le 1er octobre 1273, puis vers Aix-la-Chapelle où a lieu le couronnement, le 24.

Ce roi de transition va régner dix-huit ans. Dix-huit années actives, même si elles n'ont pu le porter à la consécration suprême, la couronne romaine. Rodolphe Ier ne s'en est pas trop soucié. A la différence des Hohenstaufen, il n'a guère de grand dessein; il ignore cette mystique du pouvoir qui animait ses devanciers. Allemand de naissance et de carrière, c'est ce royaume d'Allemagne qu'il retient pour seul cadre de son pouvoir et de ses ambitions. L'Italie ne l'intéresse pas. La chaîne des Alpes et ses passages n'ont plus dès lors à ses yeux la même valeur, en termes de stratégie militaire. La montagne, en revanche, c'est l'horizon familier de son patrimoine, la frontière naturelle de son autorité. Rodolphe est le premier souverain pour qui les Alpes ne sont plus un obstacle, une barre ou un simple faisceau de communications avec l'Italie et l'Orient, mais un espace, un ensemble de territoires avec leur épaisseur, leur vie propre, des ressources humaines et matérielles dont il reconnaît la valeur. Les cols sont devenus, au cours du XIIIe siècle, les instruments géographiques d'un développement commercial sur lequel, de plus en plus, repose la prospérité des villes. Et Rodolphe est aussi l'un des premiers souverains à réaliser l'importance qu'ont prise ces villes, pourvoyeuses de produits manufacturés et de moyens financiers, foyers de culture et d'opinion, bases indispensables à l'exercice de l'autorité royale. Contrôler les cols, les voies du commerce, devient un objectif de son gouvernement; mais plus encore un instrument de l'assise territoriale qu'il entend donner, en profitant de sa couronne, à sa propre dynastie, à sa famille.

Car Rodolphe Ier est un roi pragmatique et calculateur. Il connaît trop bien les règles du jeu féodal qu'il a pratiqué toute sa vie; il a l'expérience des luttes que se livrent les hauts barons du royaume pour accroître aux dépens des autres leur avantage matériel et leur prestige. Gouverner, pour lui, c'est d'abord neutraliser ces concurrents soucieux de s'enrichir, mais pressés aussi sur la ligne de départ pour le jour où, à sa mort, sera lancée une fois de plus la course à la couronne. Ce souci est le seul qui le rapproche de ses légendaires prédécesseurs : ouvrir une dynastie, assurer aux enfants de son sang la succession royale. On sait qu'il y parviendra. Mais à terme en quelque sorte, avec quelques générations de retard.

Si Rodolphe écarte de lui les princes et les seigneurs de haut rang et s'efforce de les abaisser, il s'appuie en revanche sur les bourgeoisies urbaines; mais aussi sur la classe des chevaliers et des petits nobles. Il en fait une clientèle dévouée, des armées performantes, des cadres de gouvernement. Plus encore, il engage les ministériaux et leur confie de multiples fonctions d'administration, de finances et de justice; il en fait les agents de son pouvoir partout où il entend en marquer la présence. Ces personnages d'origine non libre, choisis en fonction de leurs compétences, sont d'une fidélité à toute épreuve puisqu'ils lui doivent tout et sans lui ne sont rien. Le règne de Rodolphe marque ainsi l'amorce d'une mutation sociale sensible dans ses États patrimoniaux et les territoires soumis à son influence directe, c'est-à-dire presque tout le plateau suisse. Sur la partie méridionale de celui-ci, la Suisse romande, c'est d'ailleurs à une évolution semblable que contribue la Maison de Savoie. Les *nobiles*, les lignages traditionnels, s'effacent lentement par extinction ou dépossession, au profit des *milites*, chevaliers de plus basse extraction ou récemment promus à ce rang, dont un certain nombre de ministériaux et de notables citadins.

Rodolphe a occupé le meilleur de son temps royal à élargir son patrimoine familial et à doter ses fils de territoires qui en fissent des princes d'envergure. Son grand coup, dans ce sens, a été la saisie de l'Autriche. Peu auparavant, en 1265, le roi de Bohême Ottokar II avait mis la main, dans des conditions peu honorables, sur les duchés d'Autriche (la Basse-Autriche actuelle, avec Vienne), de Styrie, de Carinthie et de Carniole, soit tout le territoire de peuplement germano-slave couvrant les Alpes orientales à l'est du Tyrol et de Salzbourg. Fort de cet immense État, Ottokar avait revendiqué la couronne d'Allemagne; mais il s'était vu préférer le Habsbourg plus discret. Vainqueur de l'élection, Rodolphe entreprit de récupérer les territoires considérés comme usurpés. Il mena deux campagnes victorieuses (1276-1278) contre Ottokar, tué à la bataille de Durnkrut, près de Vienne; et il confisqua les duchés repris à son adversaire au profit de ses fils Albert et Rodolphe; puis d'Albert seul, son aîné, qui prit le titre de duc d'Autriche et de Styrie.

Une disposition dynastique arrêtée en 1283 prévoyait que le fils exclu, Rodolphe, encore adolescent, serait pourvu dans les quatre ans à venir d'une principauté, ou dédommagé en argent comptant. La principauté ou même le « royaume » envisagé devait rassembler les terres patrimoniales des Habsbourg en Alsace, Souabe, Argovie et autour de Zurich, généreusement arrondies. Il s'agissait en somme de reconstituer en faveur du cadet l'ancien duché de Souabe, mais en lui conférant cette fois le caractère d'un État territorial fermé et homogène. Les vallées des Waldstetten étaient comprises dans le projet.

Le « royaume » ne fut pas créé, ni le dédommagement versé. Son destinataire, Rodolphe junior, mourut à Prague en 1290; la même année lui naissait un fils, Jean, qui vengera sans scrupule sa branche lésée en assassinant son oncle Albert.

Le roi et les Waldstetten

Les relations du roi Rodolphe Ier avec ses sujets des Waldstetten échappent presque complètement aux documents conservés. C'est assez étrange. On s'attendrait au contraire à des interventions en série, dont certaines au moins auraient laissé des traces tangibles. Ce silence est d'autant plus troublant qu'avec le règne de Rodolphe, nous sommes entrés enfin dans le contexte historique immédiat des exploits de Guillaume Tell et de la conjuration que la tradition narrative place aux origines de la Confédération. Le mystère qui plane sur le contenu de cette tradition s'épaissit donc plus qu'il ne s'éclaire et ne laisse la parole qu'aux seules hypothèses.

Ce silence pourrait signifier qu'en effet, les relations du roi et des vallées n'ont été qu'épisodiques et superficielles; qu'elles ont laissé les choses en l'état, dans un respect édifiant des coutumes, des droits et des prérogatives de l'un comme des autres; et qu'elles ont été bienveillantes et pacifiques, sans histoires en somme. On peut imaginer le monarque assez occupé ailleurs : à installer l'autorité de son lignage en Autriche; à faire face aux résistances de plus en plus accentuées des princes et des barons; à calmer aussi l'humeur grondante des villes et des campagnes.

Car Rodolphe Ier n'a plus la faveur d'une conjoncture économique encourageante. La longue croissance, presque ininterrompue depuis les environs de l'an mille, est en train de s'essouffler. Des nuages de crise s'alignent sur l'horizon. Les populations continuent de croître et de se multiplier allégrement; mais la production de nourriture ne suit plus le mouvement. La situation alimentaire se tend, des saisons de disette se succèdent et affectent des espaces de plus en plus larges. Les prix des subsistances montent, les abus deviennent fréquents. En ville, l'écart social entre les bourgeois enrichis par le commerce ou l'industrie et la masse des artisans, ouvriers et serviteurs se creuse rapidement. Or la politique menée par Rodolphe coûte cher, même sans aventure italienne. Il faut entretenir, équiper les armées; acheter la fidélité des *milites* et des ministériaux; s'assurer à prix d'or la complicité des uns, la neutralité des autres. Qui paie, sinon les paysans pressés par le fisc royal ou seigneurial? Et les villes sollicitées et forcées de céder une part croissante des fortunes qu'elles accumulent? Assez de soucis pour justifier l'attention distraite que les documents prêtent au roi envers les Waldstetten.

Et pourtant, ce manque d'attention n'est-il pas en contradiction avec les intérêts que Rodolphe, partout ailleurs, sait identifier et soutenir énergiquement ? Simple comte, il a tendu patiemment ses filets autour des Waldstetten. Comment, devenu roi, les aurait-il oubliés ? L'un des premiers actes pourvus de son sceau royal, l'année même de l'élection, ramène à la couronne l'avouerie, devenue vacante, du vallon d'Urseren; il en dispose aussitôt en faveur de ses fils. Peu d'années après, il consolide sa position en instituant, sous le nom de comté, un for judiciaire dépendant de lui à Laax, dans la vallée rhétique du Rhin antérieur (Sursilva); il provoque d'ailleurs ainsi l'opposition armée de quelques voisins, cinq chevaliers du Haut-Valais, l'abbé de Disentis et l'évêque de Coire; ce dernier y perdra la vie. En 1283, Rodolphe rachète les droits de son cousin Laufenbourg sur Schwyz et l'Unterwald. En 1291 enfin, c'est l'abbé alsacien de Murbach, couvert de dettes, qui lui vend la ville de Lucerne et ses domaines aux environs pour 2 000 marcs d'argent, poids de Bâle. On ne saurait donc dire qu'il a détourné son regard de la région. Il l'a prise dans une tenaille; avec Lucerne et Urseren, il tient les deux portes, vers le nord et vers le sud, de tout son commerce – de toute sa vie.

Il faut bien supposer que les documents ne nous disent pas tout, et peut-être même qu'ils nous cachent l'essentiel, mais le plus discret : une infiltration d'autorité. En 1274, cela est sûr, Rodolphe confirme le privilège d'immédiateté impériale d'Uri. Geste de bonne volonté, de joyeuse entrée en somme; mais à double tranchant. La puissance impériale, seule habilitée à intervenir à Uri, c'est lui-même qui l'exerce puisque la royauté confère déjà cette puissance, même sans couronnement à Rome. A-t-il manifesté la même intention à l'égard de Schwyz ? Il ne semble pas, car un tel « privilège » ne serait pas passé tout à fait inaperçu; les Schwyzois s'en seraient évidemment prévalus par la suite. A ces mêmes Schwyzois en revanche, le roi accorde plus tard, en 1282, un privilège presque analogue, un peu plus spécifique : leurs procès ne pourront être portés que devant le juge de la vallée, ou devant le roi lui-même ou ses fils. Cela signifie l'exclusion des justices seigneuriales externes. Plus tard encore, quelques semaines avant sa mort en 1291, le même Rodolphe garantit à ces mêmes Schwyzois qu'ils ne devront pas répondre de leurs actes devant des juges non libres, c'est à dire des ministériaux. Ce qui implique que tel avait été le cas jusqu'alors : le roi avait mis en place des ministériaux comme juges, percepteurs ou agents de l'ordre.

De sorte que les « privilèges » accordés à Uri en 1274, à Schwyz en 1282, n'ont eu en fait qu'un caractère restrictif. Ils firent dépendre ces cantons du seul roi et de son lignage, du seul Habsbourg, passé maître en l'art de confondre ses prérogatives royales et ses pouvoirs seigneuriaux. En d'autres termes, par ces actes de bienveillance déguisée, il prend le contrôle des deux cantons. Il n'y a pas eu de manœuvre semblable à l'encontre d'Unterwald, un temps laissé à la discrétion du cousin Laufenbourg, puis simplement racheté.

Contrôle des Waldstetten, mais non gouvernement direct : le roi évite encore d'en faire de simples fiefs. Il n'est pas sot; il connaît la région, le tempérament sourcilleux des montagnards qui ont toujours la tête près du bonnet. La confiscation de leurs libertés, de leur autonomie traditionnelle, ne servirait à rien : le temps, croit-il, travaille pour lui. Dans l'immédiat, une annexion pure et simple provoquerait une résistance acharnée et coûteuse – comme l'avenir devait bientôt le confirmer, à Morgarten au plus tard. Rodolphe préfère instituer avec ses sujets des Waldstetten un *modus vivendi* insidieux – et dont maints dominateurs plus tard et jusque fort près de nous ont réinventé le mécanisme. Rodolphe affecte de respecter l'autonomie des vallées et des institutions qui s'en sont dégagées. Il reconnaît l'autorité locale d'un *landammann* et de ses conseillers ou chefs de « quartiers » et leur tolère une assez grande marge de manœuvre. Mais sous prétexte du maintien de l'ordre – ce qui n'est pas un vain mot depuis la triste affaire Izzelin et Gruoba –, de la justice d'appel que l'éloignement l'empêche en général de rendre lui-même, ou de l'administration fiscale, il installe un réseau d'agents. A Fluelen, au bas de la vallée uranaise, où marchandises et voyageurs sont embarqués pour la traversée du lac, un péage impérial est prélevé. Les Uranais se l'adjugeront plus tard, mais en 1360 seulement. En attendant, c'est bien un fonctionnaire royal qui en dirige l'administration, et au profit exclusif du trésor du Habsbourg. C'en est un autre qui intervient au nom du roi, en 1275, pour trancher le conflit d'alpage au col des Surènes entre les bergers d'Engelberg et ceux d'Uri; un autre encore qui admoneste Schwyz pour avoir imposé à l'encontre des coutumes les cisterciennes de Steinen.

Que ces agents aient été nombreux ou non importe peu, pas plus que de savoir s'ils étaient, dans chaque vallée, placés sous la direction d'un fonctionnaire principal, chargé de la justice, comme il est vraisemblable; ou que ce dernier ait porté ou non le titre de *landvogt*, que l'usage traduit par « bailli ». L'important est que ces officiers du roi ont existé; qu'ils étaient étrangers au pays; et que plusieurs d'entre eux, sinon la plupart, appartenaient au groupe socioprofessionnel des ministériaux, qualifiés et dévoués. Comment expliquer sans cela l'ultime promesse du roi aux Schwyzois, en 1291, de ne plus les soumettre au jugement de telles gens? Rodolphe dut accéder aux remontrances de Schwyz en reconnaissance d'un important service rendu.

Dans les dernières années de son règne, en effet, Rodolphe s'est tourné contre ses adversaires occidentaux, le comte de Savoie et le comte palatin Othon de Bourgogne, dont la Franche-Comté est fief d'empire mais qui refuse d'en rendre hommage au roi. En 1288, Rodolphe assiège par deux fois, sans succès, la ville de Berne, poste avancé de ses adversaires au milieu de ses domaines; une ruse finit par la lui donner, au printemps 1289. Il marche ensuite à travers le Jura sur la Bourgogne, en juillet, ravageant tout sur son passage : *Maximus desolator et destructor castrorum* (« le pire des dévastateurs et destructeurs de forteresses »), dira de lui le chroniqueur Jean de Winterthour. Il échoue pourtant devant Besançon, tandis qu'Othon, avec le renfort de chevaliers français, menace de lui couper la retraite. La situation est d'autant plus critique que l'armée de Rodolphe a épuisé ses réserves de vivres et que les récoltes ont été détruites par elle tout à l'entour. Or cette armée compte entre autres un contingent de Schwyz; ce qui précise au passage l'étendue de l'autorité du Habsbourg sur ce pays, car il ne s'agit certainement pas de volontaires. C'est un raid audacieux de cette poignée de Schwyzois, en plein camp bourguignon installé sur la rive du Doubs, qui sauve en fin de compte Rodolphe et les siens. Le comte Othon, déconcerté par l'effet de surprise, propose un compromis : il rend l'hommage requis, mais reste de fait le maître de sa province. Rodolphe, pour la forme, fait encore parvenir une note de protestation au roi de France pour l'appui de ses chevaliers à Othon. Philippe le Bel l'ignorera superbement.

L'heure de Guillaume Tell

Revenons aux Waldstetten et à la situation politique et juridique pour le moins ambiguë où les a mis le règne de Rodolphe Ier. Les montagnards ont peu à peu compris que les desseins du roi sont à long terme et que tout va dépendre des circonstances de sa succession, qui ne saurait plus tarder. Ils sont sur le qui-vive, inquiets et nerveux, mais en attente. Dans cette attente, il leur faut bien tolérer tant bien que mal la présence des agents royaux, baillis ou non. Les occasions de friction, les provocations ne manquent certes pas.

Dans ce climat tendu, l'excès de zèle d'un fonctionnaire royal, un ministérial probablement, provoque facilement un incident. De l'autre côté, les montagnards applaudissent tout geste qui relève leur honneur et affirme leur dignité blessée. Ce fonctionnaire s'est-il appelé Gessler, et le montagnard sourcilleux Tell ? Nous l'ignorerons toujours. Mais cela n'a pas trop d'importance; pas plus que le déroulement véritable de l'incident.

Il n'en reste pas moins parfaitement possible, et tout à fait vraisemblable, qu'un homme, ou peut-être plusieurs, de la vallée d'Uri dans les années 1280 ait intentionnellement et publiquement manqué de respect à l'insigne du roi dressé sur la place. Qu'il s'en soit suivi, à une pomme près, les aventures que la tradition narrative prête à Guillaume Tell. Et que le souvenir orgueilleux de l'honneur ainsi restitué ait été conservé et transmis par l'entourage du héros.

CHAPITRE XII

Le petit monde de Guillaume Tell

Nous suspendrons ici pour un moment le fil des événements. Car pour en mieux saisir le sens, il nous faut faire plus ample connaissance avec les contemporains de Guillaume Tell. C'est-à-dire rassembler les quelques éléments qui nous suggèrent un profil du milieu où le héros a pu évoluer. Cette société reste pour nous bien secrète, tant sont rares les témoignages qui nous y font pénétrer, et délicate leur interprétation. Car ces témoignages proviennent pour la plupart du monde extérieur au groupe que nous voulons essayer de cerner; ils n'en livrent donc qu'une image incomplète, subjective et généralement déformée. Sera-t-il permis, pour enrichir un peu une information à ce point lacunaire, d'extrapoler à partir de sources plus tardives, ou qui concernent d'autres milieux alpins ? La prudence s'impose, cela va de soi. Néanmoins, la relative stabilité des structures sociales, économiques et mentales de la montagne, et des modes de vie sensiblement analogues d'une vallée à l'autre, autorisent quelques emprunts complémentaires.

Le petit nombre des hommes

Première question que nous devons nous poser, première difficulté insurmontable : quelle population abritaient nos vallées? Quelle structure démographique présentait cette population et quels mouvements l'animaient? Aucune source ne nous éclaire, ni recensement ou relevé fiscal des feux, ni bien sûr registres de baptêmes ou de sépultures. Cette obscurité est plus épaisse encore chez les montagnards que dans les villes et les campagnes du plat pays. Un unique document ne suffit pas à lever le voile: en mars 1290, pour l'érection d'une nouvelle paroisse et de son église à Spiringen (Uri), les propriétaires de champs et de prairies dans le val Schæchen entre Burglen et le col du Klausen s'engagent à en assurer le financement et l'entretien: ils sont 83 chefs de famille (dont 9 femmes). Mais de combien de personnes se composent en moyenne ces familles? Cinq ou six? Et combien d'autres paysans habitent là sans y être propriétaires? Au total, la population du vallon a pu se situer entre 700 et 1 000 personnes, mais c'est là une supposition trop aventureuse, et trop isolée aussi, pour induire des chiffres plus globaux.

Peut-on au moins avancer un ordre de grandeur, par comparaison avec des espaces un peu mieux documentés, ou par régression à partir des âges ultérieurs mieux connus? Les récentes recherches d'Anselm Zurfluh sur la population d'Uri sous l'Ancien Régime attribuent à ce canton une population de 8 800 habitants vers 1600. De 1300 à 1600, beaucoup d'eau a coulé sous les ponts de la Reuss; la peste du XIVe siècle a sévi (mais avec quelle gravité?); asservie peu à peu par les villes, l'économie s'est affaiblie, la société appauvrie; l'élevage extensif a réduit davantage l'emploi; un fort mouvement d'émigration s'est amorcé, qui maintient la population au niveau que lui permettent emplois et ressources. De sorte qu'il n'est pas déraisonnable d'imaginer que le peuple uranais au temps de son héros ne fût pas sensiblement moins nombreux, peut-être presque égal à ce qu'il sera vers 1600. Soit autour de 7 000 à 8 000 personnes.

Très grossière par la force des choses, une évaluation à laquelle je me suis amusé naguère m'a amené à proposer pour l'ensemble des Alpes vers 1300 une population de

1,3 ou 1,4 million de montagnards; dont 150 000 à 180 000 pour ses versants helvétiques (Alpes et Préalpes). Soit une densité qui se situe entre 7 et 10 habitants au kilomètre carré. Un tel multiplicateur appliqué à la superficie d'Uri y donnerait un chiffre de 7 000 à 10 000 âmes. Le relief et la nature de ce canton lui assignent évidemment une densité assez basse. Vu sous cet angle aussi, le nombre de 7 000 à 8 000 personnes semble raisonnable.

Cantons préalpins, Schwyz et Unterwald ont pu connaître des densités un peu plus élevées qu'Uri. Ce qui suggère pour l'ancien pays schwyzois dans son étendue d'alors une population autour de 5 000 personnes. Pour Unterwald et le domaine d'Engelberg, entre 5 500 et 7 000 habitants.

Ordres de grandeur, bien entendu. Ce qui reste en tout cas sûr, c'est que le « peuple des bergers » n'a été qu'un très petit peuple. Il ne rassemblait guère plus, au total et dans l'hypothèse la plus élevée, qu'une vingtaine de milliers de personnes.

Une population dynamique, mais casanière

Des structures de cette population, nous ne pouvons qu'imaginer quelques traits. Comme partout au Moyen Âge, son espérance de vie est faible. Au XXe siècle encore, cette espérance est plus basse dans les pays de montagne qu'en plaine : en 1920-1921, elle était dans les cantons alpins de Suisse de 52 ans, pour une moyenne nationale de 55 ans. Pourtant, il y a quelques raisons de croire que cet écart relatif n'existait pas au Moyen Âge, ou mieux encore, qu'il était en faveur de la montagne. Les individus y vivaient dans une moindre promiscuité qu'en ville ou en bien des villages de la plaine. Le climat est rude dans les vallées, mais on s'avisera au XVIIIe siècle qu'il y est sain. Leur isolement relatif a pu préserver certaines populations des maladies épidémiques ou endémiques parmi les plus courantes. Le soin quotidien du bétail exigeait des éleveurs une hygiène du corps sans doute moins négligente qu'en d'autres catégories socioprofessionnelles. Enfin, et surtout, les montagnards connurent au Moyen Âge, du XIIe siècle au moins jusqu'au XVIe, un régime alimentaire que la famine n'a que très rarement perturbé et auquel les produits de l'élevage – viandes, produits laitiers, œufs –, de la chasse et de la pêche, les fruits ramassés ou cultivés apportaient des rations régulières de protéines, vitamines et minéraux. La montagne fournissait en outre à la cuisine et sur la table une eau fraîche, non polluée. Donc une alimentation saine et dans l'ensemble suffisante, sous réserve de saisons difficiles pour les plus pauvres ménages.

Les sources laissent l'impression de familles où les enfants sont nombreux : nous n'en sommes pas surpris. Comme ailleurs, une progéniture généreuse est gage de prospérité et de sécurité des parents – ou regardée traditionnellement comme telle. Car dans les faits, compte tenu du peu d'emplois créés par l'élevage, une natalité débordante peut alourdir une société dont l'horizon est si étroit. Dans l'ignorance complète où nous restons des taux de nuptialité, de fécondité et des comportements démographiques en général, nous percevons néanmois un dynamisme démographique, un appétit de vie qui répond au dynamisme économique des vallées et peut contribuer à expliquer leur conscience d'une identité politique, leur volonté d'autonomie.

Il n'est guère de région des Alpes tout entières qui échappera, dès la fin du Moyen Âge et pour très longtemps, à une contrainte à l'émigration, celle des hommes jeunes surtout. Les Waldstetten en seront très fortement affectés, sous la forme principale du service mercenaire dans les armées des princes d'Europe. Accessoirement, de jeunes bergers iront, plus ou moins régulièrement, pratiquer leur métier en d'autres contrées : on en rencontrera sur les pâturages des Vosges, par exemple en 1698 (témoignage rapporté par Fernand Braudel dans *L'identité de la France*, I, p. 125).

Cette émigration est-elle amorcée déjà au XIIIe, au début du XIVe siècle ? Aucun document ne l'atteste, et je n'en vois pas la raison. Quelques mercenaires de la montagne au service momentané du roi et des seigneurs du plateau, au XIIIe siècle, ne font pas encore une émigration. Il se peut bien que l'élevage, déjà, ait mobilisé moins de bras qu'il n'en était de disponibles. Mais d'autres activités les retenaient, à commencer par les métiers du transport. La fourniture au bas pays de matériaux de construction, bois et pierres, commodes à acheminer par les lacs et les rivières, offrit une autre occasion de travail. Les montagnards, on le sait, n'étaient pas dépourvus de tout contact avec le monde des plaines et des villes. Quelques-uns d'entre eux ont donc pu être tentés d'y chercher fortune; ce fut assurément l'exception. Tout porte à croire à un peuplement orgueilleux de son cadre naturel, fidèle à sa vallée d'origine capable de l'employer et de le nourrir; donc un peuplement stable.

Les vertus familiales

Les récits qui nous transmettent les aventures de Guillaume Tell et toute la tradition de la « libération » des Suisses, ceux que j'ai repris et analysés dans la première partie de cet ouvrage, livrent quelques traits de la mentalité du milieu concerné et nous font percevoir entre les lignes la sensibilité qui anime les personnages. Ces récits, dans la forme conservée, ne sont pas antérieurs à la seconde moitié du XVe siècle; il faut donc les lire avec prudence, sinon avec méfiance. Nous avions pu admettre néanmoins que leur ingénuité véhicule et livre quelques éléments imprimés dans une mémoire collective assez fidèle pour que les réalités et les sentiments du temps de Guillaume Tell et de ses compagnons aient survécu. Que cette mémoire ait accueilli en outre, au fil des générations de narrateurs, additions, interpolations et embellissements comme des couches successives d'alluvions déposés par les torrents glaciaires, nous n'en doutons plus. Elle a bousculé la chronologie réelle, dont il ne reste rien de sûr. Elle a confondu les héros et imaginé entre eux des liens qui conféraient au récit davantage de cohérence et augmentaient sa tension dramatique. Bref, la mémoire a travesti les événements et leurs acteurs au point de les rendre méconnaissables; elle transmet un message suspect. Sous ce travestissement, nous avions reconnu quelques situations, anecdotes ou personnages qui ont résisté pourtant à tous les fantasmes narratifs : ils n'ont pu être ni tout à fait inventés, ni interpolés tous. Ils expriment un environnement idéologique, un sens de la vie que ne reconnaissent plus les scribes du XVe siècle finissant ou du XVIe. Les récits communiquent dès lors des images assez valables de la mentalité originelle : celle que nous pouvons attribuer aux contemporains de Guillaume Tell.

Les sources d'époque sont trop rares et fragmentaires pour confirmer dans toute leur étendue ces traits de mentalité des Waldstetten tels qu'ils se dégagent des récits; ceux-ci restent à cet égard la source la plus détaillée. Tout de même, quelque-uns de ces traits se vérifient à travers le peu que nous savons du sanglant affrontement des clans Izzelin et Gruoba. De ce drame authentique des années 1250 comme des récits de la libération ressortent clairement le sens de l'honneur familial et la force des rites de violence.

C'est la famille qui constitue le noyau presque à toute épreuve de la société des montagnards. Rien qui nous surprenne à cela : au Moyen Âge, les liens familiaux assurent partout la stabilité du corps social, particulièrement en milieu rural. En outre, la vigueur du lignage comme résidu d'un type tribal archaïque s'est conservée plus vivante dans les pays alémaniques qu'en terres françaises ou latines; et mieux encore dans les Alpes où, depuis l'occupation alémane des VIIIe et XIe siècles, les structures de parenté n'ont plus été bousculées par de nouveaux déplacements de population. La parentèle élargie, le clan, y sont associations de protection des membres; et de production aussi bien. Le lignage a sa propre hiérarchie, qui traverse, ou reproduit, celle de l'organisation plus large de la communauté de vallée. Il a son ou ses chefs : ceux que nous voyons cités devant le comte

Rodolphe dans l'affaire des Izzelin et des Gruoba. Le chef organise le travail; il décide des personnes aussi; nul mariage ne se conclut sans son assentiment, en principe à l'intérieur du clan – ce qui restreint le choix d'un conjoint, retarde probablement l'âge au mariage et encourage peut-être les relations sexuelles prénuptiales.

La famille est en tout cas cellule de production et communauté de consommation de ses membres, qui partagent leur repas à la même table. Elle nourrit ainsi le sens le plus intime de la solidarité, et y puise en retour ses forces. Elle est aussi le lieu pratiquement unique où peuvent être vécus et exprimés les sentiments affectifs, dont nous devinons qu'ils sont très forts.

En montagne, la valeur sociale de la famille se renforce encore. D'abord par la forme du travail quotidien. Car l'élevage du bétail impose une division nette des tâches quotidiennes ou saisonnières au sein du groupe familial. Les femmes, les filles, les sœurs n'ont pas seulement le soin du ménage et des enfants – volontiers laissé aux plus vieilles. Elles participent directement au travail, assument donc leur responsabilité dans l'exploitation familiale. Ensuite, c'est l'étroitesse de l'horizon social et culturel des montagnards qui affermit encore le lien familial; car elle exclut toute mobilité et fait du foyer élargi le pôle sur qui chacun est contraint de s'orienter.

Cette famille s'entend au sens étroit du ménage, parents et enfants; il constitue l'unité affective, celle dont l'amour paternel de Guillaume Tell lui-même offre l'exemple. Elle s'entend davantage encore au sens plus large du lignage, qui inclut grands-parents s'ils sont encore en vie, oncles, tantes et cousins. Et finalement au sens du clan auquel appartiennent les parents plus éloignés, ou même des individus pour qui un lien de clientèle ou de voisinage familier remplace celui du sang. Dans cette société extrêmement restreinte, aux proportions de la vallée, de la paroisse ou du village, et où l'endogamie semble avoir été la règle – où serait-on allé chercher femme en dehors de la vallée? –, il devait être rare que les habitants d'un même lieu n'eussent entre eux aucun lien de parenté, directe ou par alliance. Aux XVIIe et XVIIIe siècles, 40 % des couples uranais devront obtenir avant de s'unir une dispense ecclésiastique de l'empêchement au mariage en raison de leurs liens de consanguinité. Cette situation n'était certainement pas meilleure au Moyen Âge.

La femme, l'honneur et le sexe

Dans cette structure familiale, je viens de dire l'importance économique autant qu'affective de l'élément féminin. La femme – épouse, fille, sœur – n'est pas autonome puisqu'elle est intégrée dans le système familial de production et soumise à l'autorité du chef de famille qui est, normalement, un homme (la liste déjà citée des propriétaires du val Schæchen en 1290 mentionne 10 % de chefs féminins d'exploitation). Mais la femme est, d'une certaine façon, émancipée – bien plus que ne le seront ses filles deux ou trois siècles plus tard. On a vu dans les récits combien les femmes y sont présentes, jouent un rôle actif, expriment même une opinion – s'il faut ajouter foi aux propos prêtés à l'épouse de Stauffacher : la teneur en est certainement apocryphe; mais le fait n'est point invraisemblable. La montagnarde n'est en outre pas tenue à l'écart d'activités que l'on pourrait regarder comme typiquement masculines. Diane même a aussi ses ferventes, telle « Mechtilde la chasseresse », propriétaire au val Schæchen en 1290.

Le rôle important de la femme donne à celle-ci son prix, qui s'exprime par le sens de son honneur manifesté jusqu'à la violence par ses hommes – le mari, le père ou le frère. L'honneur de la femme est surtout en jeu lorsque c'est un étranger qui le compromet : le caractère répétitif, insistant, des reproches de séduction des filles du pays formulés à l'encontre des baillis n'est pas un simple hasard mais la confirmation de ce principe d'honneur. Celui-ci associe une méfiance innée, ancestrale, de l'étranger; un sentiment du rang social que même l'amour, à plus forte raison la sexualité, ne sauraient transgresser, fût-ce vers le haut; et la peur de manquer de filles à marier, d'autant plus que les victimes des séducteurs sont évidemment parmi les plus accortes et les plus aimables.

Est-ce à dire que cette société pratiquât un puritanisme rigoureux, en son propre sein? Les indices manquent pour répondre à cette question. En général, les populations montagnardes de jadis ont usé de mœurs assez libres. Adultères, concubinages, scènes de viol même n'y avaient rien d'exceptionnel. La solitude des longs étés sur l'alpe favorisèrent souvent homosexualité et bestialité. Nous ignorons si ces déviances sexuelles entraînaient une sanction morale ou sociale du groupe. Au plan pénal, dans le comté de Savoie, elles n'étaient punies que d'amendes, et ces affaires n'étaient instruites que sur dénonciation formelle. Les Waldstetten, ou leurs juges, n'ont pas tenu comme les châtelains des comtes de Savoie registres des causes plaidées ni des amendes encaissées. Nous n'avons que le témoignage, suspect, de nos récits. La dame au bain de Conrad de Baumgarten tente de résister aux avances dont elle est l'objet; mais sous la pression, toute verbale, du séducteur, elle envisage bel et bien d'en partager, nue, la cuve. La servante du château de Rotzberg est tout au plaisir de son amant dans la nuit du nouvel an... Mais ces détails-ci, imaginés ou non, sont trop isolés pour avoir signification.

La violence et la fête

L'usage répété de la violence n'est, lui, que trop évident. Il n'y a, sur ce point, aucune contradiction entre les récits – malgré leur souci de dissimuler cette violence afin de rendre après coup plus morale, donc plus légitime, la rébellion des Suisses – et tout ce que nous savons par ailleurs du comportement des Waldstetten. Les querelles de pâturages de part et d'autre des crêtes qui ferment les cantons (au Klausen, aux Surènes), la vendetta entre Izzelin et Gruoba, les raids répétés des Schwyzois contre les moines d'Einsiedeln et leurs biens, les vols de troupeaux, la série de meurtres et autres coups échangés dans nos récits, les aventures même de Guillaume Tell : tout cela respire la violence, individuelle ou collective. Une violence d'ailleurs légalisée lorsqu'elle n'est ni dissimulée, ni l'expression de la pure malignité d'un individu.

L'état de tension qui affecte les vallées dans la seconde moitié du XIIIe siècle, documenté surtout à Uri, n'est pas dû à la seule ambiguïté de leur condition politique et aux menaces qui planent sur leur autonomie, mais tout autant à l'atmosphère de violence qui s'en est emparée. Tension et violence s'excitent et s'aggravent l'une l'autre. N'est-ce pas d'ailleurs le sort de toute société menacée dans son intégrité, sa stabilité ou son identité ? L'histoire, jusqu'à la plus récente, regorge d'émotions semblables. A Uri en tout cas, la violence est un effet pervers de la prospérité, des mutations qu'ont entraînées le succès de l'élevage et celui de la route du Gothard.

Cette violence endémique, pourtant, n'aurait-elle pas aussi un goût de fête ? La vie des montagnards, comme celle des paysans de partout, a été monotone. La fête trompait cette monotonie, chaque occasion en était saisie avec ferveur. Fêtes religieuses ou traditionnelles, événements sociaux et familiaux, célébration des saisons et des travaux (récoltes, vendanges) déchaînaient des liesses où presque tout devenait permis. L'agressivité des rudes paysans trouvait à s'y dépenser en toutes sortes de jeux et de compétitions. Or il n'était pas rare que la fête dégénérât : les jeunes gens d'un village ou d'un clan voisins venaient perturber une noce, un charivari libérait de vieilles rancunes, la coquetterie d'une garce dressait ses soupirants les uns contre les autres... Il me semble possible d'imaginer que telles violences collectives, comme les raids contre Einsiedeln ou autour du col des Surènes, aient été organisées plus ou moins spontanément afin de canaliser les esprits surexcités des jeunes paysans vers un objectif extérieur : le réflexe bien connu de la fuite en avant.

L'Église, la piété et la culture des montagnards

L'Église est présente dans les vallées, depuis le XIe siècle au moins, par deux institutions : les paroisses et les couvents.

Les paroisses se sont d'abord confondues avec le chef-lieu, le plus ancien village tenu par les immigrants alamans : Altdorf, Schwyz, Sarnen, Stans. A mesure qu'était occupé l'arrière-pays, le long de la vallée principale ou au fond des vallons affluents, la distance jusqu'à l'église et le cimetière devint difficilement supportable et les paroisses se dédoublèrent. Burglen relaya Altdorf au XIe siècle déjà, plus tard Silenen, Spiringen encore en 1290. A Schwyz, Steinen (1125) et Muotatal (vers 1200), à Unterwald Kerns et Alpnach (1173) puis Buochs regroupèrent les fidèles. Mais de la vie de ces paroisses, sans doute desservies par un clergé médiocre, nous ne savons pratiquement rien.

Quant aux couvents, ils n'apparaissent guère que dans leur rôle de concurrents pour l'usage des pâturages et de propriétaires à qui est due la rente. A Uri, le plus important est celui du Fraumunster de Zurich; non seulement parce qu'il y possède des biens, mais aussi parce que toute la vallée dépend de lui au point de vue ecclésiastique : c'est lui qui désigne et entretient curés et chapelains; et c'est lui qui prélève la dîme. Pour gérer ses biens et ses droits, le Fraumunster fait appel au XIIIe siècle à des intendants, choisis dans les familles du pays les plus cossues et déjà pourvues de fonctions identiques au service d'autres propriétaires. Ces intendants sont au nombre de trois, stationnés à Burglen, Erstfeld et Silenen; nous verrons bientôt qu'ils seront appelés à jouer leur rôle de notables dans le mouvement uranais de résistance aux Habsbourg, à la fin du siècle. Le couvent exerce d'autre part son pouvoir seigneurial sur tout un groupe de paysans au statut juridique et social un peu particulier, les « dépendants d'Église ». Ce sont, dans la règle, des personnes d'origine servile, qui ont acquis leur liberté juridique en se donnant au monastère. Dans la pratique, ces dépendants semblent s'être parfaitement fondus dans la société uranaise et rien ne les a plus distingués des autres paysans. La maison des lazaristes de Seedorf (Uri) ne semble pas avoir exercé une influence notable dans sa région d'implantation.

Ces rapports de droit et de gestion avec les établissements religieux ont pu être étroits et continus – ils n'ont été nullement affectés par l'émancipation des vallées. Mais ils ne nous révèlent rien de la pratique et du sentiment religieux des gens de la montagne. Cet aspect de leur existence nous échappe totalement, à un point qui ne laisse pas de surprendre. Ni les documents de l'époque, ni les récits tardifs ne livrent le moindre indice à ce sujet.

Car la présentation rituelle des « pieux » personnages dans les récits n'est qu'un lieu commun destiné à leur assurer dès l'abord la sympathie de l'auditeur; et les fréquentes adresses à Dieu ont le plus souvent un caractère formel, invocatoire. Du moins s'étonnera-t-on, dans le discours des Waldstetten ou celui qui leur est prêté, de la solitude de Dieu. Ni la Vierge ni les saints ne sont jamais invoqués.

Pieux, nos montagnards l'ont certainement été, comme l'étaient tous leurs contemporains. D'une piété toute conventionnelle et apparemment peu encombrante. Je l'ai déjà noté au passage : l'Église, les clercs, la foi, le sentiment religieux sont absents, complètement, des récits de la rébellion. Pas la moindre sollicitude ou colère divine, pas le plus petit miracle. Pas l'ombre non plus d'un homme d'Église parmi tous les personnages mis en scène. Or si l'on se rapporte aux nombreuses légendes de la montagne – les vraies, celles-ci, qui font intervenir le surnaturel, par exemple pour expliquer la construction du Pont du Diable sur la Reuss –, on y découvre toute une panoplie de forces miraculeuses ou magiques, avec leurs médiateurs humains.

C'est toujours du haut vers le bas que ces esprits manifestent leurs pouvoirs, maléfiques ou bénéfiques :

nous retrouvons ici cette verticalité de la montagne qui imprègne la vie et la sensibilité de ses occupants. Pour eux, c'est toujours de là-haut, de ces crêtes qui relèvent l'horizon, que s'abattent les dangers comme le salut qui les conjure. Au sens spirituel; mais aussi dans le sens très concret, trop familier, des avalanches, des éboulements et chutes de pierres, des torrents subitement grossis par l'orage.

Les moines, pourtant, ne sont-ils pas les agents d'une vie spirituelle qui rayonne à partir de leurs couvents? Sans doute. Mais la spiritualité qu'ils proposent est importée des grands centres religieux de la plaine et ne répond qu'imparfaitement aux exigences des montagnards. Rien ne laisse percevoir les traits d'une spiritualité d'inspiration alpine. Un des fondateurs de la scolastique médiévale, saint Anselme de Canterbury, était un enfant du val d'Aoste; mais de son origine montagnarde, il n'a retenu que la réalité pratique, comme l'art de trouver une source d'eau claire. A l'époque carolingienne, la piété avait inspiré au fond des Alpes quelques chefs-d'œuvre incomparables d'art religieux, comme le cycle des 82 fresques de Mustair (Grisons), vers 800. Mais la manière en est inspirée d'Italie.

Il faut déduire des quelques observations qui précèdent une pratique religieuse régulière des montagnards, mais un sentiment plutôt tiède, formaliste, et mêlé de beaucoup de superstition. Ici encore, nous retrouvons un trait de mentalité assez universel dans les campagnes d'avant l'âge des catastrophes, au XIVe siècle.

A une spiritualité sans ferveur répond d'ailleurs l'absence de toute sensibilité culturelle originale. A de remarquables exceptions près, le monde alpin n'a pas été au Moyen Âge un espace de grande créativité artistique. Son architecture, habile, reste strictement fonctionnelle. Elle n'exprime que peu de goût pour les constructions ornementales et les éléments de décoration. Et si le montagnard se laisse séduire parfois, le long des routes de communication, c'est par les modes et les styles du bas pays, ceux de Lombardie surtout. Les quelques exceptions n'éclairent pas le temps de Guillaume Tell et se situent assez loin de son pays. Celui-ci n'a connu ni des centres de culture religieuse capables de rayonner sur lui, ni des foyers de vie courtoise. Au XIVe siècle, le « maître de Waltensbourg » et ses compagnons, décorateurs de tant d'églises dans la vallée du Rhin antérieur, ne franchiront point encore les crêtes qui les séparent des Waldstetten; il ne semble pas qu'ils y auraient trouvé l'accueil que méritait l'un des rares talents alpins originaux. Quant à la culture écrite, est-il encore besoin de rappeler qu'elle reste tout à fait étrangère, jusqu'à la fin du Moyen Âge, à l'univers des montagnards? Les *scriptoria* d'Engelberg et d'Einsiedeln ne sont que des isolats, imperméables à leur environnement.

Les saisons et les jours : les paysans

Un chapitre précédent a présenté déjà l'économie alpestre placée sous « le signe du Taureau », orientée donc de plus en plus vers l'élevage et son fort rendement commercial.

Cette spécialisation progressive et généreuse n'a pas été sans effets sur la société des Waldstetten, ni sur leur univers mental. J'ai fait allusion tout à l'heure à une division du travail entre les sexes. C'est que le soin du bétail est réservé aux hommes. Ce sont eux qui le mènent au pâturage et le gardent tout l'été; ce sont eux qui s'occupent de traire les vaches, de cuire le lait et de confectionner les pièces de fromage; ce sont eux, la saison venue, qui font boucherie. Aux femmes, en revanche, de cultiver les champs encore réservés aux céréales, de battre le grain, de couper l'herbe, de ramasser et d'engranger le foin des prairies.

Cette répartition singulière des tâches d'exploitation entre hommes et femmes de la famille, on la retrouve dans toutes les montagnes où le gros bétail est devenu l'objet principal de la production rurale. Elle reste en revanche inconnue ailleurs, là où l'élevage des moutons a continué de dominer, au Tyrol et en Autriche par exemple; et naturellement en plaine. Dans tous ces pays-là, c'est aux femmes que sont réservés les soins à donner aux bêtes, qui n'y sont qu'une activité annexe.

La distribution bizarre du travail dans les vallées centrales n'est pas passée inaperçue. Elle a suscité chez les observateurs étrangers tantôt l'admiration, tantôt l'ironie. Déjà vers l'an mille, selon le témoignage d'un moine annaliste de Saint-Gall, deux comtes d'Alémanie se seraient découverts devant un berger, prenant la fierté de son attitude pour une marque de noblesse. L'anecdote rejoint l'impression générale donnée par nos récits et confirmée par bien d'autres sources d'un milieu de pasteurs sûrs d'eux, fiers de leur condition, orgueilleux de leur liberté individuelle comme de leur autonomie collective. Bien plus tard, dans la littérature humaniste du XVIe siècle, l'identification de l'idée de liberté avec la vie pastorale des montagnes et la référence dans ce sens à la Confédération deviendront une manière de lieu commun et déjà l'image d'une démocratie idéale.

L'estime, pourtant, est bientôt balancée par l'incompréhension et donc l'ironie méprisante. Le cliché folklorique du vacher suisse, plus tard de l'armailli qui garde ses bêtes sur une prairie soigneusement entretenue, ne date pas d'hier. Déjà au XIVe siècle, on se gausse en Allemagne de ces *Kuebuben* ou *Kuemelker*, de ces « gamins à vaches » ou « trayeurs de vaches » qui dérangent l'image conventionnelle que les citadins se font du paysan. Le Zurichois Felix Hemmerli, dans sa diatribe contre les gens de Schwyz lancée en 1450, ironise à plaisir sur ces montagnards qui portent une attention amoureuse à leurs bêtes au lieu d'en laisser le soin aux femmes, comme le font les gens sensés. Ne les soupçonne-t-il pas de manquer de virilité, puisqu'ils se livrent à des tâches normalement dévolues au sexe faible? Avec plus de sympathie, mais non moins d'étonnement, Luther se souviendra dans ses *Propos de table* de sa traversée des Alpes (par le col grison du Septimer) : « Les Suisses, dit-il, sont costauds, courageux et francs. Mais parce qu'ils habitent dans les Alpes, ils n'ont point de champs, seulement des prairies. En temps de paix, ce sont les hommes eux-mêmes qui vont traire les vaches et font le fromage... »

D'autres travaux pourtant, et souvent rudes, sollicitent le paysan de montagne. L'alpe d'été nécessite quelques installations sommaires, qu'il faut chaque année remettre en état : une cabane pour les gardiens de troupeau, la hutte et son foyer où se prépare chaque jour le fromage. Elles sont construites en pierre sèche, avec un toit de bardeaux ou d'ardoises. Les recherches archéologiques de Werner Meyer en ont retrouvé quelques exemples dans le vallon d'Urseren (du IXe siècle, en usage jusque vers 1700), dans la vallée de la Muota (vers 1100, agrandie au XIIIe siècle, abandonnée peu à peu pour un autre site au XIVe), dans les alpes de Glaris (fin du Moyen Âge).

Vers ces alpages, ou vers les prairies disséminées dans toute la vallée pour profiter du moindre sol disponible, il fallait aménager des chemins à travers la forêt et le long des ravins, jeter des passerelles sur les torrents. On a vu comment l'expérience acquise a pu être mise au service de la route du Gothard, particulièrement pour ouvrir le passage des Schœllenen. L'irrigation, parfois le drainage des prés, nécessitaient un subtil réseau collectif de canalisation, de « bisses » munis d'ouvertures mobiles pour assurer une équitable distribution de l'eau. Les cultures en terrasses supposaient que fussent construits et fréquemment réparés les murs de soutènement, et régulièrement remontée la terre. La construction des demeures, en poutres et planches appuyées sur un fondement de maçonnerie, des étables, des granges et des greniers étaient encore l'affaire des paysans eux-mêmes.

Ces constructions utilisaient quantité de pierres de taille pour les soubassements; de pierre ollaire (serpentine assez tendre, donc aisée à ciseler, d'un vert sombre) pour certains murs, pour l'âtre ou pour le poêle des demeures plus cossues; d'ardoises pour couvrir des toits; et bien sûr de bois. Ce dernier offrait en outre, bien évidemment, l'unique combustible accessible, dont les longs hivers, la cuisson des fromages, le fumage des quartiers de viande faisaient une consommation énorme. L'exploitation du vaste manteau forestier des vallées couvrait commodément ces besoins. Elle procura aussi un article d'exportation vers les centres urbains les plus proches, Lucerne surtout. Cette exploitation n'allait pourtant pas sans risques. Un déboisement inconsidéré aggravait l'érosion, ouvrait des couloirs aux avalanches. Nous ne savons pas si les Waldstetten prirent déjà conscience du problème au XIIIe ou au XIVe siècle. C'est en Valais, autour de Saint-Maurice d'Agaune, qu'il incita aux premières mesures connues de protection de la forêt, un règlement de 1298. En 1339, la *Landsgemeinde*, l'assemblée populaire de Schwyz, mettra à ban une forêt du val Muota afin que personne n'y puisse charbonner; mais nous ignorons les motifs de cette interdiction.

Un peuple de chasseurs

Nous connaissons un Guillaume Tell inséparable de son arbalète et de sa réputation de chasseur exceptionnellement adroit. Ce n'est pas seulement figure de style.

A la différence des agriculteurs de plaine, les montagnards n'ont jamais perdu l'usage des armes. Il s'agissait de pouvoir les prendre à tout instant pour défendre le troupeau contre la voracité des bêtes sauvages, ours, loups très nombreux, lynxs, aigles. Les armes de tir étaient les plus sûres en pareil cas, c'est-à-dire l'arc ou, précisément, l'arbalète. Les hommes s'y entraînaient régulièrement et se mesuraient dans des concours de tir. La prouesse de notre héros, insolite et dramatique dans les circonstances que narrent le *Livre Blanc* et la *Ballade de Tell* par probable interpolation, n'en relève pas moins d'une pratique courante et populaire : une sécurité et un sport.

Cette adresse trouve en outre son application naturelle dans la chasse. La simple protection du bétail y fait place à la poursuite délibérée du gibier. Si multiples que soient les occupations du paysan-éleveur au fil des jours et des saisons, elles lui laissent encore assez de temps libre, plus qu'à l'agriculteur ordinaire. Et la chasse semble bien avoir été l'un de ses passe-temps préférés, auquel même les femmes peuvent s'adonner. Avec un double objectif : celui du plaisir sportif, du parcours en solitaire des espaces déserts de la haute montagne où vit le gibier; ce plaisir, du fond des âges, prépare les saisons beaucoup plus proches de l'alpinisme. Les guides de montagne, à la fin du XVIIIe et au XIXe siècle, se recruteront parmi les chasseurs et parmi les convoyeurs du trafic sur les cols – qui peuvent avoir été d'ailleurs les mêmes individus. L'autre objectif de la chasse, c'est de varier quelque peu l'ordinaire de la table familiale. Il s'agit moins d'un besoin, comme l'éprouvent les paysans de la plaine lorsqu'ils ont droit de chasse, ou se livrent au braconnage. Les montagnards, dans la règle, ne manquent pas de chair. Le gibier apporte cependant quelque rupture à la monotonie de leurs repas. Werner Meyer a retrouvé auprès de huttes d'alpage les os des animaux dont les bergers, l'été, faisaient leur ordinaire; 60 % proviennent du petit bétail d'élevage, de moutons ou de chèvres qui accompagnent en général les vaches. Le reste documente une consommation régulière de viande de chamois : c'est un gibier abondant en haute montagne, et toujours apprécié; un peu plus rares, la marmotte difficile à traquer, le bouquetin, le coq de bruyère ou la perdrix des neiges.

Que la chasse fût une occupation régulière se vérifie parfois dans la liste des biens qui constituent la rente d'un seigneur propriétaire, lorsqu'elle était encore acquittée en nature, c'est à dire jusqu'au cours du XIIIe siècle. Au couvent de Pfæfers, en Rhétie, les paysans apportaient vers 1160 non seulement de la laine et des peaux de chèvres, mais aussi des dépouilles de cerfs.

Nous sommes moins bien informés sur la pêche dans les lacs et rivières de montagne. On sait que ceux-ci étaient poissonneux, en particulier le lac des Quatre-Cantons, ceux de Zoug, de Zurich et de Walenstadt. On sait aussi qu'aux XVe et XVIe siècle, la pêche sera devenue un sport, mais aussi une profession pour les populations riveraines; et que la consommation de poissons et crustacés (écrevisses) sera importante et fera le plaisir des voyageurs en Suisse. L'un d'eux, l'Anglais Fynes Morrison, s'émerveillera aussi vers 1600 de l'habileté des Suisses à nager dans le courant rapide des rivières. Nul doute que ces satisfactions culinaires, et ce talent, n'aient été connus bien auparavant.

L'apiculture, enfin, n'est que rarement mentionnée; et moins pour la douceur du miel que pour la cire et les cierges qui brûlent dans les églises.

Loger, boire et manger avec Guillaume Tell

Les compatriotes et contemporains de Guillaume Tell vivent concentrés dans les bourgs (Altdorf, Schwyz, Brunnen, Stans et Sarnen), quelques villages et toute une constellation de hameaux. Cet habitat serré est vulnérable. Les habitants ont appris à éviter les couloirs régulièrement balayés par les avalanches; mais ce genre de catastrophe peut les surprendre au bas de n'importe quelle pente. Leurs constructions de bois sont la proie facile et fréquente du feu, surtout lorsque souffle le foehn qui s'engouffre dans les cheminées et emporte les braises d'un foyer mal isolé. Les gens vivent dans la peur permanente des incendies de villages, de forêts aussi.

Contrairement aux maisons paysannes de plaine, celles de la montagne abritent rarement hommes et bêtes sous le même toit. Le bétail est trop nombreux. Absent tout l'été, il migre durant l'hiver d'une étable à l'autre, selon la capacité de foin engrangée dans chacune. Le paysage de prairie est ainsi ponctué de ces innombrables étables surmontées d'une grange.

Les habitations, je viens de le dire, sont en bois sur fondement de maçonnerie; relativement étroites, elles comportent en général deux ou trois étages, autant de foyers. Les plafonds sont bas et les ouvertures étroites afin de conserver le mieux possible la chaleur du feu. Il est probable que dès le Moyen Âge, les maisons les plus cossues ont été pourvues de poêles en pierre. Les toits de bardeaux ou d'ardoise sont, bien sûr, inclinés pour éviter le poids excessif de la neige accumulée. Par ailleurs, les types architecturaux varient sensiblement d'une vallée à l'autre. Des maisons en bois des temps qui nous occupent, il ne reste pas d'exemples originaux.

Les édifices en pierre sont plus exceptionnels. Seules les huttes de bergers et les fromageries d'alpage sont régulièrement, mais grossièrement, construites en pierre pour mieux résister aux intempéries et à leur enfouissement sous la neige. Dans la vallée, à part les églises, les fortifications et quelques bâtisses publiques (entrepôts de marchandises), seules les demeures des familles nobles ou de quelques notables sont édifiées en pierre : elles sont signes de prestige et de pouvoir – on se souvient de la maison des Stauffacher à Steinen, objet du désir du bailli Gessler. Quelques-unes de ces maisons fortes ont survécu, transformées après l'émigration des familles nobles, au XIVe siècle, en habitat paysan.

Guillaume Tell et ses voisins ont profité d'un régime alimentaire suffisant sinon toujours abondant, riche en protéines mais un peu moins en certaines vitamines; un régime sensiblement plus équilibré, en tout cas, que n'en connaissaient les citadins des classes moyennes et les paysans de la plaine, grands mangeurs de pain. L'alimentation des montagnards est plus satisfaisante aussi, au Moyen Âge, par sa relative variété : viandes de bœuf et de mouton (le porc est rare) ou volailles, assez souvent du poisson ou du gibier. Des viandes, il est vrai, le plus souvent consommées en conserves, salées, fumées et surtout séchées au grand air. Beurre et fromage sont quotidiennement sur la table. Avec ces aliments, le paysan absorbe passablement de sel malgré le prix élevé de ce condiment importé des salins de la Méditerranée; j'ai déjà signalé les livraisons vénitiennes de sel des côtes d'Afrique aux Waldstetten, en 1299. Le pain quotidien est de seigle plus souvent que de froment : on a retenu la céréale la mieux adaptée au climat des vallées; le froment, au XIIIe siècle, est produit d'importation. Les légumes sont ceux que donnent toutes les campagnes d'Occident : oignons, choux, navets, fèves ou pois préparés en soupes. On connaissait les pommes, les poires, le raisin, probablement les cerises – dont l'eau-de-vie (kirsch) fait aujourd'hui la réputation de Zoug et de Schwyz. On utilisait l'huile de noix. On ignorait encore en revanche les épices, beaucoup trop chères pour l'ordinaire paysan. On mangeait en tout cas irrégulièrement; chichement en général; avec d'interminables ripailles aux occasions de fêtes – d'ailleurs fréquentes.

Pour aider à faire descendre une nourriture facilement pesante, de l'eau surtout : aucun problème de ce côté-là... Ou du lait, toujours disponible (même si la production d'une vache laitière était très inférieure à ce qu'elle est aujourd'hui, ne dépassant guère cinq ou six litres par jour); la consommation familiale était plus souvent fournie par les chèvres, en hiver par les brebis ramenées des hauteurs. Le vin du pays, surtout produit pour les besoins de l'Église, ne coulait guère à flot dans les chalets des paysans; jusqu'au XVIe siècle, les Suisses auront réputation de sobriété, compromise plus tard par le service mercenaire à l'étranger et les habitudes contractées par les soldats.

Les métiers de la route

Dès avant l'ouverture du Gothard, et plus encore depuis cet événement, la route appartient au paysage physique de celles des vallées que parcourt un trafic important. Et les métiers de la route font partie de leur paysage social. Cela est manifeste le long de la Reuss uranaise et sur le lac qui la relaie; à un moindre degré dans l'Obwald, sur la route du Brunig, d'utilité plutôt régionale. Fort peu en revanche dans les pays de Schwyz ou de Nidwald, qui ne conduisent qu'à des culs-de-sac montagneux. Peu sûr, le chemin de Brunnen vers Zurich à travers l'épaisse forêt de la Sihl autour d'Einsiedeln et les collines des Marches et des Cours (*Höfe*) qui plongent vers le lac de Zurich, n'est pas emprunté volontiers.

Or la route occupe du monde. D'abord pour assurer son existence matérielle, la construction et l'entretien du chemin, des ponts et des passerelles. Ces travaux-là sont assumés collectivement par la communauté des paysans riverains de la route; ce sont eux encore qui dégagent la route enneigée afin qu'elle reste praticable le plus longtemps possible. Ensuite pour ravitailler et loger les passants et leurs montures, abriter leurs marchandises – et les taxer au péage de Fluelen. Ces fournitures et ces emplois sont dès le XIIIe siècle source d'un revenu nullement négligeable pour l'ensemble des habitants d'Uri, comme pour les bourgeois de Lucerne. Cet aspect, cependant, est très mal documenté.

Le silence des sources à cet égard est d'ailleurs surprenant, alors que le trafic lui-même est pourtant solidement attesté au moins dès la seconde moitié du XIIIe siècle. J'ai déjà relevé à propos de nos récits que ceux-ci restent étrangement muets sur cette activité de la région qui constitue leur théâtre. Et j'ai suggéré une explication sociale : les métiers de la route sont des métiers neufs encore à l'époque qui nous occupe, et sont laissés à une catégorie de petits entrepreneurs d'origine paysanne, presque tous paysans encore, mais non propriétaires. Peut-être se recrutent-ils parmi les serfs, qui trouvent dans le revenu de la route le moyen de se racheter; ou parmi les dépendants d'Église. Mais nous n'en savons rien. Les récits, de même que les sources d'époque, ne mettent guère en scène que l'élite des propriétaires-éleveurs et leur entourage.

De tous les métiers de la route, le plus remarquable est celui de guide-transporteur. Car jusqu'à la Renaissance et à l'apparition d'entreprises « multinationales » de transport, en mains génoises le plus souvent, c'est localement, de relais en relais, que s'organise la traversée des montagnes. Chaque communauté de vallée, parfois chaque village le long de la route, même s'il est peu distant du suivant, défend son monopole des convois sur le segment qui lui appartient. Dans les communautés se sont créées des associations de transporteurs, dont les règlements stricts organisent les modalités du portage des marchandises, fixent les prix, répartissent entre leurs membres les charges à convoyer; elles affichent surtout un protectionnisme farouche face à la concurrence des associations analogues constituées par les voisins.

Déjà à l'époque qui nous occupe, les conflits sont fréquents entre les sociétés de transport multipliées sur les routes des Grisons; ou entre celles d'Uri et de la Léventine pour le passage du Gothard. Conflits aussi avec la clientèle, qu'indisposent ces conventions pointilleuses et restrictives comme peuvent l'être les exigences d'un syndicat attentif au seul intérêt à courte vue de ses adhérents. Elles sont sources de retard puisqu'il faut constamment, et inutilement, changer de bêtes de somme; elles augmentent les frais; elles obligent le marchand à accompagner sa marchandise tout au long de la route plutôt que de prendre les devants à cheval et de l'attendre au sortir de la montagne dans un relais plus confortable... Les entraves de cette nature ont pesé dans le choix par les marchands de leur itinéraire à travers les Alpes, de la préférence qu'ils accordèrent tantôt à un col, tantôt à un autre. Ainsi, la concurrence interne excessive des transporteurs le long d'une même route a pu donner l'avantage à l'autre concurrence, celle des itinéraires parallèles. Celle-là s'est interminablement jouée entre la voie du Gothard et le système routier des Grisons. Ce n'est guère qu'à la fin du Moyen Âge que des accords entre vallées viendront conférer un peu d'homogénéité aux tarifs et d'ordre dans la profession, sous la pression des grandes compagnies de commerce. Sans y mettre jamais fin tout à fait. Car beaucoup plus tard, la construction des routes carrossables, puis des chemins de fer et de leurs tunnels sous la montagne, ranimera les anciennes querelles des vallées. L'histoire se répète : aujourd'hui, le projet d'un tunnel transalpin de base dont les issues seront à l'altitude des plaines divise les cantons alpins : Grisons de nouveau (Thusis-Chiavenna), ou Gothard encore (Erstfeld-Biasca), ou bien le Simplon?

Tracas administratifs, auxquels s'ajoutent ceux des péages. Du moins les passages des Alpes, au XIIIe siècle et plus tard, sont-ils réputés assez sûrs. Dans les Alpes centrales surtout, nulle guerre n'a sévi qui pût détourner le trafic de manière durable. L'autorité locale prend au sérieux sa responsabilité de l'ordre sur la route : au long de celle-ci, d'innombrables tours de guet et forteresses édifiées aux XIIe et XIIIe siècles en font encore foi ; de sorte que le brigandage de grand chemin n'y a pas donné lieu aux mêmes plaintes des marchands qu'en bas pays ou à travers les Alpes occidentales (Mont-Cenis et Mont-Genèvre). Le mauvais temps lui-même n'interrompt jamais le trafic que momentanément, aux plus fortes chutes de la neige que l'on s'efforce de dégager au plus vite.

Les transports à travers la montagne se font exclusivement par bêtes de somme. Au XIIIe siècle, c'est encore le cheval. Car le mulet, mieux adapté pourtant au profil des hauts chemins, ne conquiert les Alpes, venant du Midi, qu'à la fin du Moyen Âge.

Mais il y a aussi les lacs. Plus rarement les rivières, guère navigables en amont des bassins lacustres, mais qui se prêtent au flottage du bois. Sur le lac des Quatre-Cantons – l'histoire de Guillaume Tell le rappelle –, l'embarquement est inévitable, la circulation donc animée. Elle aussi entretient des gens de métier. Les bateliers, plus que les muletiers, appartiennent à l'élite locale ; celle de Fluelen en amont, de Lucerne en aval, ou de quelques bourgs riverains comme Brunnen et Gersau. A Lucerne, des entreprises de navigation se constitueront dès le XIVe siècle ; mais leurs bateliers se heurteront constamment à la concurrence uranaise, mieux organisée.

Le commerce et l'argent

Le commerce, en revanche, n'est pas chez les Waldstetten une activité pour soi. Nous savons que les éleveurs, ou les mieux nantis d'entre eux, s'en vont régulièrement proposer leurs produits sur des marchés urbains de plus en plus éloignés – jusque sur le Rhin et jusqu'en Lombardie. Dans quelle mesure certains d'entre eux ont-ils pu se muer en intermédiaires de ces échanges, en marchands de bestiaux ? Nous l'ignorons. De même que nous ne voyons nulle part en chemin ces colporteurs qui hantent les campagnes et proposent aux chalands, à leur domicile, ces articles de l'artisanat urbain, textiles, outils, armes, bimbeloteries de toutes sortes qui font aux uns commodité et aux autres simplement plaisir. Mais le silence des sources ne signifie pas leur absence sur le terrain. Même si c'est plus volontiers en ville – à Lucerne, à Zoug, à Zurich, à Côme, à Milan ou plus loin encore – que les montagnards s'en vont eux-mêmes se fournir, surtout en grains et en sel.

De ce fait, dès le temps de Guillaume Tell, les vallées sont déjà largement conquises par l'économie monétaire. Leur système d'échanges à distance avait rendu rapidement caduc le principe du troc lié à l'économie autarcique. De plus en plus au cours du XIIIe siècle, les constitutions de cens et de rentes dues par les montagnards sont exprimées en espèces plutôt qu'en nature (sauf en faveur du Fraumunster de Zurich). Cela n'implique pas obligatoirement un versement réel en numéraire, mais indique une familiarité croissante avec l'argent.

Quel argent ? Les canaux d'une circulation monétaire dans les vallées des Alpes nous demeurent passablement obscurs au XIIIe siècle. Le grand trafic en fut un assurément, qui laissait au passage pièces d'or et d'argent en paiement des services requis. Il pouvait donc s'agir de monnaies d'origines les plus diverses. Nulle trace, chez les Waldstetten, de prêteurs, de ces « lombards » que l'usage désigne ainsi, à tort puisqu'ils sont piémontais et presque tous originaires d'Asti. On les rencontre pourtant en grand nombre, dès la fin du siècle, dans le Bas-Valais et en Savoie ; mais aussi au Tessin, aux Grisons et jusqu'au Tyrol ou en Bourgogne. Est-ce silence des sources sur ce vaste réseau d'usuriers ? Ceux-ci ont-ils négligé la voie du

Gothard alors qu'ils avaient essaimé le long de toutes les autres routes transalpines? Ou le capital amassé par Uranais et Schwyzois a-t-il rendu leurs services superflus? Je penche pour cette dernière explication.

En tout cas, les Waldstetten n'ont pas frappé encore monnaie eux-mêmes. C'est celle de Zurich qui est le plus régulièrement indiquée lorsqu'il s'agit de paiements à faire. Or cette priorité monétaire n'est pas innocente. Elle tisse un lien qui, de l'économique et du monétaire, va glisser très vite vers le politique. En 1291, aussitôt après la conclusion célèbre de l'alliance des Waldstetten, c'est du côté de Zurich que les deux cantons les plus prospères, Schwyz et Uri, vont aller chercher appui. C'est ainsi qu'ils devaient affirmer pour la première fois leur identité politique face au monde extérieur.

CHAPITRE XIII

Le pouvoir dans la montagne

Les origines obscures des « communautés de vallée »

Au cours du XIIIe siècle, nos vallées sortent donc de l'ombre pour entrer de plein pied dans l'histoire. Or elles n'y entrent pas en désordre, mais avec des structures sociales bien en place, avec leurs hiérarchies et leurs pouvoirs propres, avec leurs institutions. Elles sont constituées en communautés. Au long du siècle, ces communautés vont afficher leur identité. Elles vont agir. Face aux pouvoirs extérieurs avec lesquels elles entreprennent de négocier, elles s'équipent des signes de cette identité : des chefs désignés, une bannière portant leurs armes. Et naturellement un sceau.

Ces communautés ne sont pas nées de la dernière neige, au moment même où les premiers actes qu'elles vont sceller les révèlent à notre connaissance. Elles sont de toute évidence plus anciennes. Mais leurs origines font problème. Un problème étendu d'ailleurs à toutes les Alpes. Car les communautés des Waldstetten ne sont qu'un exemple, parmi beaucoup d'autres. En fait, chaque vallée des Alpes s'est donnée une organisation qui ressemble étrangement à celle de ses voisines; et ce qui distingue ces cantons de la Suisse « primitive », ce n'est pas la singularité ou la force de leurs institutions, mais le destin exceptionnellement durable que les circonstances leur ont réservé.

La question des origines de ces communautés a engagé un vaste débat, déjà ancien mais particulièrement animé au cours des trente dernières années environ, et qui reste largement ouvert. Les avis des spécialistes – historiens de la vie politique, du droit, des structures sociales ou économiques, presque tous de langue allemande – se sont cristallisés autour d'approches théoriques plus familières au monde intellectuel germanique qu'à l'esprit latin, français en particulier. Il n'entre pas dans mon propos de m'aventurer trop loin dans le dédale des opinions et des constructions savantes où je courrais fort le risque de me perdre, et le lecteur avec moi. D'autant moins que je ne puis cacher un certain scepticisme devant des échafaudages qui pèchent souvent par excès d'abstraction et d'une rationalité juridique étrangère à la réalité en question.

Modèle italien ?

Vers le milieu du XIe siècle s'est amorcé en Italie du Nord et dans le midi de la France le mouvement communal. Il s'est constitué en un tissu de solidarités et de pouvoirs locaux dressés en réaction contre une domination seigneuriale plus tardive et donc moins rigoureuse que ne la connaissent les régions occidentales de l'Europe. Les communes sont des associations volontaires, jurées, appuyées sur une organisation de milices armées. Les assemblées de ses membres créent l'illusion d'un régime démocratique. Les communes sont en réalité dirigées par une élite, une oligarchie qui manipule les assemblées pour faire accepter ses décisions. Ce mouvement a pris naissance dans les villes, en particulier celles de Lombardie, et de Toscane un peu plus tard. Mais il s'est étendu aux campagnes. Dans les villages, des associations se sont formées entre paysans voisins, des *viciniae*, qui elles aussi ont pris forme et rôle politique.

Or une comparaison formelle entre les communes

rurales lombardes et les communautés de nos vallées révèlent des analogies sensibles : même type d'organisation, même prééminence d'une élite paysanne. Même finalité aussi – en partie. C'est-à-dire pour autant que les communes aient été les organes d'une gestion collective de la terre. Car la finalité antiseigneuriale propre au mouvement italien n'a guère constitué un mobile séduisant pour les populations alpines; et moins encore pour les Waldstetten, sur qui l'emprise féodale est restée faible et n'a pas été contestée avant le milieu du XIVe siècle – donc en aval des événements qui nous occupent.

L'idée d'une influence immédiate, d'une inspiration du modèle communal lombard sur la formation de nos communautés n'a donc qu'un certain fondement intellectuel. Elle s'appuie sur cette analogie institutionnelle. Les vallées du versant sud des Alpes centrales, celles qui forment l'actuel canton du Tessin et une partie de celui des Grisons, sont aux XIe et XIIe siècles sous l'influence directe de Milan et de Côme et en partie au pouvoir de leur évêque ou du chapitre de leur cathédrale; elles ont pu participer de plein pied au mouvement communal à l'instar d'autres vallées lombardes comme le val Camonica. De la Léventine proche, le modèle n'avait plus grand chemin à faire pour franchir le Gothard et inspirer les montagnards de l'autre versant. D'ailleurs ceux-ci, au XIIe siècle déjà, ne commencent-ils pas à fréquenter les gros marchés lombards ? N'ont-ils pas pu s'y laisser pénétrer des institutions qu'ils y découvrent, de l'esprit qui y règne ?

C'est une idée séduisante. Il est plus que probable, en effet, que les Waldstetten aient pris connaissance du modèle communal italien et qu'ils se soient inspirés notamment du vocabulaire que celui-ci avait mis en vogue. Le terme d'*universitas* qu'ils adoptent pour désigner leurs communautés dans les actes du XIIIe siècle est certainement un emprunt à l'Italie, au monde cultivé où ce mot, d'ailleurs, désigne toutes sortes de collectivités : celle des habitants organisés d'un même lieu, celle des marchands, celle des maîtres et des élèves d'une haute école.

Seulement, si nous acceptons que cette influence méridionale n'a pas été seulement terminologique, cosmétique en somme, mais qu'elle a proprement engagé la constitution des communautés que nous connaissons en montagne, c'est admettre que celles-ci soient excessivement tardives : elles ne pourraient guère remonter plus haut que la fin du XIIe siècle. Or pareille datation est en contradiction avec l'évidence : c'est beaucoup plus tôt que les vallées ont ébauché, au moins, leur organisation collective. Contradiction aussi avec les faits documentés : en 995 déjà – deux siècles plus tôt, et un bon demi-siècle avant l'amorce du mouvement communal lombard –, les *inhabitantes Uroniam* agissent comme un groupe solidaire et indépendant dans une affaire regardant le paiement des dîmes. Cent ans plus tard, en 1196, Uranais et Glaronais règlent un de leurs interminables conflits de pâturages seuls, sans l'intervention de tiers; ce qui implique une organisation de leurs communautés assez avancée pour qu'elles sachent déléguer leurs pouvoirs à des négociateurs désignés en leur sein.

Coutumes franques ?

Ces exemples isolés, mais autour d'eux tout ce que nous savons de la longue « préhistoire » des vallées – même si c'est peu de chose –, inclinent à supposer une organisation fort ancienne. Dans ses formes élémentaires, lentement précisées et renforcées, elle s'enfonce dans la nuit des temps. C'est que la nature même de la vie et du travail en montagne exige l'entraide, la solidarité et la coopération des habitants. Même les groupes de l'âge néolithique dont nous retrouvons les cimetières avaient eu leur hiérarchie, leurs pouvoirs, donc l'ébauche d'une structure collective.

Les vagues successives du peuplement alpin, des Celtes ou des Rhètes aux Burgondes et aux Alamans, s'adaptèrent à leur nouvel environnement – le même pour toutes – en essayant d'y insérer leurs propres usages. La dernière de ces vagues, celle des Alamans, fut la plus nombreuse probablement; celle aussi qui apportait avec elle le bagage social et culturel le plus riche. Plus que toutes les précédentes sans doute, elle parvint à modifier dans le sens de ses coutumes le paysage humain de la montagne. Elle aussi pourtant ressentit le poids des contraintes de la nature et respecta l'empreinte celte et romaine plus ancienne, dont témoignera longtemps le vocabulaire technique, roman, des exploitations alpines. De sorte que la société que ces Alamans peu à peu dessinèrent résulte d'un compromis entre un mode de vie importé (et un type de rapports humains) et les exigences d'une existence montagnarde. Des exigences qui, comme on sait, engagèrent bientôt les nouveaux occupants, ambitieux et dynamiques, à chercher leur chance dans l'élevage des troupeaux plutôt qu'à retourner laborieusement une terre ingrate. Habitudes ancestrales, exigences naturelles du cadre et choix économique se combinèrent pour créer les conditions d'un développement social et politique fondé sur la coopération étroite des familles et sur une sorte de collectivisation – partielle – des moyens de production et de leur entretien. Gestion commune, donc organisation communautaire.

Est-il nécessaire de rattacher cette organisation à des institutions d'origine franque? Des historiens du droit se sont plu en effet à y retrouver une catégorie juridique précise des anciens royaumes francs, celle des « hommes libres de par le roi », qui a pu être, ailleurs, le noyau d'institutions communales. Ou encore, contradictoirement, le reflet de ces « communautés de marches » *(Markgenossenschaft)* installées aux confins du monde franc et carolingien, et dont les paysans, « libres d'ancienneté » *(Altfreie)*, auraient eux aussi possédé des terres en commun. Mais les Alamans qui viennent s'installer dans les forêts et les vallons des Waldstetten ne correspondent pas aux groupes concernés par ces usages ou privilèges. Et l'on voit mal par quels canaux, sous l'effet de quelles concessions ces institutions particulières auraient été introduites en milieu alpin – sauf peut-être dans le

Noricum autrichien. Ce serait prêter aux Alamans des montagnes, les derniers venus de leur peuple et les moins intégrés, un esprit, une conscience juridique dont ils furent assurément dépourvus. Ils n'acquirent cette conscience qu'à la longue, en fonction de leur besoin, et en totale autonomie.

Du Tyrol au Dauphiné : des communautés comparables

La thèse d'une naissance spontanée et fonctionnelle des communautés de vallée trouve confirmation dans la multiplicité des organisations analogues tout au long de l'arc alpin, de l'Autriche au Dauphiné. Donc dans des régions fort différentes les unes des autres par la composition ethnique de leur population et par les formes du pouvoir souverain qui s'exerce sur elles. Des régions, en revanche, qui toutes connaissent les mêmes formes d'exploitation, élevage, trafic de transit, à des degrés de développement plus ou moins avancés. Elles ont par conséquent à faire face aux mêmes contraintes et reconnaissent le même besoin d'institutions collectives pour leur gestion interne ou pour la représentation de leurs intérêts vis-à-vis des vallées voisines ou des pouvoirs extérieurs. Ces communautés n'ont pas connu toutes le même destin, il s'en faut. Elles n'en ont pas moins suivi, chacune avec son génie propre, des démarches parallèles. Font exception les seules provinces alpines où se sont imposés de fort bonne heure des princes féodaux puissants, avec résidence sur place, comme en Savoie et en Provence; et les duchés orientaux de l'Autriche, constitués avec l'Europe centrale en *latifundia,* en vastes domaines seigneuriaux. Des organes collectifs de gestion y existent bien aussi, mais ils sont coiffés ou récupérés par le prince; ils n'ont pas pu, ou n'ont pas éprouvé le besoin d'accéder à la conscience d'une identité et d'un rôle politique à assumer.

Au Tyrol, les paysans, tous libres, n'eurent pas à conquérir leur autonomie. Soumis, au contraire des

Suisses, à des administrateurs seigneuriaux, des baillis originaires du pays et proches du peuple, ces paysans furent d'autorité associés à l'exercice du pouvoir. Au XIVe siècle, ils siégeront dans les tribunaux du comte et même à la Diète du comté. Le Tyrol a ainsi vécu une forme tout à fait singulière de rapports coopératifs entre prince et sujets; cette condition privilégiée ne se détériorera qu'au XVIe siècle.

Plus proches des Waldstetten, les communes du Tessin participent au mouvement communal italien, en renforçant des habitudes plus anciennes. Le noyau y reste le village ou la *pieve*, la paroisse, et non la vallée entière; mais les accords entre les villages règlent les questions que ceux-ci peuvent avoir en commun : l'organisation des transports à travers la Léventine; ou l'usage par les habitants du bas de la vallée de pâturages situés en amont, en échange du droit pour ceux d'en haut de descendre ramasser les fruits des forêts de châtaigniers en aval. Dans les Grisons, on observe dès 1100 l'émergence de communautés, villageoises ici, ou étendues ailleurs à toute une vallée. En Valais, la genèse des communautés est tout aussi ancienne, même davantage probablement; face à l'évêque de Sion, les « dizains » constituent des pouvoirs régionaux résolus et coriaces; eux aussi rassemblent les occupants des grandes vallées affluentes du Rhône, Hérens, Anniviers, Saas, Lœtschental, ou la vallée de Conches aux sources du fleuve. De même dans l'Oberland bernois, avant que Berne n'y mette la main à partir de 1334. Au XIIIe siècle, le Hasli agit au titre d'une *universitas*, il a son *ammann*. La communauté de la vallée de Frutigen est l'interlocuteur, en 1260, du comte Pierre de Savoie pour négocier et conclure un pacte d'assistance. Et l'on multiplierait aisément les exemples, imposants ou modestes.

L'un de ces exemples mérite une mention particulière. Il concerne un territoire très éloigné de celui des Waldstetten; il présente pourtant avec lui quelques analogies remarquables. Il a lui aussi fondé une « confédération », si éphémère qu'elle ait été. Il s'agit des « escartons » du

Briançonnais, en Dauphiné. Là-bas aussi, la communauté est née d'une solidarité toute pratique pour l'organisation des pâturages, l'adduction d'eau, l'exploitation des forêts, l'entretien des chemins et l'exploitation du trafic. Car ces montagnards du Briançonnais et les Waldstetten ont en commun la richesse accumulée par l'élevage et leur situation sur une route du trafic international, Mont-Genèvre ou Gothard : deux groupes en situation économique avantageuse.

A partir de ces ressemblances, les deux mouvements de revendication autonomiste qui furent les plus conséquents dans toutes les Alpes médiévales ont pourtant pris des orientations différentes. Les vallées du Briançonnais relèvent ensemble d'une souveraineté qui n'est pas mise en cause, celle du dauphin du Viennois. Au XIIIe siècle, elles sont regroupées en un bailliage qui s'étend de part et d'autre du col du Mont-Genèvre, tant sur le bassin de la haute Durance que sur celui de la Doire. Le dauphin jalouse et redoute les prérogatives dont usent ses vassaux de la petite noblesse locale; il encourage contre ceux-ci les revendications paysannes. Les montagnards prennent goût à la liberté dont ils viennent à jouir; et à la fin du siècle – à l'heure même où les Waldstetten engagent leur bras de fer contre les Habsbourg –, ces montagnards revendiquent leur autonomie administrative (fiscale et judiciaire) aussi face au prince. L'affrontement va se prolonger, jusqu'à la charte concédée en 1343 par le dauphin Humbert II à ses paysans : ceux-ci deviennent autonomes à l'intérieur de l'État delphinal, moyennant une forte contribution financière annuelle. Chaque canton payant membre de la confédération (Briançonnais, Queyras, Château-Dauphin, Oulx et Valcluson) est désigné dès lors comme un « escarton ». Mais presque aussitôt, en 1349, le Dauphiné passe, par la cession d'Humbert II, dans la mouvance du roi de France. A ce nouveau pouvoir souverain, autoritaire, décidé et centralisateur, les escartons ne résistent pas longtemps. Ils n'ont su former qu'une sorte de république interne, mais non une alliance affirmée vers l'extérieur; et ils n'ont pu bénéficier à temps du concours de villes libres et fortes tel que les cantons suisses l'obtiendront au XIVe siècle successivement de Lucerne, Zurich et Berne.

Instinct conservateur, esprit de liberté

Ce qui distingue la confédération des Waldstetten de toutes ces autres communautés alpines, c'est d'abord le passage, le saut même d'un système de coopération interne à buts techniques et pratiques d'exploitation à une structure de solidarité politique organisée et apte à affronter d'autres communautés et d'autres pouvoirs, en négociant ou en combattant. C'est ensuite que pareille institution s'appuie sur ce qu'il faut bien appeler une idéologie.

Idéologie des Waldstetten : c'est certainement un bien grand mot. D'autant plus que nous n'en soupçonnons guère le discours avant qu'il ne s'exprime plus ou moins clairement dans le Pacte de 1291. Idéologie pourtant, puisque tous les actes publics des trois cantons au XIIIe siècle manifestent une intention politique bien déterminée : préserver chacune des trois communautés – elles n'agissent encore que séparément avant 1291 – de toute ingérence extérieure, de quelque nature qu'elle soit; et obtenir le respect des droits acquis.

Les sociétés alpines, dans leur ensemble, ont été regardées comme résolument conservatrices. Leur comportement politique, aujourd'hui encore, vérifie cette impression. Je ne pense pourtant pas que l'épithète de « conservateur » rende un juste compte d'un instinct de préservation et de survie. Les montagnards ont été, sont toujours, des gens dynamiques et imaginatifs. Ils ont su jadis, remarquablement, adapter leur mode de vie aux contraintes de l'environnement; inventer les solutions pratiques et mentales qui leur permirent de s'accommoder d'une nature difficile, d'en prévenir les menaces. Tout ce que nous savons de leur histoire les montre novateurs, mais dès lors seulement que les innovations émanaient d'eux-mêmes : de leur invention, de leur initiative; en tout cas de leur volonté. Ils ont aussi adopté des usages, des outils, des idées ou des modes montés d'ailleurs, mais pour autant seulement qu'ils en mesuraient eux-mêmes l'utilité, ou le charme. Ils sont demeurés en revanche d'une extrême méfiance, et obstinément résistants devant toute pénétration, toute influence culturelle autant que politique que le monde extérieur a pu tenter de leur imposer.

Cet instinct de rejet n'est pas l'effet d'un univers mental attardé par rapport aux autres populations de l'époque. Nous avons pu constater que les paysans de la montagne dès les XIe et XIIe siècles ne sont en retard ni dans leur développement économique ni dans leur développement social et culturel, tout au contraire. Leur méfiance n'est donc pas l'expression d'un conservatisme mental, mais celle d'un instinct collectif de préservation : préservation d'un équilibre durement acquis et des avantages matériels et sociaux que cet équilibre procure. Toute intervention étrangère, fût-elle animée de bonnes intentions, est reçue comme une menace sur cet équilibre.

Nous découvrons là, à mon sens, le moteur de toute l'action politique des Waldstetten, le fondement de leur idéologie. C'est l'explication de leur résistance dès le haut Moyen Âge aux structures féodales qui se mettaient en place. Résistance favorisée, il faut le reconnaître, par le peu d'attention que les princes leur portaient, donc par le manque de conviction et d'acharnement des tentatives de féodalisation de leurs vallées. Lorsque les Zæhringen installent au XIIe siècle quelques seigneurs à Uri, ceux-ci sont soit absorbés et assimilés, tels les Attinghausen; soit rejetés vers leur domaine d'origine... C'est ce qui a donné aux Waldstetten un énorme avantage sur presque toutes les autres régions des Alpes. Car lorsque leur indépendance de fait devient plus sérieusement mise en question au cours du XIIIe siècle, ils ont acquis déjà assez de maturité politique et d'expérience pour faire face aux pressions avec les pouvoirs qu'ils se sont donnés eux-mêmes.

Tel est le contenu de l'esprit de liberté qui anime les

Waldstetten avant comme après 1291 et que les générations ultérieures glorifieront sans en plus comprendre tout à fait les racines. « La liberté (de ces montagnards au Moyen Âge) ne doit pas être confondue avec le concept moderne, poussé à l'absolu, de liberté », note justement Guy P. Marchal dans son excellent chapitre sur « les racines de l'indépendance » de la *Nouvelle histoire de la Suisse et des Suisses*. L'esprit de liberté de ces ancêtres est élastique, à la carte, « inséparable des situations concrètes, et donc variable avec les circonstances ». Ce n'est pas un sentiment personnel, mais une volonté collective : la liberté, c'est d'abord celle de conserver un ordre acquis et un réseau familier d'activités et d'habitudes. Toute menace sur cet ordre et sur ce réseau est ressentie comme une atteinte à la liberté. C'est ce que les Habsbourg allaient apprendre à leurs dépens.

Les usages de la communauté

Nous saisissons mal le fonctionnement interne des communautés de vallée avant 1291-1315, puisque les quelques actes conservés où nous les voyons intervenir ne documentent que leurs relations extérieures. Nous savons que chacune d'elles regroupe l'ensemble des habitants d'un *pagus*, d'un canton. A Uri, toute la vallée de la Reuss, des Schoellenen aux rives du lac, et les vallons affluents, soit une quinzaine de villages. Autant pour l'ancien pays de Schwyz.

Celle d'Unterwald est plus complexe puisqu'elle fédère tant bien que mal les deux associations des habitants du Nidwald et de l'Obwald. Or ces deux demi-cantons, avant leur divorce définitif au milieu du XIVe siècle, ne sont pas sur un pied d'égalité parfaite. Celui d'Obwald est moins organisé, ses habitants moins étroitement solidaires. Ils apparaissent même divisés quant à leur attitude face à l'emprise seigneuriale, qui en profite pour se manifester avec une pression croissante au cours du XIIIe siècle. Parmi les hommes libres d'Obwald, quelques-uns sont des partisans déclarés du suzerain féodal, le comte de Habsbourg-Laufenbourg; ils maintiendront cette attitude lorsque les droits sur leur vallée seront vendus, en 1273, à Rodolphe de Habsbourg. C'est pourquoi Obwald hésitera un instant à adhérer à l'alliance de 1291. C'est pourquoi aussi les ducs d'Autriche y conserveront un parti jusqu'à l'heure décisive de la bataille de Morgarten en 1315, voire au-delà. On se souvient qu'au XVe siècle, le *Livre Blanc de Sarnen* omet de rapporter ce haut fait, certainement pas par hasard.

La communauté de Nidwald, elle, affirme dès le début du XIIIe siècle sa volonté d'autonomie. D'abord autour du seul centre paroissial de Stans, dont les habitants disposent de leur propre sceau, *sigillum universitatis hominum de Stannes*. Puis Buochs, sur la rive du lac, et les villages de l'amont se rallient à ce qui devient, en 1261 au plus tard, l'*universitas hominum intramontanorum vallis inferioris*. C'est avec une détermination unanime en contraste avec les hésitations d'Obwald que ces hommes « de la vallée inférieure » s'opposent dès lors aux pouvoirs qui empiètent sur leur autonomie : d'en bas, le comte; d'en haut, le couvent d'Engelberg. Comment interpréter les attitudes à ce point divergentes des deux pays, sinon par la différence de leur condition économique et de leur mentalité ? Obwald est le seul pays des Waldstetten resté à prédominance agricole. Son système économique est donc largement autarcique encore; il dépend moins des marchés urbains étrangers. Ses habitants circulent peu, éprouvent moins que leurs voisins la nécessité d'une liberté de mouvement. Ils ont moins de contacts. Ils sont probablement, dans l'ensemble, moins à l'aise que les autres Waldstetten, du moins que ceux d'Uri et de Schwyz; donc moins stimulés à défendre les avantages acquis. La paire de bœufs de labour que possèdent fièrement les Melchtal de nos récits et que le bailli prétend saisir est le signe d'une situation privilégiée; c'est une exception qui motive la résistance de ces paysans prospères; mais elle ne s'étend pas à tous leurs compagnons. Enfin et surtout, le travail des champs qui demeure leur occupation principale ne voue pas autant les cultivateurs d'Obwald à cet esprit d'équipe qu'exige l'élevage extensif et qui anime les bergers de Nidwald, de Schwyz, d'Uri ou ceux du Hasli – ces autres voisins derrière le col du Brunig. De sorte qu'ils ont une moindre conscience du prix de leur liberté.

Ces communautés se sont constituées d'abord à usage interne, et à partir des premiers sites occupés, dans les plaines alluviales minuscules mais fertiles que chaque vallée a formées en aval. Il s'agissait surtout au départ de régler la distribution des terres; puis d'organiser les pâtures collectives d'été, l'irrigation, l'exploitation forestière, les chemins de communication, etc. Les travaux communs s'accomplissaient par corvée, chacun s'acquittant de sa part en fonction de l'étendue de ses prairies ou de l'importance de son cheptel. Assez rapidement sans doute, les plus gros propriétaires ont voulu se voir dispensés de cette charge sur leur emploi du temps. La monétarisation aidant, on est passé, vers la fin du XIIe siècle, à un régime de financement des travaux exécutés désormais par des paysans à qui la communauté versait des indemnités, sinon un véritable salaire. Pour cela, elle devait disposer de moyens financiers propres, assurés par prélèvement sur les propriétaires, voire sur l'ensemble des chefs de famille. La communauté a eu dès lors, pour assurer ses ressources, une fonction fiscale. C'est elle aussi, en collaboration avec les intendants des domaines seigneuriaux (comme ceux du Fraumunster de Zurich), qui réglait le prélèvement des redevances, surtout celui de la dîme ecclésiastique.

Que certaines communautés se soient mises ainsi à gérer des fonds importants ne fait pas de doute. Si nous ignorons à quel paiement s'engagèrent les Uranais lorsqu'ils acquirent le privilège de l'immédiateté impériale en 1231, nous pouvons imaginer que ce fut une belle somme. Or l'opération ne fut pas unique; d'autres vallées surent racheter les droits seigneuriaux qui les grevaient, aux Grisons et en Valais (vallée de Conches). Au XIIIe, mais surtout au XIVe siècle, des groupes entiers de serfs achetèrent leur liberté avec l'appui de la communauté à laquelle ils appartenaient.

Davantage encore que la fonction fiscale, c'est l'exercice de la justice qui affirme la personnalité de la communauté. A Uri, toute la justice était rendue par les juges de la vallée, sous réserve de l'appel au bailli impérial résidant à Zurich, puis dès 1231 au roi lui-même ou à son délégué. L'autorité judiciaire fut plus longuement disputée à Schwyz et à Nidwald, puisque ces pays étaient plus ou moins formellement soumis à une autorité comtale. La haute justice échappa ainsi à la communauté; celle-ci s'efforça surtout d'obtenir que les juges comtaux ne fussent ni des étrangers ignorants des réalités du pays, ni des ministériaux, c'est-à-dire des non-libres : cela constituait aux yeux des paysans libres de Schwyz une atteinte à leur statut personnel et à leur dignité, donc indirectement à leurs prérogatives collectives. On se souvient que le roi Rodolphe leur consentit plusieurs privilèges dans ce sens.

La question judiciaire a pu contribuer d'ailleurs à la division d'Unterwald en deux sous-communautés. Traditionnellement, elles ne formaient encore au XIIIe siècle qu'une seule cour de justice qui siégeait en plein air à Wisserlen, dans la forêt du Kernwald, le « noyau » du pays où se réunissait aussi l'assemblée de tous ses hommes. Là se dressait le gibet du comte, qui y faisait rendre en son nom la haute justice. Mais au XIIIe siècle, la présence d'un juge imposé anima l'esprit frondeur des Nidwaldiens; alors que les Obwaldiens s'en accommodèrent d'autant mieux que leur *Landammann* conserva sur une partie du territoire l'exercice de la haute et basse justice.

Juxtaposées ou superposées, les juridictions dont relevaient les Waldstetten étaient en tout cas passablement confuses; et il n'était pas facile aux justiciables de déterminer de quel juge ils relevaient. Rien d'étonnant donc si cet aspect fort essentiel de la vie publique a nourri d'innombrables conflits et s'il est devenu la revendication centrale de la rébellion. Pour les communautés d'éleveurs plus encore que pour d'autres populations, la prérogative judiciaire, et avec elle la personnalité même du juge, revêtaient une signification essentielle lorsqu'il s'agissait de connaître des causes civiles qui concernaient étroitement l'organisation collective des exploitations, ou des affaires criminelles mettant en cause des membres de la communauté. Toute ingérence de juges non familiers avec les coutumes et le tissu social locaux, donc de compétence incertaine, semblait susceptible de déranger le bon ordre des choses, les subtils équilibres reposant sur le consensus non écrit, formulé à demi-mot, de la communauté.

Élites et pouvoirs régionaux

Gestion des moyens collectifs, fisc, justice et, de plus en plus souvent, représentation de la communauté vis-à-vis de tiers : il faut donc à celle-ci des organes de décision et d'exécution. Les institutions nées de ce besoin sont les plus simples qui soient. Leur fonctionnement et surtout le choix des dirigeants le sont moins.

L'instance principale de la communauté, c'est naturellement l'assemblée générale de tous ses membres, dès l'âge de quatorze ans, sur la place du chef-lieu, un dimanche ordinairement, au sortir de la messe dans l'église paroissiale. Elle est convoquée une fois ou deux au moins dans l'année, aux dates à peu près fixes où des décisions doivent être régulièrement prises; des circonstances peuvent décider d'une session extraordinaire. Cette *Landsgemeinde* est encore, dans la Suisse d'aujourd'hui, l'institution majeure d'une poignée de cantons ruraux parmi les plus petits : Obwald, Glaris et les deux demi-cantons d'Appenzell; d'autres y ont renoncé, il n'y a guère longtemps, sous la pression démographique... Elle fut autrefois la règle pour la plupart des collectivités, même des villes (Conseil général).

Une telle institution est entourée d'une aura prestigieuse de démocratie. Pour elle, les anciennes communautés de vallée seront célébrées plus tard comme des paradigmes de vertu démocratique. A tort ou à raison. A raison sans doute, parce que la *Landsgemeinde*, ce rassemblement de tous les citoyens d'une vallée (même les non-libres paraissent y avoir eu accès parfois) souligne en tout cas la volonté de consensus, d'entente majoritaire. Celle-ci avait la même importance pour les décisions pratiques d'ordre interne que pour manifester l'unité du pays face à ses partenaires voisins ou à ses adversaires.

Mais à tort, pourtant, avec en tout cas une forte exagération, si l'on conçoit cette démocratie comme une détermination parfaitement libre de tous les participants à la *Landsgemeinde.* Nous ignorons comment celle-ci se déroulait au siècle de Guillaume Tell. Mais tous les indices que nous possédons montrent que les décisions soumises à approbation étaient préparées par un groupe étroit de notables; et il n'était guère possible au simple paysan d'exprimer son opposition, moins encore de la faire prévaloir; pas plus qu'au modeste bourgeois d'une commune urbaine.

C'est qu'en même temps que se développaient les communautés, et sous la même pression des réalités matérielles, s'affirmait l'autorité culturelle, morale et donc politique aussi d'une élite. De celle-ci, nous avons distingué déjà les traits dans un précédent chapitre. Par une inclination toute naturelle et dont personne ne prit assez conscience pour la contester, cette élite de la société assuma le rôle et les responsabilités d'une couche dirigeante. Au XIIIe siècle déjà c'est elle, et elle seule, qui assume les fonctions du gouvernement de la communauté : celles des *ammanns*, ou échevins, *ministri* des textes en latin; et au sommet celle de *Landammann.* Ce dernier est à la fois président, et juge si cette seconde compétence ne lui est pas ôtée au profit d'un bailli; les autres sont ses assesseurs ou, à Schwyz, les chefs de « quartiers », d'arrondissements correspondant pratiquement aux zones d'occupation du sol, aux sections de vallée ou aux principaux vallons affluents. Ces charges sont en principe électives. Reconstituées, mais avec des lacunes, pour la fin du XIIIe et le XIVe siècle, les listes de magistrats révèlent d'une part la stabilité des titulaires dans leurs fonctions, d'autre part le pouvoir de fait d'un fort petit nombre de familles.

Voici l'exemple de Schwyz. Rodolphe Stauffacher et Werner de Seewen sont en charge en 1275, et encore en 1281, cette fois avec Ulrich le forgeron et Conrad Ab Yberg; Werner de Seewen et Conrad Ab Yberg sont toujours là en 1286 avec deux collègues plus éphémères. De 1291 à 1303, puis de 1309 à 1313 – les années décisives pour les Waldstetten –, c'est Conrad II (junior) Ab Yberg qui est *Landammann*; il a cédé sa place dans l'intervalle à un Rodolphe Stauffacher, fils ou neveu du premier. Leur succèdent des Stauffacher encore (Werner, Henri, puis un autre Werner) et un troisième Conrad Ab Yberg qui nous amène, presque sans interruption, jusqu'en 1373 : en un siècle, deux familles ont pratiquement monopolisé le pouvoir – les Ab Yberg réapparaîtront constamment jusqu'au XIXe siècle, alors que les Stauffacher disparaissent avec le XIVe.

Un gros paysan du val Schæchen a durablement marqué le destin d'Uri dans la seconde moitié du XIIIe siècle : Burkhard Schüpfer. Ses fonctions de *landammann* sont attestées entre 1273 et 1284, mais il pourrait les avoir exercées déjà à partir de 1251. Rentré dans le rang, il va conserver une influence considérable sur tous les événements de la fin du siècle. C'est lui qui négocie à Zurich en mars 1290 la création d'une paroisse de son vallon à Spiringen. En octobre de l'année suivante il est de nouveau à Zurich, membre de la délégation uranaise qui conclut une alliance avec cette ville. Nul doute qu'il est un des auteurs du Pacte d'août 1291. Reprennent sa charge à la tête du pays d'abord son voisin Walter de Spiringen (1284? - 1290); puis l'intendant (le *Meier*) des biens du Fraumunster Arnold de Silenen (1290-1294), en charge lorsque fut scellé le Pacte. Après lui commence le règne de la famille des chevaliers d'Attinghausen : elle accapare le titre de *Landammann* pour des générations entières : Werner de 1294 à 1325 et Jean à sa suite jusqu'en 1357 : longévités politiques – mais aussi biologiques – remarquables.

Les listes trop lacunaires d'Obwald et de Nidwald sont moins explicites. A Nidwald pourtant, nous retrouvons ce lignage des Wolfenschiessen dont un membre – désavoué par les siens à en croire les récits – s'est fâcheusement illustré en essayant de séduire la femme du paysan Baumgarten : on se souvient de sa fin peu glorieuse dans une baignoire.

La singularité des couches dirigeantes chez les Waldstetten, c'est d'avoir associé et presque confondu dans leurs responsabilités et privilèges deux groupes peu faits apparemment pour s'entendre; et pourtant distingués d'un même prestige social. Ici réside la principale différence avec le mouvement d'autonomie du Dauphiné. D'une part les membres, au demeurant très peu nombreux, de la petite noblesse et les quelques ministériaux venus s'établir sur les domaines reçus au XIIe siècle des Lenzbourg ou des Zæhringen. Et d'autre part quelques familles paysannes autochtones qui ont pu s'élever grâce à leur fortune acquise, exprimée en têtes de bétail; grâce à une fonction d'intendant de domaines dont les propriétaires résidaient à l'extérieur, comme le Fraumunster; ou encore grâce à quelque mérite personnel : un Guillaume Tell a pu appartenir à cette élite sans y entraîner nécessairement sa famille; ce serait pourquoi elle n'est jamais mentionnée. Entre ces deux conditions sociales si distinctes au départ, l'osmose s'est faite, et très vite – en une ou deux générations. Trop vite, d'ailleurs, pour avoir été parfaite : les nobliaux n'oublièrent jamais la distinction que leur conférait leur anoblissement ancien; et le peuple conserva, sous-jacente, quelque méfiance à leur égard. Cette méfiance n'est pas réveillée à l'heure des graves événements autour de 1300 : les Attinghausen, par exemple, le plus connu des lignages présents à Uri, assument alors leurs responsabilités communautaires en parfaite loyauté semble-t-il. L'esprit de solidarité joue sans accroc. C'est au cours du XIVe siècle que la différence sera ressentie, peut-être moins en raison d'un comportement négatif ou ambigu des nobles que par la montée d'un groupe social nouveau, qui n'aura plus avec eux la même complicité.

Avant cette rupture et l'éviction des familles nobles,

l'osmose fut impeccable. A la fois parce que ces nobles, peu fortunés en regard de leur condition, mirent la main à la pâte; ils gérèrent directement leurs biens, et accomplirent tous les travaux d'un paysan, chef d'exploitation et commerçant en bestiaux et fromages. Ils assimilèrent donc complètement les mœurs du pays, en assumèrent les peines et les joies. Et parce que, en sens inverse, les paysans enrichis se comportèrent comme ces nobles, adoptant leurs habitudes et leurs signes – ces signes d'élite que nous avons eu l'occasion de repérer dans les récits de la rébellion. Le phénomène est mieux lisible, il est vrai, à Uri. Avec des nuances dont le sens nous échappe, il se répète dans les communautés voisines.

C'est sans aucun doute ce régime plus oligarchique que démocratique qui a fondé la détermination et la puissance relative des cantons. Le groupe dirigeant n'avait pas seulement une perception plus fine des besoins de toute la communauté. Son expérience des rapports avec des tiers par le commerce ou l'intendance des domaines, son bagage culturel lui inspiraient les réponses adéquates; ils justifiaient son autorité. Celle-ci, parfois, fut pourtant défaillante : les chefs uranais furent impuissants, dans les années 1250, à rétablir l'ordre que perturbait la vendetta des Gruoba et des Izzelin. Pourquoi, sinon parce que ces deux familles, à la tête de leur clan, appartenaient elles-mêmes à la couche dirigeante et paralysaient l'action de celle-ci. Il n'y eut plus d'autre ressource que de faire appel à un juge ou arbitre, le comte Rodolphe, dont l'autorité possédât les moyens de mettre fin à cette guerre de clans – non sans peine et au second temps seulement. L'initiative d'un tel recours, qui devait faire pénétrer le loup dans la bergerie (c'est bien le cas de le dire) revint sans doute au clan des Attinghausen; ceux-ci n'étaient point concernés directement par l'affaire.

Les insignes du pouvoir

Dès lors qu'elles se mettent à négocier ou à disputer avec voisins et puissances étrangères, nos communautés adoptent les insignes de leur identité; elles brandissent les symboles visibles de leur personnalité juridique et politique autonome – ou voulue telle. Elles se choisissent des armes et font reconnaître ces signes héraldiques par l'autorité souveraine; elles les rendent manifestes en toute occasion, au bas des actes scellés et dans les combats, où la bannière rallie les guerriers. Le taureau d'Uri apparaît peu après 1231, comme un effet du privilège tout frais de l'immédiateté impériale, bouclier institutionnel de l'indépendance. Du même coup, les Uranais gravent leur sceau; il est mentionné en 1243, utilisé au bas d'actes conservés de 1248 et 1249; il présente le taureau de profil, le naseau déjà percé d'une boucle, et avec la légende *sigillum vallis uraniae.* En 1258, un nouveau sceau qui sera employé pendant tout un siècle place le taureau de face, dans la posture qu'il gardera dès lors. La même figure orne les bannières d'Uri : la plus ancienne, pieusement conservée à Uri, conduira le contingent uranais à Morgarten.

L'écu de Schwyz est plus simple : un seul champ de gueules (rouge); une croisette blanche n'y sera ajoutée qu'au XVIIe-XVIIIe siècle. Le sceau de l'*universitatis in Swites* n'apparaît que sur un acte du 25 décembre 1281, régulièrement dès lors; il figure saint Martin de Tours, patron de l'église paroissiale du chef-lieu. Armes et sceau d'Unterwald, communauté réunie ou frères séparés, apparaissent au milieu du XIIIe siècle à Nidwald, au XIVe siècle seulement pour Obwald; ils présentent les clefs de saint Pierre.

Insignes, légendes et dates d'apparition : tout concourt à affirmer publiquement le pouvoir des communautés dans la montagne, leur indépendance face au bas pays et à ses « tyrans ».

CHAPITRE XIV

Août 1291

La mort du roi Rodolphe

La mort de Rodolphe Ier de Habsbourg, roi des Romains, survenue à Spire au soir du 15 juillet 1291, fut assez subite pour prendre au dépourvu son entourage et l'ensemble de ses sujets. L'événement n'en était pas moins prévisible à plus ou moins brève échéance, puisque Rodolphe, né au printemps 1218, avait dépassé ses soixante-treize ans; un âge plus que respectable : pour l'époque, celui d'un grand vieillard.

Le défunt avait consacré sa longue carrière à la tête de la branche aînée des Habsbourg, et mieux encore les dix-huit ans de son règne, à construire un vaste héritage patrimonial et à créer pour sa maison une base de pouvoir qu'au moment de sa mort il pouvait croire solide. Il avait constitué au bénéfice de son lignage deux ensembles territoriaux : celui des duchés d'Autriche, nouvellement acquis mais solidement tenu par son fils Albert; et celui qui rassemblait autour des biens héréditaires de sa famille dans le duché de Souabe et l'ancien royaume de Bourgogne une multitude de fiefs, de terres, de villes, d'avoueries et de droits seigneuriaux de toutes sortes, hérités, captés, conquis, achetés ou inventés... De cet ensemble-là, d'apparence disparate mais collectionné avec ténacité et un remarquable esprit de système, il avait entendu faire une principauté territoriale, duché ou royaume à instituer au profit de son autre fils, nommé Rodolphe comme lui, et son préféré. Celui-ci l'avait précédé de quelques mois dans la mort; de sorte qu'Albert, au nom de son neveu Jean encore nourrisson (et bientôt au mépris des prétentions du jeune garçon à l'héritage), revendiqua la suzeraineté sur l'ensemble des biens des Habsbourg.

Rodolphe n'avait fait qu'un seul mauvais calcul. Il s'était imaginé que son prestige personnel rejaillissant sur son fils et la puissance acquise désormais par les Habsbourg désigneraient automatiquement Albert comme son successeur à la couronne royale. C'était méconnaître l'état d'esprit des princes électeurs, peu enclins à couronner un candidat trop imposant; et ignorer l'histoire encore récente de l'empire : plusieurs des prédécesseurs de Rodolphe, et lui-même en 1273, avaient été choisis en quelque sorte par élimination, justement parce que leur rang et leur fortune relativement modestes avaient paru rassurants aux électeurs – assez rapidement déçus, d'ailleurs.

Le même scénario qu'en 1273 et lors d'élections antérieures se répéta donc : le duc Albert d'Autriche se porta, bien sûr, candidat. Mais la majorité du collège électoral, sans beaucoup d'hésitations cette fois, porta son choix sur un prince beaucoup moins prestigieux, peu connu et pas trop riche en territoires. Elle força l'élection, le 5 mai 1292, du comte Adolphe de Nassau, d'un lignage établi en Rhénanie au siècle précédent et d'une branche qui devait s'éteindre avec lui (c'est une autre branche qui s'illustrera au XVIe siècle à la tête des Provinces-Unies sous le nom d'Orange-Nassau).

Défi au Habsbourg, ce choix inattendu fut facilité par les mouvements de rébellion, qui, dès l'annonce de la mort de Rodolphe, secouèrent l'ensemble des domaines des Habsbourg et retinrent le duc Albert éloigné du théâtre de l'élection. Il fut ainsi dans l'impossibilité d'y mobiliser son *lobby* ou d'y imposer sa candidature par achat des voix ou par intimidation. Cette vague de soulèvements plus ou moins coordonnés est un phénomène inhérent à la structure même de l'empire : chaque fois que disparaît un suzerain qui a consacré sa vie à rassembler des fiefs et à étendre le plus loin possible sa domination personnelle, une force centrifuge s'exerce aussitôt qui tend à disloquer l'édifice. Vassaux, communautés urbaines et rurales, sujets de toutes conditions essaient de recouvrer leur autonomie... Mal assuré en maintes de ses parties dispersées, le pouvoir accumulé du défunt Rodolphe s'effrita.

Le duc Albert n'eut pas trop de mal à ramener à l'ordre sa noblesse d'Autriche par la politique de la carotte et du bâton : intervention armée énergique, mais concessions et promesses aux vaincus. Cette action rapide sur ses propres domaines lui fit pourtant manquer l'élection. Plutôt que de contester aussitôt celle-ci et d'en découdre sans préparation avec son concurrent heureux, il jugea sage d'affronter d'abord le soulèvement de ses domaines occidentaux, c'est-à-dire en Suisse.

Là aussi, en effet, l'annonce de la mort de Rodolphe avait excité ses sujets mécontents; et ils étaient légion. Rodolphe avait humilié et dépouillé trop de seigneurs, d'évêques et d'abbés, soumis trop de villes pour que toutes ces victimes, plus ou moins consentantes du vivant du roi, ne saisissent pas l'occasion de récupérer qui leurs biens, qui leurs libertés; et qu'elles ne cherchassent pas à s'affranchir de la domination du duc Albert pendant que ce dernier était encore occupé en Autriche. Une ligue antialbertine rallia autour de l'évêque de Constance – un membre de la branche cadette Habsbourg-Laufenbourg ridiculisée par ses cousins, et dont relevaient, entre autres, les paroisses des Waldstetten – les barons les plus notables de toute la région : l'abbé de Saint-Gall Guillaume de Montfort, que Rodolphe avait expulsé de son siège; Élisabeth de Homberg, née Rapperswil et à qui avaient appartenu droits et terres en Suisse centrale, confisqués à son profit par le roi; et bien d'autres dont, à quelque distance, le comte Amédée V de Savoie empressé à l'idée de marquer un point en Suisse occidentale contre la dynastie rivale. A ce rassemblement de nobles se joignirent aussi les villes impériales les plus importantes de la région, Zurich et Berne; cette dernière se mit une fois de plus sous le parapluie des Savoie, dès le 9 août. Lucerne suivit le mouvement; ses bourgeois n'étaient guère enchantés d'avoir vu leur cité cédée quelques semaines plus tôt, en avril, au trop ambitieux monarque, auquel ils pouvaient craindre d'avoir à payer de lourds impôts. On verra un peu plus loin qu'à cette ligue passablement composite et assurément trop peu cohérente pour résister durablement s'associèrent partiellement, à l'automne 1291, les communautés d'Uri et de Schwyz.

Car chez les Waldstetten aussi, la mort du roi avait été comme un signal.

Le Pacte de 1291 : les circonstances

La nouvelle de cette mort parvint sur les rives du lac des Quatre-Cantons avec une rapidité remarquable puisque le Pacte dont elle a directement inspiré la conclusion fut scellé *incipiente mense augusto,* au début du mois d'août, mais sans aucun doute après quelques jours de consultation entre les notables des Waldstetten, le délai nécessaire à leur convocation et à la mise en forme de l'acte. Cette datation imprécise peut tenir au fait que le document circula dans les trois chefs-lieux pour l'apposition de chaque sceau, qui n'eut donc pas lieu le même jour; elle n'en indique pas moins que les dispositions inscrites dans cet acte ont été arrêtées au cours des premières journées d'août.

Dans les vallées, la mort du roi suscita des sentiments mêlés. Soulagement d'un côté. Car si Rodolphe avait eu l'habileté de se montrer courtois envers les magistrats élus des communautés, plutôt tolérant envers celles-ci et modéré dans ses exigences, il n'en avait pas moins, là aussi, mis en place les moyens de son pouvoir et les hommes propres à son service en diverses fonctions, ces « baillis » ou quelque titre qu'ils aient réellement porté. Les populations, naguère plutôt rassurées par cette présence qui avait été un facteur d'ordre, donc de continuité des travaux quotidiens, du commerce et du trafic par le Gothard, s'étaient peu à peu inquiétées de ce qui avait conduit insensiblement mais de plus en plus clairement à une restriction des libertés collectives. Pis encore, les maladresses des « baillis », les vexations chaque fois plus hardies qu'ils faisaient subir à l'orgueil des montagnards, leur comportement arrogant, voire les abus qui portaient atteinte aux biens des habitants, à leur honneur et probablement – s'il faut en croire les allusions répétées des récits – à la vertu des filles, tout cela avait accumulé contre ces agents, et donc contre leur maître, une violente rancœur.

Nous avons admis comme fort vraisemblable que la courte geste prêtée à Guillaume Tell par la tradition ait pris place dans ce climat de nervosité qui agita les Waldstetten vers la fin du règne et qui perturba Uri surtout, moins accoutumé que ses voisins à voir son autonomie restreinte par les représentants d'un pouvoir étranger. Guillaume Tell, avec ou sans pomme, avec ou sans le meurtre du bailli Gessler. Guillaume Tell, personnage solitaire, ou figure symbolique destinée à immortaliser les audaces de plusieurs montagnards. L'auteur de l'attentat dans le chemin creux de Kussnacht était-il vraiment seul? Etait-il le même homme qui avait méprisé le chapeau sur la place d'Altdorf? Questions au fond secondaires, qui n'affectent pas la crédibilité du souvenir essentiel : la réaction d'un peuple blessé dans son orgueil et son sentiment d'indépendance légitime, et qui trouve un ou plusieurs héros pour exprimer publiquement et concrètement cette réaction.

Soulagement donc en ce début d'août 1291 : le prince envahissant, probablement devenu objet de haine, en tout cas de crainte, est enfin disparu. Les Waldstetten sont pourtant conscients que cette mort, objectivement, ne résout rien. Dans l'immédiat, elle met sans doute les agents du roi dans l'embarras et l'on peut compter qu'ils vont se faire momentanément discrets, faute d'appui supérieur. Mais que réserve l'avenir, « la malice des temps » qu'évoque le Pacte au seuil de ses considérants ? Le soulagement se double d'une incertitude angoissante. La succession de la couronne est ouverte, mais les Waldstetten ont encore toutes raisons de craindre qu'elle ne revienne à un autre Habsbourg, cet Albert qui n'a pas la réputation d'être moins ambitieux que son père. La couronne dût-elle lui échapper, c'est au titre de son patrimoine, des biens et des droits acquis par Rodolphe, qu'Albert ne va pas manquer d'intervenir pour en tirer tout le parti possible.

Au-delà de ces supputations, de ces calculs sur l'avenir, il y a autre chose encore qui inquiète la poignée des dirigeants des Waldstetten. Ils savent qu'à Unterwald et dans la ville proche de Lucerne, des partis habsbourgeois sont actifs. Il y a donc lieu de craindre des troubles qui pourraient perturber le trafic, désorganiser le marché et porter atteinte à la bonne marche des affaires. Même à Schwyz et à Uri, le vide ouvert par la puissance royale en sommeil risque de libérer des forces centrifuges, de ranimer les vieilles querelles, de déstabiliser, voire de dissoudre, ces solidarités locales garantes de l'ordre, mais cimentées par l'animosité collective contre les agents royaux. Le maintien de l'ordre, c'est-à-dire d'une police et d'une justice aux mains des montagnards, se révèle en ces circonstances une toute première priorité. Comme les trois vallées sont très proches et qu'elles associent de plus en plus leurs intérêts, elles ont tout avantage à prendre en commun les mesures qu'imposent la stabilité intérieure et la sécurité extérieure.

Telles sont en effet les considérations qui vont dicter les termes du Pacte de 1291. La situation, d'ailleurs, n'est pas vraiment nouvelle. Ne s'est-elle pas présentée à chaque vacance ou faiblesse du pouvoir ? A la mort de

Barberousse suivie de celle de son fils Henri VI, un siècle auparavant (1197); lors de l'interdit sur Frédéric II, en 1245; pendant l'Interrègne. Chacun de ces moments d'incertitude avait porté les sujets de l'empire à s'assurer les uns les autres, à conclure ces « paix territoriales » que le XIIIe siècle multiplia et renouvela périodiquement. On se souvient – c'est justement le Pacte de 1291 qui s'y réfère et nous l'apprend – que les Waldstetten avaient déjà conclu entre eux au moins une « paix » de ce genre, soit un accord d'entraide, notamment judiciaire. De cette première alliance, l'acte de 1291 dit qu'elle est *antiqua confederatio*, qu'elle ne date pas d'hier, mais sans préciser la circonstance (oubliée peut-être ?). Les érudits la situent avec quelque raison dans les années difficiles de la fin du règne de Frédéric II, vers 1245, ou au début de l'Interrègne (Bruno Meyer propose 1252); ou moins raisonnablement lors de l'élection de Rodolphe Ier, en 1273 (suggestion de Karl Meyer). Quoi qu'il en soit, en août 1291 l'« ancienne alliance » est poussiéreuse, mais non caduque ni perdue.

Début d'août 1291 donc : une assemblée des dirigeants est convenue d'urgence. Y sont conviés ceux d'Uri, de Schwyz et de Nidwald. Obwald va être absent de la réunion, on ne sait trop pourquoi : convocation arrivée trop tard ? C'est très possible. Hésitation à s'y rendre ? Ou bien les participants ont-ils délibérément écarté ce voisin ? Nous avons vu qu'Obwald vit un peu à l'écart, et qu'il paraît s'être mieux accommodé du poids des Habsbourg; ceux-ci ne cesseront d'y compter des partisans fidèles dans la petite noblesse terrienne. Obwald va pourtant adhérer à l'alliance peu de temps après, quelques semaines au plus. Le texte du Pacte, qui ne mentionne comme partie prenante d'Unterwald que la *communitas vallis inferioris*, ne sera pas modifié en faveur du retardataire, ni un nouveau sceau appendu au parchemin; celui de Nidwald sera simplement regravé avec la mention additionnelle *et vallis superioris*.

Le Pacte ne porte qu'une date imprécise, aucune

indication de lieu ni des noms de ceux qui l'ont négocié et conclu. Ces derniers sont aisés à reconstituer. Ce sont les *Landammanns* et autres magistrats et notables. Ceux qui quelques semaines plus tard signeront, cette fois, pour Uri et Schwyz l'accord avec Zurich (octobre 1291) : Arnold, l'intendant (*Meier*) de Silenen, Werner d'Attinghausen, Burkard Schüpfer et Conrad, l'intendant d'Erstfeld, pour Uri; Conrad Ab Yberg, Rodolphe Stauffacher, Conrad Hunn, pour Schwyz; de Nidwald (absent de l'accord avec Zurich) les délégués sont moins faciles à identifier, mais on peut penser à Walter de Wolfenschiessen, aux chevaliers Henri de Malters et Henri Schrutan, etc.

Quant aux lieux possibles, il faut écarter, hélas, le trop romantique Grutli : j'en demande pardon aux âmes sensibles et à toute une tradition qui de Rousseau jusqu'à nous associe intimement vertu démocratique et décor bucolique. Elias Canetti évoque dans ses souvenirs une excursion en famille sur la mythique prairie où sa mère, une Viennoise, ne douta point qu'à lui seul le parfum des fleurs dont elle s'enivrait ait insufflé aux confédérés le courage de leur alliance rebelle. Ce site célèbre, près duquel émerge un rocher dédié à la gloire du poète Schiller, a certainement servi, en effet, de lieu de rendez-vous convenu d'avance, commode et discret, pour les situations d'urgence. C'est à ce titre qu'il s'est inscrit dans le paysage du souvenir et celui des récits. Il n'est pas exclu qu'à la première nouvelle de la mort de Rodolphe Ier, une réunion préliminaire y ait eu lieu. Mais le Pacte lui-même fut assurément discuté, conclu, rédigé en latin sur parchemin, de la plume instruite d'un clerc un peu maladroit (ou trop pressé), en un lieu mieux équipé qu'une prairie sans abri. Une demeure de Brunnen, probablement, ou de Schwyz, de Fluelen ou d'Altdorf. La priorité du sceau de Schwyz, en bas à droite du document, suggère une localité de ce canton.

Bien loin aussi l'idée d'une conjuration, telle que la racontent nos récits. Ceux-ci, d'ailleurs, ont-ils recueilli le souvenir de ce Pacte, dont ils déformeraient les circonstances? Ou bien font-ils allusion à quelque autre moment de ces temps troublés? Il n'en a pas manqué, ni avant 1291, ni plus tard, qui aient pu justifier des rencontres furtives. Je pense pourtant que les narrateurs ont faussement situé les événements dans leur suite chronologique et qu'ils les ont en outre dramatisés à plaisir; qu'ils ont introduit une conjuration préméditée là où il n'y avait eu qu'assemblée convoquée en hâte, avec une certaine fièvre, dans l'émotion de la nouvelle assez troublante, nous savons pourquoi, de la disparition du roi. En outre, l'assemblée s'est certainement entourée de discrétion, au moins avant de conclure. Mais c'est bien à l'événement d'août 1291 que les récits doivent faire une allusion que le temps a rendue mal lisible.

La lettre

Du Pacte d'août 1291, il a dû exister sinon plusieurs exemplaires, du moins des copies pour chacun des partenaires. Seul l'original conservé à Schwyz a refait surface, fort longtemps après, en 1758. Pour d'ailleurs venir semer le doute dans l'esprit des historiens, presque unanimement accrochés jusque-là à la lettre des récits tels que les avaient mis bout à bout et arrangés leur modèle Gilles Tschudi.

Ce texte très vite devenu célèbre a été reproduit maintes et maintes fois, dans son latin original et dans les traductions auxquelles chaque génération conféra sa manière. Il me paraît néanmoins utile de le proposer ici une fois de plus : tout lecteur ne l'aura sans doute pas sous la main; et il est assez expressif pour se passer de longues gloses *.

* (*Nota bene*: Les numéros sont, bien sûr, une commodité de lecture imaginée par les éditeurs modernes).

In nomine domini amen. Honestati consulitur et utilitati publice providetur, dum pacta quietis et pacis statu debito solidantur.

Au nom du Seigneur, amen. C'est faire œuvre honorable et profitable au bien public que de confirmer dans leur état antérieur les pactes de sécurité et de paix.

(1) Noverint igitur universi, quod homines vallis Uranie universitasque vallis de Switz ac communitas hominum Intramontanorum Vallis Inferioris maliciam temporis attendentes, ut se et sua magis defendere valeant et in statu debito melius conservare, fide bona promiserunt invicem sibi assistere auxilio, consilio quolibet ac favore, personis et rebus, infra valles et extra, toto posse, toto nisu contra omnes ac singulos, qui eos vel alicui de ipsis aliquam intulerint violenciam, molestiam aut iniuriam in personis et rebus malum quodlibet machinando.

(1) Qu'il soit connu de tous que les hommes de la vallée d'Uri, l'université de la vallée de Schwyz et la communauté des hommes de la vallée inférieure d'Unterwald, considérant la malice des temps et afin de se défendre et de se mieux protéger, eux et leurs biens, ont pris de bonne foi l'engagement de s'assister mutuellement de leur aide, de leur conseil ou de quelque manière que ce puisse être, dans leurs vallées comme au-dehors, contre quiconque tenterait de faire violence, vexation ou injustice envers eux ou leurs biens.

(2) Ac in omnem eventum quelibet universitas promisit alteri accurrere, cum necesse fuerit, ad succurrendum et in expensis propriis, prout opus fuerit, contra impetus malignorum resistere, iniurias vindicare, prestito super hiis corporaliter iuramento absque dolo servandis antiquam confederationis formam iuramento vallatam presentibus innovando,

(2) En toute circonstance, chacune des communautés a promis aux autres d'accourir si nécessaire à leur aide, de leur prêter main forte, à ses frais, contre les assauts de personnes malintentionnées, de venger les torts qu'elles auraient subis; chacune s'y est engagée formellement sous serment, renouvelant par le présent pacte leur ancienne confédération.

(3) ita tamen, quod quilibet homo iuxta sui nominis conditionem domino suo convenienter subesse teneatur et servire.

(3) Cela sous la réserve cependant que chaque homme, selon l'état de sa condition, respecte sa foi envers son seigneur et les services qu'il lui doit.

(4) Conmuni etiam consilio et favore unanimi promisimus, statuimus ac ordinavimus, ut in vallibus prenotatis nullum iudicem, qui ipsum officium aliquo precio vel peccunia aliqualiter conpara-

(4) D'un commun accord et par résolution unanime, nous avons promis, statué et décidé de n'accepter ni tolérer dans nos vallées aucun juge qui aurait acheté sa charge à quelque prix ou de

verit vel qui noster incola vel conprovincialis non fuerit, aliquatenus accipiamus vel acceptemus.

quelque manière que ce soit, ou qui ne serait pas un habitant de nos vallées ni un membre de nos communautés.

(5) Si vero dissensio suborta fuerit inter aliquos conspiratos, prudenciores de conspiratis accedere debent ad sopiendam discordiam inter partes, prout ipsis videbitur expedire, et que pars illam respueret ordinationem, alii contrarii deberent fore conspirati.

(5) Au cas où quelque querelle éclaterait entre des membres de cette confédération, les plus sages doivent intervenir pour apaiser le différend de la manière qu'ils jugeront opportune. Si l'une des parties au conflit rejetait leur arbitrage, les autres confédérés sont tenus de se tourner contre elle.

(6) Super omnia autem inter ipsos extitit statutum, ut, qui alium fraudulenter et sine culpa trucidaverit, si deprehensus fuerit, vitam ammittat, nisi suam de dicto maleficio valeat ostendere innocenciam, suis nefandis culpis exigentibus, et si forsan discesserit, nunquam remeare debet. Receptatores et defensores prefati malefactoris a vallibus segregandi sunt, donec a coniuratis provide revocentur.

(6) En outre, il a été convenu entre les confédérés que si un meurtre est commis avec préméditation, sans provocation de la part de la victime, le meurtrier, une fois arrêté, devra être puni de mort comme l'exige l'infamie de son crime, pour autant qu'il ne puisse apporter la preuve de son innocence; s'il échappe aux poursuites, que jamais plus il ne puisse revenir. Les complices d'un tel crime ou ceux qui en couvriraient l'auteur seront bannis des vallées jusqu'à ce que les confédérés en décident autrement.

(7) Si quis vero quemquam de conspiratis die seu nocte silentio fraudulenter per incendium vastaverit, is nunquam haberi debet pro conprovinciali. Et si quis dictum malefactorem fovet et defendit infra valles, satisfactionem prestare debet dampnificato.

(7) Si quelqu'un met le feu volontairement et subrepticement, de jour ou de nuit, aux biens d'un confédéré, il ne sera plus regardé comme un membre des communautés. Et si quelqu'un favorise ou protège un tel incendiaire, il sera tenu d'indemniser la personne lésée.

(8) Ad hec si quis de coniuratis alium rebus spoliaverit vel dampnificaverit qualitercumque, si res nocentis infra valles possunt reperiri, servari debent ad procurandam secundum iusticiam lesis satisfactionem.

(8) En outre, si l'un des confédérés commet un vol ou un préjudice quelconque au détriment d'un autre, les biens saisissables du coupable dans les vallées seront confisqués pour compenser la perte de la victime, selon décision de justice.

(9) Insuper nullus capere debet pignus alterius, nisi sit manifeste debitor vel fideiussor, et hoc tantum fieri debet de licencia sui iudicis speciali.

(9) De plus, personne ne doit se saisir des biens d'autrui comme gage, sinon comme caution manifeste d'un débiteur et comme garantie; et ceci seulement avec l'autorisation expresse du juge compétent.

(10) Preter hec quilibet obedire debet suo iudici et ipsum, si necesse fuerit, iudicem ostendere infra [vallem], sub quo parere potius debeat iuri.

(10) Chacun doit obéissance à son juge, et doit indiquer, si nécessaire, de quel juge de sa vallée il estime relever.

(11) Et si quis iudicio rebellis exstiterit ac de ipsius pertinatia quis de conspiratis dampnif[i]catus fuerit, predictum contumacem ad prestandam satisfactionem iurati conpellere tenentur universi.

(11) Si quelqu'un s'oppose au jugement prononcé contre lui et porte par son attitude préjudice à l'un des confédérés, tous sont tenus à contraindre le réfractaire.

(12) Si vero guerra vel discordia inter aliquos de conspiratis suborta fuerit, si pars una litigantium iusticie vel satisfactionis non curat recipere conplementum, reliquam defendere tenentur coniurati.

(12) Si une guerre ou un conflit éclate entre quelques-uns des confédérés et que l'une des parties n'accepte pas l'arbitrage prononcé, les confédérés sont tenus de défendre la cause de l'autre partie.

(13) Suprascriptis statutis pro conmuni utilitate salubriter ordinatis concedente domino in perpetuum duraturis. In cuius facti evidentiam presens instrumentum ad peti(ci)onem predictorum confectum sigillorum prefatarum trium universitatum et vallium est munimine roboratum. Actum anno domini m°cc°Lxxxx° primo incipiente mense Augusto.

(13) Prises raisonnablement dans l'intérêt commun, les décisions ci-dessus devront durer à perpétuité, si Dieu y consent. En foi de quoi le présent acte a été dressé à la demande des communautés nommées et validé par les sceaux desdites trois communautés et vallées.

Fait en l'an du Seigneur 1291, au début du mois d'août.

Équivoques et controverses

La lettre du Pacte de 1291 peut sembler à première lecture quelque peu déconcertante. On y trouve en effet un peu de tout, dans un curieux mélange de dispositions dont la plupart sont de droit privé et envisagent des procédures d'entraide judiciaire dans des affaires criminelles, tandis que d'autres, plus ambiguës ou exprimées plus discrètement, presque timidement, introduisent pourtant une volonté d'alliance des vallées; ou pour le moins, elles instituent une concertation des parties face à d'éventuelles entreprises de l'extérieur.

Les équivoques de ce discours en clair-obscur, si précis sur tout ce qui envisage le maintien de l'ordre intérieur mais si vague dans l'expression d'une politique commune, ont alimenté, on s'en doute, une cascade d'interprétations controversées. Chaque exégète y trouve, à son gré, ce qu'il veut y découvrir. Les patriotes, en forçant un peu leur lecture, y voient sinon l'acte de naissance d'un État, du moins la conclusion formelle d'une alliance étroite, d'une mise en commun de la politique extérieure des communautés que formaient les Waldstetten. Par anticipation du destin de cette alliance à qui les circonstances accordèrent en effet la « perpétuité » (700 ans...) envisagée par le Pacte, ces lecteurs enthousiastes accordent à celui-ci une signification privilégiée dans l'histoire de la Suisse. Or la découverte et la diffusion du document à partir de 1760 coïncida avec la fermentation des idées libérales et révolutionnaires. Dans le serment des Suisses dont le Pacte porte témoignage, l'esprit nouveau n'a pas vu seulement l'origine démocratique de la Confédération, mais mieux encore la naissance de la liberté, le refus de la tyrannie, l'expression originelle du droit des peuples à disposer d'eux-mêmes. C'est la lecture proposée à la fin du XVIIIe siècle par Jean de Muller et reprise dans le discours révolutionnaire en France après 1789; celui-ci a voulu y voir une première Déclaration des droits de l'homme et du citoyen. C'est à cette interprétation que Schiller donnera sa forme poétique et idéalisée. Et c'est elle qui prévaudra à travers tout le XIXe siècle dans les milieux libéraux, progressistes et finalement socialistes. Elle reste en Suisse la version en quelque sorte officielle, la référence obligée des propos qu'inspire la tradition le 1er août, jour de fête nationale en hommage à l'événement fondateur.

De bonne heure cependant, les révisionnistes se sont déclarés, qui nuancèrent, contestèrent et même rejetèrent cette interprétation glorifiante. Ils ont appliqué à cette critique autant d'érudition, sinon plus; ils ont avancé des arguments non moins sérieux. Mais leurs intentions n'ont pas toujours été plus objectives. Face aux libéraux qui brandissaient le Pacte, les conservateurs en diminuèrent la portée : nul message de liberté dans ce texte de simple raison, mais une volonté – conservatrice, justement – de préciser l'ordre traditionnel que menaçait l'anarchie, de respecter le droit d'Ancien Régime et sa hiérarchie fondée sur la société d'ordre. La scission des cantons catholiques conservateurs – dont les anciens Waldstetten – qui provoqua en Suisse la guerre civile du *Sonderbund* en 1847 suggéra plus encore un rejet du Pacte, et avec lui, nous l'avons vu, de toute la « tradition de libération » portée par les récits. Dans cette perspective, août 1291 ne fut plus qu'un épisode momentané – malencontreux pour les plus fanatiques des révisionnistes – et sans signification durable. La victoire des libéraux, protestants et citadins, la constitution aussitôt après, en 1848, de l'État fédéral redonnèrent son éclat à la cire des sceaux apposés sous le Pacte. La « malice des temps » en 1870, 1914 et 1939, comme en 1291, la lui conservèrent au moins en Suisse même, tandis que les polémiques s'éternisaient entre érudits allemands ou autrichiens d'une part, helvétiques de l'autre. Nationalisme et pangermanisme des uns se heurtaient au patriotisme des autres. Ces querelles se sont depuis apaisées avec les passions ou les angoisses qui les nourrissaient. C'est plus posément, aujourd'hui, que les historiens abordent l'examen du texte; mais non sans les préjugés que leur inspirent tantôt une idéologie teintée de nationalisme, tantôt au contraire une approche critique de l'État porteur du message traditionnel, conformiste et voué au consensus.

L'esprit du Pacte

Pour comprendre l'esprit du Pacte, peut-être convient-il de ne point s'attacher trop étroitement à sa lettre. Rappelons-nous : les négociateurs ont été pris de court à l'annonce de la mort du roi Rodolphe, bousculés par le temps; ils ont conclu en hâte, sans avoir pour peser leurs mots le même loisir que les historiens plus tard... Il est bien possible, dans ces conditions, qu'ils n'aient pas fait preuve de beaucoup d'originalité, mais qu'ils aient repris les termes, en tout cas les articles de l'accord précédent, l'*antiqua confederatio* à laquelle ils font allusion deux fois, dans le préambule et dans le corps même du texte. Cet accord ancien avait été conclu dans des conditions assez comparables et avait apparemment donné satisfaction : pourquoi innover complètement? Quelques additions ou amendements suffisaient à le mettre à jour. De même, il n'est pas exclu que les notables, pressés, aient eu recours à un modèle ou qu'ils se soient inspirés de plusieurs. Après tout, les « paix » de ce genre s'étaient multipliées, les termes de ces conventions avaient circulé. Les dispositions du Pacte en matière criminelle sont plus précises et plus autoritaires que ce que l'on lit en général dans les textes analogues; elles ressemblent davantage à certaines « paix » urbaines, par quoi les bourgeois assuraient dans leur cité l'ordre perturbé par des querelles partisanes; et notamment à un « pacte juré » de la proche ville de Lucerne, du 4 mai 1252, qui peut avoir servi de guide. De tels emprunts expliqueraient la structure maladroite du Pacte et ses redites (articles 5 et 12).

Quoi qu'il en soit des modalités de rédaction du Pacte, ses auteurs sont évidemment animés de trois soucis. Toutes les controverses d'interprétation reposent sur le poids que l'on a voulu accorder à ces trois éléments. Or ceux-ci ne me paraissent ni dissociables, car chacun dépend de la façon dont les deux autres sont traités, ni par conséquent susceptibles d'être privilégiés les uns par rapport aux autres.

Premier souci : l'ordre intérieur. Dans son maintien, les trois vallées se découvrent solidaires, tant sont imbriqués leurs intérêts, tant sont devenues étroites les relations de voisinage. On se souvient des récits qui voient fuir les proscrits, les criminels agissant sur provocation des baillis, vers une autre vallée, vers Uri, le plus sûr refuge. D'où les dispositions d'entraide judiciaire, visant aussi à appliquer un droit pénal communautaire. L'ordre à maintenir comporte trois aspects : d'abord prévenir et punir la criminalité individuelle, de droit commun. C'est-à-dire poursuivre, où qu'ils sévissent, les voleurs, les incendiaires (la peur de l'incendie ne cesse de hanter les montagnards forestiers) et naturellement les assassins. Sauf si ces derniers ont agi sur provocation de leur victime : n'est-ce pas absoudre implicitement un Guillaume Tell ou un Conrad de Baumgarten ? Cette réserve se fonde sur l'expérience et pourrait être un écho des meurtres d'agents autrichiens. Si j'ai raison, en 1291 le geste de Tell est encore précis dans toutes les mémoires... Ensuite, préserver l'ordre, c'est éviter que ne se rallument dans les vallées des guerres de clans, ces vendettas qui les ont ensanglantées, telle la haine des Izzelin et des Gruoba. Enfin, surtout peut-être, c'est assurer la sécurité du trafic par le Gothard, et des affaires en général. Car le désordre détourne les marchands – les années suivantes en apporteront plus d'une fois la preuve. Il perturbe le marché de l'élevage. C'est ainsi qu'il faut comprendre l'article sur le droit de barre sur les marchandises et de saisie pour dettes.

Deuxième souci : la sécurité extérieure. Le Pacte est-il une alliance défensive ? Il n'y a encore aucune raison, en 1291, de l'entendre au sens militaire, celui d'une défense organisée en commun contre un possible coup de main de la chevalerie autrichienne sur les Waldstetten. Cette menace se dessinera au cours des années suivantes, et se concrétisera en 1315. C'est un fait qu'à Morgarten, le Pacte a tout à coup revêtu une cotte de mailles, il a fonctionné comme un système d'entraide militaire; mais l'éventualité n'était pas actuelle encore lors de sa conclusion. La sécurité extérieure envisagée en 1291, c'est en premier lieu la sauvegarde de l'autonomie administrative et judiciaire des vallées, la défense des privilèges impériaux, plus ou moins authentiques d'ailleurs.

L'intention de cette sécurité collective est formulée en termes plus voilés que les autres; c'est pourtant l'élément nouveau de l'acte de 1291 par rapport à celui, ou ceux, qui ont pu le précéder. Il transparaît dans le préambule, où il est question d'assurer paix et sécurité, alors que la menace est autant extérieure qu'intérieure. Il est plus explicite dans la première partie, la plus générale, dans laquelle les trois communautés se promettent assistance et conseil mutuels « dans leurs vallées comme au-dehors, contre quiconque tenterait de faire violence, exaction ou injustice envers eux ou leurs biens... » Cet article évite de dénoncer d'avance qui que ce soit : il veut garder une portée perpétuelle et universelle. Les auteurs se sont prudemment gardés aussi de nommer le danger; ils n'en pensaient pas moins, et l'allusion à l'usurpateur, la Maison de Habsbourg et ses fonctionnaires, sans être transparente, n'en est pas moins certaine. Elle se précise avec l'article le plus souvent commenté : celui des juges.

Le Pacte rejoint ici la peur constante des Waldstetten d'être soumis à des juges étrangers et incompétents, ou qui auraient acheté leur charge et seraient de ce fait inféodés à un pouvoir extérieur. On a vu que toute leur diplomatie des décennies précédant 1291 avait revendiqué cette indépendance judiciaire, signe et condition de toute liberté réelle. Mais la fréquence de leurs requêtes dans ce sens et des concessions royales répétées souligne surtout la fragilité d'un privilège toujours remis en cause, sournoisement miné ou détourné par les baillis ou autres agents « autrichiens ». Or, sur ce point essentiel et délicat, les vallées n'avaient pas jusque-là présenté un front commun; c'est, en août 1291, l'innovation la plus décisive et la manifestation d'une politique désormais unie face à l'infiltration de l'adversaire.

Le troisième souci n'est exprimé qu'en passant, dans

l'incidente d'un article : celui de faire respecter par les habitants des vallées leur condition personnelle et l'acquittement des prestations dues aux seigneurs. Ici, les notables, personnellement intéressés, font démonstration de leur esprit conservateur. Mais ils révèlent du même coup que les tensions de cette fin de siècle ont quelque peu entamé l'ordre immuable et sacré de la société seigneuriale. Les non-libres ont vu dans ces temps troublés l'occasion de saisir leur liberté personnelle; de la contestation du pouvoir princier ils ont fait celle du maître dont ils restaient les serfs. Les dirigeants y voient non sans motifs un danger pour la stabilité sociale et pour leur propre statut privilégié. De même, ils craignent que l'atmosphère fiévreuse ne porte les paysans à refuser aux propriétaires seigneuriaux le versement des rentes ou des dîmes. Or les notables en sont parfois bénéficiaires, ou assument avec profit les fonctions d'intendants pour le compte de propriétaires extérieurs, surtout monastiques (le Fraumunster de Zurich, les cisterciens de Wettingen). C'est pourquoi ils interviennent avec fermeté. Cet article a, bien sûr, déchaîné les passions. Absurde contradiction, disent les patriotes démocrates, consternés; ou simple formule vide de sens. Disposition centrale du Pacte, proclament les conservateurs : les Suisses de 1291 étaient tout sauf des révolutionnaires... Une lecture mieux encadrée dans le contexte économique et social renvoie les polémistes dos à dos.

Le Pacte, en effet, derrière sa rhétorique formaliste et sa solennité un peu lourde, revêt autant de signification économique et sociale que politique au sens le plus idéaliste. Paix et sécurité sont entendues au service de la prospérité de pays qui sont, en comparaison, riches. Assez riches pour ne point mettre en cause leurs obligations financières. Mais assez riches aussi pour entendre préserver et encourager les profits de l'élevage, du commerce et du trafic de transit.

Puisque les Waldstetten ne veulent reconnaître aucun juge suzerain, ils sont amenés à prévoir une procédure d'arbitrage interne pour régler leurs éventuels différends.

Disposition toute naturelle, mais à laquelle l'avenir devait conférer une valeur singulière. Car cet arbitrage a en effet fonctionné, il est entré dans les usages réguliers des confédérés au point de devenir la base même de leur système politique. Aujourd'hui encore, la vie confédérale helvétique repose largement sur l'arbitrage et sur les compromis qu'il suggère. Témoin le principe dit de la « paix sociale » et des contrats collectifs de travail signés à partir de 1937 par les organisations syndicales et patronales : cette formule originale oblige les parties, en cas de conflit du travail, à se soumettre à un arbitrage; elle reste tout à fait dans l'esprit du Pacte de 1291 et d'une longue expérience qui en est découlée.

L'acte, enfin, est déclaré perpétuel. C'est qu'il n'entend pas se fixer de terme. La situation à laquelle il essaie de faire face est plus qu'incertaine, mouvante vers on ne sait quel horizon. Il n'est venu bien entendu à personne l'idée de fonder un ensemble territorial en soudant les communautés, qui conservent intacte leur identité; encore moins un État, une nation, un peuple uni. Seul un étonnant concours de circonstances a permis à cette alliance scellée dans un contexte momentané de se prolonger, de se renouveler, de s'élargir et de se renforcer jusqu'à fonder lentement une véritable confédération politique.

La rébellion n'a pas eu lieu

A ce point, le moment est venu de revenir au corpus de récits qui rapportent à leur façon imagée la rébellion, ou la « libération » des Suisses, tels que nous en avons pris connaissance au seuil de ce livre. Car si ces récits contiennent une certitude, c'est bien qu'ils transmettent le souvenir confus de ce qui s'est passé autour d'août 1291, de ce qui y a conduit et des années agitées qui vont suivre. Parcimonieusement documentés, les événements que l'on peut reconstituer ne suffisent certes pas à accréditer la lettre de ces récits. En confirment-ils peut-être la substance? Suggèrent-ils un climat social et politique dans lequel les épisodes singuliers qui constituent nos récits pourraient effectivement avoir leur place et retrouver ainsi leur crédibilité ?

De Guillaume Tell, figure privilégiée de la mémoire collective, j'ai déjà situé le contexte très vraisemblable dans les années qui précèdent 1291, les dernières du règne de Rodolphe Ier; j'ai souligné aussi les réserves qui s'imposent quant à l'authenticité dans le détail des aventures mises à son nom. Mais à tout prendre, notre héros colle trop bien à la situation pour lui être tout à fait étranger. Ses actes, ses réactions traduisent l'atmosphère tendue, nerveuse, lourde de menaces qui plane sur les vallées comme ces nuages qui descendent lourdement des sommets avant que n'éclate l'orage.

Les Trois Suisses de la légende personnifient les trois vallées. Il importe peu que les noms transmis ne correspondent à ceux des négociateurs probables du Pacte que pour l'un d'entre eux, le Schwyzois Stauffacher (avec confusion de génération). Leur conjuration, en tout cas, n'en fut pas une; seulement une conférence convoquée dans la hâte et quelque discrétion. Elle n'a pas eu le Grutli pour théâtre, bien que cette prairie ait pu servir de lieu à des rencontres improvisées des représentants des trois cantons. Les récits ont donc transfiguré un événement réel, beaucoup moins théâtral qu'ils ne l'ont imposé après coup, mais bien assez significatif par sa portée ultérieure pour avoir marqué les mémoires. Quant aux incidents fâcheux qui désignèrent les héros de la conjuration – le séducteur surpris dans sa baignoire, les bœufs saisis, la demeure trop noble –, ils n'ont évidemment aucun rapport direct ni avec le Pacte, ni avec ses négociateurs (sauf peut-être le Stauffacher). Mais, trop réalistes pour avoir été forgées de toutes pièces par les narrateurs, ces anecdotes presque banales expriment, comme le geste de Guillaume Tell, le trouble et la peur qui précèdent le Pacte et en expliquent les termes.

Et les châteaux?

Restent les châteaux. Ces quatre forteresses que nos récits disent assaillies dans les circonstances dont le lecteur se souvient : simultanément et avec esprit de méthode; mais sans grand-peine et sans gloire épique... Ces châteaux trouvent-ils aussi leur place dans le tableau des événements autour de 1291? Aucun document ne confirme ni assaut, ni soulèvement populaire, ni même ne suggère entre les lignes que pareils accrochages aient pu avoir lieu.

Devant ce vide documentaire, toute interprétation du propos des narrateurs relatif à ces châteaux ne peut être qu'hypothèse hasardeuse. Il me semble néanmoins possible d'en avancer une.

Il est certain qu'en effet, il n'y a pas eu de mouvement populaire d'ensemble, ni en 1291 ni dans les années suivantes, par lequel les montagnards se seraient dressés contre les agents des Habsbourg et leurs résidences. Point de violences organisées. Point de rébellion concertée dont la prise des châteaux eût été l'aboutissement programmé. Des opérations d'une telle envergure eussent laissé, d'une manière ou d'une autre, quelque trace tangible dans les archives. Ne serait-ce qu'une réaction, une condamnation par le parti autrichien lésé. Ce que colportent les récits ne peut donc être, ici encore, que la transfiguration d'incidents beaucoup plus banals. Échappés, dans la transmission du souvenir collectif, à leur contexte réel, ils ont été reconstruits comme les narrateurs le pouvaient pour retrouver une cohérence imaginaire et une intensité dramatique. Ils n'en contiennent pas moins, à mon sens, un fond authentique.

La conclusion du Pacte et sa teneur furent évidemment connues très vite des populations qu'il engageait. Avec l'annonce presque simultanée de la mort du roi, ce mois d'août 1291 dénoua brusquement l'état de tension qui avait régné pendant des années. Il provoqua une explosion de joie parmi les montagnards soulagés. L'avenir restait incertain, et les dirigeants le savaient. Leurs administrés le sentaient aussi sans aucun doute. Mais dans l'immédiat, ils se sentirent rassurés : telle était d'ailleurs aussi l'intention du Pacte. Rassurés, et enhardis. Des baillis sans maître, des fonctionnaires sans mandat validé désormais, des juges étrangers désavoués par les magistrats, on cessa d'avoir peur. Et dans la liesse générale d'un été euphorique, le bon peuple se fit plaisir en allant occuper ces médiocres tours, symboles aux yeux des paysans de ce qu'ils avaient exécré et surtout craint. Je l'ai déjà dit : on ne peut manquer de songer à la prise de la Bastille, un autre été. Chez les Waldstetten, l'affaire fut même moins chaude : le chantier du château de Zwing-Uri était sans défense, le Schwanau inoccupé. Des ruses faciles eurent raison du Rotzberg à peine garni, comme de la résidence à Sarnen d'un bailli sans soutien ni instructions, aux abois, et qui décampa sans demander son reste... Peu importe, encore une fois, les détails : vraisemblables, ils ne sont pas nécessairement authentiques pour autant. Authentique me paraît rester en revanche cette occupation désordonnée des châteaux, dans un élan assez gratuit de violence et de fête improvisée, parfaitement dans la mentalité des montagnards.

Ce n'est pas seulement le silence des rares sources contemporaines qui a semblé aux historiens désavouer l'affaire des châteaux. C'est aussi l'archéologie. Des fouilles entreprises au début du siècle et surtout les investigations récentes de Werner Meyer écartent en effet l'idée d'une destruction des châteaux ou celle de leur désaffection à la fin du XIIIe ou au début du XIVe siècle. Le Schwanau, sur le petit lac de Lauerz, a bien brûlé, mais dès le milieu du XIIIe siècle probablement : peut-être victime des troubles de l'Interrègne. La forteresse de Sarnen aurait progressivement cessé d'être habitée à partir du début du XIIIe siècle. Celle de Zwing-Uri, inversement, n'aurait été abandonnée qu'au XIVe siècle, toujours inachevée d'ailleurs.

Habités ou non, même à demi construits ou à demi ruinés, ces châteaux n'en étaient pas moins là, dressés avec arrogance dans le paysage dont ils promettaient la soumission. Or les occupants que j'imagine à l'été ou à l'automne de 1291 n'avaient pas en tête de transformer par la violence un cadre imposé. Ils pourchassaient moins les signes d'un pouvoir établi que les symboles subjectivement perçus d'une menace. C'est ainsi qu'ils ont pu s'en prendre aussi bien à quelques tours abandonnées qu'à des forteresses habitées, mais sans défense sérieuse... Sûrement les ont-ils pillées, et surtout désarmées. Mais pourquoi seraient-ils allés jusqu'à les démanteler ou les rendre inutilisables? Peine inutile, qui eût dépassé le temps de la fête, bientôt quittée pour reprendre le travail quotidien, achever les récoltes, ramener les troupeaux vers la vallée.

Les principaux moments de nos légendes ont ainsi retrouvé une place, hypothétique mais raisonnable, dans l'histoire vécue. Nous pourrions en conséquence interrompre ici le fil de cette histoire. Il me paraît néanmoins opportun de la prolonger sur un quart de siècle encore : celui qui sépare août 1291 et novembre 1315, le Pacte et la bataille de Morgarten. Parce que ce sont ces années brèves mais mouvementées qui donnent aux circonstances de 1291 leur signification, plus profonde qu'il ne pouvait y paraître d'abord. Et aussi parce que les épisodes de nos récits ont été souvent et longtemps accrochés à ces années-là; et qu'il convient donc de les interroger à leur tour de ce point de vue.

CHAPITRE XV

Les ducs d'Autriche, l'abbé et les bûcherons

Un accord avec Zurich

L'euphorie de l'été 1291 ne dura guère. Il apparut vite à tous les anciens sujets de Rodolphe de Habsbourg que la mort de celui-ci ne faisait qu'amonceler les nuages sur leurs têtes. On a vu comment se liguèrent tous les mécontents du plateau helvétique, dignitaires ecclésiastiques, comtes, chevaliers et bourgeois des villes. Les notables des Waldstetten pressentirent aussi que les menaces envisagées dans leur Pacte pourraient se concrétiser rapidement, et que les dispositions de principe qu'ils avaient prises en août ne suffiraient point à les en dégager. Il leur fallait d'autres assurances.

A la mi-octobre, une délégation d'Uranais et de Schwyzois fut accueillie à Zurich pour y négocier un accord de sécurité mutuelle. Face aux représentant du conseil et des bourgeois de la ville impériale s'assirent le *Landammann* d'Uri Arnold, l'intendant (*Meier*) de Silenen, et ses compatriotes Werner d'Attinghausen, Burkhard Schüpfer, l'ancien *Landammann*, et Conrad, l'intendant d'Erstfeld; pour Schwyz le *Landammann* Conrad Ab Yberg, Rodolphe Stauffacher et Conrad Hunn. Une délégation tout à fait officielle, on le voit à sa composition. Elle souligne, d'une part, la considération dont jouissaient les pays montagnards dans une ville qui appréciait leurs produits et connaissait leurs habitants. Elle indique, d'autre part, que les Zurichois étaient au courant de l'alliance conclue par les Waldstetten et regardaient celle-ci comme une entité politique, comme un interlocuteur valable et comme une aide possible. Car la négociation de Zurich a eu lieu certainement à l'invitation de cette cité. On peut s'étonner de l'absence à Zurich d'Unterwald, en tout cas des gens de sa « vallée inférieure », cosignataires du Pacte dès sa conclusion en août. Sans doute l'Unterwald, affaibli par sa sécession interne et par une opinion divisée face aux événements, a-t-il préféré rester neutre en cette affaire; ou il n'a tout simplement pas été invité. Nonobstant cette absence, l'accord de Zurich scellé le 16 octobre constitue le premier acte de politique étrangère où les vallées se présentent comme un seul partenaire : la commission permanente chargée d'en suivre l'application comporte six représentants de Zurich, et autant des Waldstetten.

Rédigé cette fois en allemand, l'accord de Zurich, à la différence du Pacte, a un caractère politique et militaire défensif résolument affirmé. L'ennemi n'y est point nommé, mais le contexte désigne sans équivoque les Habsbourg. Les parties s'y engagent, « jusqu'à Noël, puis pour trois ans », donc pour une période limitée au terme de laquelle la situation sera claire à nouveau, « de se porter protection, conseil et aide » si l'une d'elle venait à subir un assaut ou des dommages causés par autrui. Plus concrètement encore, il est prévu que si Uri ou Schwyz sont envahis, Zurich mettra toute sa puissance à les secourir; si inversement cette ville est attaquée, ses vignes ou ses forêts dévastées, Uri et Schwyz interviendront de toute leur force, « en pillant et brûlant » les biens de l'adversaire : le système militaire des montagnards est ici précisé. L'accord comporte en outre deux clauses usuelles : les alliances conclues par l'une des parties avec des tiers n'engagent pas l'autre; les droits coutumiers des seigneurs doivent être respectés – mais ici avec une restriction significative : on ne se soumet qu'aux coutumes « d'avant le temps du roi ». Les signataires ne reconnaissent plus les acquisitions réalisées par Rodolphe Ier.

Le retour de l'héritier

La fin de l'automne voit s'ouvrir quelques hostilités entre la ligue des mécontents et les partisans des Habsbourg. Les Waldstetten n'y prennent point part; pas davantage au printemps 1292, lorsque les Zurichois assiègent en vain Winterthour mais se font surprendre par le chef du parti d'Autriche dans la région, le comte Hughes de Werdenberg. Ils ne sont pas tenus de coopérer à ces opérations offensives de leurs nouveaux alliés.

La menace se précise pourtant. Alerté par la menace sur ses domaines et furieux de l'élection à la dignité royale qu'il vient tout juste de manquer, le duc Albert surgit en mai dans la région. Sa seule présence, comme par enchantement, suffit à décourager tout esprit de rébellion et à dissoudre la ligue des mécontents. A l'ouest, Berne et la Savoie se retirent sur des positions prudentes; au nord, évêques et seigneurs font leur soumission. Zurich seule s'obstine un moment, soutient un siège des troupes autrichiennes, perd en revanche ses positions fortifiées aux environs. Uri et Schwyz ont-ils donné corps à l'alliance conclue six mois plus tôt ? Rien ne l'indique et sans doute, l'auraient-ils envisagé, qu'ils en auraient à peine eu le temps. A la fin de mai, Lucerne ouvre déjà ses portes au duc d'Autriche en échange du maintien des anciens privilèges des bourgeois. En août, après quelque hésitation et l'espoir déçu d'une intervention du nouveau souverain Adolphe de Nassau, l'évêque de Constance, et Zurich enfin, acceptent une paix honorable : le duc Albert est trop adroit pour s'enferrer longtemps dans ce conflit. De sorte que les Waldstetten seuls se retrouvent en état de guerre latente avec Albert et ses chevaliers.

A deux reprises durant cette année 1292, le duc est

venu à portée immédiate des vallées : fin mai à Lucerne pour la soumission de cette cité; puis en octobre, lorsqu'il campe avec son armée à Baar, devant Zoug. Mais il n'y eut pas d'affrontement guerrier, aucun des deux camps n'y étant assez préparé. C'est plutôt une guerre des nerfs qui s'instaure, marquée par quelques raids des Waldstetten sur les domaines habsbourgeois et en retour par des mesures autrichiennes de blocus. En automne, un agent du duc fait saisir à Lucerne les marchandises de négociants milanais avant leur embarquement pour le Gothard « à cause des désordres provoqués par les gens d'Uri »; elles ne seront restituées qu'en avril suivant. Unterwald voit entravé son ravitaillement. Ces frottements cessent pourtant avec le début de 1293.

Entre-temps, le duc d'Autriche s'est éloigné de nouveau de ses domaines patrimoniaux où il n'a pas eu trop de peine à restaurer l'ordre. Des affaires de plus grande envergure l'appellent en Allemagne, à commencer par une réconciliation, peu sincère mais nécessaire, avec Adolphe de Nassau : les rivaux se rencontrent en Alsace, à Haguenau, l'une des forteresses des Habsbourg. Albert prête l'hommage au roi et lui restitue les bijoux de la couronne que son père avait mis en sécurité au château de Kybourg; en échange, il reçoit confirmation de ses fiefs autrichiens.

Cet armistice contribue à assurer le calme qui règne sur l'espace helvétique pour quelques années. Le roi Adolphe y est apparu en personne au début de 1293; il y a confirmé les droits coutumiers des bourgeois de Berne, Zurich et Constance. Mais non les privilèges des Waldstetten. Ceux-ci se sont-ils vu empêchés d'approcher le souverain par l'état de guerre qui régnait encore? Ou est-ce le roi qui s'y refusa pour ne point exciter l'opposition des Habsbourg? Peu importe : l'incertitude de leur situation de droit n'a pas empêché les vallées de jouir quelque temps d'une large indépendance, nettement plus affirmée qu'au temps de Rodolphe. Elles n'ont avec le prince éloigné que des relations occasionnelles, mais courtoises.

Ensemble (Uri et Schwyz) ou séparément, les communautés profitent de cette tranquillité pour s'affirmer davantage; en particulier pour restreindre sur leur territoire l'influence et la place occupée par les couvents. C'est une vieille animosité des paysans contre les moines ou nonnes qui trouve l'occasion de se manifester. Une animosité à caractère économique et fiscal, mais avec des racines sociales. C'est que les couvents possèdent en propre de nombreux domaines, prairies ou pâturages, et les occasions ne leur manquent pas d'accroître encore ces biens par achat ou par legs; ils ne doivent pas sur ces terres l'impôt perçu par la communauté; et ils y emploient des serfs ou des dépendants d'Église qui échappent à la justice communautaire. En 1294, la *Landsgemeinde* de Schwyz arrête en toute indépendance des mesures draconiennes qui vont compliquer passablement les relations de voisinage avec les religieux d'Einsiedeln, les nonnes de Steinen et celles de Schänis. Toute cession d'immeubles à quelque établissement religieux que ce soit est désormais interdite; et les couvents du canton seront astreints à payer l'impôt communautaire. Pareille politique était à l'ordre du jour dans toute l'Allemagne; dans les villes surtout, où elle avait l'aval des princes qui trouvaient aussi leur avantage à des communautés urbaines au trésor mieux pourvu.

De ces mêmes années beaucoup plus tranquilles qu'on ne pouvait le craindre, Unterwald profite aussi. Les partisans des Habsbourg à Obwald se font discrets, ce qui facilite le rapprochement des deux vallées; autour de 1300, elles agissent de concert sous l'autorité d'un *Landammann* commun, probablement choisi alternativement dans chacune des fractions. L'unité du canton restera éphémère : elle ne va durer que jusque dans les années 1330. Elle va pourtant traverser sauve les événements qui conduiront à Morgarten, et assurer l'intégration complète d'Unterwald à l'alliance confédérale.

Le roi Albert

Enhardis par une indépendance que nul ne fait mine de contester, les Waldstetten – encore sans Unterwald – décident à l'automne 1297 d'entreprendre une démarche commune auprès du roi, Adolphe de Nassau. Ils espèrent obtenir enfin de lui le renouvellement de leurs privilèges, donc la reconnaissance officielle de cette indépendance. Une délégation se rend auprès du roi, qui séjourne à Francfort; elle emporte certainement une bourse bien garnie pour satisfaire la cupidité d'Adolphe. Le voyage est un succès, les ambassadeurs de Schwyz et d'Uri s'en reviennent avec les parchemins souhaités, et même mieux. Ils n'ont pas reçu simple confirmation des concessions antérieures, bien que les termes en soient repris presque mot pour mot; mais des privilèges conçus et présentés comme un effet de la bienveillance personnelle du roi et scellés le 30 novembre. Uri et Schwyz ont pu croire avoir choisi le moment opportun : entre Adolphe et le duc Albert, la querelle s'est rouverte; le premier n'a donc plus aucune raison de ménager la susceptibilité du second. Pourtant, peu informés des arcanes de la politique du royaume et de la diplomatie versatile des princes, les Waldstetten ont mal apprécié la situation.

C'est qu'Adolphe de Nassau, imitant ses prédécesseurs sur le trône, a profité abusivement de ses prérogatives royales pour arrondir son patrimoine propre. Mais il s'y est pris avec une incroyable maladresse, en achetant domaines et provinces sur l'argent qu'il soutirait des autres. De sorte que cet « imbécile cupide » (Jean Favier) s'est rapidement mis à dos la plupart des princes d'empire, à commencer par ceux-là même qui l'avaient élu peu d'années auparavant. Il a engagé le royaume dans une politique étrangère parfaitement incohérente, dans la seule perspective de ses coffres à remplir. Il a d'abord vendu son appui au roi d'Angleterre contre Philippe le Bel; et à ce dernier, aussitôt après, sa neutralité. En 1296, pour s'attirer les bonnes grâces du pape Boniface VIII dont il attend toujours la couronne impériale, il rompt encore ses engagements vis-à-vis du roi de France. Bientôt fatigués, puis dégoûtés du souverain avide et fâcheux qu'ils s'étaient choisi, les électeurs se rapprochent du candidat qu'ils avaient écarté : Albert d'Autriche, décidément, ne fera-t-il pas mieux l'affaire? Des signes d'abord discrets encouragent celui-ci à la rébellion. A l'heure où les envoyés des Waldstetten s'en reviennent satisfaits de Francfort, les princes allemands prennent ouvertement le parti de l'adversaire du nouveau protecteur des vallées... Sept mois plus tard, le 23 juin 1298, à la diète réunie à Mayence, cinq électeurs sur sept votent la déchéance d'Adolphe, que pourchasse déjà l'armée des Autrichiens. Dix jours plus tard (2 juillet), l'ex-roi tombe à la bataille de Gœllheim, près de Worms. Albert Ier de Habsbourg est aussitôt couronné roi.

Ces événements n'ont provoqué en Suisse centrale aucune réaction semblable à 1291. Nulle explosion de joie, évidemment : l'accession d'un Habsbourg au pouvoir suprême ne risquait guère d'enthousiasmer les Suisses, dont le récent succès diplomatique devenait inutile, compromettant même. Pas de panique non plus. En fait, il ne se passa rien – que l'on sache en tout cas. C'est que la situation, pour n'être guère souriante, était au moins claire. Et l'on pouvait raisonnablement espérer qu'Albert, qui, duc d'Autriche, s'était montré discret envers les Waldstetten depuis les accrochages de 1292, le resterait devenu roi; et qu'il serait occupé suffisamment ailleurs, en Allemagne et dans ses duchés d'Autriche, pour ne point accabler trop les vallées. Dans le cas, d'ailleurs, où le nouveau souverain renouerait avec les ambitions italiennes des Hohenstaufen et où il aspirerait à la couronne impériale, il disposerait en Autriche des voies d'accès et des bases stratégiques nécessaires. Le Gothard et les cols grisons ne devaient plus avoir le même prix que naguère. Et le rêve de Rodolphe d'un royaume de Souabe-Bourgogne reconstitué et arrimé aux Alpes centrales n'avait plus désormais d'attrait ni dynastique ni politique.

De fait, les dix années du règne d'Albert Ier n'apportent aucun motif plausible d'une rébellion ouverte des Waldstetten durant cette période. En accord avec la plupart des historiens qui, récemment, se sont intéressés aux origines de la Confédération, je ne puis prêter aucun crédit à la reconstitution chronologique de Tschudi, longtemps acceptée par l'historiographie traditionnelle, et qui situe en 1306-1307 tous les événements racontés par les récits tardifs. Ces événements ont certainement bien eu lieu en partie; mais plus tôt, et dans un autre contexte, comme je l'ai proposé au précédent chapitre. Le roi Albert n'a certes pas négligé les multiples intérêts patrimoniaux et les droits d'avouerie qu'il possédait en Suisse. Mais rien ne suggère qu'il les ait servis par une politique féroce d'infiltration, d'intimidation ou d'annexion pure et simple des vallées à son domaine. On ne voit pas, en particulier, qu'il leur ait imposé ces fameux baillis pourvus de pouvoirs étendus et arbitraires, tel Gessler, le tyran de Guillaume Tell. Au contraire, il traite de ses affaires dans les vallées directement avec les représentants désignés de celles-ci, *échevins* et *Landammann.* Le roi ou la reine Élisabeth s'adressent à eux en termes toujours courtois, pour inviter les Waldstetten, particulièrement ceux de Schwyz, à respecter les privilèges des couvents, voire l'intégrité des biens de ceux-ci que les paysans, de plus en plus souvent, mettent à mal. Les abus fiscaux et même les violences des Schwyzois vis-à-vis des maisons religieuses sont manifestes durant ces années; mais ils ne leur attirent que des remontrances formelles, presque timides.

De fait, chacun paraît s'être arrangé d'une situation institutionnelle plus floue que jamais. Albert d'Autriche n'envisage à aucun moment de renoncer à ses prétentions sur l'ensemble de la Suisse septentrionale et centrale; mais il n'éprouve pas le besoin, ou ne trouve pas le loisir, de venir les imposer : les affaires de ces vallées, pourvu qu'il en touche sa part seigneuriale de rentes, semblent être restées le cadet de ses soucis. Quant aux Waldstetten, ils savent parfaitement que toute démarche serait vaine qui tendrait à obtenir du nouveau roi, selon l'usage, confirmation des traditionnels privilèges; elle ne pourrait aller qu'à fin contraire. Et ils se passent d'autant plus facilement de cette reconnaissance formelle qu'en pratique tout se déroule en conformité avec les privilèges.

En marge de la grande politique

De toute façon, le roi Albert est beaucoup trop engagé ailleurs. Lui aussi mène une politique pleine de détours, mais avec plus d'adresse et de subtilité qu'Adolphe, son prédécesseur. Une politique où, pour une fois, les intérêts de la couronne ont priorité sur ceux du lignage. Albert ne néglige pas, lorsque l'occasion s'en présente, d'arrondir lui aussi le lot des fiefs aux mains de sa famille. Mais ses ambitions majeures sont de consolider le pouvoir royal, en particulier sur les marches orientales de l'empire, en Hongrie, en Bohême; il intervient jusqu'en Pologne. Et il aspire naturellement lui aussi à recevoir à Rome les insignes de la dignité impériale. Il dispose en Italie d'un fort parti gibelin qui l'attend. Dante ne l'invite-t-il pas à venir consoler « Ta Rome qui pleure, veuve et seule »? Mais en travers de ce projet, il y a Boniface VIII, qui a même excommunié Albert pour félonie envers le feu roi Adolphe, son médiocre allié. Pour écarter l'obstacle, le Habsbourg compte sur l'appui de Philippe le Bel, en conflit ouvert avec le pape sur des questions de souveraineté; une complicité avait déjà uni naguère Philippe et Albert contre ce malappris d'Adolphe de Nassau. Pour renforcer leur entente, Albert marie son fils aîné Rodolphe à une princesse capétienne : c'est l'arme diplomatique la plus classique, sinon la plus efficace. Car le roi de France déçoit ses espoirs; il néglige de faire pression sur Boniface en faveur du couronnement d'Albert. Philippe le Bel veut avant tout empêcher une collusion dangereuse entre l'Allemagne et l'Angleterre; mais il ne prête pas volontiers l'oreille à ce qui pourrait affirmer le prestige et la puissance d'un empereur dûment consacré. Il craint d'y voir un obstacle insurmontable aux ambitions territoriales de la France en direction du Rhin, du Jura et des Alpes. Terres d'empire, l'Alsace, la Lorraine et le comté de Bourgogne ne sont-ils pas dans le collimateur de Philippe le Bel?

Jeux subtils, à l'échelle d'une Europe aux larges horizons, où Albert Ier cherche à marquer sa place. Les minuscules pays des Waldstetten, perdus dans leurs montagnes, fort loin des espaces disputés, n'y ont guère de poids.

Si pourtant le roi vient à s'en souvenir, c'est en fonction des revenus bienvenus qu'il peut en tirer, mais dont la gestion lui semble, justement, négligée. Pour la corriger, il fait dresser par ses représentants en Suisse un inventaire détaillé de toutes les rentes et droits que possède sa famille dans et autour de l'ancien domaine patrimonial. Ces registres de rentes, dits *Urbar* des Habsbourg, étaient tenus à Baden, en Argovie, siège du bailli administrateur de l'ensemble du domaine. Ils ont été conservés et constituent une source remarquable pour l'histoire économique et juridique de l'avant-pays alpin au début du XIVe siècle. Mais il manque la partie concernant les rentes et droits perçus dans les trois vallées des Waldstetten. Soit que les listes n'aient pu y être dressées; soit encore qu'elles aient été volontairement détruites un siècle plus tard, lorsque les confédérés se seront emparés de Baden et des archives de la Maison d'Autriche.

Un autre revenu substantiel a retenu l'attention d'Albert : celui des péages sur la route du Gothard. D'abord le péage de Fluelen, privilège impérial généralement inféodé à des vassaux. En plus, le roi prit en 1299 une disposition importante, mais dont le sens pratique n'est pas clair : il ordonna le transfert à Lucerne du péage de Jougne, dans le Jura, sur la route Vevey-Pontarlier-Besançon, donc d'Italie aux foires de Champagne. A-t-il voulu par là tenter de détourner par le Gothard le trafic traditionnel de la voie plus occidentale? Un tel projet semblerait plutôt aberrant. Ou a-t-il voulu, en faveur de ses cousins les sires de Châlons-Arlay, propriétaires du péage, placer celui-ci sur un passage désormais davantage fréquenté par les grands marchands? Les sources n'en disent pas assez sur les intentions royales; mais elles révèlent au moins l'esquisse d'une politique économique et financière dans l'intérêt combiné du prince, de ses vassaux et de ses sujets.

Ces initiatives s'insèrent dans un effort des Habsbourg pour actualiser la gestion de leurs domaines et en moderniser l'administration à l'exemple de ce qu'avaient déjà entrepris une ou deux générations plus tôt plusieurs princes – les rois de France, bien sûr, mais aussi, par exemple, les comtes de Provence ou ceux de Savoie. Rodolphe de Habsbourg s'en était peu préoccupé; mais Albert s'y est attaché dès qu'il eut reçu les duchés d'Autriche; et l'expérience acquise, il la reporte sur ses domaines patrimoniaux de Suisse dès qu'il en hérite. La noblesse traditionnelle aurait pu faire obstacle à ces réformes. Mais elle est en crise, en Suisse comme en maintes contrées d'Europe occidentale. Les hauts lignages, les quelques familles comtales naguère sur le même pied que les Habsbourg, se sont éteints ou se sont effacés. Les *nobiles*, seigneurs de moindre rang, souvent riches, mais dont l'influence est compromise par l'extrême dispersion de leurs fiefs ou de leurs alleux, n'ont pas su se constituer des points d'appui solides; ils manquent d'une conscience lignagère qui puisse garantir la solidarité comme la solidité du groupe. De sorte que beaucoup disparaissent, par extinction biologique, division des héritages et dilapidation du patrimoine, endettement, abandon de leurs privilèges. Tous souffrent d'une dévaluation rapide de la rente foncière sur le plateau suisse dès la seconde moitié du XIIIe siècle. Quant aux *milites,* ces chevaliers le plus souvent d'origine ministériale, ils poursuivent surtout le projet d'assurer leur prospérité, soit au service des villes où ils prennent résidence, soit à celui des princes les plus généreux, c'est-à-dire les Habsbourg.

L'habileté d'Albert, puis de ses successeurs, c'est de récupérer les éléments les plus dynamiques et les plus ambitieux de cette noblesse suisse en dérive, de se l'assujettir moyennant récompenses en revenus et promesses de carrière. Rapidement, autour de 1300, cette noblesse, qui compte quelques individus instruits, formés notamment à l'école de droit de Bologne, fournit les cadres de l'administration habsbourgeoise en Suisse. Non seulement Albert recrute ainsi le personnel qualifié dont il a besoin, mais aussi il neutralise les sentiments d'hostilité que pourrait manifester la noblesse et se constitue un groupe docile de partisans; et cela jusqu'aux portes des Waldstetten; voire parmi eux, s'agissant de l'Obwald.

Les méchants baillis que mettent en scène les récits de Guillaume Tell et de la conjuration des Trois Suisses ont assurément quelque ressemblance avec les agents du prince quant à leur origine sociale et quant aux conditions de leur emploi. Ils correspondent mal, en revanche, au profil intellectuel des fonctionnaires d'Albert. Mais avant tout, j'y insiste, il n'existe aucune trace de leur engagement à Schwyz, Uri ou Nidwald sous son règne. Tandis qu'avant 1291, Rodolphe de Habsbourg avait déjà pu recruter, avec moins de discernement, quelques-uns de ces nobles et ministériaux en quête d'emploi, et les imposer aux Waldstetten dans les circonstances évoquées plus haut.

Le drame de Kœnigsfelden

Ironique destin d'Albert Ier. Ce souverain, parvenu au pouvoir dans sa maturité et animé de vastes desseins que soutenaient son expérience et son instinct politique sûr, va tomber à cause d'une sordide affaire de famille, poignardé par son propre neveu, sur les bords de la Reuss et presque au pied de la vieille forteresse de Habsbourg, berceau de son lignage. Le drame survient le 1er mai 1308, alors qu'Albert séjourne à Kœnigsfelden, l'une des résidences familiales. Jean de Habsbourg « le parricide » s'est entouré de quelques conjurés qu'il a recrutés parmi les barons du plateau suisse restés inexorablement hostiles aux Habsbourg, afin de se venger du refus de son oncle de lui remettre sa part de l'héritage du roi Rodolphe...

Aussi inattendue que son avènement dix ans auparavant, la mort brutale du roi Albert provoqua un nouveau retournement de situation dont les Waldstetten s'empressèrent de tirer tout le parti possible. Les derniers temps du règne leur avaient apporté des raisons croissantes de craindre une sérieuse reprise en main de la part du souverain. A défaut d'autres prétextes, les plaintes répétées des couvents auraient suffi à la justifier. Les moines d'Einsiedeln venaient de dénoncer aux Habsbourg leurs voisins de Schwyz. Ceux-ci ne se rendaient plus seulement coupables d'exactions multiples envers le monastère; ils violaient encore l'obligation de payer les redevances dues sur ces prairies et les pâturages qu'ils tenaient à ferme de l'abbé; or le roi, comme avoué du couvent, aurait dû en recevoir sa part lui aussi. L'arrivée du souverain sur ses terres héréditaires au printemps 1308 aviva l'inquiétude des Waldstetten. Le drame de Kœnigsfelden la leva. Il laissa les pauvres moines sans défense face aux impétueux montagnards.

Une fois de plus, tout allait dépendre du nouveau choix des princes électeurs. Et une fois de plus, ceux-ci préférèrent un baron de seconde zone plutôt qu'un candidat à risques. Le parti des Habsbourg n'avait personne à présenter : le fils aîné d'Albert, Rodolphe, roi de Bohême, était mort peu avant son père; les deux cadets, Frédéric le Beau et Léopold, ducs d'Autriche, étaient encore trop jeunes. Le seul prétendant de poids était Charles de Valois, le frère de Philippe le Bel; mais les électeurs, avertis par les expériences décevantes avec des souverains étrangers, ne jugèrent pas opportun de confier le gouvernement de l'Allemagne à un prince français réputé pour son ambition, et candidat à toutes les couronnes orphelines... Ils se rabattirent sur un parti d'apparence plus inoffensive : le comte de Luxembourg, d'ailleurs un familier de la cour de France, dont il parlait mieux la langue que l'allemand. Pour être bientôt déçus une fois encore... Henri VII mit toute son énergie et tout son panache – il ne manquait ni de l'un ni de l'autre – à restaurer la grande image impériale des Hohenstaufen;

mais à construire en même temps une base de puissance pour lui-même et sa famille en Bohême. Il renoua avec l'aventure italienne, non sans succès puisqu'il put ceindre enfin la couronne impériale, en 1312. Il ne devait guère en profiter pourtant, mourant le 24 août de l'année suivante chez les dominicains de Buonconvento, près de Sienne, peut-être empoisonné.

En Bohême, Henri VII heurtait de front la jeune génération des Habsbourg, qui prétendait à ce royaume aussi. Il ne se sentait donc guère leur obligé, et pas trop tenu par les promesses, lors de son couronnement, à Frédéric et Léopold de venger leur père et de garantir le plein exercice de tous leurs droits. Les Waldstetten pouvaient donc s'attendre à trouver auprès du nouveau souverain une oreille complaisante. Lorsque Henri VII, quelques mois après son élection, remonta le Rhin et vint séjourner à Constance, ils lui adressèrent une ambassade : elle fut reçue à bras ouverts.

Cette fois, c'est au complet que les Waldstetten se présentent devant le roi : Unterwald s'est enfin résolu à se joindre à ses compagnons. Et il le fait d'une seule voix : les deux vallées d'Obwald et de Nidwald ont réussi à surmonter leurs divergences. Depuis 1291, un grand chemin a été parcouru vers l'unité des Waldstetten. Ce qui n'était encore au départ qu'un accord de coopération et d'entraide mutuelle a rapidement évolué vers une concertation de plus en plus étroite et vers l'élaboration d'une diplomatie commune. Nous ne savons pas si Uri et Schwyz ont fait pression sur Unterwald pour en réconcilier les deux districts et les entraîner dans leur sillage; ou si c'est Unterwald qui s'est convaincu des avantages de l'alliance. En tout cas, les trois cantons agissent désormais de concert, et activement. C'est d'un commun accord qu'ils négocient, par exemple, avec les bourgeois de Lucerne pour liquider un contentieux commercial que l'atmosphère trouble de toute cette période avait envenimé : marchandises séquestrées, individus molestés ou emprisonnés, navigation entravée sur le lac. Un rapprochement s'opère aussi avec les habitants du haut vallon d'Urseren, toujours soumis en droit aux Habsbourg qui en détiennent l'avouerie, mais que leurs intérêts dans le trafic du Gothard et dans la répartition des pâturages lient de plus en plus aux Uranais, de moins en moins au monastère de Disentis.

De Constance, l'ambassade des trois Waldstetten rentre comblée, ses sacs pleins de diplômes royaux tous scellés le 3 juin 1309. Il y en a pour tous, presque les mêmes, en substance en tout cas. Schwyz a reçu confirmation des privilèges de Frédéric II (1240) et d'Adolphe (1297); Uri de celui d'Adolphe seulement, le vieux privilège de 1231, matrice de tous les autres, n'étant plus invoqué. Unterwald reçoit une confirmation plus forfaitaire « de toutes les libertés, droits, privilèges et grâces concédés par (les) prédécesseurs (d'Henri VII), empereurs et rois » – et pour cause, puisque ni Obwald ni Nidwald n'étaient en mesure de présenter de tels documents, qu'ils n'avaient encore jamais obtenus... Ni la chancellerie royale ni les bénéficiaires n'étaient à une incorrection juridique près. En outre, chacun des trois cantons a reçu un autre acte complémentaire, identique, qui les libère expressément de toute justice séculière externe. Seule la cour impériale pourra connaître des causes en appel; dans les trois cantons, la haute justice sera rendue par un bailli impérial commun, spécialement désigné à cette fin par le roi.

Les trois Waldstetten sont encore traités séparément, chacun constituant aux yeux du roi une collectivité sujette. L'unité qu'ils tendent pourtant à former est soulignée déjà par l'identité des actes qu'ils reçoivent; mais plus encore par la présence instituée d'un fonctionnaire et juge royal unique, le bailli impérial, chargé des affaires des trois cantons, et d'eux seuls. Pour le roi comme pour les intéressés, mais aussi pour leurs ennemis, les Waldstetten constituent dorénavant un ensemble cohérent et solidaire que l'on va commencer d'appeler « les Suisses », puisque ce sont les Schwyzois qui vont s'exposer le plus.

A Constance encore, le roi ne se contente pas de bonnes paroles. Il nomme aussitôt, sans aucun doute avec l'assentiment des Suisses et peut-être sur leur suggestion, le nouveau bailli impérial : ce sera le comte Werner de Homberg. Héritier du lignage des Rapperswil, il possède lui-même des biens dans les vallées, dont il connaît par conséquent les problèmes et le mode de vie. Sa mère, en 1291, avait embrassé le parti nobiliaire antihabsbourgeois. Le nouveau bailli n'est en tout cas pas suspect de sympathies envers les adversaires des Suisses : il saura protéger l'indépendance de ceux-ci. Afin de donner plus de poids encore à l'autorité de Homberg dans l'intérêt des Suisses, le roi lui confiera peu après l'avouerie d'Urseren retirée aux Habsbourg, ce qui renforcera d'autant mieux l'union de ce vallon haut perché avec le pays d'aval; et aussi l'avouerie sur la Léventine. Henri VII restitue ainsi une autorité unique sur les deux versants du Gothard; mais il en prive les Habsbourg. En 1313, Homberg recevra de plus, en fief, la moitié du revenu du péage impérial de Fluelen jusqu'à concurrence de 1 000 marcs d'argent en dix ans; l'autre moitié sera inféodée à son demi-frère, Jean de Habsbourg-Laufenbourg – encore un baron peu favorable aux intérêts de ses cousins de la branche aînée.

Voici les Suisses bien couverts, et pas par la seule vertu fragile de quelques parchemins. Werner de Homberg prend aussitôt ses fonctions; il scelle déjà un acte à Stans le 22 juin 1309, moins de trois semaines après sa nomination.

La nuit d'Einsiedeln

En un an, du meurtre de mai 1308 aux privilèges de juin 1309, la situation s'est complètement renversée. Les Suisses, dorénavant unis, concrètement soutenus par le roi, ont l'initiative; et les ducs d'Autriche ont toutes raisons de les craindre. En été 1309, ces princes entreprennent le siège d'un château proche de Zurich où réside l'un des meurtriers de leur père; mais ils pourraient être pris à revers par Werner de Homberg et les Waldstetten. Pour faire front à cette éventualité, Frédéric et

Léopold négocient la neutralité, au moins, des bourgeois de Zurich, qui promettent de n'apporter aux confédérés aucun soutien logistique et d'empêcher leur ravitaillement. L'attaque redoutée ne se produit pas. La tension ne s'en durcit pas moins entre les Suisses de plus en plus sûrs d'eux et les jeunes ducs légitimement enragés par l'assassinat de leur père, exaspérés par l'évidente mauvaise volonté de son successeur à leur égard, mais fermement résolus à rétablir et au besoin à reconquérir l'intégralité de leurs droits de seigneurs sur les domaines patrimoniaux et les avoueries ou bailliages naguère tenus par leur lignage.

Bien que les Waldstetten n'aient eu aucune part au drame de Kœnigsfelden, Frédéric et Léopold vont manifester une obstination toute particulière à les réduire à leur merci. A cette fin, ils vont jusqu'à tenter une réconciliation avec Henri VII, qu'ils rejoignent en Italie. En juin 1311, participant avec lui au siège de Brescia, ils croient marquer un point : sur leur insistance, le roi Henri ordonne qu'enquête soit faite pour établir les droits des Habsbourg en Alsace et *in vallibus Switz et Urach et hominibus liberis in eisdem vallibus ac in bonis et opidis, que vulgariter Waldstet dicuntur*. C'est la première fois que les Waldstetten sont officiellement désignés comme tels et reconnus avec une identité collective. L'enquête fut-elle vraiment réalisée ? Il ne semble pas. En été 1312, le fils du roi, Jean de Bohême, promet encore d'activer l'opération; mais l'évidente méfiance d'Henri VII, puis sa mort aussi subite que suspecte en août 1313, ne l'a guère avancée. Les deux frères vont se sentir d'autant plus libres d'agir eux-mêmes, et par la force.

Pour marcher avec leurs chevaliers contre les paysans des vallées, les ducs d'Autriche ne vont pas manquer de motifs – si tant est qu'ils en éprouvent le besoin. A commencer par les quelques monastères dont ils se regardent comme les protecteurs, et auxquels les Waldstetten cherchent noise avec insistance. Cet acharnement des Suisses contre leur entourage monastique a de quoi surprendre. Nul manque délibéré de respect ou de piété ne les anime pourtant; et pas davantage l'intention de se soustraire à leurs obligations financières envers l'Église. Les paysans s'acquittent partout avec ponctualité de la dîme ecclésiastique. Les redevances seigneuriales et les rentes sont scrupuleusement versées aux diverses maisons religieuses – une vingtaine en tout – qui possèdent dans les trois cantons domaines, fermes, pâturages et troupeaux. Aucune plainte n'a dénoncé un manque de bonne volonté de la part des exploitants débiteurs, et les mieux pourvus de ces couvents, le Fraumunster de Zurich, les cisterciens de Wettingen ou les bénédictins de Muri, n'ont connu à l'époque aucune difficulté avec leurs gens; d'ailleurs, les intendants qu'ils ont désignés sur place ne sont-ils pas tous des notables locaux, engagés fort avant dans le gouvernement de leur vallée?

La querelle des Suisses accable donc seulement les monastères d'Engelberg et d'Einsiedeln, établis sur les confins de leurs territoires et dont les domaines restreignent l'espace vital. Pourquoi pareille avidité d'espace? Le nombre croissant des montagnards l'explique en partie peut-être; pourtant, lorsque ces conflits atteignent après 1300 leur paroxysme, l'augmentation de la population est déjà quelque peu ralentie. C'est surtout l'élevage en pleine expansion – devenu d'autant plus rentable que la situation alimentaire des bas pays se détériore – et l'extension des prairies qu'il impose qui poussent les paysans libres d'un côté, les moines de l'autre à s'assurer le plus de terres et les meilleures possibles. Les Suisses se réclament du vieux droit coutumier alémanique, qui leur garantit la libre exploitation des sols par eux défrichés. Mais cette coutume remonte à un âge désormais bien révolu où les terres abondaient. Elle n'est donc plus applicable au XIIIe siècle, lorsque moines et paysans s'affrontent désormais en haute montagne ou en forêt pour exploiter ces espaces sur lesquels personne n'a encore de titres clairs de propriété ou d'occupation.

Ces disputes sont anciennes; elles ont agité tout le XIIIe siècle. Au seuil du XIVe, la question de l'espace est plus brûlante que jamais; et l'affrontement plus acharné autour des derniers défrichements possibles. Les appels à la raison, les essais de conciliation ne manquent pas. Le roi Albert ou la reine Élisabeth sont intervenus plusieurs fois pour modérer les prétentions des montagnards; leur fille Agnès, veuve du roi de Hongrie et habile diplomate aux côtés de ses frères – elle vit à Kœnigsfelden –, a pris Engelberg sous sa protection. D'Avignon, le pape Clément V lui-même intervient. Rien n'y fait. La mort d'Albert en 1308 lève les derniers scrupules des Suisses, qui ont pu craindre de son vivant une intervention plus musclée du roi. Entre Uri et Engelberg, la petite guerre des bergers autour du col des Surènes atteint son comble au printemps 1309 : les Uranais, bannière en tête, descendent l'autre versant jusqu'à Engelberg, menacent la maison des nonnes, saccagent leur église et volent le bétail. Ici pourtant, la médiation de notables d'Unterwald et de Schwyz aboutit le 25 juin à un accord de partage des pâturages disputés, nettement favorable d'ailleurs aux Uranais.

Bien plus exaspérée, l'hostilité des Schwyzois envers les moines d'Einsiedeln a pour théâtre les « Marches », ce no man's land qui forme le bassin supérieur de la Sihl. C'est au cœur de ces collines forestières et de ces zones marécageuses que s'était jadis niché l'ermitage de saint Meinrad. La lutte pour ces espaces se déroule parallèlement sur le plan politique ou judiciaire et sur le terrain lui-même, de pénétration difficile, propice aux guets-apens et aux coups de main.

Les parties se plaignent à qui veut bien les entendre. Einsiedeln a obtenu de l'évêque de Constance, en 1309, que soit jeté sur ses adversaires l'interdit ecclésiastique. Mais les excommuniés en appellent au pape, qui fait ouvrir une enquête. Parmi les signataires de la supplique adressée de Schwyz en Avignon, on retrouve les Ab Yberg, Rodolphe Stauffacher, Werner Blum, Werner Reding et tous les notables connus pour leur participation depuis 1291 à la vie politique de leur canton. L'excommunication sera levée en effet en juillet 1310. On ignore quels sentiments ont animé Clément V en faveur de ces montagnards qui s'acharnent sur des biens d'Église. A-t-il escompté que sa mansuétude ramènerait les Schwyzois à de meilleures intentions? Illusion. Les exactions continuent de plus belle. Deux ans plus tard, sur l'ordre d'Henri VII cette fois, une cour arbitrale se constitue à Zurich. L'abbé d'Einsiedeln lui soumet un long catalogue de quarante-six doléances précises. Elles vont de l'occupation de prairies et de pâturages que le couvent considère comme siens au pillage et au saccage d'églises et de maisons, en passant par les beuveries devant l'autel avec le vin de messe, la violation des réserves de chasse et de pêche des moines, le rapt de bétail, le vol de foin et de matériel, et bien d'autres méfaits encore. Tous les arbitrages, toutes les adjurations restent vains : les Schwyzois refusent avec obstination de restituer les terres qu'ils ont occupées et entrepris d'exploiter. La situation est bloquée, l'hostilité farouche.

Cet affrontement atteint son apogée au moment de la fête des Rois de 1314. Le 6 janvier, la *Landsgemeinde* des Schwyzois unanimes décide d'une entreprise d'intimidation contre Einsiedeln. Dans la nuit, trois bandes conduites par les magistrats, le *Landammann* Werner Stauffacher et la bannière schwyzoise déployée en tête, donnent l'assaut au monastère. La bagarre, heureusement, ne laisse aucun mort sur le terrain; les moines ne sont guère en état de se défendre, leurs paysans préfèrent éviter les coups. L'église, les caves du couvent sont pillées avec bonne humeur : la violence et la fête, une fois encore, s'associent. L'abbé a pu s'enfuir à temps; mais la plupart des moines et des serviteurs du couvent sont emmenés sous bonne garde à Schwyz, avec le bétail volé et le butin. Pittoresque cortège auquel a pris part, contraint et médusé, l'écolâtre du couvent Rodolphe de Radegg; il racontera sa mésaventure et celle des frères dans un récit naïf, plein d'humour involontaire, mais qui constitue la plus ancienne chronique où sont mis en scène les Waldstetten.

L'équipée des Schwyzois a pu passer à leurs yeux pour l'un de ces actes de guerre privée, du type des vendettas de clans dont l'histoire de toute la région a été agitée. Un acte licite par conséquent, qui ne contrevenait pas aux « paix territoriales » conclues, mais qui portait à garantir à la communauté un avantage qu'elle jugeait légitime. Les confédérés d'Uri et d'Unterwald n'ont point participé à cette aventure; mais ils ne l'ont point réprouvée non plus, et ils se sont solidarisés au contraire sans hésiter avec Schwyz devant la vague de protestations que suscita l'affaire. Les sanctions judiciaires et morales ne tardèrent pas à tomber. Pour le coup, l'abbé obtint de l'évêque de Constance une nouvelle excommunication, étendue cette fois à tous les Waldstetten. Pour faire bon poids, l'un des deux rois récemment élus l'un contre l'autre les mit au ban de l'empire. Ce roi-là n'était autre que Frédéric de Habsbourg, en outre avoué du couvent, et trop heureux d'une occasion si flagrante de punir ses sujets rebelles. Mais ces punitions-là n'avaient guère de portée; les Waldstetten s'empressèrent de faire annuler leur mise au ban de l'empire par Louis de Bavière, l'autre roi. Cependant, des sanctions plus redoutables se préparaient cette fois, politiques et militaires.

Morgarten

C'est qu'entre-temps, les choses ont changé aussi au niveau de l'empire. A la mort d'Henri VII, les électeurs ont repris leur jeu rituel de tractations et d'influences, longuement; mais une fois de plus, ils ne sont pas arrivés à s'entendre sur un candidat de compromis. Ils n'ont été d'accord que pour écarter cette fois encore un prétendant français, Louis de Nevers, héritier du comte de Flandre, mais retenu loin de Francfort par un conflit avec son souverain Philippe le Bel. Deux partis irréductibles se sont formés, qui finissent par élire chacun son roi. Le parti habsbourgeois proclame Frédéric le Beau, l'aîné des fils d'Albert; le parti luxembourgeois de l'empereur défunt se rallie au duc Louis de Bavière.

Frédéric manque de caractère. Mais il est épaulé par la personnalité énergique de son frère cadet, Léopold.

Ensemble, ils s'assurent des appuis solides en Souabe et sur le Rhin. Zurich et tout l'avant-pays alpin leur sont acquis. Dans leur opposition résolue, les Suisses se retrouvent complètement isolés désormais. Ils ne peuvent même plus compter sur l'amitié et le secours de leur bailli impérial : Werner de Homberg à retourné sa cotte et rallié le parti des Habsbourg. L'entente cordiale des premières années de son service n'a pas résisté à l'ambition du comte de se constituer à son tour une principauté autour du Gothard; il s'est heurté aux notables, jaloux de leurs prérogatives; une concurrence a dressé en outre contre lui les chevaliers locaux, les Attinghausen surtout, à propos de fiefs domaniaux et péagers. Louis de Bavière ne manque pas d'encourager les Suisses dans leur résistance et de leur promettre son secours – on vient de voir qu'il les dégage du ban de l'empire prononcé par son rival. Mais il est trop loin et bien trop occupé à ses propres affaires pour se soucier d'intervenir en force. Frédéric, de son côté, revendique ouvertement les Waldstetten comme part de son patrimoine.

Dans ces conditions, la guerre est près de s'allumer. Guerre économique d'abord : le trafic du Gothard est interrompu, le marché de Lucerne soumis par les Suisses à un blocus. De nouveau, des marchands sont molestés, des transports séquestrés. Bientôt on en vient aux mains. Sujets des Habsbourg, les Lucernois arrivent en barques pour s'en prendre aux installations portuaires des Waldstetten; des échauffourées ont lieu entre Uranais et Glaronais autour du col du Klausen; les vassaux des Habsbourg dans la haute vallée de l'Aar lancent par le Brunig des raids contre Obwald.

Tout cela n'est encore que petite guerre, bagarres de pâtres dont les Waldstetten n'ont que trop l'expérience. Ils repoussent sans peine en 1314 et au premier semestre de 1315 ces assauts sans coordination ni suite. Mais ils voient venir avec appréhension l'heure d'une attaque beaucoup plus conséquente où les deux Habsbourg engageront leur armée. Les Uranais peuvent se sentir assez tranquilles derrière leur rempart de hauts sommets et l'abri du lac; ce qui les dérange davantage, c'est le blocus commercial qu'ils ne parviennent pas à briser. L'Unterwald et surtout Schwyz sont plus vulnérables. Les Schwyzois s'en sont avisés, qui depuis 1310 ont entrepris de fortifier tant bien que mal les voies d'accès les plus ouvertes vers leur pays, tant du côté du lac qu'à la trouée d'Arth et au seuil de Goldau; ou dans les « Marches », vers les marais de Rothenturm : quelques murs de pierre sèche, des palissades de bois et des fossés sont aménagés. Le dispositif de défense suisse n'aura pas beaucoup changé jusqu'à la Seconde Guerre mondiale et la stratégie dite du « réduit », les Alpes centrales transformées en forteresse...

Dès l'été 1315, en effet, le duc Léopold prépare, pour le compte de son frère et le sien, l'assaut final. Une brève expédition en Souabe le retarde, et ce délai va peut-être lui être fatal. Mais à l'automne, tout est prêt. L'opération est montée avec un sens stratégique sûr. Pendant que le gros de l'armée « autrichienne » (elle comporte surtout des chevaliers du plateau suisse et leurs gens) se concentre sous les murs de Zoug pour attaquer directement Schwyz en lui portant un coup rapide et massif, un autre corps de troupes s'organise dans l'Oberland, près d'Interlaken, aux ordres du comte Othon de Strassberg; il passera le col du Brunig et envahira l'Obwald par le sud. La jonction se fera sur le lac, toutes les zones ouvertes des Waldstetten seront occupées. Uri et les vallons, inexpugnables mais bloqués comme des villes assiégées, feront rapidement leur soumission.

Les Schwyzois se sont préparés. Un contingent est venu d'Uri en renfort. Les confédérés sont bien informés du mouvement des troupes de Léopold, de leur rassemblement à Zoug. Ils y ont certainement des espions; après tout, ils bénéficient dans l'avant-pays du capital de sympathie de tous les mécontents que l'ambition des Habsbourg a semés sur leur route. Inutile d'accorder foi à la légende de messages parvenus aux Schwyzois au bout d'une flèche : c'est encore un exploit qui traîne dans les récits aux quatre vents de l'Europe, et qui n'a de vraisemblance que pour une citadelle assiégée; la portée d'un arc, ou même de la meilleure arbalète n'aurait pas suffit à joindre les rangs schwyzois. D'ailleurs, ne suffisait-il pas à ceux-ci de placer des observateurs sur les collines qui dominent Zoug et son lac?

Schwyz attend Léopold à la trouée d'Arth. Or, à l'aube du 15 novembre, c'est vers un autre passage que s'ébranle la colonne des chevaliers, suivis des fantassins plus nombreux mais moins armés et des bagages de l'armée. Léopold a jugé plus rusé d'emprunter un accès détourné et peu commode vers Schwyz, mais de ce fait non gardé. Au lieu de longer le lac de Zoug vers le sud et vers Arth, il gravit les collines à l'est de la ville et rejoint un petit cirque de forêts au fond duquel s'étend le lac d'Ægeri. Au-delà de l'extrémité orientale de ce lac, un petit col permet de redescendre vers les bourgs de Steinen et de Schwyz, à trois ou quatre lieues de là. Les Schwyzois ont-ils eu vent, au dernier moment, de la direction choisie par Léopold, ou l'ont-ils observé à son départ de Zoug? Il ne fallait guère plus de quatre ou cinq heures à l'armée pour parvenir au bout du lac d'Ægeri et au col, ce qui était un court délai pour dresser un barrage efficace.

Les circonstances précises de la bataille ne sont pas absolument claires : aucun des chroniqueurs qui la racontent n'en a été témoin. On peut raisonnablement estimer les effectifs engagés à quelque 1 000 cavaliers et 3 000 à 4 000 hommes de pied du côté autrichien contre un millier et demi de confédérés. Mogarten n'est d'ailleurs pas une vraie bataille où s'affrontent des ennemis en ligne; cela ressemble plus à une opération de guérilla où une colonne en marche se voit surprendre par un parti de résistants avant d'avoir pu se mettre en ordre de bataille. Les Suisses improvisent leur intervention, mettent à profit leur connaissance du terrain supérieure à celle de l'adversaire, leur pied montagnard et leur expérience de bûcherons. Pour armes, ils n'ont que des haches, des hallebardes et peut-être quelques arbalètes. Mais ils sont en mesure de se faufiler entre collines et forêts, beaucoup plus aisément que les chevaliers montés et pesamment équipés. Il n'est pas exclu en outre que les conditions météorologiques aient favorisé les montagnards. L'année 1315 a été excessivement pluvieuse, désastreuse pour l'agriculture; la faim a commencé à régner, qui empirera encore en 1316 et 1317 également misérables : c'est une des grandes famines dans l'histoire de l'Europe. Non la faim, sans doute, mais l'humidité a pu aider les Waldstetten : la brume a dissimulé leurs mouvements; les chemins boueux ont ralenti et alourdi ceux de l'adversaire; les marais d'Aegeri ont été plus traîtres qu'en saison normale.

En tout cas, les Suisses ont eu le temps de venir prendre position un peu au sud de la pointe du lac, où le chemin se glisse entre l'espace marécageux qui prolonge ce lac sur la droite de l'avant-garde autrichienne et les escarpements boisés qui la surplombent à gauche. Un poste de Schwyzois ferme la route un peu en amont, à la hauteur du col; devant lui l'avant-garde s'arrête, surprise, désordonnant ainsi la marche de toute la colonne, qui s'étire sur quelques kilomètres sans protections de flanc. C'est alors qu'a lieu l'attaque générale des Suisses, simultanément de front et du versant de la montagne. Les montagnards ébranlent sur la pente de gros blocs de pierre et des troncs d'arbres hâtivement abattus, qui viennent désarçonner les cavaliers. L'attaque frontale trouve ceux-ci à terre, incapables de se défendre, ou embourbés dans le sol spongieux. L'affaire ne dure que quelques instants, grâce à l'effet de surprise. Ceux des cavaliers qui ont pu se maintenir en selle tournent bride, semant la panique derrière eux parmi les fantassins qui n'entendent rien à ce qui se passe. Les Autrichiens n'ont ni la place ni le temps de se déployer en ordre de bataille. La plus grande partie de l'armée se noye, ou est impitoyablement massacrée; la fleur de la noblesse de la région y perd la vie. Les Suisses n'ont que peu de pertes. Léopold en réchappe de justesse, galope vers Zoug puis reprend, déconcerté, le chemin du Nord. Il ira cacher son humiliation à Winterthour.

A Obwald, Othon de Strassberg n'a pas plus de chance. Quelques succès initiaux n'empêchent pas qu'il soit bientôt repoussé et poursuivi par les Suisses, déchaînés, jusqu'à Interlaken.

Le renouvellement de l'alliance

La défaite des Autrichiens – ou la victoire des Suisses –, absolument imprévisible, fut ressentie tout à l'entour, dans les pays au pouvoir des Habsbourg, comme une catastrophe. Le prestige des princes, celui du roi contesté, étaient ébranlés, ridiculisés même; leur autorité compromise. Léopold avait jeté tous ses moyens militaires dans l'affaire, sûr de réussir ce qu'il pensait n'être qu'une promenade punitive; il se retrouvait sans armée, et privé du même coup de ses meilleurs cadres de gouvernement. Il lui faudra des années pour se remettre, lui et ses États, d'un aussi rude coup. Et pendant ce temps, les Suisses sauront s'organiser et gagner des appuis extérieurs – à commencer par celui de l'autre roi, Louis de Bavière. Ce dernier, en effet, ravi de l'aubaine, s'empresse de saluer la victoire de ses sujets loyaux; et de leur accorder, en mars 1316, l'habituelle confirmation de leurs privilèges, cette fois agrémentée d'une déclaration de confiscation de tous les biens et droits des Habsbourg dans les vallées des Waldstetten, y compris Urseren, et leur retour à l'empire.

Les trois cantons n'ont pas attendu ce salut lointain. Trois semaines après le succès dont ils rendent grâces à Dieu, leurs délégués s'assemblent à Brunnen, sur le lac. Le 9 décembre 1315, ils renouvellent l'alliance de 1291. Le nouveau texte reprend les articles et les termes du pacte précédent. Innovation cependant : il est rédigé cette fois dans la langue des débats, c'est-à-dire l'allemand. Et surtout, des dispositions essentielles viennent s'y ajouter.

Chaque canton s'engage dorénavant à ne reconnaître aucun seigneur sans l'assentiment de ses confédérés. Aucun d'eux ne pourra à l'avenir traiter avec quelque pouvoir étranger que ce soit sans que les autres soient inclus dans la négociation. Ainsi s'exprime la volonté décisive de constituer une alliance étroite et, à l'échelle de l'époque, l'embryon d'un État. Un État qui n'a encore ni forme ni institutions. Mais qui a déjà gagné, par conviction intérieure, par nécessité extérieure et, en dernier lieu, par la force des armes, son identité.

En 1315, Guillaume Tell est déjà bien loin. Car il n'y a point de vraisemblance à en situer les aventures, pas mieux que la conjuration des Suisses ou l'assaut des châteaux, dans les saisons qui conduisent à Morgarten. Quelques auteurs ont cru pouvoir le suggérer, qui découvraient dans le meurtre d'un bailli et la rébellion déplacés vers l'aval le *casus belli* de Frédéric le Beau et de Léopold d'Autriche. Ceux-ci, on l'a vu, n'en avaient nul besoin. Et le comportement des Suisses dans les années qui précèdent leur succès inattendu montre à l'évidence qu'ils agissaient déjà en peuples émancipés, tenaient leurs affaires en main, correspondaient avec évêque, pape, roi ou empereur en toute légitimité, sans la tutelle ni la police de baillis dont ils n'auraient plus toléré un instant la présence, à l'exception du seul représentant de l'empereur.

Guillaume Tell est déjà bien loin. Et pourtant, une trentaine d'années à peine se sont écoulées depuis le temps où je crois le voir vivre et agir. L'espace d'une génération. Mais que de bouleversements celle-ci a connus. Au soir de Morgarten, trop de mutations se sont opérées dans le cadre d'existence des Suisses et trop d'événements se bousculent dans leur mémoire pour que celle-ci retienne encore le contour précis des plus anciens, les gestes des initiateurs du mouvement d'indépendance et de fédération. N'en est-il pas de même aujourd'hui, où nous perdons, confondons vite le souvenir d'événements pourtant vécus? Les jeunes nations de notre temps sont-elles plus fidèles à leurs premiers héros? Ainsi s'explique un souvenir enfoui, mais non perdu tout à fait et qui peu à peu rejaillira avec une auréole de légende.

TROISIÈME PARTIE

Les métamorphoses de Guillaume Tell

Si l'existence terrestre, historique, de Guillaume Tell reste entourée de mystère et s'est prêtée donc à d'interminables controverses, sa célébrité posthume est éclatante, universelle. Elle lui assure une seconde vie. Une multitude de vies, plutôt, au gré des éclairages projetés sur cette figure érigée très vite en mythe : un mythe social et politique parmi les plus vivants, les plus tenaces que l'imagination et l'espérance des hommes aient jamais créés et servis. La gloire du héros est amplifiée par la polyvalence du mythe : national ou universel, conservateur ou révolutionnaire, enrôlé tour à tour par les droites et par les gauches, déclamé et chanté par des voix dissonantes, gravé par mille burins, tantôt exalté, tantôt contesté, réhabilité, ridiculisé, remis au goût du jour : omniprésent mais métamorphosé sans cesse pour servir une cause après l'autre, idéologique – ou banalement commerciale...

Cette troisième partie va parcourir, à grandes enjambées, ces autres vies de Guillaume Tell. Elle va retenir, parmi les images multiples et disparates du héros, les plus significatives. Elle va en suivre les métamorphoses, les emplois contradictoires, la diffusion du mythe à travers le monde.

La seconde vie de Guillaume Tell ne commence

pourtant pas aussitôt après la première. Notre personnage traverse d'abord un assez long purgatoire, enfoui dans le tréfonds d'une mémoire collective étroitement locale. Mémoire infidèle. Après plus de cent ans ressortira un héros épuré, idéalisé déjà, grandi, inséré enfin dans une saga légendaire, dans un contexte qui rassemblera les morceaux d'un puzzle en redessinant ceux qui auront été perdus. Il nous faut donc d'abord, nous aussi, traverser ce purgatoire. C'est-à-dire rappeler succinctement l'évolution du pays qui détient longtemps ce souvenir dans son secret pour le reproduire au grand jour le moment venu. Ce sera l'objet d'un premier chapitre. Dans le deuxième, Guillaume Tell déchaîné prendra la tête des partis opposés dans son propre pays : cette Suisse toujours en quête de légitimité, d'identité nationale et des compromis qui assurent son existence quotidienne, et même une prospérité presque insolente. Il suivra d'un regard narquois la dispute passionnelle des historiens autour de son personnage. Mais au troisième chapitre, le héros échappera aux enjeux de ses compatriotes en même temps qu'à l'érudition critique des savants. Il partira porter dans le monde le vœu de liberté et d'indépendance dont il s'est fait, dont on l'a fait, le symbole incarné.

CHAPITRE XVI

Le purgatoire de Guillaume Tell

De Morgarten à Sempach (1315-1386) : les déboires de la Maison d'Autriche

En 1386, les Autrichiens subissent à Sempach, à quelques lieues de Lucerne, une nouvelle défaite de la part des Waldstetten, aussi cinglante et humiliante qu'à Morgarten deux générations plus tôt. Cet échec, confirmé peu après (1388) à la bataille de Næfels près de Glaris, sonne le glas des ambitions territoriales des Habsbourg sur l'espace helvétique. En face, il consacre de façon retentissante – toute l'Europe a frémi au récit des exploits des confédérés – la volonté politique et la force militaire du réseau d'alliances qui, à partir des Waldstetten en 1291 et 1315, s'est étendu aux principales cités du plateau suisse.

Entre ces moments pour eux fatals de 1315 et 1386, les ducs d'Autriche ont exercé sans relâche leur pression sur tout le pays. Ils ont mis en œuvre tous les moyens politiques, juridiques ou financiers à leur disposition ; et c'étaient de gros moyens. Des villes en leur pouvoir telles que Lucerne, Zoug, Fribourg, ils ont exigé un respect sans faille des obligations juridiques qu'elles avaient envers leurs maîtres, même lorsqu'il arrivait à ces cités de conclure des alliances avec d'autres collectivités hostiles aux Habsbourg, comme les Waldstetten. Pour tenir les campagnes plus étroitement, les ducs ont soutenu les droits et les ambitions de la petite et moyenne noblesse, avec laquelle ils resserrèrent les liens féodaux. Ils gouvernèrent ainsi une vaste portion du plateau suisse entre la haute Aar et le haut Rhin par vassaux interposés, et entravèrent du même coup toute possibilité de recours de leurs sujets, plutôt théorique d'ailleurs, à la justice impériale. Ils contribuèrent ainsi inconsciemment à séparer la future Suisse de l'empire. L'acquisition du Tyrol en 1363 et du comté de Feldkirch (Vorarlberg) en 1375 réalisa le lien géographique des domaines patrimoniaux d'Alsace, de Souabe et de Suisse avec les duchés d'Autriche. Les Habsbourg pouvaient alors croire parvenir à leurs fins : l'établissement d'une vaste puissance territoriale sur l'ensemble des Alpes orientales et centrales et sur leur avant-pays septentrional du Danube au Jura. Une principauté qui n'eût plus eu d'équivalent dans tout l'empire ni par son étendue, ni par sa population, ni par ses ressources.

Il restait pourtant quelques nœuds de résistance à réduire pour que cet ensemble devînt complet et viable. Il restait d'abord quelques villes d'empire, donc libres, dont la situation stratégique et commerciale constituait pour la Maison d'Autriche une gêne évidente. A l'ouest de leur dispositif, Berne narguait les Habsbourg en cultivant la faveur des comtes de Savoie. La ville était aussi riche qu'ambitieuse. Elle devança toutes les autres cités du plateau dans l'assujettissement des campagnes environnantes, jusque fort loin en amont de l'Aar, vers l'Oberland et le Hasli (1334); ce faisant, elle réduisit au rang de satellites toute une constellation de villes plus modestes et de seigneuries entre Alpes et Jura. Elle mit à cette politique d'expansion toute son énergie et son esprit de suite, au point de constituer une véritable puissance territoriale et financière sur le flanc de l'espace habsbourgeois.

Au coude du Rhin et au passage obligé du trafic commercial entre l'Italie et les pays du Nord, Bâle isolait les possessions alsaciennes et suisses des Habsbourg; elle dérangeait ceux-ci, qui tentèrent de s'en rendre maîtres par tous les moyens, de la diplomatie à la force. Mais la cité rhénane réussit, de justesse, à parer tous les coups et à préserver son indépendance. Lucerne, comme Bâle, était une importante place de transit, étroitement liée à la circulation par le Gothard; de ce fait, elle ne pouvait prospérer qu'en étroite communauté d'intérêt avec Uri et les deux autres Waldstetten dont elle tirait aussi son ravitaillement, offrant en retour à ses fournisseurs les ressources de son marché. Or Lucerne était devenue propriété des Habsbourg depuis son achat par Rodolphe Ier en 1291. Ils en firent un instrument de leur politique d'annexion de la région du Gothard et du blocus économique par lequel ils essayèrent de réduire à merci les Waldstetten. L'activité de la ville ne pouvait qu'en souffrir, de sorte qu'un fort parti antihabsbourgeois se forma aussitôt après Morgarten et arracha au prince quelques concessions d'autonomie administrative et de liberté commerciale. C'est dans le cadre de cette tolérance limitée que Lucerne put faire alliance avec les Waldstetten en 1332; mais sans sortir pour autant de l'orbite autrichienne. Le statut politique lucernois restera dans cette équivoque jusqu'à la fin du siècle.

Non moins ambiguë, la situation de Zurich fut longuement hésitante et versatile, livrée aux humeurs du chevalier Rodolphe Brun, à qui un coup d'État fomenté par les corporations livra en 1336 un pouvoir presque absolu sur sa cité. Contemporain du Parisien Étienne Marcel, Brun joua un rôle analogue à Zurich, sinon qu'il n'eut pas à affronter son souverain. Plus adroit politicien que les ducs d'Autriche, il s'ingénia à les manipuler, tantôt s'alliant avec eux et tantôt les provoquant ouvertement. Il ne put, ni ne voulut d'ailleurs, soustraire Zurich tout à fait à l'emprise autrichienne; sise au beau milieu des territoires habsbourgeois, la cité se devait de ménager le trop puissant voisin afin de sauvegarder ses libertés.

Déjà instables dans la première moitié du XIVe siècle, les rapports de forces évoluent plus rapidement après 1350, au désavantage des Habsbourg. La peste noire de 1348 et la profonde dépression économique qui s'ouvre alors ne sont pas étrangères à leurs déboires. Les villes et les campagnes du plateau suisse, comme toute l'Europe, sont très durement affectées. Des villages entiers sont désertés; les champs ne sont plus labourés sur toute leur étendue; les activités urbaines sont gravement ralenties. Rentes seigneuriales et impôts n'apportent plus à leurs bénéficiaires que des revenus médiocres, voire presque nuls; les princes et les propriétaires fonciers, seigneurs laïcs et ecclésiastiques, sont, parmi les survivants du désastre, les grands perdants.

La montagne n'a pas été épargnée par la peste. A Engelberg, le couvent des bénédictines aurait perdu cent seize religieuses en quatre mois; leurs confrères masculins deux moines seulement et cinq élèves de leur école. Globalement pourtant, les populations d'altitude ont été moins touchées que celles du plat pays. Mieux encore, elles ont tiré parti du marasme général. Elles contribuent, grâce à leur élevage intact, au ravitaillement des villes; et les hauts prix atteints sur les marchés augmentent encore l'avantage des termes de leur échange.

Dans le même temps, les Habsbourg voient s'affaiblir ou disparaître une bonne partie des noblesses locales, de ces vassaux qui constituaient jusque-là leur plus solide atout. Des problèmes dynastiques et politiques – leurs rapports difficiles avec l'empereur, la mort, en 1365, du remuant duc Rodolphe IV, ou encore le manque d'argent – rendent d'autant plus précaires leurs ambitions. Et pour commencer, celle de réduire enfin la résistance la plus obstinée qu'ils rencontrent : celle des Suisses.

L'alliance élargie

La victoire des confédérés à Morgarten n'avait écarté la menace autrichienne que momentanément. L'alliance des trois cantons renouvelée aussitôt après conserva donc tout son sens et le danger permanent renforça d'année en année leur sentiment d'unité. Il en allait de cette indépendance que les armes venaient de consacrer; mais aussi de la défense d'intérêts économiques, soit la liberté de la circulation sur toute la route du Gothard, de la Léventine jusqu'à Bâle; et l'accès aux marchés indispensables. A tous ceux, dans la plaine, que gênait ou inquiétait l'expansion autrichienne, le bloc formé par les confédérés apparut comme le plus décidé et le mieux capable de faire front.

Lucerne avait noué avec les Waldstetten, depuis sa fondation, des rapports trop précieux pour n'être pas attirée dans leur orbite malgré sa soumission aux Habsbourg. Habitants des vallées et bourgeois de la seule ville dans leur environnement proche se connaissaient trop bien, une manière d'intimité les avait associés étroitement. Il était donc naturel que Lucerne cherchât avec les Waldstetten une entente qui pouvait servir de contrepoids à l'autorité de ses maîtres. Elle la trouva avec le pacte conclu le 7 novembre 1332. Alliance assez lâche dans ses termes pour préserver les droits légitimes des princes d'Autriche, mais assez vigoureuse pour souligner la volonté d'entraide des parties contractantes et leur perspective commune vis-à-vis de l'extérieur.

Mais c'est au milieu du siècle que le système d'alliance des Suisses connut brusquement une extension formidable en s'étendant coup sur coup à quatre nouveaux partenaires, d'importance, il est vrai, inégale. Un élargissement qu'il faut situer, pour le comprendre, dans l'atmosphère de désarroi profond créée par la peste. L'incertitude et la peur ont fait plus que les Habsbourg pour jeter dans les bras des Waldstetten successivement Zurich en 1351, Glaris et Zoug en 1352, Berne même en 1353.

Alliances le plus souvent opportunistes, dictées par la stratégie du moment. Alliances inégales dans leurs intentions et leur portée, conclues en général séparément, c'est-à-dire sans instituer une véritable unité, un front commun de tous les cantons concernés. Il s'agit davantage d'un réseau multipolaire d'accords bilatéraux et limités dans leur champ d'action, avec autant de réserves que d'engagements, et où même les trois cantons « primitifs » n'agissent pas toujours de concert. Réseau bien fragile au départ, d'autant plus qu'il se recoupe avec les alliances que Berne et Zurich ont pu contracter avec d'autres partenaires. C'est donc moins de leur initiative concertée que dans la vision qu'en a l'extérieur, particulièrement les Autrichiens, que les confédérés s'imposent peu à peu comme un ensemble homogène, une unité politique qu'eux-mêmes n'ont pas envisagé dès l'abord de constituer. Les victoires de Sempach et de Næfels manifestent *a posteriori* cette unité, presque à l'insu des intéressés. Confortée aussi longtemps qu'il resta à écarter les Habsbourg de façon complète et définitive de tout l'espace situé entre Rhin et Alpes, cette unité devait se révéler ensuite fragile. Chaque canton ou groupe de cantons (montagnards ou urbains) ne cessera de tirer a soi la couverture, au risque permanent de rompre l'alliance. Les forces centrifuges s'exerceront jusqu'au XIXe siècle, accentuées par les disputes confessionnelles. A chaque menace dans ce sens resurgira l'ombre de Guillaume Tell : le mythe rassembleur.

Les nouvelles générations des Waldstetten

Cette ombre ne plane pas encore sur le XIVe ni sur le début du XVe siècle. Le souvenir du héros, celui de tous les événements et incidents vécus par les générations passées, ne survivent que dans la mémoire collective des habitants des vallées. Dans la nouvelle conjoncture, ces souvenirs ne sont pas utiles, opérationnels; ils n'ont pas acquis encore une stature, une vertu politique. Il n'y a donc aucune raison de les faire partager aux nouveaux alliés.

Chez les Waldstetten eux-mêmes, des changements profonds sont en cours. Ils vont se manifester surtout dans la seconde moitié du siècle. Ils affectent particulièrement les droits de propriété et les structures sociales des vallées.

Dès le XIIe siècle, les droits de possession du sol y étaient répartis entre les seigneurs propriétaires, familles nobles et couvents, et les paysans libres. La propriété seigneuriale se concentrait dans le bas des vallées, où les petites plaines alluviales se prêtaient à la culture des champs et résistaient mieux à la transformation des terres céréalières en prairies. La propriété paysanne dominait au contraire dans les zones d'altitude, les vallons latéraux plus récemment défrichés et voués beaucoup plus largement à l'élevage, donc constitués de prairies. Plus haut encore, les pâturages d'été étaient propriété collective des paysans, par villages ou par clans, parfois aussi de la communauté de vallée tout entière. Telle est encore la situation autour de 1300. L'équilibre, toutefois, est en train de se déplacer en faveur des paysans libres. D'abord parce que les événements politiques auxquels ils participent activement et la prospérité dont profite leur élevage les rendent plus hardis et excitent leur ambition de rester seuls maîtres des ressources de leur pays. Ensuite parce que la conscience politique à laquelle ils ont accédé face à l'hostilité menaçante du plat pays habsbourgeois rend peu à peu suspects les propriétaires seigneuriaux étrangers, c'est-à-dire les monastères.

Ce sentiment nouveau – en 1291 encore, les droits des propriétaires étaient mis à l'abri de toute contestation – est surtout perceptible à Uri. Il s'y manifeste d'abord à l'encontre des cisterciens de Wettingen, parce qu'ils sont les plus largement dotés. Ils n'ont cessé pendant le XIIIe siècle d'acquérir à Uri de nouveaux biens, exerçant ainsi leur droit de justice sur des tenanciers de plus en plus nombreux, de condition servile pour la plupart. Ce corps étranger grossissant au milieu de leur groupe social apparaît de moins en moins tolérable aux Uranais; d'autant moins encore que les moines sont les protégés du duc d'Autriche et leur couvent de Wettingen sur son domaine. Quoique moins envahissants, les droits qu'exercent les nonnes du Fraumunster de Zurich et les rentes et dîmes qu'elles encaissent dérangent aussi. La contestation semble d'ailleurs être partie des sujets eux-mêmes de ces monastères, soucieux de s'affranchir. Wettingen constate avec dépit que ses revenus, 400 livres en 1310, sont tombés à 50 livres seulement en 1350; ce que les intendants attribuent à la paresse et à la mauvaise volonté des paysans, non sans raison. La détérioration du climat, la peste et la crise économique ont dû y contribuer aussi. Et plus encore l'attitude des notables, les *potentiores terre*, carrément hostiles. En 1359, les cisterciens se résolvent à liquider leurs possessions d'Uri et les vendent à la communauté pour la somme remarquable de 8 848 écus, qu'elle paie rubis sur l'ongle. Et ce sont justement les notables qui se répartissent les domaines ainsi repris aux frais de la collectivité. Le Fraumunster tient bon plus longtemps, malgré l'escalade des vexations uranaises à son égard : versement des rentes en monnaies dévaluées, grève des prélèvements par les intendants, refus pur et simple de payer. De procès en procès, de l'excommunication des Uranais accusés de tyrannie et d'abus de pouvoir à celle de leurs confédérés qui soutiennent le point de vue des rebelles, les nonnes finissent par abandonner la partie au début du XVe siècle. Elles vendent leurs terres l'une après l'autre à la communauté d'Uri, et le revenu de la dîme aux paroisses. Conflits et procédures semblables, quoique menées dans un esprit plus modéré, aboutissent au même résultat à Schwyz et Unterwald. De sorte que toute antenne étrangère a disparu des vallées vers 1400, ou peu après.

Uri traverse, en rapport avec cette évolution, une autre secousse : le destin du seul lignage noble encore présent dans la vallée, celui des Attinghausen. Dans les événements qui conduisent jusqu'à Morgarten, cette famille a su imposer son influence prépondérante, au moins depuis l'affaire Izzelin et Gruoba. Au début du XIVe siècle, elle exerce un véritable pouvoir en monopolisant la charge de *landammann*. Elle s'en fait un tremplin de son ambition de transformer le pays en une seigneurie à son profit. Les Attinghausen voient même plus loin, au-delà des montagnes; ils exercent une forte influence dans le Haut-Valais, de l'autre côté de la Furka; dans la région de Disentis et jusqu'en Léventine. Mais ils vont finir victimes des illusions de pouvoir et de la cupidité du dernier d'entre eux, Jean d'Attinghausen. *Landammann* dès 1331 au plus tard, celui-ci croit pouvoir installer dans sa vallée une véritable dictature seigneuriale, à l'exemple de Rodolphe Brun à Zurich; et peut-être bien d'ailleurs à l'instigation de ce dernier, avec qui il a partie liée. Jean d'Attinghausen est d'abord respecté par les Uranais, encore sensibles au prestige de la famille et aux services qu'elle a rendus à leur cause. Mais il advient de lui comme de tout prétendant à un pouvoir totalitaire sur un peuple accoutumé à ses libertés : il suscite bientôt la réserve, puis la méfiance. Entre-temps, la société uranaise s'est renouvelée. Une nouvelle couche sociale émerge, que le service de la route a enrichie. Entre elle et les Attinghausen n'existe plus la complicité des générations révolues. Les sentiments d'hostilité s'accentuent lorsque le *Landammann*, le chevalier Jean, utilise ses hautes relations dans l'empire pour mettre la main sur le grand péage impérial de Fluelen. La colère éclate enfin lorsque, abusant inconsidérément de ce fief juteux, Jean compromet par des tarifs trop élevés et par des vexations à l'encontre des transporteurs et des marchands la fluidité du trafic sur la route du Gothard; donc les revenus de ses compatriotes. Cet abus de pouvoir du *nobilis et potens vir, miles et ministerialis vallis Uraniae*, lui est fatal. Son château d'Attinghausen est assailli – cette fois pour de bon – et lui-même est tué un 7 juillet, 1358 ou 1359. Son héritage foncier ne sera pas confisqué; mais le fameux péage sera désormais administré par la communauté – par l'État uranais, peut-on dire désormais.

Cette violence exprime un refus, d'inspiration assez démocratique, de voir s'installer un pouvoir qui confisque les prérogatives de la communauté et qui néglige les intérêts économiques des membres de celle-ci. Il n'exprime pas, en revanche, une réaction antinobiliaire que l'on y voudra voir à partir du XVIe siècle; en fonction de quoi on déformera, avec Tschudi, l'interprétation des récits sur la libération des Suisses en attribuant à cette noblesse locale un rôle ambigu, un double jeu.

La montagne conquérante, puis aliénée

Il n'entre plus dans mon propos d'exposer ici dans quelles circonstances et malgré quelles multiples traverses les alliances confédérales se sont affirmées et renforcées à partir du milieu du XIVe siècle. Ni comment les Suisses se sont imposés momentanément, au XVe siècle, comme une puissance politique et militaire non négligeable sur l'échiquier de l'Europe. Les pages qui précèdent ont signalé l'aboutissement des entreprises et des conflits qui avaient rempli l'âge précédent, celui de Guillaume Tell et des origines de la Confédération. Celles qui suivent vont évoquer très sommairement dans quel contexte la mémoire du héros a pu cheminer en toute discrétion et son mythe se dessiner, avant de sortir au grand jour dans un environnement déjà tout différent, dans la seconde moitié du XVe siècle.

Durant la centaine d'années qui séparent la victoire des Suisses à Sempach (1386) et leurs éclatants succès dans les guerres de Bourgogne (1476-1477), l'espace helvétique connaît une situation matérielle privilégiée et paradoxale. Alors que l'Europe entière, hormis l'Italie, est plongée dans la dépression persistante qu'ont déclanchée la peste de 1348 et ses fréquents retours, la Suisse se montre étonnamment prospère. Dans les campagnes, celles surtout des rebords préalpins, les paysans reprennent le défrichement des forêts pour élargir encore le terroir cultivable et pour multiplier surtout les prairies. Car la conquête de l'élevage, stimulée par la demande générale, s'affirme toujours davantage. Elle gagne quelques vallées qu'elle n'avait guère pénétrées jusque-là, et notamment l'Obwald; au détriment, bien sûr, des cultures céréalières. Sur le plateau, les principales cités, débarrassées des plus lourdes hypothèques politiques qui avaient pesé sur leur développement, encouragent et multiplient les productions industrielles, les initiatives commerciales. Ces villes se voient favorisées par la nouvelle géographie des échanges et des trafics entre le monde méditerranéen et l'Europe occidentale et centrale. La guerre de Cent Ans à l'ouest, l'expansion des Pays-Bas (Flandres, Brabant, Hollande) et des pays rhénans ont décalé vers l'est les voies du grand commerce qui traversaient naguère le royaume de France. Aux anciennes foires de Champagne se sont substituées d'abord celles de Chalon-sur-Saône, puis surtout celles de Genève. Ces dernières sont entre 1380 et 1460, dates larges, le centre opérationnel des échanges commerciaux et financiers transalpins. De sorte que le plateau suisse devient un boulevard commercial; et l'Argovie, berceau des Habsbourg, un grand carrefour. S'y croisent en effet, entre Berne, Bâle, Zurich et Lucerne, le trafic nord-sud à travers les Alpes; et la route en pleine animation qui vient d'Europe centrale (Saxe, Bohême, Pologne, Russie, Hongrie) par la Bavière et continue vers Genève, Lyon, Aigues-Mortes, la Catalogne et l'Espagne. C'est bien l'idée de contrôler ce formidable nœud routier et d'en administrer les péages et leurs revenus qui incite les confédérés, Berne en tête, à rompre en 1415 le statut de neutralité réciproque convenu avec les Habsbourg pour s'emparer de l'Argovie, et pour y rester.

Curieusement, ce nouveau réseau routier s'est constitué au détriment du Gothard. Marchands et transporteurs lui préfèrent les cols occidentaux, le Simplon et le Grand-Saint-Bernard, qui mènent tout droit à Genève; ou les cols grisons dont les riches cités de Zurich et de Saint-Gall accueillent le trafic et se font les championnes. Les luttes d'influences sur le Tessin et les exigences trop lourdes des organisations de transport en Léventine justifient sans doute cette désaffection relative du passage le plus direct entre Nord et Sud. Elle n'est pas pour plaire aux gens d'Uri : elle diminue leur revenu et compromet le débouché lombard de leur élevage. De concert avec les gens d'Obwald, désormais intéressés eux aussi, les Uranais vont s'efforcer tout au long du XVe siècle de constituer une sorte d'État du Gothard, avec domination de toute sa rampe sud; et même celle des vallées voisines jusqu'à l'Ossola, l'accès oriental du Simplon. Il en restera, au bilan de multiples expéditions guerrières plus ou moins heureuses, un protectorat définitif sur la haute Léventine – et une réputation de guerriers conquérants.

Une réputation qui, d'ailleurs, s'étend à des titres divers aux autres confédérés. Schwyz entreprend d'élargir son espace par la conquête définitive des Marches, cet espace forestier qui le sépare du haut lac de Zurich et qu'Einsiedeln n'est plus en condition de lui disputer. Mais c'est maintenant à la politique expansionniste zurichoise que se heurte Schwyz. Une pénible lutte oppose violemment les deux cantons confédérés entre 1438 et 1450. Dans le contexte des deux « guerres de Zurich », Félix Hemmerli compose ce violent pamphlet contre les Schwyzois où il évoque avec mépris la rébellion des Waldstetten contre l'Autriche quelque cent cinquante ans auparavant et propose du même coup l'un des premiers rapports sur ces événements anciens – sans cependant réveiller encore le souvenir de Guillaume Tell.

Quant aux villes confédérées, Zurich justement, Berne, et Lucerne avec plus de discrétion, elles font activement main basse sur leur espace environnant, et parfois fort loin. Elles se constituent chacune ainsi un territoire assujetti, large, homogène et surtout rentable. De sorte que la Confédération, d'abord alliance de petits pouvoirs éparpillés et isolés, devient au XVe siècle un ensemble territorial d'un seul tenant entre le Rhin, l'Aar et le faîte alpin en partie débordé vers le sud. Un ensemble et une puissance qui étonne et qui inquiète ses voisins : la seigneurie de Milan au sud; les comtes de Savoie et les ducs de Bourgogne à l'ouest; et toujours les Habsbourg, évincés de leurs plus anciens domaines et repliés à l'est sur leurs provinces d'Autriche.

Cet ensemble territorial et la puissance des confédérés étaient partis de la montagne. Pourtant, son extension sur l'avant-pays vint donner, de génération en génération, un poids et une influence croissants aux partenaires urbains de l'alliance. Les villes, avec leur territoire assujetti, apportaient à celle-ci ses populations les plus nombreuses; elles concentraient, on l'a vu, une richesse, un capital d'année en année plus considérable; elles avaient l'avantage de relations plus étendues et celui d'une animation culturelle beaucoup plus intense que les vallées. Avec le temps, Berne et Zurich imposent aussi leur direction politique à l'alliance confédérale : ce sera chose acquise au moment des guerres de Bourgogne.

Cet instant de gloire dans l'histoire des Suisses va pourtant marquer l'amorce d'un inexorable déclin des Waldstetten. La dépendance politique dans laquelle ils tombent alors n'en est qu'un effet. Un effet d'ailleurs tempéré par la volonté des confédérés de confirmer leur alliance et de la resserrer tout en préservant l'égalité de droit des cantons; et d'y accueillir aussi de nouveaux membres : Fribourg et Soleure en 1481, Bâle et Schaffhouse en 1501, Appenzell encore, en 1513. Berne arrache en outre à la Savoie le Chablais en 1475, le pays de Vaud en 1536. La Confédération, qui va rester celle des treize cantons jusqu'à la fin de l'Ancien Régime, s'étend désormais du Rhin au Léman et du Jura aux sources du Tessin. Pourtant, au lendemain de leurs campagnes victorieuses où Berne les a entraînés contre Charles le Téméraire, les huit premiers cantons ont été sur le point de rompre leur solidarité; il a fallu négocier le compromis dit « Convenant de Stans » suggéré par le pieux ermite Nicolas de Flue, pour la restaurer; mais sur des bases qui ratifient en fait l'hégémonie des villes.

Le déclin montagnard n'affecte pas les Waldstetten seulement. Il est sensible d'un bout à l'autre de la chaîne des Alpes. Partout, les populations des vallées perdent l'initiative, économique autant que politique. Partout elles plongent, au seuil de l'époque que nous appelons moderne, dans une situation de dépendance : par rapport aux grands espaces territoriaux (France, Savoie, Autriche); ou par rapport aux républiques urbaines et à leurs aristocraties d'entrepreneurs (Venise, Milan, Berne, Zurich). Les Alpes sont aliénées au profit des princes et au profit des villes. Le flux de l'émigration s'engage : il va devenir bientôt massif et restera continu.

C'est dans cette atmosphère de déclin, d'amertume et

de doute des peuples de la montagne, de croissance, d'orgueil et de dynamisme des villes, que Guillaume Tell est rappelé du purgatoire où il attend son retour depuis longtemps.

Le retour de Guillaume Tell

Le retour du héros mythifié et transfiguré, il faut avouer que nous le saisissons assez mal. La notation des premiers textes qui l'attestent n'est guère explicite, comme nous avons dû le constater dans la première partie de cet ouvrage où nous suivions la naissance littéraire du mythe, aussi discrète que laborieuse. Nous ne pouvons ni dater ces textes avec sûreté, ni déterminer leur origine géographique et leurs sources avec évidence. Le *Livre Blanc de Sarnen* est la pièce maîtresse, le cheval de bataille des érudits; toutefois, que sa rédaction date des années vingt ou seulement des années soixante-dix du XVe siècle, il est resté confidentiel si longtemps qu'il n'a pu contribuer à la diffusion du mythe, presque explosive autour de 1500. Dans ce sens, la *Ballade* et le *Jeu* théâtral de Tell, la *Chronique* d'Etterlin imprimée en 1507 ont été des véhicules autrement plus efficaces. Or tous ces textes semblent bien avoir leur origine autour du lac des Quatre-Cantons : le *Jeu* au pays même de Tell, à Altdorf; le *Livre Blanc* à Obwald – au moment où cette vallée a partie plus étroitement liée avec Uri; la *Ballade* peut-être à Lucerne, le récit d'Etterlin en tout cas : on sait les liens étroits, anciens et persistants des habitants de cette cité avec leurs proches voisins des montagnes.

Les indices convergent ainsi pour situer le retour de Guillaume Tell d'abord dans son propre pays, où son souvenir avait été déformé, idéalisé, mais non perdu tout à fait ni fabriqué de toutes pièces par un inconscient collectif qui n'en aurait su que faire. Car ce retour aux abords du lac n'est pas un hasard. Il vient rappeler un monde perdu, celui des origines courageuses, celui du temps des succès. Il vient conjurer le sentiment du déclin, corriger un destin dont les Waldstetten se sentent maintenant frustrés. La première facette du mythe de Guillaume Tell – et de tout ce qui lui est associé – est consolatrice; elle guérit – ou essaie de guérir – un orgueil blessé. Le mythe est générateur de courage dans un moment de désillusion et d'adversité. Il le restera désormais et l'est encore, étendu à tous les Suisses, dans les heures difficiles de leur histoire et devant les menaces extérieures auxquelles, justement, ce mythe se réfère.

Cependant, en même temps que la montagne se voit aliénée par les villes du bas pays, son mythe est annexé lui aussi, confisqué en quelque sorte. Et cela avec une rapidité étonnante, puisque l'histoire de Guillaume Tell court les rues et les places des cités suisses dès l'instant du compromis de Stans (1481), soit dans les dernières années du XVe siècle. Dans cette aire géographique et politique élargie, le mythe est accueilli pour assumer deux fonctions.

La première est de rassemblement. Les grandes villes sont devenues prépondérantes dans l'alliance, et l'esprit confédéral en est affecté. Tous les cantons, pourtant, restent plus convaincus que jamais, vers 1500, de sa valeur politique et de son efficacité. La solidarité a été bousculée, non rompue; il s'agit de lui rendre sa vigueur. L'évocation de ses origines déjà lointaines en est le meilleur moyen moral. Même et peut-être surtout pour ceux qui n'ont rien eu à voir avec ces origines. Ne sera-ce point désormais la singularité de Guillaume Tell? Son souvenir et son mythe s'étendront à des cercles de plus en plus larges et de plus en plus éloignés du lieu de sa naissance, et ils y seront d'autant plus sacrés et plus efficaces. Le jour viendra où Tell et le Grutli auront plus de prix en Suisse romande qu'en Suisse alémanique, en France, puis dans le monde, qu'en terre helvétique gagnée par le scepticisme... Vers 1500, en tout cas, le mythe rassembleur, tel un étendard, se met en place dans l'espace confédéral. La *Ballade* en porte témoignage, qui interpole l'aventure de Tell dans l'histoire chantée des confédérés jusqu'à leurs victoires dans les guerres de

Bourgogne. Quant à l'œuvre d'Etterlin, diffusée dès 1507, elle s'intitule *Chronique de la louable Confédération*; l'épithète « louable » devient dès lors un lieu commun, mais expressif.

L'autre fonction du mythe est la légitimation morale et politique de la Confédération par rapport à cet empire dont elle fait formellement partie encore, mais dont elle se détache de plus en plus ouvertement. Son indépendance définitive sera entérinée lors de la paix de Westphalie en 1648. Guillaume Tell et la rébellion attribuée aux Trois Suisses sont regardés comme les témoins des abus de pouvoir des Habsbourg – donc de la couronne impériale dont ceux-ci sont entre-temps devenus les porteurs héréditaires, à partir de 1450. Le mythe vient au secours d'une idéologie d'indépendance dont il légitime les justes motifs. Gênant pourtant, le meurtre de Gessler : fallait-il faire couler le sang? L'idéologie nouvelle n'en est-elle pas tachée? Les premières versions à large diffusion de l'histoire de Guillaume Tell, comme la *Ballade*, omettent cet épisode scabreux; et Tschudi, on l'a vu, fait de son mieux pour en minimiser la portée. Il produit du héros l'image d'un franc-tireur emporté par sa rancune et, au fond, maladroit. Il en réduit le rôle à celui d'un acteur marginal dans l'épopée des origines confédérales.

La montée au paradis

En 1565 paraît à Bâle un gros livre en latin, en 1567 sa traduction allemande, que le médecin et humaniste de cette ville Henri Pantaléon (1522-1595) a compilé sur *Les héros de la nation allemande.* Cet ouvrage d'esprit déjà baroque eut un succès assez large dont témoignent des réimpressions rapprochées. Il exprime aussi le sentiment nationaliste, pangermaniste, de son auteur, qui n'hésite pas à ranger parmi les héros « allemands » Adam, Noé ou le Christ; ou les figures de géants mythologiques et satiriques proches parents (ou même les modèles) de Gargantua et Pantagruel... A son panthéon de héros guerriers, Pantaléon a promu trois grandes figures des origines de la Confédération : Tell, Stauffacher et Winkelried, le héros plus tardif de la bataille de Sempach – et dont il ne fait plus guère de doute aujourd'hui qu'il a été, lui, fabriqué de toutes pièces à partir d'un fait d'armes mineur et anonyme au cours du célèbre combat. Tell et Stauffacher ont droit à deux pages chacun, et c'est à propos du premier que les origines de la Confédération sont évoquées. On peut s'étonner, en passant, que ces Suisses soient retenus comme héros de la « nation allemande » dont ils ont plutôt rabattu l'image de marque : Pantaléon n'en est pas à une contradiction près; et sans doute entend-il la « nation » dans un sens humaniste et culturel plutôt que politique et « national ».

Une autre singularité, plus intéressante, de Pantaléon, c'est la classification rigoureuse de ses héros selon des catégories qu'on pourrait presque dire « socioprofessionnelles » et par analogie des performances : héros bibliques, mythologiques du Nord, saints et martyrs, dignitaires religieux, humanistes et réformateurs; puis les laïcs, empereurs, rois, princes, chevaliers, guerriers, bourgeois, etc. Ne manquent que les femmes, les paysans et les Juifs... Or ce système de classement l'a conduit à mettre côte à côte, grâce à l'identité de leur performance au tir, le Suisse Guillaume Tell et le Danois Toko que Pantaléon a découvert en lisant Saxo le Grammairien. L'idée n'est pas venue à l'auteur d'une influence du tireur nordique sur son émule alpin. Mais il est le premier à les avoir rapprochés; et c'est à partir de son initiative que – deux siècles encore plus tard – va se fonder le doute qui dès lors planera sur l'authenticité historique de notre personnage.

Nous n'en sommes pas encore là au XVIe siècle. Tout au contraire. C'est l'âge où Guillaume Tell, incontesté, accède au paradis. Le mythe triomphe.

CHAPITRE XVII

Patriote ou partisan?

Le mythe populaire...

Le mythe de Tell s'installe donc au XVIe siècle, et triomphe. Son succès est éclatant. Au pays natal du héros, en Suisse centrale, bien sûr : des chapelles sont dressées sur les lieux de ses exploits, la dalle de son évasion et le chemin creux du meurtre de Gessler près de Kussnacht. Dans les treize cantons chacun désormais connaît et chante son épopée. Chez les proches alliés des confédérés : dans le Haut-Valais, une maison patricienne du village d'Ernen (vallée de Conches) s'orne vers 1580 d'une étonnante fresque où tout le cycle de Tell est figuré. A l'étranger enfin, par exemple dans l'entourage de Catherine de Médicis.

Un mythe en place est infailliblement manipulé. Celui de Tell n'échappe pas à la règle. Quelques historiens trop pressés de projeter l'idéologie révolutionnaire sur l'Ancien Régime en Suisse ont compris cette manipulation comme l'expression d'une lutte de classes, d'un affrontement des masses contre les aristocraties au pouvoir dans les cantons. Symbole de la revendication populaire, Tell aurait été méprisé, marginalisé ou simplement ignoré par l'élite. Cette interprétation simpliste résiste mal à l'examen. Il est bien vrai que le peuple et l'élite perçoivent et célèbrent le héros différemment; mais ils ne sont pas en contradiction pour autant. En fait, l'un et l'autre ont en tête un autre mythe. Le peuple salue en Tell l'un des siens, qui l'a jadis libéré d'un joug étranger; il l'encadre dans une vision confuse et mystique de l'histoire. L'élite, plus politique, retient le rôle de rassembleur qu'elle attribue au héros et mieux encore aux conjurés du Grutli; elle souligne la légitimité qu'ils ont donné à la Confédération, le statut acquis par celle-ci dans l'empire et dans l'Europe en général. La gêne ressentie par Tschudi devant le sang versé du bailli Gessler n'est guère partagée par ses lecteurs; ceux-ci ne furent pas trop nombreux d'ailleurs puisque l'ouvrage de l'historien n'a longtemps circulé qu'en copies manuscrites; il ne trouvera un éditeur qu'en 1734-1736.

Deux perceptions de Guillaume Tell. Donc deux véhicules du mythe, peu perméables l'un à l'autre. Comme aux siècles précédents, la tradition populaire reste avant tout orale. C'est le seul moyen d'une diffusion large dans une population qui ne sait guère encore lire. Tradition orale sans doute beaucoup plus riche que nous l'imaginons et qui nous échapperait tout à fait s'il n'y avait, encore et toujours, les ballades : l'importance de la récitation et du chant dans la transmission du savoir collectif et populaire ne saurait être surestimée. La vieille ballade du XVe siècle n'est pas oubliée; mais elle se renouvelle et s'enrichit à plaisir. L'Uranais Jérôme Muheim, au seuil du XVIIe siècle, en compose une version au goût du jour sur une mélodie en vogue, celle d'une *Ballade des Gueux* qui célèbre la gloire de Guillaume d'Orange. En vingt-huit strophes de huit vers – le texte a pris de l'ampleur –, c'est le héros lui-même qui raconte ses aventures et s'attribue tous les exploits : la pomme, l'évasion, l'élimination du bailli, c'est moi, bien sûr; mais la libération du pays, la destruction des châteaux et le serment du Grutli, c'est encore moi. La perception populaire accumule tous les mérites sur le héros charismatique aux dépens des autres acteurs, ceux que la tradition savante, au contraire, s'efforce de privilégier.

C'est à cette tradition populaire qu'on doit d'avoir agrémenté l'histoire de quelques épisodes aussi édifiants que les plus anciens : Guillaume Tell, au terme de ses exploits, refuse avec une républicaine conviction la couronne de roi des Suisses que lui offrent ses concitoyens; il meurt, héroïquement bien sûr, dans le torrent du val Schaechen en crue où il s'est précipité pour sauver un enfant tombé à l'eau... Cette fin tragique est située en 1343, donc à un âge respectable de l'illustre victime; une chronique uranaise signale en effet des inondations cette année-là.

Il va de soi que les événements traversés par la Confédération d'Ancien Régime donnent au mythe populaire l'occasion de manifester sa force. Il n'est point surprenant que les paysans des Préalpes lucernoises et bernoises aient appelé le pasteur et libérateur uranais à prendre la tête de leur révolte de 1653, bientôt étendue à toutes les campagnes de Suisse occidentale :

Ah! Tell, je t'en supplie,
Réveille-toi!
Les baillis veulent tout avoir,
Chevaux, bœufs, veaux et moutons!

En vain. La grande jacquerie suisse fut écrasée. Les deux guerres civiles dites de Villmergen, en 1656 et en 1712, qui opposèrent catholiques et protestants, virent brandir par les deux camps la figure d'un héros qui, par ailleurs, a conservé une parfaite neutralité religieuse. Il n'a jamais été monopolisé par une confession aux dépens de l'autre; s'il connut un succès plus soutenu en milieu réformé (et urbain), c'est par considération moins religieuse que politique.

Autre mode de circulation populaire, le théâtre, auquel l'histoire de Tell propose une matière scénique fascinante. Depuis le *Jeu de Tell* représenté à Altdorf vers 1512, le même motif a été repris sans cesse. Cette expression dramatique et folklorique du mythe reste aujourd'hui vivante dans quelques festivals d'été à Altdorf, à Interlaken (pour les touristes), ailleurs encore. La version plus élaborée de Schiller (après et avant tant d'autres poètes qui s'y sont essayés) rajeunira cette tradition en même temps qu'elle conférera à son message une portée universelle.

Au XVIIIe siècle, l'image populaire de Tell ne perd pas ses droits. Elle connaît d'ailleurs une profusion de représentations visuelles, peintures, gravures, sculptures, sur tous les supports possibles. Mais elle prend dorénavant un autre ton. Le mythe de la Confédération légitimée n'a plus de raison d'être, depuis 1648 au plus tard : l'indépendance de la Suisse n'est plus contestée, ni son territoire revendiqué. Le mythe rassembleur a évolué. Il ne renforce plus l'alliance, désormais consolidée; mais il veut rassembler les esprits. Tell devient l'agent de la conscience et de l'identité nationale des confédérés, qui ne sont encore qu'à peine esquissées. Cette nouvelle mission, il devra l'exercer sans relâche, mais avec quelques travers et fausses notes, à travers tout le XIXe siècle jusqu'à la Seconde Guerre mondiale et au-delà. La conscience nationale des Suisses est relativement jeune encore, fragile, et sujette aux fugues.

Sous l'influence manifeste de la tradition savante, le Tell populaire mais patriote devient donc, autour de 1750, éducateur et moraliste. Il s'adresse désormais surtout aux jeunes. De toute la Suisse, les pères de famille – aisés – accourent avec leur progéniture faire pèlerinage civique sur la prairie du Grutli et, juste en face, se recueillent dans la chapelle érigée sur la « dalle de Tell »; ou du moins ils y sont expressément invités. C'est Tell encore qui préside aux « mascarades », aux cortèges costumés qu'organisent avec leurs cadets adolescents les sociétés de tir – forme la plus répandue en Suisse de sociabilité villageoise, dont l'arbalétrier est le patron tout désigné. La « mascarade » d'Arth, en 1784, fut une fête patriotique d'envergure nationale, sa finalité éducative et civique annonce les grands rassemblements patriotiques et folkloriques des siècles suivants, fêtes d'Unspunnen en 1805 et 1808, Fêtes des Vignerons à Vevey tous les vingt-cinq ans; ou encore les expositions nationales.

... et l'éducation des élites sous l'Ancien Régime

Face à la ferveur populaire, la tradition élitaire de Guillaume Tell sous l'Ancien Régime est à la fois plus discrète et plus ambiguë. Ici réside la singularité du mythe de notre héros : sa perception populaire et sa manipulation intellectuelle ont été sourdes l'une à l'autre; elles le deviendront toujours plus à force de vouloir s'imposer mutuellement. Le message ne pourra passer sans malentendu – et encore – qu'aux heures de menaces les plus graves, surtout entre 1933 et 1945; pour se disperser ensuite de nouveau.

Des historiens suisses de l'âge humaniste et baroque, Tschudi est le seul qui se soit donné la peine d'examiner avec attention ce que son temps pouvait savoir des origines de la Confédération, d'en tirer le récit que nous connaissons et de le fonder sur une interprétation originale et cohérente. Celle-ci résistera longtemps aux assauts des critiques; assez longtemps pour inspirer Jean de Muller à la fin du XVIIIe siècle, et Schiller aussitôt après. L'historien et le poète ont été alors les amplificateurs de la leçon de Tschudi; de sorte que celle-ci, indirectement, éveille des échos jusqu'à nos jours. La version « standard » de l'histoire de Guillaume Tell qui circule aujourd'hui et suscite, au moins, l'émerveillement des enfants et des touristes est encore à peu près celle qu'a proposée voici quatre cents ans l'érudit glaronais. Les autres écrivains des XVIe et XVIIe siècles n'ont guère fait mieux que puiser à l'unique source commodément accessible, la chronique d'Etterlin. Même les *De republica Helvetiorum libri duo* du savant Josias Simmler (1576), « best-seller » de l'Ancien Régime (une trentaine d'éditions jusqu'en 1798), n'en proposent pas plus. De sorte que pour l'élite savante et aristocratique, Guillaume Tell reste le héros libérateur et rassembleur, mais un héros fruste – un paysan – malencontreusement tombé dans l'erreur du tyrannicide.

Au XVIIe siècle, le discours savant sur Tell n'est d'ailleurs guère qu'un murmure. S'il se fait entendre pourtant, c'est pour se perdre dans une rhétorique d'autant plus maladroite qu'elle est embarrassée : le héros répond mal aux besoins des aristocraties au pouvoir; il est suspect de sédition, la grande révolte paysanne de 1653 l'a montré. De loin en loin, Tell est invoqué comme symbole de l'unité, dès lors que celle-ci est mise en péril par les guerres de confessions. Ou bien il est proposé en modèle d'une morale ampoulée, conservatrice, qui dénonce – rien de nouveau sous le soleil – la corruption, l'égoïsme, le manque de charité, le luxe, l'attachement aux biens matériels, l'impiété, bref, l'abandon des vertus traditionnelles dont Guillaume Tell est donné comme le parangon. Le tyrannicide gêne plus que jamais; il est passé sous silence autant que possible.

Le discours s'anime et se renouvelle autour de 1750. Il emplit dès lors une abondante littérature « nationale », c'est-à-dire engagée au service de l'« helvétisme », l'idéologie de la « nation » suisse qui se cherche et mettra encore un bon siècle à se trouver. Le patriotisme du siècle des Lumières n'est encore qu'un sentiment; l'exaltation du cadre naturel de la patrie. Il répond à cette révélation du paysage qui se manifeste à l'époque, et notamment le paysage de montagne dont l'air pur est source de santé physique, mais aussi de liberté et de bonté naturelle. Du monde paysan, du « peuple des bergers », la ville et les intellectuels reçoivent l'image idyllique que commencent à reproduire d'innombrables gravures et qui trouve son expression littéraire dans *La Nouvelle Héloïse* (1761). Tout à la fois berger, chasseur et patriote, Guillaume Tell n'est-il pas l'incarnation parfaite de cette nouvelle perception conjointe de la nature et de la patrie ? Un guide sur le chemin des montagnes et de leur liberté ?

C'est ce Tell préromantique, mais prérévolutionnaire aussi, qu'adopte et diffuse – non sans quelque succès populaire cette fois – la *Société helvétique*, expression nationale des Lumières. Son discours et surtout ses chants (le recueil composé par Lavater en 1767) contribuent vigoureusement à la formation de l'esprit national. Ils ne sont qu'à peine troublés par la dispute des savants, celle qui s'engage en 1760 autour de la réalité historique de Guillaume Tell, de Toko le Danois et de la pomme, uranaise ou scandinave.

Guillaume Tell militant

Notre héros n'était-il pas tout désigné pour prendre la tête du mouvement révolutionnaire en Suisse, puisque la génération précédente l'avait préparé à ce rôle? Patriote issu du « peuple des bergers » et symbole charismatique des libertés, n'allait-il pas se dresser contre les régimes aristocratiques qui prévalaient dans tous les cantons sous l'Ancien Régime? Libérateur, il chasserait l'ours de Berne et ses baillis installés dans le pays de Vaud depuis 1536, comme il avait jadis contribué a chasser les baillis autrichiens. Rassembleur, il préserverait l'unité et l'indépendance de la Confédération.

Or il n'en fut rien; ou presque rien. Parce que Guillaume Tell fut enlevé, à la barbe des partisans suisses de la démocratie, par les révolutionnaires de Paris. Et là-bas, confisqué par leur aile la plus radicale. Les Jacobins exaltèrent en Tell le geste qui n'avait cessé de mettre les Suisses, toutes opinions confondues, dans l'embarras : le tyrannicide. Je reviendrai tout à l'heure sur cet emploi de Tell comme figure de la Révolution. Ce qu'il faut souligner ici, c'est que cet emploi insolite coupa l'herbe sous les pieds des patriotes de l'Helvétie, à qui le héros défiguré devenait étranger. De sorte que Tell ne rentra au pays qu'en 1798, discrètement et dans les bagages des armées françaises qui vinrent effectivement porter le dernier coup aux pouvoirs aristocratiques et consacrer la République helvétique. Ce retour avec de nouveaux papiers d'identité ne lui assura pas d'emblée le meilleur accueil.

La roue de fortune tourne vite cependant en ces années de troubles. Avec l'Acte de Médiation qui réorganise la Confédération sous le patronnage de Bonaparte en 1803, puis durant l'Empire, Guillaume Tell retrouve à la fois sa popularité et la faveur de la nouvelle classe politique.

« Point de chaînes aux enfants de Tell », tranche Napoléon. Créé à Weimar le 17 mars 1804 et bientôt connu en Suisse alémanique, traduit en français par le pasteur genevois Merle d'Aubigné (1818), le drame de Schiller contribue à la restauration du héros. Le génie du poète va lui rendre cependant un mauvais service. C'est qu'il substitue à l'image et au mythe accoutumés une légende refondue; celle-ci se pare de couleurs, s'enrichit d'intrigues qui ne correspondent plus tout à fait à l'histoire qu'on avait reçue jusque-là; ni au *genius loci* que Schiller, qui n'est jamais venu en Suisse, n'a point cherché à exprimer. Il transpose le héros sur un théâtre autrement plus vaste que le territoire étriqué des Waldstetten; il lui donne valeur universelle. En outre, il corse le drame de situations et de dialogues de son invention – ce que légitime sa liberté de poète. Mais la réception de l'œuvre fut si parfaite qu'elle vint occulter le récit originel. Le spectateur ou le lecteur – et quel Suisse n'a pas lu Schiller à l'école ? – ont oublié celui-ci et ont reporté sur la tradition des personnages et des sentiments tout droit sortis du génie romantique de Schiller. L'interminable polémique autour de Tell, de sa réalité, de son sens et de la valeur de son mythe se référera sans s'en rendre compte au Tell de Schiller, et non au plus ancien. Ce qui contribuera à fausser le débat.

Plus fatale encore, la revendication de Tell par les groupes et les partis opposés. Un tour complet de ses emplois politiques entraînerait loin et deviendrait fastidieux. A une exception près, tous les partis politiques et les mouvements sociaux se sont réclamés de Tell. Qu'ils fussent dominants ou dominés, gouvernants, oppositionnels, dissidents... L'exception, on s'en doute, est celle de la réaction conservatrice et catholique revenue au pouvoir sous la Restauration dans quelques-uns des cantons; mais, situation piquante, ces cantons-là ne sont-ils pas précisément les anciens Waldstetten, avec Lucerne, Fribourg, Soleure, et le Valais récemment intégré ? A Uri néanmoins, le culte populaire du héros se poursuit; on y visite les lieux sacrés, on y monte régulièrement le *Jeu*, on y chante encore la ballade de Jérome Muheim; mais Tell est expurgé du discours politique. A Lucerne, il est carrément damné. On lui substitue des héros dont le sang est encore frais, les soldats suisses massacrés aux Tuileries le 10 août 1792. Un monument s'élève à leur gloire, le lion blessé sculpté par Thorwaldsen, inauguré le 10 août 1821 : la cérémonie proclame le triomphe de la réaction. Dissidence pourtant : un professeur de philosophie choisit ce jour-là pour quitter la ville et se rendre en pèlerinage avec ses élèves au chemin creux de Kussnacht, le théâtre du tyrannicide; cet Ignace Troxler écrira même peu après que « la Suisse doit être révolutionnaire de fond en comble, sans quoi elle deviendra le Zwing-Uri de toute l'Europe ». La Confédération reste ainsi divisée. Pauvres, à l'écart de l'industrialisation en pleine marche, fidèles aux principes de l'Ancien Régime, les cantons catholiques s'opposent au courant libéral qui l'emporte chez leurs confédérés. Ils s'unissent en une ligue, une contre-confédération, le *Sonderbund*. Ils recherchent l'appui du régime européen qui partage le mieux leur idéologie : c'est l'Autriche. Cette alliance avec l'empire des Habsbourg n'a que faire de Tell, du soulèvement anti-autrichien de jadis, du serment du Grutli et de l'assaut des châteaux; il est opportun de rayer ces incidents d'une histoire de toute façon peu claire, sinon peu convaincante. C'est dans cet esprit et sur instruction du gouvernement lucernois que Joseph-Eutych Kopp met sa puissante érudition à renvoyer tout ce fatras au rayon des légendes. Le *Sonderbund* n'en succombe pas moins en 1847, au terme d'une courte guerre civile.

Le trouble jeté par Kopp n'a plus cessé d'agiter historiens et intellectuels. Il fut au contraire superbement ignoré des politiciens de tous les autres bords et n'entama nullement la ferveur populaire. Tandis que le savant lucernois publie en 1835, à Lucerne et à Vienne, le premier tome de ses *Documents*, les ouvriers de Suisse romande, puis du pays entier, se regroupent dans une association d'entraide et de culture de l'idéal patriotique qu'ils appellent la *Société du Grutli* (1838); elle devient l'embryon des mouvements syndicaliste et socialiste suisses. De leur côté, les étudiants de la corporation patriote de *Zofingue*, qui a des sections dans toutes les universités et académies protestantes et sera longtemps la pépinière du libéralisme suisse, font du souvenir de la tradition héroïque de la libération un devoir civique et un programme politique.

Avec la Constitution de 1848 et l'avènement tardif de l'État fédéral, Guillaume Tell et ses compagnons supposés de 1291 arrivent littéralement au pouvoir. Denis de Rougemont remarquait un jour avec malice que si Tell n'eut rien à voir avec l'alliance d'août 1291, il a en revanche un rôle manifeste dans la construction de l'État fédéral en 1848... Il ne sortira plus, dès lors, du discours officiel, celui des hommes d'État et des responsables de l'armée. C'est en cela qu'il irritera de plus en plus les milieux critiques envers l'État et les institutions. Autant les groupes de droite à idéologie fédéraliste, qui contestent le mythe rassembleur, que les intellectuels de gauche qui, à travers Tell, font procès au pouvoir établi, au conformisme patriote, au principe de neutralité armée, etc. Ce qui n'a retenu à aucun instant les partis politiques de se lancer Tell et consorts à la tête chaque fois que l'occasion s'en est présentée. Jusqu'aux communistes de la première heure, qui savaient trouver un terrain fertile dans les milieux ouvriers et populaires toujours fidèles au Tell de leur enfance et peu enclins à suivre le discours iconoclaste de la classe intellectuelle, d'origine bourgeoise. L'un des premiers *leaders* communistes suisses, le compagnon de Lénine, Robert Grimm, faisait proclamer à Guillaume Tell : « J'informe mes très honorables confédérés qu'en date du 1er août (1922), je suis devenu bolchevique ! »

La dispute savante

Prolongée et bruyante, la dispute des historiens autour de Tell, de l'authenticité des gestes que la tradition lui attribue et des sources de cette tradition n'a cependant point effleuré la conscience populaire, ni tempéré la rhétorique des politiciens de tous bords. A aucun moment du XIXe siècle, et fort peu depuis. Cette dispute nous a déjà retenus dans la première partie de ce livre, lorsque nous nous sommes penchés sur le berceau littéraire du héros. Si j'y reviens ici, c'est pour évaluer la part, médiocre au demeurant, que cette dispute a prise à l'évolution du mythe. Et pour rappeler que le manichéisme des positions adoptées, pour ou contre l'historicité de Guillaume Tell, a rarement été innocent. Derrière toute leur érudition et malgré la sérénité apparente de leur cabinet d'études, les savants n'ont pas échappé à l'emprise de leur temps ni aux préjugés idéologiques, politiques et culturels qui sont venus dicter leur engagement. Selon leur génération, ils se sont laissé animer par des considérations quelquefois contradictoires.

L'hésitation avait germé au XVIIIe siècle, et d'abord dans les cercles du rationalisme critique et sceptique inspirés par Voltaire. L'auteur de l'*Essai sur les mœurs et l'esprit des nations* (1756) n'avait-il pas lui-même jugé suspecte l'histoire de Guillaume Tell? Voltaire n'en était certes pas à un soupçon près. Mais l'irrespect de sa remarque avait provoqué en Suisse quelques discussions de salon; elles aboutirent bientôt à cette dénonciation publique de la « fable danoise » (1760) par le pasteur Freudenberger, le patricien de Haller et un petit cénacle de facétieux interprètes bernois des Lumières. L'effroi des âmes sensibles fut apaisé dans l'année même par une *Défense de Guillaume Tell* avec laquelle le Lucernois Joseph-Antoine-Félix Balthasar, à vingt-trois ans, assura le succès de sa carrière d'historien. Plus heureux que ses adversaires, il se vit gratifié d'une médaille d'or par le gouvernement d'Uri. L'affaire en resta là. Guillaume Tell allait être récupéré bientôt par les disciples mêmes de Voltaire; et rétabli aux yeux des historiens par l'autorité de Jean de Muller.

Et lorsque la dispute repart au XIXe siècle à partir des mêmes arguments, les rôles, cette fois, sont inversés. C'est le régime conservateur de Lucerne, Joseph-Eutych Kopp en tête, qui monte à l'assaut du héros; et ce sont les historiens libéraux et radicaux qui se portent à son secours. Non sans embarras de conscience, d'ailleurs. Car dans l'intervalle, la science historique a fait du chemin et appris les leçons de la raison critique; elle s'approche d'une conception positiviste qui rejette sans appel tout ce que les documents authentiques et sûrs ne vérifient pas matériellement. Bien que Kopp se fût laissé dominer par ses sympathies autrichiennes et par son projet de remettre l'image des Habsbourg sous une lumière favorable, la rigueur de sa méthode répondait aux nouvelles exigences de cette science hypercritique. Vue sous cet angle, sa démonstration parut inattaquable : nul ne fut en mesure de produire une preuve documentaire ou seulement un indice de l'existence réelle de Guillaume Tell. La chaîne d'événements que l'on situait depuis Tschudi en 1307 se dissolvait entre les mains des chercheurs, rien n'en était plus acquis désormais. La réapparition, en 1856, du *Livre Blanc de Sarnen*, vite célèbre, fit rebondir le débat mais n'y apporta aucune clarté... Quelques historiens continuèrent de s'accrocher à leur foi, par zèle patriotique plus que par certitude scientifique. Les mieux pourvus d'autorité proclamèrent le verdict des archives : puisqu'aucune source digne de confiance, contemporaine des événements ou encore proche d'eux, ne venait corroborer des racontars très tardifs et naïfs; puisque certains de ceux-ci – le tir sur la pomme – empruntaient trop visiblement à des traditions narratives d'ailleurs, il n'y avait plus rien à retenir de ces « fables » ou légendes. Avec l'eau du bain, réellement trouble, on jeta le bébé; parfois avec des larmes, mais sans hésitation. Sans succès non plus, puisque la leçon ne fut écoutée ni par la classe politique, ni par celle, combien influente, des maîtres d'école; et donc pas entendue par la masse. Celle-ci ne lisait pas des livres d'histoire savante mais se régalait d'histoires telles que les racontait l'écrivain populaire Jeremias Gotthelf, dans *Le fils de Tell, une histoire pour la jeunesse* (1846) : « C'est à la maison que doit commencer ce qui éclairera la patrie. »

De rares historiens hésitèrent pourtant à suivre Kopp jusqu'au terme amer d'une démarche trop polémique. Ils manifestèrent quelque réserve devant la méthode hypercritique, trop dépourvue d'intuition et de finesse. Dans une thèse soutenue à l'université de Groningue en 1824, *Guillaume Tell et la révolution de 1307*, Jean-Joseph Hisely avait encore pris sans nuance le parti de la version traditionnelle et retenu la chronologie des événements dressée par Tschudi. Devenu professeur à Lausanne, il reprend la question à la lumière des travaux de Kopp, qui le séduisent et le défient tout à la fois. Il en rejette l'aspect doctrinaire; avec une perception à contre-courant de son époque mais fort en avance, il scrute au-delà des faits l'« esprit du temps » et aborde ce que nous appelons aujourd'hui l'histoire des mentalités. Ses *Recherches critiques sur l'histoire de Guillaume Tell* (1843) proposent un cadre neuf dans lequel le héros et la rébellion retrouvent une place apurée de quelques fioritures, dont le tir sur la pomme. Dans le même temps, le jeune Jacob Burckhardt professe à Bâle un cours sur la question. Le plus sensible et le plus imaginatif des historiens suisses, un Michelet moins lyrique et plus aristocrate, conclut simplement, et dans le même sens : « Tell a existé, et avec ce nom-là. Il a pris part avec quelque action courageuse au mouvement de libération... Mais le tir sur la pomme est certainement légendaire. »

Hisely fut peu lu; la leçon de Jacob Burckhardt resta dans ses cartons. Nuances et modération n'étaient pas à l'ordre du jour.

La dispute se poursuit tout au long du XIXe et au début du XXe siècle. Sans éclat, sans originalité. Rien n'est épargné à Guillaume Tell. Comme tous les grands héros de l'histoire, le voici promu au rang de mythe solaire. Ou, beaucoup plus récemment – et dans l'esprit d'une nouvelle mode –, rattaché à la lointaine tradition celtique, à la déesse mère Tailtiu, divinité *tell*-urique et nationale d'Irlande.

La période entre les deux guerres mondiales, la montée du fascisme au sud des Alpes et du national-socialisme au nord du Rhin redonnent subitement un sens plus grave au mythe de Tell et renouvellent l'intérêt pour le personnage. N'incarne-t-il pas une fois encore, mais dans un contexte dangereusement renouvelé, la liberté d'un peuple, sa volonté armée d'indépendance ? Pourtant, la mission que doit assumer cette fois le héros rassembleur n'est-elle pas compromise par le doute qui plane sur sa réalité ? Car le scepticisme qui règne chez les historiens depuis presque un siècle a fini par gagner une partie des milieux intellectuels de la Suisse. Devant l'indifférence de ses collègues, mais aussi une certaine arrogance anti-Tell d'historiens allemands et autrichiens, Karl Meyer réagit avec passion; passion excessive, mais éloquente. Ses investigations minutieuses et ses déductions surprenantes raniment la question; elles la font avancer au-delà des négations de Kopp auxquelles on s'était accroché. Elles réinsèrent le doute dans la dispute savante. Elles confortent la foi populaire. D'abord dans un travail précoce (1927) sur la « tradition de libération »; puis, en pleine guerre, dans un ouvrage destiné à célébrer, en 1941, le 650e anniversaire du Pacte de 1291. Le message de Karl Meyer est d'autant mieux reçu en Suisse qu'il l'est mal en Allemagne, où un médiéviste officiel, Theodor Mayer (ne pas confondre tous ces noms apparentés!), s'acharne sur cet « ouvrage qui n'a rien à voir avec la science ». Même encore en 1944, le IIIe Reich a le mépris facile...

On a vu comment, dans la lignée de Karl Meyer mais sur des eaux plus calmes désormais, et avec d'autres arguments, Bruno Meyer restitue à son tour Guillaume Tell dans les années d'après-guerre, plus indifférentes. Mais le respect dont est entouré cet érudit discret n'a guère fait écho à la lecture qu'il propose du *Livre Blanc*. Quant aux historiens les plus récents, tantôt ils se sont retranchés derrière un alignement prudent de points d'interrogation; tantôt ils ont évacué de leur discours une question qui semble avoir cessé de les intéresser. Publiée en 1982 simultanément dans les trois langues officielles, la *Nouvelle histoire de la Suisse et des Suisses*, œuvre collective et magistrale (à laquelle je ne suis d'ailleurs pas tout à fait étranger) n'a consacré à Guillaume Tell que quelques lignes incrédules; parallèlement, un manuel scolaire officiel le rejetait, sans autre forme de procès, au rayon des pures légendes. N'est-ce point un paradoxe que les jeunes savants porteurs d'une histoire qu'ils veulent « nouvelle », ouverte aux mentalités, reproduisent pourtant le positivisme hypercritique du XIXe siècle? Ce qui est intéressant, c'est que ces refus de Guillaume Tell ont suscité étonnement navré et indignation dans l'opinion; en témoignent assez la presse suisse et étrangère et les « lettres de lecteurs » qu'elles recueillent.

Timidement en faveur de Tell, mais le plus souvent indifférente ou hostile, la corporation des historiens ne fait donc pas mieux qu'auparavant la pluie et le beau temps dans l'opinion. Guillaume Tell conserve ses partisans les plus acharnés dans la population, et quelques amateurs montent au créneau. Un honorable dessinateur et fondé de pouvoir d'une maison de commerce a consacré ses loisirs à démontrer l'existence de Tell. Déposée dans un livre paru en 1986 sous un titre qui affiche une conviction toute galiléenne, *Et pourtant Tell a existé*, la bombe d'Arnold C. Schärer a fait long feu. Des lectures abusives des documents et une méthode farfelue ôtent toute crédibilité aux « découvertes » de cet historien du dimanche. Dommage, car on allait de surprise en surprise : Guillaume Tell n'était pas uranais, mais zurichois, et s'appelait non pas Tell, mais Gorkeit. Il était de son métier, devinez quoi? Fabricant d'arbalètes, bien sûr... Il fréquentait Uri pour le service du Fraumunster. Et pour que l'histoire finisse bien, le fils de Tell-Gorkeit va épouser une petite-fille du bailli Gessler! Il fallait y penser...

Image du père ou anti-héros?

Il n'entre pas dans mon propos, ni d'ailleurs dans ma compétence, de proposer ici une sociologie du mythe de

Guillaume Tell; moins encore sa psychanalyse. D'autres l'ont fait, qui sont mieux qualifiés, et le feront encore certainement. Car en tout cas, Guillaume Tell n'a pas fini d'exciter les esprits. Mais cette « biographie » resterait incomplète si je n'insistais pas sur le rôle du mythe dans la vie helvétique, à tous ses niveaux, aujourd'hui comme hier. Non pas seulement parce que l'image de Tell est gravée sur la face des pièces de cinq francs suisses et accompagne ainsi quotidiennement résidents et touristes; non pas par l'emploi de l'arbalète stylisée comme label des objets produits en Suisse; ni par les innombrables enseignes de commerces, d'auberges, les titres d'émissions télévisées, etc., qui portent son nom ou qui jouent avec lui (ce qui n'est que trop facile). Plutôt parce que Tell constitue comme une référence implicite mais toujours présente à laquelle tous les Suisses, constamment, s'accrochent et se reconnaissent. Il n'est pas exclu d'ailleurs que les « fils de Tell » y soient encouragés par la popularité acquise par leur héros hors de leurs frontières. Tell ne serait-il pas devenu une étiquette qui colle à leur peau, pour le meilleur et pour le pire?

Aussi longtemps que l'authenticité du héros n'était pas mise en doute, son mythe gardait un caractère objectif. C'était un mythe construit, entretenu, fonctionnel. Guillaume Tell *était* le défenseur des libertés, le garant de l'indépendance, le négociateur des alliances entre cantons, le rassembleur du peuple, le prédicateur du sentiment national. Un sujet d'honneur. Et le héraut privilégié de valeurs que les Suisses étaient orgueilleux de voir adoptées avec lui par d'autres peuples.

Vers le milieu du XIXe siècle, le mythe change de caractère. Le doute insinué, la réduction du personnage historique à un héros de légende influencent le discours moraliste et littéraire et portent à désacraliser Guillaume Tell; sans parvenir, on l'a vu, à l'effacer de la ferveur populaire. Or c'est dans le même temps que s'impose l'État fédéral, constitué en 1848 dans les circonstances tendues qui font suite à la guerre civile du *Sonderbund*.

Dans sa nouvelle forme, la Confédération et ses fondateurs éprouvent un besoin de légitimité et d'identité qu'ils recueillent aux racines des plus anciennes alliances. Tell devient, écrit André Reszler, « le symbole d'une identité nationale ancestrale... La ligne en pointillé qui relie les deux moitiés de l'histoire suisse avant et après la création de l'État fédéral apparaît comme un tracé ferme dès qu'il s'agit des représentations collectives et des projets d'avenir ». Ce symbole, Tell va le rester, envers et contre tous. « Personne ne se réclame de 1848 », constate avec irritation l'écrivain Peter Bichsel en 1970. « On se réclame, après comme avant, de l'esprit de 1291. Après comme avant, nous nous en tenons à Tell. Il nous astreint à presque rien, à l'indépendance seulement. »

Le mythe est indéracinable. Les journaux à grand tirage ont beau annoncer périodiquement que « Tell est mort », il renaît aussitôt de cendres trop vite dispersées : le pays et son peuple ne peuvent se séparer de l'image du père, avec tous ses attributs. Lorsqu'une feuille de boulevard, dans son numéro du 1er août (fête nationale) 1986, suggéra, d'ailleurs à tort, que Guillaume Tell n'avait pu posséder une arbalète, des lecteurs furieux se manifestèrent et l'un d'eux suggéra l'exécution du journaliste coupable à l'arme qu'il niait... J'ai sous les yeux un épais dossier de coupures de journaux suisses, constitué pourtant sans système au hasard des lectures de ces dernières années. Il documente avec abondance la sensibilité attentive et passionnelle des Suisses envers leur héros. Un lien affectif que les hésitations des historiens et l'ironie des intellectuels ne sont jamais parvenues à ébranler. Le sentiment populaire donne ainsi raison au vieux Jean de Muller lorsque, troublé par les premiers doutes sur l'authenticité de Guillaume Tell, il notait qu'« il serait incorrect... de rayer de l'histoire de l'humanité un nom aussi cher, et d'en ôter l'exemple à nos descendants. Il reste cependant permis de chercher à vérifier si les annales célèbrent un pur esprit, un fantôme, ou bien un homme, un héros ». A quoi fait écho un siècle plus tard (1875) l'historien lausannois Louis Vulliemin : « Telle légende, accueillie par la nation et devenue partie de son existence, possède plus de valeur morale, et a acquis plus d'importance que bien des faits matériellement constatés. » Légende ou histoire : on ne saurait mieux dire.

Il n'est pas de société, de nation vivante qui ne procède régulièrement à son autocritique. Même lorsque l'expression de celle-ci est négative ou désabusée, il est nécessaire que soient dénoncées hypocrisies et illusions; que soient annoncées d'autres ambitions, proposé un autre idéal. Comme les mythes sont l'expression privilégiée de l'idéal que la critique récuse, ils deviennent cibles prioritaires. Guillaume Tell n'y échappe pas, depuis 1968 surtout, qui, en Suisse aussi, a ouvert les portes à une nouvelle réflexion sur la perception de la société et du pays par ses habitants. Or le mythe lui-même se révélant indestructible, ce n'est pas par sa négation, mais par son inversion que l'autocritique s'est frayée un chemin dans la conscience nationale. Tell, antihéros, est apparu de bonne heure au théâtre, en réaction contre l'image conformiste imposée par Schiller. Ainsi avec *Guillaume le Fou*, du dramaturge vaudois Fernand Chavannes, monté en 1916 dans une mise en scène de Jacques Copeau. Plus près de nous, la version de Schiller par Werner Düggelin et Herbert Meier (Zurich, saison 1977-1978), qui dégrade le héros en paysan dépourvu de toute perception politique; ou le *Notre Guillaume Tell* de Gerold Späth, créé à Genève en avril 1985, témoignent à leur manière de la même intention. La version la plus pertinente du mythe inversé, donc la plus subversive, reste le *Guillaume Tell pour les écoles*, de Max Frisch, en 1971.

CHAPITRE XVIII

Guillaume Tell multinational

L'appropriation du héros

Tell et ses compagnons de 1291 seraient bien étonnés de l'extraordinaire tour du monde entrepris par leur mémoire, et qui ne s'arrête plus. Ils seraient déconcertés par les étapes insolites auxquelles l'imagination tantôt et tantôt la passion les ont forcés. L'appropriation de Guillaume Tell sous tous les cieux et dans tous les oripeaux dont il s'est vu travesti ne constitue pas le moins curieux des chapitres de son histoire. Je dois donc présenter en guise de conclusion à ce livre ce qui ne peut être qu'un choix de métamorphoses franchement gaies parfois; plus souvent lourdes de sens perverti.

L'image de Tell a dû commencer à circuler dans le monde peu après qu'elle se fut installée dans la conscience des Suisses par chroniques, ballades et jeux. Le véhicule en fut, à n'en pas douter, ces mercenaires qui dès le XVIe siècle s'en allèrent par régiments entiers gagner leur vie et faire la fortune de leurs officiers recruteurs au service des princes d'Europe. Si les gouvernements des cantons assurent au bénéfice de leurs coffres la levée de ces troupes et si les aristocraties urbaines fournissent leurs cadres, les soldats, presque tous, viennent de la campagne ou descendent de leur vallée. Ils diffusent dans les royaumes qu'ils traversent une image simplifiée, sans cohérence, mais colorée, de leur pays d'origine. Ils sont fiers aussi d'avoir Guillaume Tell dans leur sac.

Hors de Suisse, le premier récit des aventures de Guillaume Tell est proposé par le cosmographe français André Thevet, un familier de la cour de Catherine de Médicis. C'est vers 1570 qu'il eut connaissance de notre héros, peut-être en lisant Pantaléon, plus certainement en conversant avec les officiers suisses au service du royaume. L'un d'eux, Guillaume Tugginer, créé gentilhomme de la chambre de Charles IX, procura même à Thevet un portrait « authentique et véritable » de Tell probablement peint au XVIe siècle à Altdorf (aujourd'hui conservé au musée Tell de Burglen). A partir de ce tableau, un graveur illustra le propos assez fantaisiste que Thevet consacre à Tell dans ses *Vrais portraits et vies des hommes illustres, grecs, latins et payens...* (1584); et cette gravure servit à son tour de modèle à une longue série d'illustrations, jusqu'à la Révolution.

Ni au XVIe ni au XVIIe siècle les esprits cultivés de l'Europe ne portèrent pourtant grand intérêt aux origines de la Confédération et à ses héros : cette affaire de libération et de tyrannicide répondait mal à l'idéologie du temps. Au XVIIIe siècle en revanche, elle commence à retenir l'attention. Le statut républicain des Suisses suscite le scepticisme des uns, la ferveur des autres, et Guillaume Tell devient argument exemplaire de philosophie politique, légitimation des libertés individuelles. Puisque le théâtre se révèle une forme d'expression privilégiée des idées nouvelles, le personnage est porté bientôt à la scène, et d'abord par Antoine-Marin Lemierre; sa tragédie *Guillaume Tell,* montée au Théâtre-Français en 1766, obtient un net succès et rend populaire d'un coup la figure et la cause du « libérateur » des Suisses, malgré la prudence du poète pour préserver sa pièce de la censure. L'argument prend d'ailleurs avec le récit traditionnel des libertés qui serviront de précédent à Schiller et à tant d'autres dramaturges par la suite.

Voici donc Guillaume Tell adopté par les Français dans les années 1760-1770. Et peu après, la révolution américaine de 1776 va l'inviter à franchir l'océan. Il est chez lui aux États-Unis dès 1784; et il y restera, lié dans le souvenir des citoyens américains à Washington, leur propre héros. Nulle part dans le monde, sinon en Suisse même, Guillaume Tell ne sera aussi populaire qu'en Amérique, et cela jusqu'à présent. *The best known story in the World*, proclamait en exagérant à peine la publicité d'un film de 1924. Bien des Américains peuvent confondre la Suisse avec la Suède, Zurich avec Zermatt, et n'avoir du pays de Tell qu'une idée aussi fantaisiste que vague; mais du héros, dès l'enfance, ils connaissent l'histoire par cœur et vibrent infailliblement lorsque Guillaume Tell emprunte les traits d'Errol Flynn ou de Burt Lancaster...

Tell jacobin

1789 sonne l'heure de Guillaume Tell. Dans les saisons qui précèdent et qui suivent la prise de la Bastille, la tragédie de Lemierre est remise au programme, à Paris et en province. Sur un livret de Sedaine, Grétry compose en 1791 la première version lyrique de l'histoire de Tell, une œuvre plus idyllique qu'héroïque, trop mal adaptée au goût du jour, au demeurant médiocre et que les musicologues se sont empressés d'oublier. Plus encore que les scènes, Tell commence à fréquenter les clubs. Il anime le discours politique, la contestation du despotisme, mais aussi l'amitié franco-helvétique. Le serment du Jeu de paume est comparé à celui du Grutli. L'affaire du régiment de Châteauvieux devient prétexte à la radicalisation de Guillaume Tell. En 1790, les mercenaires suisses stationnés à Nancy se sont mutinés, mais la répression a été sévère. Un an plus tard, le débat s'engage à l'Assemblée nationale sur l'amnistie des soldats condamnés aux galères; sous la pression des Jacobins, les « coupables égarés » de la veille sont proclamés « héros » et

« martyrs » et accueillis triomphalement à Paris. Cette fête associa Brutus (popularisé par une tragédie de Voltaire) et Guillaume Tell, tous deux héros de la liberté et de l'égalité.

Dès lors, le culte jacobin de Tell s'enflamme. Il va, macabre, accompagner la Terreur. Dès septembre 1792, il est entretenu par deux circonstances propres à actualiser le héros. Tell est tyrannicide; donc il légitime l'exécution de Louis XVI. Et il s'est dressé contre les Autrichiens, ces mêmes Habsbourg qui justement prennent la tête de la coalition et entrent en guerre contre les armées de la République. Quel meilleur symbole les Jacobins au pouvoir pouvaient-ils offrir au peuple? De quelle référence plus explicite nourrir leurs discours? Et la République pouvait-elle avoir plus belle mission que de rendre la Suisse à son libérateur? « La Suisse est réduite à la misère et ne recouvre plus l'énergie que son antique pauvreté lui avait donnée », s'écrie Robespierre dans un discours du 17 novembre 1793. « Les descendants de Guillaume Tell succomberaient sous les efforts de tyrans humiliés et vaincus par leurs aïeux. Comment oseraient-ils invoquer seulement les vertus de leurs frères et le nom sacré de la liberté, si la République française avait été détruite, sous leurs yeux?... » Ce Tell travesti en Jacobin est emporté très loin de son rôle historique ou légendaire. « Guillaume Tell, forcé d'enlever une pomme de la tête de son enfant avec une flèche meurtrière, est l'image du peuple armé contre lui-même! » s'écrie Saint-Just en plein réquisitoire contre dantonistes et hébertistes, en mars 1794. Enthousiasme terrifié : le héros parraine une des sections de Paris (celle du Mail); les rues Saint-Georges et Neuve-Saint-Georges sont rebaptisées à son nom; en province, trois villages l'adoptent aussi; et des parents s'empressent de le donner à leur fils. Un buste de Tell, à côté de Brutus et de Marat, vient orner juste avant Thermidor la salle des Jacobins.

Pareille « tellomanie » devait prendre fin en même temps que la Terreur : celle-ci avait entraîné le héros dans ses excès; elle l'avait compromis jusqu'en Suisse même, où le travestissement jacobin le disqualifia pour participer activement à la révolution qui y suivait aussi son cours, mais en deçà de la violence. L'intervention des armées françaises en Suisse en 1798, diversement appréciée selon les cantons et selon les options politiques, rendit plus ambiguë encore l'invocation répétée de Tell. Le mythe, pourtant, se révélait plus fort que les excès commis en son nom. Tandis que les amis de Robespierre le pervertissaient bruyamment, une de leurs victimes, le fabuliste Florian, composait en prison un roman sur Guillaume Tell...

En vers, en musique et en images

D'expression française surtout, il exista ainsi une tradition littéraire de Guillaume Tell amplifiée par les événements, avant que Schiller ne lui donnât en 1804 sa forme la plus élaborée; et qu'il la débarrassât aussi de sa tonalité la plus excessive. Le génie du poète allemand sut confier au message qu'il prêtait à son héros l'universalité qui lui manquait encore; il apura le symbole et lui donna la force du charme. Sans cesse repris sur toutes les scènes, joué jusque dans les écoles et les villages, le drame de Schiller imposa une image du personnage si vigoureuse qu'il fallut très longtemps avant de pouvoir s'en détacher. Elle imprègne tout le romantisme. S'ils n'y font point référence, un Victor Hugo ou un Lamartine évoquent cette image alors qu'ils croient célébrer le héros historique. Aujourd'hui encore, les metteurs en scène ne parviennent guère à convaincre lorsqu'ils essayent de déplacer la pièce vers un sens plus actuel. La popularité du héros de Schiller ne se dément pas et lui fait parcourir tous les genres scéniques; en été 1988, il ira représenter la Suisse au Festival international de la marionnette qui se tiendra au Japon – un autre pays où s'exprime la ferveur envers le héros suisse.

Il serait, à ce point, long et fastidieux de répéter, après tant d'historiens de la littérature, le long catalogue des drames, romans (plus rares) et poésies que Tell a inspirés, dans toutes les langues de culture, de l'Angleterre à l'Argentine, de l'Italie au Japon. Tous les genres se sont emparés du personnage, au service de toutes les intentions – politiques, éducatives, récréatives ou simplement poétiques.

Les musiciens se sont moins volontiers laissé tenter, si l'on excepte les partitions chorales à l'usage des sociétés de chant en Suisse. Depuis la tentative maladroite de Grétry en 1791 et jusqu'au spectacle folklorique et patriotique du poète René Morax et du compositeur Gustave Doret donné à Mézières (Vaud) en 1914, l'art lyrique n'a connu qu'un *Guillaume Tell.* Mais de quelle grandeur : la dernière œuvre écrite pour l'opéra par le maître du genre à son époque, Gioacchino Rossini.

L'ouvrage fut créé à Paris, en français, sur un livret qui s'inspirait de Schiller. C'était le 3 août 1829, au plus fort du régime réactionnaire imposé par Charles X. Rossini ne cherchait au fond dans son sujet aucun motif politique; avec son savoir-faire et l'éblouissante maîtrise de son pouvoir de séduction sonore, il n'a retenu que la traduction musicale d'une intrigue qu'il dramatise à souhait. Mieux que Schiller, il a su rendre un peu le *genius loci*, l'atmosphère des pays de montagne telle que le romantisme la percevait; il emprunte des motifs à des airs populaires suisses comme le célèbre « ranz des vaches » de Gruyères, harmonisé dans une partie de la grandiose ouverture. Ce chef-d'œuvre de l'opéra romantique, dont l'ampleur et l'orchestration annoncent Verdi et Wagner, eut dès sa création un succès éclatant, et durable.

Il est possible d'ailleurs que l'opéra de Rossini fît plus que le drame de Schiller pour la popularité de Guillaume Tell, en tout cas dans les pays latins, anglo-saxons et slaves. Car il triompha d'un bout à l'autre de l'Europe. Avec des surprises cependant. Celles-ci rappellent que même enrobés d'une musique destinée à plaire seulement, le personnage et le message de Guillaume Tell ne sont pas innocents ni plaisants pour tous... Vienne ignora longtemps ce que les autres capitales applaudissaient, mais Budapest s'en saisit. En Hongrie, Tell était figure populaire; on y jouait avec des cartes à son effigie et celle de ses compagnons. Milan, encore sous domination autrichienne, accueillit une action lyrique prudemment transférée en Écosse. Rome admira aussi cette version en kilt, ou une autre, biblique, sous le titre de *Judas Maccabée.* Par égard pour l'allié autrichien, Guillaume Tell devint à Saint-Petersbourg un *Charles le Téméraire* (!). Londres préféra honorer derrière la musique de Rossini le patriote tyrolien Andreas Hofer, que Napoléon avait fait fusiller... Et ainsi de suite.

L'iconographie de Guillaume Tell est nettement plus riche par la quantité d'œuvres produites que par leur qualité ou leur originalité. A la différence des écrivains, ou d'un musicien comme Rossini, Tell n'a inspiré aucun peintre, graveur ou sculpteur de réputation universelle, mais une multitude de petits maîtres. Les scènes sont sans cesse les mêmes, les artistes s'inspirant sans vergogne de leurs prédécesseurs : le mépris du chapeau et, bien sûr, le tir sur la pomme; à peine moins souvent le « saut de Tell » hors de la barque ou le meurtre de Gessler; plus tard apparaissent les motifs ajoutés, le refus de la couronne de roi des Suisses et la mort du vieillard dans le torrent de Schæchen. Les groupes sculptés proposent presque sans exception Tell serrant dans ses bras l'enfant qui tient la pomme transpercée. Chacune de ces œuvres reflète avec plus ou moins de spontanéité ou de lourdeur le goût de son époque et la représentation propre au milieu de l'artiste. On a ainsi des Tell jeunes et des vieux, des figures de paysan, de bourgeois ou d'aristocrate, un environnement de montagnards, de soldats ou de courtisans, des paysages dramatiques ou paisibles, etc.

La plus ancienne représentation est aussi l'une des plus charmantes; c'est la gravure sur bois qui orne la chronique d'Etterlin imprimée en 1507; sa simplicité ne manque ni de délicatesse ni de réalisme. Elle règle pour longtemps le motif du tir sur la pomme. Celui-ci reparaît au centre de représentations qui groupent dans un seul décor foisonnant tous les épisodes de Tell et de la libération des Suisses, à la façon d'une bande dessinée. Au XVIe siècle encore, on trouve des Tell en portrait comme celui que Tugginer remis à Thevet; les fresques d'Ernen en Valais; des lavis et des verres peints; des médailles et des ivoires, et j'en passe. Certains d'une noble facture, par exemple le verre peint de Josias Murer l'Ancien, vers 1580. L'imagerie de Tell s'amplifie et se complique sans s'affiner beaucoup au XVIIIe siècle; elle se déchaîne au XIXe, surtout dans les œuvres des artistes les plus officiels. Elle retombe brusquement au XXe siècle, lorsque l'art abandonne enfin les sujets historiques. Avec son Tell plutôt brutal, semblant Moïse descendant du Sinaï, Ferdinand Hodler clôt la galerie (vers 1897); mais son œuvre, quelque sentiment qu'elle puisse inspirer, est la seule qui rayonne de la force mythique du sujet. Après lui, Tell ne disparaît pas de la perception visuelle; à celle-ci ne s'offrent plus guère – mais à profusion – que des répliques. Celles surtout du groupe monumental de Richard Kissling, coulé en bronze à Paris et inauguré à Altdorf le 28 août 1895. Cette représentation s'est substituée dès lors à toutes les autres dans l'imaginaire populaire.

Tell et film

Du théâtre d'une part, de l'image fixe de l'autre, c'est tout naturellement que nous passons à l'image mobile, au cinéma. Car au moment où les arts plastiques délaissent Guillaume Tell, le septième art à ses débuts le reprend à son crédit et ne va plus le lâcher désormais.

On sait combien il est difficile de recenser tous les tournages réalisés sur un thème donné, bien des pellicules s'étant perdues; plus encore lorsqu'un film est resté à l'état d'ébauche ou de projet. Sous réserve donc d'inventaire, je compte une bonne quinzaine de films produits ou coproduits en Suisse, et autant à l'étranger; sans compter les séries télévisées, qui ont pris pour sujet et pour titre

Guillaume Tell ou les origines de la Confédération. Beaucoup de ces productions ne sont, il est vrai, que des versions filmées du drame de Schiller, éventuellement agrémentées d'extérieurs photographiés autour du lac des Quatre-Cantons ou ailleurs dans les Alpes. Les autres, dont le scénario continue de s'inspirer à la même source, s'éloignent pourtant du théâtre filmé.

Le plus ancien film sur Guillaume Tell semble être, en 1908, celui du Danois Viggo Larsen, mais je ne sais rien de plus à son sujet. Suivent coup sur coup en 1912, 1913 et 1914 deux productions suisses et une germano-suisse; cette dernière, avec une distribution d'Allemagne, n'en fut pas moins interdite dans ce pays pendant la guerre; n'impliquait-elle pas un appel à la révolte ? Le sujet refait surface en 1920, 1921; en 1923 en Allemagne par les collaborateurs de Max Reinhardt et les meilleurs comédiens du moment. Les Suisses d'Amérique commanditent en 1924 un *William Tell – The Birth of Switzerland* qui voudrait être un parallèle helvétique à *La naissance d'une nation* du grand Griffith, mais reste bien en retrait d'un tel chef-d'œuvre. En 1933-1934, une coproduction germano-suisse propose le premier *Guillaume Tell* parlant; mais il est accommodé à la sauce nazie, et c'est l'amie de Gœring qui y incarne l'épouse de Tell... Inversement, *Le Landammann Stauffacher* exprime vigoureusement, en 1941, la volonté d'indépendance des Suisses; leur meilleur réalisateur de l'époque, Léopold Lindtberg, y traduit avec talent l'atmosphère d'angoisse qui régnait alors dans la Suisse encerclée. Faisant preuve d'une impertinence fort peu dans leur manière, les autorités helvétiques sélectionnèrent ce film-là plutôt que d'autres, artistiquement meilleurs, pour le Festival de Venise de 1942; ce qui fut ressenti par les Allemands comme une provocation; les Italiens tolérèrent néanmoins la projection, hors compétition. Depuis la guerre, une seule réalisation suisse sur le héros national a abouti, en 1960; elle devait curieusement recueillir des distinctions à Moscou et à La Nouvelle-Delhi. Un autre tournage (ou plusieurs?) est en préparation pour l'anniversaire de 1991.

A l'étranger, c'est l'Amérique qui tient la palme, avec plusieurs dessins animés et quelques longs métrages : en 1950, avec Burt Lancaster; en 1953, avec Errol Flynn. Dès 1948, Gino Cervi avait été le Tell d'un long métrage réalisé pour la télévision italienne. Celle de Grande-Bretagne a tourné une série en cinquante épisodes. Mais le record d'imagination et d'investissement appartient à FR3, en coproduction avec des chaînes américaine et anglaise, pour une série de soixante-douze épisodes; le tournage a commencé en 1986, la projection récemment. Puis-je avouer que je n'en ai vu aucun?

L'ombre de Tell n'est pas innocente

De la fin du XVe siècle jusqu'à celle du XIXe, les multiples travestissements politiques de Guillaume Tell ont manifesté l'ambiguïté constante du personnage, du message dont on l'a chargé, des mythes que les flèches de son arbalète ont véhiculés à travers l'histoire et à travers le monde. L'obscur berger et chasseur des montagnes, dont l'existence même n'est point assurée avec certitude, projette sur l'humanité une ombre immense. Bienfaisante, perverse? C'est selon. Innocente, certainement pas.

A l'ambiguïté politique s'est ajoutée la provocation commerciale. Que d'innombrables auberges, cafés et négoces de détail se soient mis à l'enseigne de Guillaume Tell, et depuis longtemps, n'est encore qu'un hommage, pas toujours très à propos, au héros symbolique de la liberté. On peut fréquenter de tels établissements en Suisse, à Paris (dans le quartier des Halles), à Lyon, un peu partout. Que les Trois Suisses parrainent une grande chaîne française de vente par correspondance n'est probablement que l'effet insolite d'un concours de circonstances. Que l'arbalète stylisée désigne les produits de fabrication suisse résulte d'un choix naturel qui se révèle adroit. Que tels de ces produits, ou ceux de n'importe quel pays, se servent de l'image familière du héros pour mettre en confiance le client n'a guère, en général, de sens logique; mais cela peut être de bonne guerre publicitaire si l'allusion reste discrète. En revanche, le mauvais goût qui avilit le signe familier en l'associant par réflexe aux instincts les plus communs du consommateur pervertit la dignité du mythe. Et la mobilisation massive de Guillaume Tell au service d'une publicité commerciale ou politique, sa confiscation au service d'un marché ou d'une cause relèvent de l'abus de confiance et du recel de bienfaiteur. Tell n'appartient qu'à lui, mais son mythe est à tout le monde. Uli Windisch et Florence Cornu rassemblent un dossier significatif et cocasse sur *Guillaume Tell au quotidien*.

Nous voici ramenés à l'horizon politique, où l'ombre de Guillaume Tell ne cessera jamais de prendre les formes les plus déconcertantes, sinon les plus perverses.

Voyez la censure. On a vu les étranges déguisements auxquels elle a contraint le pur divertissement que prétendait être l'opéra de Rossini. A plus forte raison le drame de Schiller, plus engagé, en a-t-il supporté le poids; et précisément dans le milieu culturel de sa création, les pays de langue allemande. Le national-socialisme a tout mis en œuvre pour récupérer et embrigader, avec Schiller, un fleuron de la culture germanique, mais en adaptant son discours : c'était l'intention du film distribué en 1934. Elle réussit si bien que l'Autriche perturbée des années qui précédèrent l'annexion au IIIe Reich fit interdire les représentations du *Tell* de Schiller, sujettes à des manifestations pronazies. Mais en 1941, la situation a changé. L'Allemagne occupe des territoires qui ne lui appartiennent pas, et dont les populations pourraient dresser Tell contre Hitler. Dans le pays même, le héros n'a plus assez bonne réputation et le dictateur supprime des programmes scolaires la lecture de Schiller. Pas plus de chance après l'effondrement du régime : dans la zone soviétique, l'autorité d'occupation s'oppose à la représentation du drame pour commémorer le centenaire de la révolution de 1848...

Mais Tell a trouvé, trouve encore d'autres causes, inégales. Le « fils du peuple et soldat de la liberté » se bat en Espagne dans les rangs, bien sûr, des Républicains. Ailleurs, il est pacifiste, citoyen du monde. Mais le voici, en 1969, terroriste palestinien; c'est un commando « Guillaume Tell » qui revendique au nom d'El Fatah l'attentat sur l'aéroport de Zurich. Perversité de la logique révolutionnaire...

Conclusion empruntée au poète

Nous voici arrivés au terme du périple. Nous avons suivi sept siècles d'une vie qui continue, qui continuera longtemps encore.

Au départ, il ne fait point de doute à mes yeux qu'un Guillaume Tell de chair et de sang a bel et bien existé. Je ne sais pas au juste qui il était et nous ne le saurons jamais. A-t-il seulement porté ce nom que la tradition a rendu plus tard héroïque? A-t-il été le franc-tireur, le solitaire que la légende en a fait? Ou bien a-t-il été pluriel? De toute façon, il s'est distingué au sein de son petit peuple. Un peuple que l'histoire avait longtemps oublié et qui avait su tirer parti de cet oubli, de sa tranquillité, pour s'organiser de manière autonome et pour gagner une prospérité certaine. Menacés au XIIIe siècle dans cette indépendance innée et cette aisance acquise, humiliés, les hommes et les femmes de ce peuple ne surent réagir que sur un signal. Tous les peuples humiliés attendent un signal venu du plus profond d'eux-mêmes.

Guillaume Tell fut ce signal pour les gens d'Uri, puis pour les trois Waldstetten. Il n'en eut probablement pas pleine conscience. Mais un beau jour, sous l'empire de l'humiliation et de la colère, sans préméditation, cet homme entouré d'un certain prestige accomplit le geste que tout le monde autour de lui attendait, que tout le monde rêvait de faire. Ce que fut ce geste, nous ne le savons pas exactement. Le refus de saluer le chapeau, signe de l'autorité imposée de l'extérieur, est peut-être vrai; peut-être est-ce une reconstruction symbolique de l'imaginaire collectif. Cela importe assez peu, pas plus que les péripéties qui suivirent, sinon que l'auteur du geste échappa à la punition promise et ridiculisa ainsi l'oppresseur : ce fut une marque de mépris lancée publiquement. Elle libéra la conscience du peuple.

Le rôle de Guillaume Tell, d'ailleurs, s'arrête là. D'autres, plus instruits et mieux pourvus d'autorité sur leur communauté, surent exploiter l'esprit de rébellion que son initiative avait encouragé. Ils profitèrent d'ailleurs de circonstances que le hasard rendit favorables : le vide créé par la mort du roi Rodolphe Ier de Habsbourg.

Les incidents dont Guillaume Tell fut l'acteur n'ont point été protocolés par ses contemporains, à la différence des résolutions prises par l'élite des confédérés dans le Pacte d'août 1291. Mais ils sont restés gravés dans la mémoire collective. Celle-ci les a transmis, leur faisant subir de génération en génération toutes sortes de distorsions; elle les a enrichis de son imagination et d'emprunts à des récits venus d'ailleurs. Elle les a restitués au XVe siècle, soit au moment opportun pour que l'évocation de ces incidents renforce et légitime la Confédération qui en était issue.

A partir de là, la mémoire d'un peuple est devenue le mythe entraîneur de tous les autres. De tous ceux – et Dieu sait qu'ils sont nombreux – qui furent, sont et seront encore soumis à l'oppression. L'obscur héros d'un geste, d'un court instant et d'une petite nation est devenu le messager universel des libertés publiques. A ce titre il mérite respect, attention.

Un autre message universel l'évoque, celui de Jorge Luis Borges, l'Argentin, le poète de toutes les mémoires de l'humanité. *Los conjurados*, « Les conjurés », fut écrit au soir de sa vie. Il ne nomme pas Guillaume Tell, mais lui rend hommage à travers ses compatriotes. Borges est ici en paroles le prophète que Guillaume Tell avait été en deux flèches de son arbalète :

Ils conspirent au centre de l'Europe.
Le fait remonte à 1291.
Il s'agit d'hommes aux origines différentes, qui professent

des religions différentes et qui parlent des langues différentes.

Ils ont pris l'étrange résolution d'être raisonnables.

Ils ont décidé d'oublier leurs différences et d'accroître leurs affinités.

Ils furent soldats de la Confédération, puis mercenaires, parce qu'ils étaient pauvres, avaient l'habitude de la guerre et n'ignoraient pas que toutes les entreprises de l'homme sont également vaines.

Ils furent Winkelried, qui s'enfonce en plein cœur les lances ennemies pour que ses camarades avancent.

Ils sont un chirurgien, un pasteur ou un procureur, mais ils sont aussi Paracelse et Amiel et Jung et Paul Klee.

Au centre de l'Europe, parmi les terres hautes de l'Europe, monte une tour de raison et de foi solide.

Les cantons, maintenant, sont vingt-deux. Celui de Genève, le dernier, est l'une de mes patries.

Demain, ils seront toute la planète.

Si mes paroles s'éloignent de la vérité, puissent-elles être prophétiques.

ANNEXES

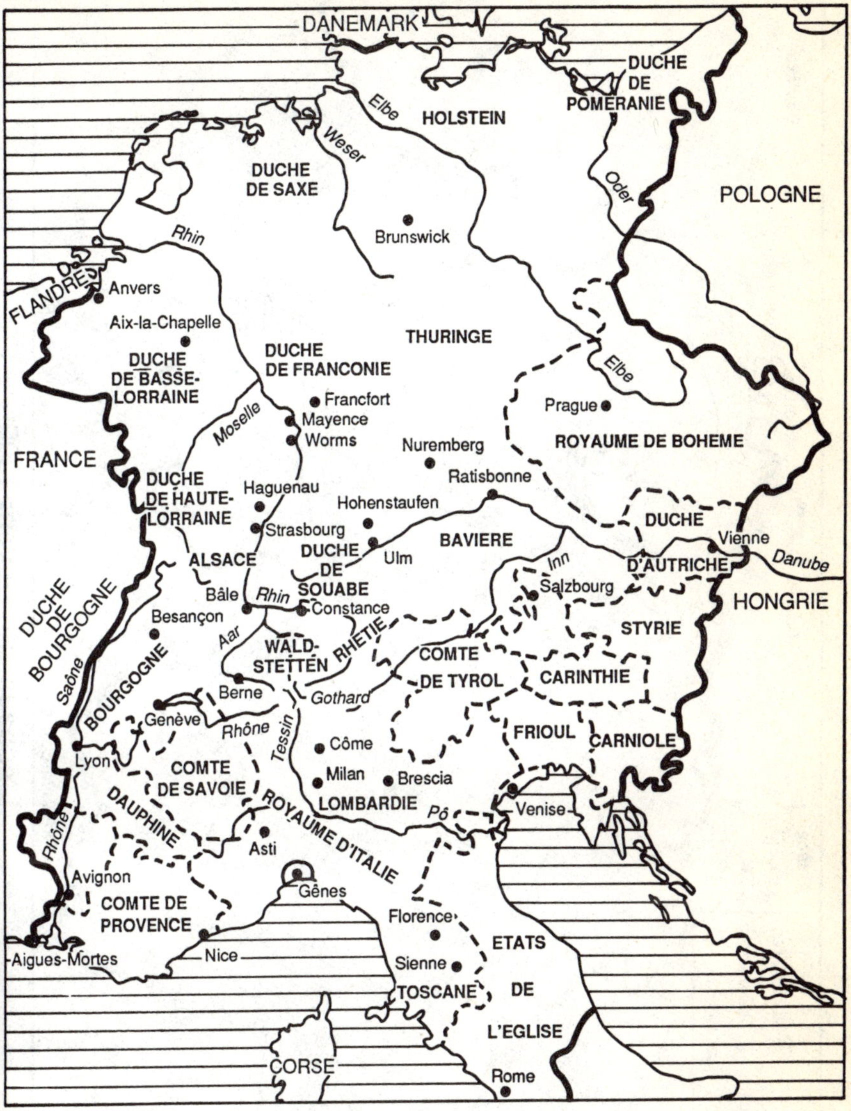

Le Saint Empire Romain Germanique, vers 1300

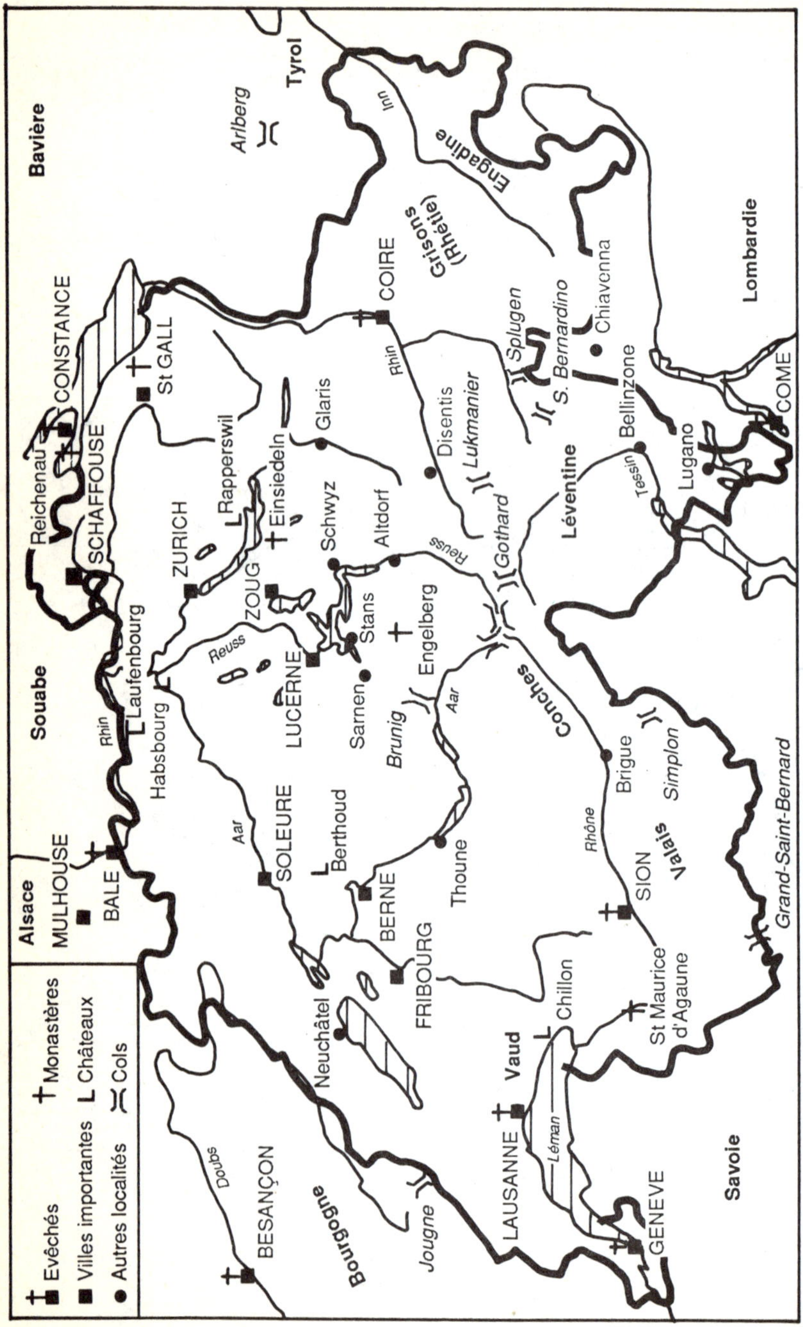

L'espace suisse vers 1300

Les Waldstetten

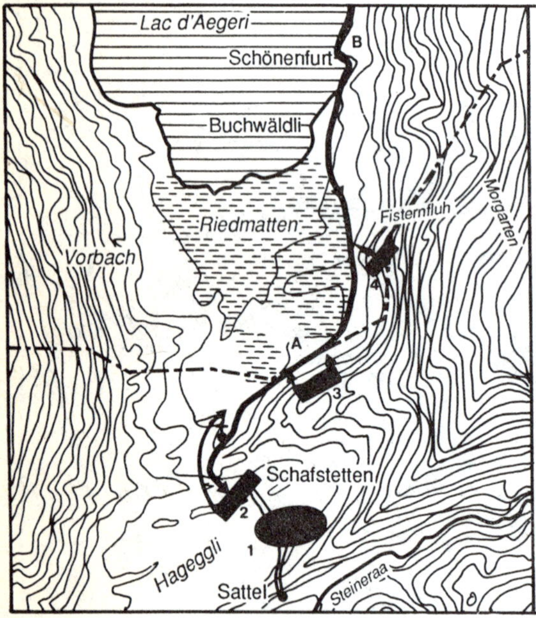

Colonne autrichienne
A Cavalerie
B Hommes d'arme à pied et bagages

Positions des Suisses
1 Position d'attente
2 Verrou sur un étranglement de la route
3 et 4 Positions surélevées d'attaques sur le flanc de la colonne autrichienne

Bataille de Morgarten, 15 novembre 1315

SOURCES ET BIBLIOGRAPHIE

En 1907, Franz HEINEMANN publiait en un gros fascicule une bibliographie de Guillaume Tell. C'est dire qu'il n'est pas possible, dans les limites de la liste qui suit, de recenser tous les ouvrages et articles consacrés au héros, avant et surtout depuis 1907. Je m'en tiendrai à l'essentiel, qui se ramène heureusement à quelques titres seulement. En revanche, j'indiquerai les publications les plus importantes et les plus utiles pour les différents sujets abordés dans ce livre : origines et naissance de la Confédération, économies et sociétés dans les Alpes centrales, histoire du mythe. On ne s'étonnera pas trop que la plupart des titres qui suivent soient en allemand...

LES SOURCES

Les sources médiévales les plus importantes de la Suisse « primitive » ont été rassemblées dans deux collections :

Quellen zur Schweizergeschichte, 1re série, 25 vol., Bâle 1877-1906; 2e série : section I : *Chroniques*, 7 tomes dès 1908; section II : *Actes*, 5 tomes dès 1911; section III : *Lettres et Mémoires*, 8 tomes dès 1927; section IV : *Manuels*, 8 tomes dès 1914 (lieux divers; certains tomes se divisent en plusieurs volumes).

Quellenwerk zur Entstehung der Eidgenossenschaft (recueil de sources pour servir à l'histoire des origines de la Confédération), 11 vol., Aarau 1933-1975. Section I : *Urkunden* (documents), 3 vol.; section II : *Urbare und Rödel* (censiers et comptes), 4 vol.; section III : *Chroniken und Dichtungen* (Chroniques et œuvres rimées), 4 vol.

Documents d'archives

Les recueils de J.E. Kopp, *Urkunden...*, 1835 et 1851 ne sont plus guère utilisés. Encore commode le regeste (850 pièces) donné par W. Oechsli en annexe de *Die Anfänge der Schweiz. Eidgenossenschaft*, Zurich 1891. L'ensemble le plus complet et le mieux édité est celui du *Quellenwerk...* série « documents », t. I (*VIIe siècle-1291*), éd. Traugott Schiess, Aarau 1933, et t. II (*1291-1332*), éd. T. Schiess et Bruno Meyer, Aarau 1937. En tout près de 3 500 pièces provenant des archives suisses et étrangères.

Die Eidgenössischen Abschiede (Recès de la Diète fédérale), t. I, *1245-1420*, éd. Anton Philip von Segesser, Lucerne 1874, est dépassé.

Das Habsburgische Urbar, éd. Rudolf Maag, Paul Schweizer et Walter Glättli, 3 vol., Bâle 1894-1904 (*Quellen zur Schweizer Geschichte*, 1re série, t. XIV et XV) : édition du relevé des droits et possessions des Habsbourg. Voir à ce sujet : Gottfried Partsch, *Die Steuern des habsburgischen Urbars 1303-1308*, Zurich 1946.

Urbare und Rödel, 4 vol., éd. Paul Kläui, Aarau 1941-1957.

Urkunden zur Schweizer Geschichte aus österreichischen Archiven, éd. Rudolf Thommen, t. I *(765-1370)*, Bâle 1899.

Regesta Habsburgica. Regesten der Grafen von Habsburg und der Herzöge von Österreich aus dem Hause Habsburg, t. I et II, éd. Harold Steinacker, Innsbruck 1905 et 1934; t. III, éd. Lothar Gross, Innsbruck 1924.

Die Regesten des Kaiserreichs unter Rudolf, Adolf, Albrecht, Henrich VII, t. I, éd. Oswald Redlich, Innsbruck 1898; t. II/1, éd. Vincenz Samanek, Innsbruck 1933.

Chroniques, poésies et œuvres littéraires

Justinger : G. Studer, éd., *Die Berner Chronik des Conrad Justinger*, Berne 1871.

Hemmerli : Dialogus de nobilitate et rusticitate : édition intégrale et critique en préparation depuis des années... En attendant, se contenter de l'impression s.l.n.d. (Strasbourg, vers 1500) ou des extraits publiés par J.J. Bodmer dans le *Thesaurus historiae Helvetiae*, t. I, Zurich 1757, et dans B. Reber, *Felix Hemmerlin von Zurich*, Zurich 1846.

Livre Blanc : utiliser l'édition du *Quellenwerk*, section III, vol. 1, *Das Weisse Buch von Sarnen*, éd. Hans-Georg Wirz, Aarau 1947, avec une importante introduction. – Cf. Bruno Meyer, *Weisses Buch und Wilhelm Tell*, dernière édition Weinfelden 1985, qui réédite la chronique d'après l'original.

Sources scandinaves et nordiques de la légende du tireur : Helmut de Boor, *Die nordischen, englischen und deutschen Darstellungen des*

Apfelschussmotivs dans *Quellenwerk,* section III, vol. 1, annexe III, avec extraits des textes correspondants.

« *Ballade* » et « *Jeu* » *:* éd. avec introductions par Max WEHRLI, dans *Quellenwerk,* section III, vol. 2/1, Aarau 1952. Cf. H. TRÜMPY, « Bemerkungen zum alten Tellenlied », *Basler Zeitschrift für Geschichte und Altertumskunde*, 65 (1965).

« *Origines des Schwyzois...* » : *Das Herkommen der Schwyzer und Oberhasler*, éd. Albert BRUCKNER dans *Quellenwerk,* section III, vol. 2/2, Aarau 1961. *Cf.* Guy P. MARCHAL, *Die frommen Schweden in Schwyz. Das « Herkommen der Schwyzer und Oberhaslen » als Quelle zum schwyzerischen Selbstverst ändnis im 15. und 16. Jahzhundert*, Bâle 1977.

Etterlin : Petermann ETTERLIN, *Kronica von der loblichen Eydtgnoschaft*, éd. Eugen GRUBER dans *Quellenwerk,* section III, vol. 3, Aarau 1965.

Melchior Russ : Eidgenössische Kronik, éd. Josef SCHNELLER, Berne 1834.

Johannes Stumpf : impression de 1547 à Zurich et en fac-similé, Winterthour 1975 ; *Schweizer- und Reformationschronik*, éd. Ernst GAGLIARDI, Hans MÜLLER et Fritz BÜSSER, dans *Quellen zur Schweizer Geschichte*, n.s., section I, t. V et VI, Bâle 1952-1955.

Autres chroniques citées : Rudolf VON RADEGG, *Capella Heremitarum* (chronique de l'écolâtre d'Einsiedeln sur les événements de 1314), éd. Paul J. BRÄNDLI, dans *Querellenwerk,* section III, vol. 4, Aarau 1975 (avec traduction allemande et commentaire).

Die Chronik Johannes von Winterthur (raconte la bataille de Morgarten), éd. C. BRUN et F. BAETHGEN, Berlin 1924 (*Monumenta Germaniae Historica*, série *Scriptores,* n.s., 3).

Tschudi : Vaste édition critique en cours, dans les *Quellen zur Schweizer Geschichte*, n.s., section I, tome VII, 6 parties parues sur 13 prévues, soit 8 vol. + 2 registres, Berne dès 1968, dans une succession assez déconcertante : Aegidius TSCHUDI, *Chronicon Helveticum*, vol. 1, éd. Peter STADLER et Bernhard STETTLER, vol. 1a et suivants, éd. B. STETTLER seul. – Tschudi a rédigé une première version, un brouillon *(Urschrift),* de certaines parties de sa chronique dans les années 1550 ; il l'a reprise, arrangée et complétée dans une version définitive autour de 1570-1571 *(Reinschrift).* Je me suis servi ici du brouillon (Vol. 1a, 1970), dont le récit est le plus naturel. La seconde version figure au vol. 3, 1980. Les introductions de B. STETTLER à chaque volume sont étendues et importantes.

HISTOIRE GÉNÉRALE DE LA SUISSE ET DES ALPES

Des nombreuses histoires de la Suisse, on ne retiendra ici que les deux plus récentes et plus complètes, pourvues de larges annexes bibliographiques :

Handbuch der Schweizer Geschichte, 2 vol., Zurich 1972 et 1977. Le 1er volume va jusqu'au XVIe siècle. Les chapitres sur la Suisse dans le haut Moyen Âge et sur les origines de la Confédération, par Hans-Conrad PEYER, remarquablement documentés, proposent l'exposé le plus clair et le plus nuancé des événements jusqu'en 1315. Ce grand ouvrage de référence n'a malheureusement pas été traduit en français.

Nouvelle histoire de la Suisse et des Suisses, 3 vol., Lausanne 1982-83, rééd. en 1 vol., 1986 (parue simultanément aussi en allemand et en italien). Chapitre sur « Les racines de l'indépendance (401-1394) » par Guy P. MARCHAL, plus synthétique que celui de PEYER, mais également excellent.

Hans-Conrad PEYER, *Verfassungsgeschichte der Schweiz*, Zurich 1978, complète et prolonge le chapitre du *Handbuch*.

Fort utile malgré son âge, le *Dictionnaire historique et biographique de la Suisse*, 7 vol. + supplément, Neuchâtel 1921-1934. Un nouveau *Dictionnaire historique de la Suisse* est en projet.

Sur l'histoire économique

Albert HAUSER, *Schweizerische Wirtschafts – und Sozialgeschichte, von den Anfängen bis zur Gegenwart*, Zurich 1961.

Jean-François BERGIER, *Histoire économique de la Suisse*, Lausanne et Paris 1984.

Id., Hermès et Clio. Essais d'histoire économique, Lausanne 1984 (sur la Suisse, les Alpes, etc.).

Hans-Conrad PEYER, *Könige, Stadt und Kapital. Aufsätze zur Wirtschafts – und Sozialgeschichte des Mittelalters*, Zurich 1982.

Atlas de la Suisse, 10 cartables in-folio, Berne 1965-1978.

Hektor AMMAN et Karl SCHIB, *Atlas historique de la Suisse*, 2e éd., Aarau 1958.

Histoire et civilisation des Alpes, sous la dir. de Paul GUICHONNET, 2 vol., Toulouse et Lausanne 1980; t. I, *Destin historique*; t. II, *Destin humain*. Contributions historiques de M.-R. SAUTTER (préhistoire), D. VAN BERCHEM (Antiquité), J.-F. BERGIER (Moyen Âge), R. RUFFIEUX (Suisse moderne), A. NIEDERER (économies, vie quotidienne, mentalités), etc.

Histoire des Alpes. Perspectives nouvelles, publié par J.-F. BERGIER, Bâle 1979. Contribution de P. CARONI, F. GLAUSER, P. DUBUIS, W. MEYER, E. CASTELNUOVO concernant le Moyen Âge.

Die Alpen in der europäischen Geschichte des Mittelalters. Reichenau-Vorträge 1961-62, Sigmaringen 1965 (*Vorträge und Forschungen*, X).

L'ESPACE SUISSE ET LES ALPES CENTRALES JUSQU'AU XIIIe SIÈCLE

René POUPARDIN, *Le royaume de Bourgogne (888-1038). Études sur les origines du royaume d'Arles*, Paris 1907 (réimpr., Genève 1974).

Heinrich BÜTTNER, *Schwaben und Schweiz im frühen und hohen Mittelalter. Gesammelte Aufsätze*, Sigmaringen 1972 (*Vorträge und Forschungen*, XV).

H. BÜTTNER et Iso MÜLLER, *Frühes Christentum im schweizerischen Alpenraum*, Einsiedeln - Zurich - Cologne 1967.

H. MAURER, *Der Herzog von Schwaben. Grundlagen, Wirkungen und Wesen seiner Herrschaft in ottonischer, salischer und staufischer Zeit*, Sigmaringen 1978.

Theodor MAYER, *Der Staat der Herzöge von Zæhringen*, Fribourg-en-Brisgau, 1935.

Jean-Pierre POLY et Eric BOURNAZEL, *La mutation féodale Xe-XIIe siècle*, Paris 1980 (*Nouvelle Clio*, 16).

H. BÜTTNER, « Der Weg der Innerschweiz zur antiqua confoederatio », in *Festschrift Iso Müller*, vol. 1, Stans 1973.

Iso MÜLLER, « Uri im Frühmittelalter », in *Historisches Neujahrsblatt... Uri*, 1957/58.

Hans SCHNYDER, « Die alemannische Besiedlung Uris im Frühmittelalter », *ibid.*, 1977/78.

LES CONDITIONS POLITIQUES ET LES ÉVÉNEMENTS DU XIIIe SIÈCLE

Le cadre de l'Europe et de l'empire

Léopold GENICOT, *Le XIIIe siècle européen*, Paris 1968 (*Nouvelle Clio*, 18).

Arno BORST, *Reden über die Staufer*, Francfort 1978.

Karl BOSL, *Europa im Aufbruch. Herrschaft, Gesellschaft, Kultur vom 10. bis zum 14. Jahrhundert*, Munich 1980.

Jean-Pierre CUVILLIER, *L'Allemagne médiévale*, t. I, *Naissance d'un État (VIIIe-XIIIe siècles)*, Paris 1979; t. II, *Échec d'une nation (1273-1525)*, Paris 1984.

Alfred HAVERKAMP, *Aufbruch und Gestaltung. Deutschland (1056-1273)*, Munich 1984 (*Neue deutsche Geschichte*, 2).

Philippe CONTAMINE, *La guerre au Moyen Âge*, Paris 1980, (*Nouvelle Clio*, 24).

Les princes

Ernst KANTOROWICZ, *L'empereur Frédéric II*, Paris 1987 (trad.; éd. originale en allemand, 1927).

Aloys SCHULTE, *Geschichte der Habsburger in den ersten drei Jahrhunderten*, Innsbruck 1887.

Oswald REDLICH, *Rudolf von Habsburg*, Innsbruck 1903.

Johann FRANZL, *Rudolf I. Der erste Habsburger auf dem deutschen Thron*, Graz 1986.

T.-M. MARTIN, *Die Städtepolitik Rudolfs von Habsburg*, Göttingen 1976.

Marie-José DE SAVOIE, *La Maison de Savoie*, t. I, Paris 1956.

Eugène L. COX, *The Eagles of Savoy. The House of Savoy in XIII*[th] *Century Europe*, Princeton 1974.

Jean FAVIER, *Philippe le Bel*, Paris 1978.

Autour des Waldstetten

Carl BRUN, *Geschichte der Grafen von Kybourg bis 1264*, Zurich 1913.

Harold STEINACKER, *Staatswerdung und politische Willensbildung im Alpenraum*, Darmstadt 1967.

Karl MEYER, *Blenio und Leventina von Barbarossa bis Heinrich VII*, Lucerne 1911; j'ai utilisé, pour mettre un peu de diversité dans mes lectures, la traduction italienne, *Blenio e Leventina... Un contributo alla storia del Ticino nel medioevo*, Bellinzone 1977.

Id., *Die Stadt Luzern von den Anfängen bis zum eidgenössischen Bund*, Lucerne 1932.

Iso MÜLLER, *Geschichte von Ursern, von den Anfängen bis zur Helvetik*, Disentis 1984.

Id., *Disentiser Klostergeschichte*, t. I *(700-1512)*, Einsiedeln – Cologne 1942.

Geschichte und Kultur Churrätiens. Festschrift für Pater Iso Müller, Disentis 1986.

Ferdinand GÜTERBOCK, *Engelbergs Gründung und erste Blüte*, Zurich 1948, (*Cahiers de la Revue d'histoire suisse*, 6).

Situation à Uri

Karl Franz LUSSER, *Geschichte des Kantons Uri*, Schwyz 1862.

Paul KLÄUI, « Bildung und Auflösung der Grundherrschaft im Lande Uri », in *Historisches Neujahrsblatt Uri*, 1957/58 et in KLÄUI, *Ausgewählte Schriften*, Zurich 1964 (*Mitteilungen der Antiquarischen Gesellschfat in Zurich*, t. 43/1).

Walter KOLLER, *Die Urner Fehde der Izzelin und Gruoba 1257-58*, Berne 1973.

Gottfried BOESCH, « Die grosse Urner Blutrache 1257-58. Der Izelin und Gruobahandel », in *Festschrift Iso Müller*, I, Stans 1973.

GUILLAUME TELL, LES TROIS SUISSES ET LES ORIGINES DE LA CONFÉDÉRATION : LA DISPUTE DES SAVANTS, LE COMMENTAIRE DES SOURCES ET LES ÉTATS DE LA QUESTION

N.B. : cités dans leur ordre chronologique, les publications indiquées ci-dessous ne sont que les plus représentatives ou les plus intéressantes pour notre propos. On trouvera des références plus complètes dans le *Handbuch* ou dans les « états de la question » les plus récents. Voir aussi les introductions des éditeurs aux recueils de sources cités plus haut.

Jean [DE] MULLER, *Histoire des Suisses* (trad.), t. III, Lausanne - Paris 1795 (l'histoire de Tell et des Trois Suisses est rapportée en fin de volume).

Jean-Joseph HISELY, *Guillaume Tell et la révolution de 1307*, Delft 1826.

Josef-Eutych KOPP, *Urkunden zur Geschichte der eidgenössischen Bünde*, 2 vol., Lucerne et Vienne 1835 et 1851.

Id. (et continuateurs), *Geschichte der eidgenössischen Bünde, mit Urkunden*, 5 vol., Leipzig - Berlin - Lucerne - Bâle, 1845-1882.

J.-J. HISELY, *Recherches critiques sur l'histoire de Guillaume Tell*, Lausanne 1843.

Albert RILLIET, *Les origines de la Confédération. Histoire et légende*, Genève - Bâle 1868.

Georg MEYER VON KNONAU, *Die Sage von der Befreiung*, Bâle 1873.

Louis VULLIEMIN, *Histoire de la Confédération suisse*, Lausanne 1875.

Wilhelm OECHSLI, *Die Anfänge der Schweizerischen Eidgenossenschaft*, Zurich 1891.

Georg VON BELOW, « Die Entstehung der schweizerischen Eidgenossenschaft », *Revue d'histoire suisse*, 3 (1923).

Hans NABHOLZ, « Die neueste Forschung über die Entstehung der Eidgenossenschaft », *in Papsttum und Kaisertum. Festschrift Paul Kehr*, Munich 1926.

Karl MEYER, *Die Urschweizer Befreiungstradition in ihrer Einheit, Überlieferung und Stoffwahl. Untersuchungen zur schweizerischen Historiographie des 15. und 19. Jahrhunderts*, Zurich 1927.

Id., *Der Freiheitskampf der Eidgenössischen Bundesgründer*, Frauenfeld 1941.

Id., « Der Ursprung der Eidgenossenschaft », *Revue d'histoire suisse*, 21 (1941).

Id., *Aufsätze und Reden*, Zurich 1952.

Theodor MAYER, « Die Entstehung der Schweizer Eidgenossenschaft und die deutsche Geschichte », *Deutsches Archiv für Geschichte des Mittelalters*, 7 (1944).

Harold STEINACKER, « Die Habsburger und der Ursprung der Eidgenossenschaft », *Mitteilungen des Instituts für Oesterreichische Geschichtsforschung*, 61 (1953).

Bruno MEYER, « Die Entstehung der Eidgenossenschaft. Der Stand der heutigen Anschauungen », *Revue suisse d'Histoire*, 2 (1952).

Id., *Weisses Buch und Wilhelm Tell.* Paru d'abord dans le *Geschichtsfreund der V Orte*, 112 (Lucerne 1959), puis en livre, Weinfelden 1963; nouvelle édition revue, 1985.

Fritz WERNLI, *Die Entstehung der Schweizerischen Eidgenossenschaft*, Zurich 1972.

Marcel BECK, *Legende, Mythos und Geschichte. Die Schweiz und das europäische Mittelalter,* Frauenfeld 1978 (recueil d'articles de l'éminent médiéviste et polémiste zurichois; plusieurs abordent de façon originale et pénétrante le problème des origines de la Confédération).

Bernard STETTLER, « Geschichtsschreibung im Dialog. Bemerkungen zur Ausbildung der eidgenössischen Befreiungstradition », *Revue suisse d'Histoire,* 29 (1979). Cf. aussi de cet auteur les introductions aux volumes de son édition du *Chronicon Helveticum* de Tschudi.

Guy P. MARCHAL, « Das Meisterli von Emmenbrücke oder : Vom Aussagewert mündlicher Überlieferung. Eine Fallstudie zum Problem Wilhelm Tell », *Revue suisse d'Histoire,* 34 (1984).

Jean-François BERGIER, « Guillaume Tell, légende et réalité dans les Alpes au Moyen Âge », *Académie des Inscriptions et Belles-Lettres, Comptes rendus,* avril-juin 1984.

Arnold C. SCHÄRER, *Und es gab Tell doch,* Lucerne 1986.

Sur les récits en général

J.-M. ADAM, *Le récit*, Paris 1984 (*Que sais-je ?*).

H. BECK (éd.), *Heldensage und Heldendichtung im Germanischen,* Berlin 1987 (vol. compl. du *Reallexikon der Germanischen Altertumskunde,* 2).

Archéologie des châteaux

Werner MEYER et E. WIDMER, *Châteaux forts en Suisse,* (Zurich 1978.

W. MEYER, « Zwing Uri 1978. Bericht über die Ausgrabungungs– und Restaurierungsarbeiten vom Sommer 1978 », *Nachrichten des schweizerischen Burgenvereins,* 10 (1978), n° 6.

W. MEYER, J. OBRECHT et H. SCHNEIDER, *Die bösen Türnli. Archaeologische Beiträge zur Burgenforschung in der Urschweiz,* Olten 1984.

Sur les pactes fédéraux (1291, 1315 et suivants)

Bruno MEYER, *Die ältesten eidgenössischen Bünde,* Zurich 1938.

David LASSERRE, *Alliances confédérales 1291-1815,* Zurich 1941 (avec fac-similés des originaux, conservés à Schwyz).

Id., *Étapes du fédéralisme. L'expérience suisse*, Lausanne 1954.
William E. RAPPARD, *Cinq siècles de sécurité collective (1291-1798). Les expériences de la Suisse sous le régime des pactes de secours mutuel*, Paris-Genève 1945.

Les « escartons » du Dauphiné

Hans NABHOLZ, « Eine Eidgenossenschaft in der Dauphiné », *Archiv des historischen Vereins des Kantons Bern. Festgabe H. Türler*, Berne 1931.
Pierre VAILLANT, *Les libertés des communautés dauphinoises*, Paris 1951.
Id., « Les origines d'une libre confédération de vallées : les habitants des communautés briançonnaises au XIIIe siècle », *Bibliothèque de l'École des Chartes*, 125 (1967).

Morgarten

Robert DURRER, *Schweizerische Kriegsgeschichte*, t. I, *Die ersten Freiheitskämpfe der Urschweiz*, Berne 1915.
Carl AEGWERD, *Die Schlacht und das Schlachtfeld am Morgarten*, Schwyz 1951 (*Mitteilungen des historischen Vereins des Kantons Schwyz*, 49).

L'élargissement de la Confédération

Karl MOMMSEN, *Eidgenossen, Kaiser und Reich : Studien zur Stellung der Eidgenossenschaft innerhalb des Heiligen Römischen Reichs*, Bâle 1958.
Bruno MEYER, *Die Bildung der Eidgenossenschaft im 14. Jahrhundert*, Zurich 1972.
Bernard STETTLER, « Habsburg und die Eidgenossenschaft um die Mitte des 14. Jahrhunderts », *Revue suisse d'Histoire*, 23 (1973).
Guy P. MARCHAL, *Sempach 1386. Von den Anfängen des Territorialstaates Luzern*, Bâle 1986.

PEUPLEMENT, ÉCONOMIES, SOCIÉTÉ

Climat et conditions naturelles

Emmanuel LE ROY LADURIE, *Histoire du climat depuis l'an mil*, Paris 1957.
Pierre ALEXANDRE, *Le climat en Europe au Moyen Âge. Contribution à l'histoire des variations climatiques de 1000 à 1425, d'après les sources narratives de l'Europe occidentale*, Paris 1987.

Mario PELLEGRINI, *Materiali per una storia del clima nelle Alpi lombarde durante gli ultimi cinque secoli,* Bellinzone 1973.

Christian PFISTER, « Veränderung der Sommerwitterung im südlichen Mitteleuropa von 1270-1400 als Auftakt zum Gletscherhochstand der Neuzeit », *Geographica Helvetica,* 40 (1985).

G. LAMBERT et C. ORCEL, « État de la dendrochronologie en Europe occidentale et les rapports entre dendrochronologie et archéologie en Suisse », *Archives suisses d'anthropologie générale,* 41/2 (1977).

Felix RENNER, *Beiträge zur Gletschergeschichte des Gotthardsgebietes und dendroklimatische Analysen an fossilen Hölzern,* Zurich 1982 (*Physische Geographie,* 8).

Albert HEIM, *Bergsturz und Menschenleben,* Zurich 1932.

Peuplement et structures sociales

Karl Franz LUSSER, *Der Kanton Uri, historisch, geographisch, statistisch geschildert,* Saint-Gall 1834.

Karl MEYER, « Geographische Voraussetzungen der eidgenössischen Territotialbildung », *Mitteilungen des historischen Vereins des Kantons Schwyz,* 34 (1927).

Iso MÜLLER, « Zur Besiedlung der Gotthardtäler », *Geschichtsfreund der V Orte,* 111 (1958).

Werner RÖLLIN, *Siedlungs– und wirtschaftsgeschichtliche Aspekte der mittelalterlichen Urschweiz bis zum Ausgang des 15. Jahrhunderts,* Zurich 1969.

Paul KLÄUI, « Die Meierämter der Fraumünsterabtei in Uri », *Historisches Neujahrsblatt... von Uri,* 1955-1956.

Id., « Bildung und Auflösung der Grundherrschaft im Lande Uri », *ibid.,* 1957/58, et KLÄUI, *Ausgewählte Schriften,* Zurich 1965.

Peter HUBLER, *Adel und führende Familien Uris im 13.-14. Jahrhundert,* Berne 1973.

Roger SABLONIER, *Adel im Wandel. Untersuchung zur sozialen Situation des ostschweizerischen Adels um 1300,* Göttingen 1979.

Anselm ZURFLUH, *Une population alpine dans la Confédération. Uri aux XVIIe et XVIIIe siècles. Démographie et mentalités,* Paris 1988 (sous presse).

Robert McC. NETTING, *Balancing on an Alp. Ecological change and continuity in a Swiss mountain community* [Törbel, Valais], Cambridge 1981.

Gian-Piero BOGNETTI, *Studi sulle origini del comune rurale,* Milan 1978.

Fritz WERNLI, *Studien zur mittelalterlichen Verfassungsgeschichte,* 9 vol., parus chez l'auteur, depuis 1959. Cf. plus particulièrement les vol. 3 (1961) et 5 (1968) sur les communautés des vallées et les « Markgenossenschaften ».

Helmut MAURER, (Éd)., *Kommunale Bündnisse Oberitaliens und Oberdeutschlands im Vergleich,* Sigmaringen 1987 (*Vorträge und Forschungen*, XXXIII).

Sur les Walser

Iso MÜLLER, « Die Wanderung der Walser über Furka, Oberalp und ihr Einfluss auf den Gotthardweg », *Revue d'histoire suisse,* 16 (1936).

Hans KREIS, *Die Walser. Ein Stück Siedlungsgeschichte der Zentralalpen,* 2e éd., Berne-Munich 1966.

Paul ZINSLI, *Walser Volkstum in der Schweiz, Vorarlberg, Liechtenstein und Piemont,* 3e éd., Frauenfeld-Stuttgart 1970.

Beiträge zur alpinenpassgeschichte. Contributi alla storia dei passi alpini. Atti della 4a Giornata di Studi Walser, Splügen 6 settembre 1986, Anzola d'Ossola, 1987.

Culture, vie matérielle, mentalités

Adolf GÜNTHER, *Die Alpenländische Gesellschaft als sozialer und politischer, wirtschaftlicher und kultureller Lebenskreis,* Iéna 1930.

F. GIRARDIN, « Les paysages alpestres en liaison avec les abbayes, les pèlerinages et les saints de la montagne », *Geographica Helvetica,* 2 (1947).

Hans-Georg WACKERNAGEL, *Altes Volkstum der Schweiz. Gesammelte Schriften,* Bâle 1956.

Richard WEISS, *Volkskunde der Schweiz,* 2e éd., Zurich 1978.

Leo ZEHNDER, *Volkskundliches in der älteren schweizerischen Chronistik,* Bâle 1976.

Josef MÜLLER, *Sagen aus Uri,* 3 vol., Bâle 1926-1945.

Hans FEHR, *Das Recht in den Sagen der Schweiz,* Frauenfeld 1953.

Werner MEYER, *Hirsebrei und Hellebarde. Auf den Spuren des mittelalterlichen Lebens in der Schweiz,* Olten 1985.

Egon HARMUTH, *Die Armbrust, ein Handbuch,* Graz 1986; cf. du même auteur l'article « Armbrust » (arbalète) du *Lexikon des Mittelalters,* t. I/5, Munich-Zurich 1979.

Arno BORST, *Lebensformen im Mittelalter,* Berlin-Vienne 1979.

Id., « Alpine Mentalität und europäischer Horizont im Mittelalter », *Schriften des Vereins für Geschichte des Bodensees und seiner Umgebung,* 92 (1974).

Bruno MEYER, « Friede und Fehde im ältesten Bunde der Waldstätten », *Mélanges Charles Gilliard,* Lausanne 1944.

Eckart C. LUTZ, « La vie au village dans le Toggenbourg vers 1400, d'après le " Ring " d'Heinrich Wittenwiler », *Revue suisse d'Histoire,* 26 (1976).

Pierre DUBUIS, « Comportamenti sessuali nell Alpi del Basso Medioevo. L'esempio della Castellania di Susa », *Studi storici* (1986).

Uli WINDISCH, *Lutte de clans, lutte de classes. Chermignon, la politique au village,* Lausanne 1976.

Ludwig PAULI, *Die Alpen in Frühzeit und Mittelalter. Die archäologische Entdeckung einer Kulturlandschaft,* Munich 1980.

Les monuments d'art et d'histoire de la Suisse, série par cantons, env. 70 vol. parus. Cf. Robert DURRER, *Die Kunstdenkmäler des Kantons Unterwald,* Bâle 1899 (reprint 1971); André MEYER, *Die Kunstdenkmäler des Kantons Schwyz,* t. I, *Der Flecken Schwyz,* Bâle 1978; Helmi GASSER, *Die Kunstdenkmäler des Kantons Uri,* t. II, *Die Seegemeinden,* Bâle 1986.

Benno FURRER, *Die Bauernhäuser des Kantons Uri,* Bâle 1985. (*Die Bauernhäuser der Schweiz,* vol. 12).

Dario GAMBONI, *La géographie artistique. Ars Helvetica,* t. I, Disentis 1987.

Albert HUG et Viktor WEIBEL, *Urner Namenbuch. Die Orts– und Flurnamen des Kantons Uri,* vol. I, Altdorf 1988.

Économie rurale, élevage

Albert HAUSER, *Wald und Feld in der alten Schweiz. Beiträge zur schweizerischen Agrar- und Forstgeschichte,* Zurich 1972.

Jean-François BERGIER, *Problèmes de l'histoire économique de la Suisse. Population, vie rurale, échanges et trafics,* Berne 1968.

Gerold MEYER VON KNONAU, « Die Verdrängung des Ackerbaus durch die Alpwirtschaft in schweizerischen Hochgebirgstälern », *Jahrbuch des Schweizer Alpen-Clubs,* 6 (1869-70).

Louis CARLEN, *Das Recht der Hirten. Zur Rechtsgeschichte der Hirten in Deutschland, Österreich und der Schweiz,* Aalen 1970.

Martin KIEM, « Die Alpenwirtschaft und Agrikultur in Obwalden seit der ältesten Zeiten », *Geschichtsfreund der V Orte,* 21 (1866).

Leo ODERMATT, *Alpwirtschaft in Nidwalden. Geschichtliche Entwicklung und Anpassung an die Agrarstrukturen der Neuzeit,* Stans 1981 (*Beiträge zur Geschichte Nidwaldens,* vol. 40).

Ignaz HESS, « Der Grenzstreit zwischen Engelberg und Uri », *Jahrbuch für schweizer Geschichte,* 25 (1900).

Werner MEYER, « Blumenhütte 1983. Vorbericht über die Ausgrabung einer hochalpinen Wüstung am Gotthard », *Nachrichten des schweizerischen Burgenvereins,* vol. 13, 1983, n° 6.

Jean-François BERGIER, *Une histoire du sel,* Fribourg-Paris 1982.

La lana come materia prima. I fenomeni della sua produzione e circolazione nei secoli XIII-XVII, Florence 1974 (*Atti delle Settimane di*

Studio dell'Istituto internazionale di storia economica F. Datini, Prato, t. I; contributions de Hans-Conrad PEYER pour la Suisse; Wolfgang VON STROMER pour l'Allemagne du Sud; Ferdinand TREMEL pour les Alpes orientales).

Routes et trafics dans les Alpes. Les cols.

Généralités

Aloys SCHULTE, *Geschichte des mittelalterlichen Handels und Verkehrs zwischen Westdeutschland und Italien, mit Ausschluss von Venedig,* 2 vol. (I : texte; II : documents), Leipzig 1900 (Reprint, Berlin 1966). Près d'un siècle après sa parution, cet ouvrage reste essentiel, notamment pour la question de l'ouverture du Gothard.

Jean-François BERGIER, « Le trafic à travers les Alpes et les liaisons transalpines du haut Moyen Âge au XVIIe siècle », *Le Alpi e l'Europa,* t. 3, *Economia e transiti,* Bari 1975.

Herbert HASSINGER, « Die Alpenübergänge von Mont-Cenis bis zum Simplon im Spätmittelalter », *Wirtschaftskräfte und Wirtschaftswege. Festschrift Hermann Kellenbenz,* t. I, Nuremberg 1978.

Uta LINDGREN (éd.), *Alpenübergänge vor 1850. Landkarten, Strassen, Verkehr,* Stuttgart 1987.

Vital CHOMEL et Jean EBERSOLT, *Cinq siècles de circulation internationale vue de Jougne. Un péage jurassien du XIIIe au XVIIIe siècle,* Paris 1951.

Maria C. DAVISO DI CHARVENSOD, *I pedaggi delle Alpi occidentali nel medio evo,* Turin 1961.

Werner SCHNYDER, *Handel und Verkehr über die Bündner Pässe im Mittelalter zwischen Deutschland, der Schweiz und Oberitalien,* 2 vol., Zurich 1973-1975.

Otto STOLZ, *Quellen zur Geschichte des Zollwesens und Handelsverkehrs in Tirol und Vorarlberg vom 13. bis 18. Jahrhundert,* Wiesbaden 1955 (*Deutsche Zolltarife des Mittelalters und der Neuzeit / Deutsche Handelsakten...,* vol. X).

Id., « Zur Entwicklungsgeschichte des Zollwesens innerhalb des alten deutschen Reiches », *Vierteljahresschrift für Sozial- und Wirtschaftsgeschichte,* (1954).

Herbert HASSINGER, *Geschichte des Zollwesens, Handels und Verkehrs in den östlichen Alpenländern vom Spätmittelalter bis in die 2. Hälfte des 18. Jahrhunderts,* t. I, Wiesbaden-Stuttgart 1987 (*Deutsche Zolltarife... / Deutsche Handelsakten...,* vol. XVI).

Luciana FRANGIONI, *Milano e le sue strade. Costi di trasporto e vie di commercio dei prodotti milanesi alla fine del Trecento,* Bologne 1983.

Pio CARONI, « Soma et alpis et vicinale. Einleitende Bemerkungen zu einer Rechtsgeschichte der Säumergenossenschaft », *Festschrift F. Elsener,* Sigmaringen 1977.

Id., « Dorfgemeinschaft und Säumergenossenschaft in der mittelalterlichen und neuzeitlichen Schweiz », *Nur Ökonomie ist keine Ökonomie. Festgabe Basilio M. Biucchi*, Berne-Stuttgart 1978. – Cf. aussi le recueil *Histoire des Alpes, perspectives nouvelles* (1979) cité plus haut.

Ruggiero ROMANO (éd.), *L'Uomo e la Strada*, Milan 1987.

L'ouverture du Gothard

Iso MÜLLER, « Der Gotthard-Raum in der Frühzeit (7.-13. Jahrhundert) », *Revue suisse d'Histoire*, 7 (1957); « Zur ältesten Kultgeschichte des hl. Gotthard », *ibidem*, 28 (1978); « Die Wanderung der Walser über Furka-Oberalp und ihr Einfluss auf den Gotthardweg », *Revue d'histoire suisse*, 16 (1936).

Alois KOCHER, « Der alte St. Gotthardweg », *Historisches Neujahrsblatt... von Uri*, 1949/50.

Karl MEYER, « Über die Einwirkung des Gotthardpasses auf die Anfänge der Eidgenossenschaft » (1919), dans MEYER, *Aufsätze und Reden*, Zurich 1952.

Rudolf LAUR-BÉLART, *Studien zur Eröffnungsgeschichte des Gotthardpasses, mit einer Untersuchung über Stiebende Brücke und Teufelsbrücke*, Zurich 1924.

Charles GILLIARD, « L'ouverture du Gothard », *Annales d'histoire économique et sociale*, 1 (1929).

Ferdinand GÜTERBOCK, « Wann wurde die Gotthardstrasse erschlossen? », *Revue d'histoire suisse*, 19 (1939).

Gottfried BOESCH, « Die Gründung der Stadt Luzern und die Erschliessung der Schœllenen », *Festschrift Iso Müller*, t. I, Stans 1973.

J. GAUSS, « Passpolitik um 1291. Konkurrenzkampf zwischen den Bündner Alpenpässen und dem Gotthard vor 700 Jahren », *Geschichtsfreund der V Orte*, 138 (1985).

Les économies et les sociétés environnantes

La Montagne : économies et sociétés, Lausanne 1985 (Cahiers de la Société suisse d'histoire économique et sociale, 4).

Markus MATTMÜLLER (éd.), *Économies et sociétés de montagne*, Berne 1986 (*Itinera*, vol. 5/6).

Fernand BRAUDEL, *La Méditerranée et le monde méditerranéen à l'époque de Philippe II*, 2e éd., 2 vol., Paris 1966.

Id., *Civilisation matérielle, économie et capitalisme*, 3 vol., Paris 1979.

Id., *L'identité de la France. Espace et histoire*, Paris 1986.

Thérèse SCLAFERT, *Le Haut-Dauphiné au Moyen Âge*, Paris 1926.

André ALLIX, *L'Oisans au Moyen Âge*, Paris 1929.

Jean-François BERGIER, *Genève et l'économie européenne de la Renaissance*, Paris 1963.

Jean-Claude HOCQUET, *Le sel et la fortune de Venise*, 2 vol., Lille 1978-1979.

Hektor AMMANN, « Das schweizerische Städtewesen des Mittelalters in seiner wirtschaftlichen und sozialen Ausprägung », *La Ville. Recueil de la Société Jean Bodin*, 2e partie, Bruxelles 1956.

Hans-Conrad PEYER, « Die wirtschaftliche Bedeutung der fremden Dienste für die Schweiz vom 15. bis 18. Jahrhundert », *Beiträge zur Wirtschaftsgeschichte*, vol. 5, Nuremberg 1978.

Martin BUNDI, *Zur Besiedlungs- und Wirtschaftsgeschichte Graubündens im Mittelalter*, Coire 1982.

Jon MATHIEU, *Bauern und Bären. Eine Geschichte des Unterengadins von 1650 bis 1800*, Coire 1987.

Lothar DEPLAZES, *Alpen, Grenzen, Pässe im Gebiet Lukmanier-Piora (13.-16. Jahrhundert)*, Disentis 1986.

Louis CARLEN, *Kultur des Wallis im Mittelalter*, Brigue 1981.

Anne-Marie DUBLER, *Geschichte der Luzerner Wirtschaft*, Lucerne 1983.

LE MYTHE DE TELL

Historiographie et mythologie

Georg VON WYSS, *Geschichte der Historiographie in der Schweiz*, Zurich 1885.

Richard FELLER et Edgar BONJOUR, *Geschichtsschreibung der Schweiz vom Spätmittelalter zur Neuzeit*, 2 vol., Bâle-Stuttgart 1962.

Frantisek GRAUS, *Lebendige Vergangenheit. Überlieferung im Mittelalter und in den Vorstellungen des Mittelalters*, Cologne 1975.

Guy P. MARCHAL, « Die Antwort der Bauern. Elemente und Schichtungen des eidgenössischen Geschichtsbewusstseins am Ausgang des Mittelalters », *Geschichtsschreibung und Geschichtsbewusstsein im späten Mittelalter*, Sigmaringen 1987 (*Vorträge und Forschungen*, XXXI).

Edgar BONJOUR, *Studien zu Johannes von Müller*, Bâle 1957.

Histoire et légende. Six exemples en Suisse Romande, Lausanne 1987 (*Mémoires et Documents... de la Suisse Romande*, 3e série, t. XVI).

Ulrich IM HOF et François DE CAPITANI, *Die Helvetische Gesellschaft. Spätaufklärung und Vorrevolution in der Schweiz*, 2 vol., Frauenfeld 1983.

Les métamorphoses de Tell

Lilly STUNZI (éd.), *Quel Tell?*, Lausanne 1973. Un recueil qui propose une bonne vue d'ensemble du mythe de Tell et de son évolution du XVIIIe au XXe siècle, avec des textes de Jean Rodolphe DE SALIS, Ricco LABHARDT (Tell révolutionnaire), Manfred HOPPE (Schiller), Alfred BERCHTOLD (histoire littéraire de Tell) et Leo SCHELBERT (mythe de Tell dans la tradition des États-Unis).

Hans BUSCHER, *Heinrich Pantaleon und sein Heldenbuch,* Bâle 1946.

Ricco LABHARDT, *Wilhelm Tell als Patriot und Revolutionär 1700-1800. Wandlungen der Tell-Tradition im Zeitalter des Absolutismus und der französischen Revolution,* Bâle 1947.

P. FORNARI, *Guglielmo Tell ovvero il risorgimento della libertà svizzera,* Milan 1882.

Guillermo Tell, hijo del pueblo y soldado de la libertad, Barcelone s.d. (vers 1936) (*Biblioteca del Pueblo, historia de las revoluciones sociales,* vol. II).

Fritz ERNST, *Wilhelm Tell. Blätter aus seiner Ruhmgeschichte,* Zurich 1936.

Id., Wilhelm Tell als Freiheitssymbol Europas, Zurich 1979.

Uli WINDISCH et Florence CORNU, *Guillaume Tell au quotidien,* à paraître (Zurich 1988).

Le mythe suisse

Curt ENGLERT-FAYE, *Vom Mythus zur Idee der Schweiz,* Zurich 1940.

Henri NAEF, *Guillaume Tell et les Trois Suisses. Mythe et réalité,* Lausanne 1942.

Pierre MAUGUÉ, *Le Mythe et l'Histoire. Essai sur les origines de la Suisse et la tradition celtique,* Paris 1985.

André RESZLER, *Mythes et identité de la Suisse,* Genève 1986.

Bernard CRETTAZ, Hans-Ulrich JOST, Rémy PITHON, *Peuples inanimés, avez-vous donc une âme ? Images et identités suisses au XXe siècle,* Lausanne 1987 (*Études et Mémoires de la section d'histoire de l'Université de Lausanne,* 6).

Sur un aspect de la vie suisse lié au mythe : Paul P. BERNARD, *Rush to the Alps. The Evolution of Vacationing in Switzerland,* New York 1978 (*East European Monographs,* XXVII).

Guy S. MÉTRAUX, *Le ranz des vaches. Du chant de bergers à l'hymne patriotique,* Lausanne 1984.

Mythe de Tell; la littérature...

François JOST, « La fortune d'un héros : Guillaume Tell en Europe », *Essais de littérature comparée,* I, *Helvetica,* Fribourg 1964.

Heinrich METTLER et Heinz LIPPUNER, avec la collaboration de Werner DÜGGELIN, *« Tell » und die Schweiz – die Schweiz und « Tell ». Ein Schulbeispiel für die Wirkkraft von Schillers « Wilhelm Tell », ihre Voraussetzungen und Folgen,* 2e éd., Thalwil 1983.

Peter UTZ, *Die ausgehöhlte Gasse. Stationen der Wirkungsgeschichte von Schillers « Wilhelm Tell »*, Königstein 1984.

... et les écrivains

Denis DE ROUGEMONT, *La Suisse ou l'histoire d'un peuple heureux*, Lausanne 1969.

Peter BICHSEL, *La Suisse des Suisses* (trad. de l'allemand), Lausanne 1970.

Max FRISCH, *Guillaume Tell pour les écoles* (trad. de l'allemand), Lausanne 1972.

L'excursion au Grutli avec sa mère est racontée par Elias CANETTI, *La langue sauvée : histoire d'une jeunesse, trad.* Paris 1981.

Le poème de Jorge Luis BORGES figure dans le recueil *Les Conjurés*, (c) J.L. Borges y Alianza Editorial S.A. Madrid 1985 et (c) Éditions Gallimard 1988 pour la traduction française de Claude Esteban.

Tell en images et en musique

Dossiers iconographiques sur Guillaume Tell par :

Franz HEINEMANN, *Tell-Iconographie. Wilhelm Tell und sein Apfelschuss im Lichte der bildenden Kunst eines halben Jahrhunderts*, Lucerne – Leipzig 1902.

Lilly STUNZI, ouvrage cité plus haut.

Guillaume Tell, album des Éditions Ketty et Alexandre, Chapelle-sur-Moudon 1985.

Voir en outre Rolf KELLER, « Kontinuität und Wandel bei Darstellungen der Schweizer Geschichte vom 16.-18. Jahrhundert », *Revue suisse d'archéologie et d'histoire de l'art*, 41 (1984); Rudolf SCHNYDER, « Der Tell der Helvetischen Gesellschaft, ein wiedergefundenes Werk von Alexander Trippel », *ibid.*

Edmond VAN DER STRATEN, *La mélodie populaire dans l'opéra « Guillaume Tell » de Rossini*, Paris 1879.

Sur Tell au cinéma : Hervé DUMONT, *Histoire du cinéma suisse. Films de fiction 1896-1965*, Lausanne 1987.

L'opéra de ROSSINI a été enregistré plusieurs fois. Je recommande la gravure réalisée sous la direction de Riccardo Chailly, chantée (en italien) par Sherrill Milnes dans le rôle de Tell, Luciano Pavarotti (Arnold de Melchtal), John Tomlinson (le vieux Melchtal), Ferruccio Mazzoli (Gessler), Nicolai Ghiaurov (Gautier), Mirella Freni (Mathilde), etc. Decca, album de 4 disques, 1980.

Index

Cet index des noms de personnes, de familles, de peuples et de lieux ne retient pas les noms « Alpes », « Europe », « Suisse » (« Confédération », « Confédérés », etc.), « Waldstetten », qui reviennent trop souvent. Les noms de lieux sont en italiques, les noms de personnes et de famille en capitales.

B

H

S

TABLE DES MATIÈRES

TROISIÈME PARTIE
LES MÉTAMORPHOSES DE GUILLAUME TELL

DANS LA MÊME COLLECTION

Pierre AUBÉ	*Godefroy de Bouillon*
	Thomas Becket
Françoise AUTRAND	*Charles VI*
Jean-Pierre BABELON	*Henri IV*
Michel BAR-ZOHAR	*Ben Gourion*
Jean BÉRENGER	*Turenne*
Guillaume de BERTIER de SAUVIGNY	*Metternich*
Jean-Paul BLED	*François-Joseph*
François BLUCHE	*Louis XIV*
Michel de BOÜARD	*Guillaume le Conquérant*
Michel CARMONA	*Marie de Médicis*
	Richelieu
Duc de CASTRIES	*Mirabeau*
Pierre CHEVALLIER	*Louis XIII*
	Henri III
Eugen CIZEK	*Néron*
Ronald W. CLARK	*Benjamin Franklin*
André CLOT	*Soliman le Magnifique*
	Haroun al-Rachid
Ivan CLOULAS	*Les Borgia*
	Catherine de Médicis
	Laurent le Magnifique
	Henri II
André CORVISIER	*Louvois*
Liliane CRÉTÉ	*Coligny*

Daniel DESSERT	*Fouquet*
Jean DEVIOSSE	*Jean le Bon*
Michel DUCHEIN	*Marie Stuart*
Jacques DUQUESNE	*Saint Éloi*
Georges-Henri DUMONT	*Marie de Bourgogne*
Danielle ELISSEEFF	*Hideyoshi*
Jean ELLEINSTEIN	*Staline*
Paul FAURE	*Ulysse le Crétois*
	Alexandre
Jean FAVIER	*Philippe le Bel*
	François Villon
	La Guerre de Cent Ans
Marc FERRO	*Pétain*
Lothar GALL	*Bismarck*
Max GALLO	*Garibaldi*
Louis GIRARD	*Napoléon III*
Pauline GREGG	*Charles Ier*
Pierre GRIMAL	*Cicéron*
Pierre GUIRAL	*Adolphe Thiers*
Léon E. HALKIN	*Érasme*
Brigitte HAMANN	*Élisabeth d'Autriche*
Jacques HARMAND	*Vercingétorix*
Jacques HEERS	*Marco Polo*
	Machiavel
François HINARD	*Sylla*
Eberhard HORST	*César*
Gérard ISRAËL	*Cyrus le Grand*
Jean JACQUART	*François Ier*
	Bayard
Paul Murray KENDALL	*Louis XI*
	Richard III
	Warwick le Faiseur de Rois
Yvonne LABANDE-MAILFERT	*Charles VIII*
Claire LALOUETTE	*L'Empire des Ramsès*
	Thèbes
André LE RÉVÉREND	*Lyautey*
Évelyne LEVER	*Louis XVI*
	Louis XVIII
Robert K. MASSIE	*Pierre le Grand*

Pierre MIQUEL	*La Grande Guerre*
	Histoire de la France
	Poincaré
	La Seconde Guerre mondiale
	Les Guerres de religion
Inès MURAT	*Colbert*
	La IIe République
Daniel NONY	*Caligula*
Stephen B. OATES	*Lincoln*
Joseph PÉREZ	*Isabelle et Ferdinand, Rois catholiques d'Espagne*
Régine PERNOUD	*Jeanne d'Arc*
	Les Hommes de la Croisade
	Richard Cœur de Lion
Jean-Christian PETITFILS	*Le Régent*
Claude POULAIN	*Jacques Cœur*
Bernard QUILLIET	*Louis XII*
Jean RICHARD	*Saint Louis*
Pierre RICHÉ	*Gerbert d'Aurillac*
Jean-Paul ROUX	*Babur*
Yves SASSIER	*Hugues Capet*
Klaus SCHELLE	*Charles le Téméraire*
William SERMAN	*La Commune de Paris*
Daniel Jeremy SILVER	*Moïse*
Jean-Charles SOURNIA	*Blaise de Monluc*
Laurent THEIS	*Dagobert*
Jean TULARD	*Napoléon*
Bernard VINOT	*Saint-Just*

Cet ouvrage a été réalisé sur
Système Cameron
par la SOCIÉTÉ NOUVELLE FIRMIN-DIDOT
Mesnil-sur-l'Estrée
pour le compte des Éditions Fayard
le 25 avril 1988

Imprimé en France
Dépôt légal : avril 1988
N° d'édition : 8738 – N° d'impression : 9028
35-65-7910-01
ISBN 2-213-02138-4

35-7910-9